응용 로지스틱 회귀분석

-이론, 방법론, SAS 활용-

成雄鉉 著

APPLIED LOGISTIC REGRESSION ANALYSIS

- Theory, Methods, SAS Applications -

도서출판 탐진

머리말

자료에 함수식을 적합시겨 분석하는 방법을 회귀분석(regression analysis)라고 한다. 이러한 함수식은 종속변수와 독립변수들 사이의 관계의 강도에 대한 판단과 예측을 위하여 주로 사용되어진다. 회귀분석은 종속변수의 변동이 독립변수들에 의하여 어떠한 영향을 받는지를 분석하기 때문에 사회과학, 경영학, 공학과 의학분야 등의 연구에서 필수적으로 널리 사용되고 있다. 선형회귀분석(linear regression analysis)에서는 종속변수는 연속적인 척도에서 측정된 양적인 변수라고 가정하였다. 그러나 자료에서 종속변수의 척도가 연속형이 아니라 명목(nominal) 혹은 서열(ordinal)척도인 범주형으로 측정된 경우가 흔히 있게 된다. 만약 종속변수의 척도가 연속형이 아니고 질적인 변수인 범주형으로 측정된 경우에는 선형회귀보다는 로지스틱회귀(logistic regression)를 사용하는 것이 바람직하다. 최근 여러 분야에서 로지스틱회귀에 대한 관심과 응용분야가 급증하고 있는 현실이나, 국내에서는 로지스틱회귀분석에 대한 전문서적은 거의 없으며 회귀분석에서 부분적으로 다루어지고 있다고 생각된다.

본서는 로지스틱회귀분석과 연관된 주제를 포함한 전문서적으로 로지스틱회귀의 최근 이론과 범주형 종속변수와 독립변수들 사이의 관계를 모형화할 때 사용될 수 있는 방법론에 대하여 깊이 있고 다양한 예제를 포함하고 있다. 본서의 특징을 몇 가지로 요약하면 다음과 같다. (1) 종속변수의 척도가 명목 혹은 서열척도인 경우에 적용될 수 있는 분석 방법론에 대한 이론적 개념과 다양한 분석방법 절차를 이해하기 쉽도록 전개하였다. (2) 이론과 방법론을 실제 자료분석에 응용할 수 있는 능력을 높이기 위해서 풍부한 예제와 연습문제를 포함하였다. (3) 예제와 연습문제와 연관된 분석은 통계 소프트웨어인 SAS를 이용하여 출력하여 분석절차와 결과를 자세하게 설명하였다. 또한 예제와 연습문제에 사용된 자료와 프로그램은 첨부된 디스켓에 모두 포함되어있다. 따라서 본서에 포함된 내용을 이해하게 된다면 독자는 로지스틱회귀와 연관된 분석에 대한 견실한 이론적 토대와 실제 자료를 분석할 수 있는 경험을 얻을 수 있을 것으로 확신한다.

본서는 학부 혹은 대학원에서 회귀분석을 수강한 석사과정 학생과 사회과학, 경영학, 공학과 의학분야 등 전문기관의 연구원을 염두에 두고 집필하였다. 물론 통계학을 전공하는 경우에는 학부 상위학년 과정에서도 사용되어질 수 있다고 판단된다. 본서의 이론적 내용을 이해하기 위해서는 학부수준의 회귀분석과 선형대수(행렬이론)의 지식이 필요하다고 판단된다. 만약 독자의 주요 관심사가 수리적인 이론보다는 분석에 대한 해석과 활용이라면 본서에 포함된 수리적인 전개는 참고정도로 하는 것이 적절하다고 판단된다. 본서는 로지스틱회귀와 연관된 주제를 다룬 전문서적으로 일곱 개 장으로 구성되어있다. 제1장은 선형회귀모형의 기본적인 내용을 다루었고, 제2장부터 제4장까지는 종속변수가 두 가지 값을 취하는 경우에 적용할 수 있는 로지스틱 회귀모형의 추정, 가설검정, 적합도, 최종모형의 구축 등에 대해서 다루었다. 제5장은 로지스틱 모형의 확장으로 종속변수가 세 가지 범주이상인 경우에 사용할 수 있는 순위로짓모형(ordered logit model), 다항로짓모형(multinomial logit model), 순위프로빗모형(ordered probit model) 등을 다루었다. 제6장은 그룹화자료에 대한 로지스틱모형을, 제7장에서는 로지스틱모형에서 특별주제로 다항선택모형(multinomial choice model), Bradley-Terry 모형, 대응 사례-대조 로지스틱 모형(matched case-control logistic model)을 다루었다. 일반적인 회귀분석에 대한 내용은 저자가 집필한 "회귀분석 -이론, 방법론, SAS 활용-" (법문사),을 참고하기 바란다.

끝으로 본서가 로지스틱회귀모형을 이용한 자료분석에 관심이 있는 독자들에게 알찬 내용의 전공서적이 될 수 있도록 독자 여러분의 아낌없는 조언을 기대하며, 부족한 내용은 계속 수정, 보완할 것을 약속한다. 끝으로 본서를 출판해 준 도서출판 탐진의 무궁한 발전을 기원한다.

2001년 10월

한신대학교 연구실에서 저자

성 웅 현

soh@hanshin.ac.kr

차 례

제1장 선형회귀모형

제2장 로지스틱과 프로빗 회귀모형

제3장 가설검정과 적합도

제4장 최종 로지스틱회귀모형 구축

제5장 로지스틱모형의 확장

제6장 그룹화자료에 대한 로지스틱모형

제7장 특별한 로지스틱모형

APPLIED LOGISTIC REGRESSION ANALYSIS

제 1 장

선형회귀모형

본장에서는 종속변수가 연속형(continuous)인 경우에 사용되는 선형회귀모형(LRM: Linear Regression Model)의 핵심적인 부분만 간략하게 다루어 보기로 하겠다. 왜냐하면 종속변수가 이산형인(discrete)인 경우에 사용되는 로지스틱회귀모형(logistic regression model)을 이해하기 위해서는 우선 선형회귀모형의 특성을 살펴보아야 하기 때문이다. 선형회귀모형에서 회귀계수를 추정하기 위해서는 일반적으로 최소제곱추정(least squares estimation)방법을 사용하지만, 다음 장부터 설명할 로지스틱회귀모형에서는 최우추정(maximum likelihood estimation)방법을 사용하게 된다.

1.1 선형회귀모형의 설정

연속형인 종속변수 Y_i의 변동을 설명하기 위해서 고려된 독립변수가 k개인 경우에 선형회귀모형은 아래와 같이 설정된다.

$$Y_i = \beta_o + \beta_1 X_{1i} + \beta_2 X_{2i} + \cdots + \beta_k X_{ki} + \varepsilon_i, \qquad i = 1, 2, \ldots, n \tag{1.1}$$

식(1.1)에서 Y는 연속형인 종속변수, $X_1, X_2, \cdots, X_k$는 종속변수에 영향을 미칠 수 있는 k개 독립변수, ε는 평균이 0이고 분산이 σ^2인 확률오차항을 나타낸다. 식(1.1)에서 첨자 i는 n개 자료 중에서 i-번째 자료를 의미한다. 기울기 회귀계수 $\beta_1, \beta_2, \ldots, \beta_k$는 종속변수 Y의 기대값인 $E(Y)$에 대한 개별 독립변수의 영향을 의미하고, 절편 β_o는 모든 독립변수의 값이 0일 때 Y의 기대값을 의미한다. 식(1.1) 형식의 n개 자료를 행렬로 간편하게 표시하면 다음과 같다.

$$\boldsymbol{y} = \boldsymbol{X}\boldsymbol{\beta} + \boldsymbol{\varepsilon} \tag{1.2}$$

여기서

$\boldsymbol{y}$: n차 확률벡터, $\boldsymbol{X}$: $n \times (k+1)$ 자료 디자인행렬

$\boldsymbol{\beta}$: $k+1$차 계수벡터, $\boldsymbol{\varepsilon}$: n차 오차벡터

식(1.2)에서 사용된 행렬과 벡터표시(행렬은 진한 대문자, 벡터는 진한 소문자로 표시)는 아래와 같다.

$$\boldsymbol{y}=\begin{bmatrix} Y_1 \\ \vdots \\ Y_i \\ \vdots \\ Y_n \end{bmatrix} \quad \boldsymbol{X}=\begin{bmatrix} 1 & X_{11} & \cdots & X_{k1} \\ \vdots & \vdots & \ddots & \vdots \\ 1 & X_{1i} & \cdots & X_{ki} \\ \vdots & \vdots & \ddots & \vdots \\ 1 & X_{1n} & \cdots & X_{kn} \end{bmatrix} \quad \boldsymbol{\beta}=\begin{bmatrix} \beta_o \\ \beta_1 \\ \vdots \\ \beta_j \\ \vdots \\ \beta_k \end{bmatrix} \quad \boldsymbol{\varepsilon}=\begin{bmatrix} \varepsilon_1 \\ \vdots \\ \varepsilon_i \\ \vdots \\ \varepsilon_n \end{bmatrix}$$

만약 자료 디자인행렬 $\boldsymbol{X}$의 i-번째 행을 $\boldsymbol{x}_i{}' = (1, X_{1i}, X_{2i}, \dots, X_{ki})$로 정의하면 식(1.1)은 아래와 같이 간편하게 다시 표시할 수 있다.

$$\begin{aligned} Y_i &= \beta_o + \beta_1 X_{1i} + \beta_2 X_{2i} + \cdots + \beta_k X_{ki} + \varepsilon_i \\ &= (1, X_{1i}, X_{2i}, \dots, X_{ki}) \begin{bmatrix} \beta_o \\ \beta_1 \\ \beta_2 \\ \vdots \\ \beta_k \end{bmatrix} + \varepsilon_i \\ &= \boldsymbol{x}_i{}' \boldsymbol{\beta} + \varepsilon_i \end{aligned} \tag{1.3}$$

식(1.3)과 같은 선형회귀모형을 설정할 때 몇가지 가정을 첨가하게 된다. 첫번째 가정들은 모형에 포함된 독립변수에 관한 가정들로 다음과 같다.

■ 선형성(Linearity) : 종속변수 Y와 독립변수들 $X's$사이의 함수관계는 회귀계수 $\beta_j{}'s$를 통해서 선형적인 관계를 가지고 있다. 종속변수와 독립변수들 사이의 관계가 비선형(nonlinear)인 경우에는 일반적으로 변수변환(variable transformation)을 통해서 선형화할 수 있다. 예를 들면, $Y = \beta_o + \beta_1\sqrt{X_1} + \beta_2 X_2 + \varepsilon$ 혹은 $Y = \beta_o + \beta_1 X_1 + \beta_2 X_1^2 + \varepsilon$이다.

■ 독립성(Independency) : 모형에 포함된 독립변수들은 선형적으로 서로 독립이다. 어느 특정한 독립변수는 나머지 독립변수들의 선형결합(linear combination)으로 표시될 수 없다는 것이다. 다시 표현하면, 모형에 포함된 독립변수들 사이에는 중복된 정보가 없다는 의미이다. 대수학적으로는 자료 디자인행렬 $\boldsymbol{X}$는 완전계수(full rank)를 갖는다고 표현한다. 만약 모형에

포함된 독립변수들 사이에 선형관계가 강하게 존재하게 되면, 변수들 사이의 독립성 가정을 심각하게 위반하게 된다. 이러한 경우에 독립변수들 사이에 다중공선성(multicollinearity)이 존재한다고 하며, 심각한 다중공선성이 존재하는 경우에는 최종회귀모형을 구축하기 위해서 변수선택(variable selection)방법을 사용하거나, 주성분회귀(principal component regression) 혹은 능형회귀(ridge regression)등을 사용하게 된다.

두번째는 확률오차항의 분포에 대한 가정들이다. 오차항은 종속변수의 변동을 설명하는 데 개별적인 영향은 작지만 모형에 포함되지 않은 여러 독립변수들의 종합적인 영향으로 간주될 수 있다.

■ **오차항의 조건부 평균**(Conditional mean of $\boldsymbol{\varepsilon}$) **:** 주어진 자료 $\boldsymbol{x}_i$에서 오차항 ε_i의 조건부 기대값(conditional expectation)은 0이다.

$$E(\varepsilon_i \mid \boldsymbol{x}_i) = 0$$

이 가정은 독립변수들의 값이 주어졌을 때 오차항의 기대값(평균)은 0이라는 의미이다. 따라서 독립변수들의 값이 주어졌을 때 종속변수의 조건부 기대값은 아래와 같이 표시할 수 있다.

$$\begin{aligned} E(Y_i \mid \boldsymbol{x}_i) &= E(\boldsymbol{x}_i'\boldsymbol{\beta} + \varepsilon_i \mid \boldsymbol{x}_i) = \boldsymbol{x}_i'\boldsymbol{\beta} + E(\varepsilon_i \mid \boldsymbol{x}_i) = \boldsymbol{x}_i'\boldsymbol{\beta} \\ &= \beta_o + \beta_1 X_{1i} + \beta_2 X_{2i} + \cdots + \beta_k X_{ki} \end{aligned} \tag{1.4}$$

위 성질을 설명하기 위해서 잠시 독립변수 개수가 하나인 단순회귀모형 $Y = \beta_o + \beta_1 X + \varepsilon$을 가정하여 보자. 오차항의 조건부 기대값은 $E(\varepsilon \mid X) = 0$이기 때문에, 종속변수의 기대값인 모집단 회귀직선(함수)은 $E(Y \mid X) = \beta_o + \beta_1 X$이 된다. [그림 1.1]에 의하면 모집단 회귀직선은 주어진 독립변수 X의 각 수준에서 종속변수 분포의 중심인 기대값을 연결한 직선으로 $E(Y \mid X) = \beta_o + \beta_1 X$로 표시되었다.

[그림 1.1] 모집단 단순회귀직선

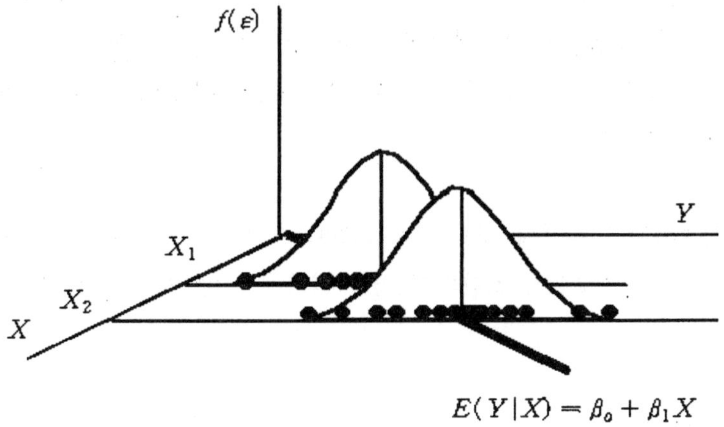

■ **동분산성과 독립성**(Homoscedastic and Uncorrelated Errors) : 주어진 독립변수 수준에서 오차는 동일한 분산을 가진다고 가정한다. 주어진 자료 $\boldsymbol{x}_i$에서 오차 ε_i의 분산(variance)은 다음과 같이 표시된다.

$$Var(\varepsilon_i \mid \boldsymbol{x}_i) = \sigma^2, \qquad i = 1, 2, \ldots, n$$

[그림 1.1]에서도 독립변수 수준 X_1과 X_2에서 오차분포의 분산은 동일하게 표현되었다. 만약 오차들이 독립변수 수준에 따라 서로 다른 분산을 가진다면, $Var(\varepsilon_i \mid \boldsymbol{x}_i) = \sigma_i^2$, 오차들은 이분산(heteroscedasticity)을 갖는다고 말한다. 또한 독립변수 수준에 따라 오차들은 서로 상관관계가 없다고 가정한다. 즉, i-번째 오차 ε_i와 j-번째 오차 ε_j 사이에 상관관계가 없다면 두 개 오차사이의 공분산(covariance)은 0이 되므로 다음과 같이 표시한다.

$$Cov(\varepsilon_i, \varepsilon_j) = 0, \qquad i \neq j$$

오차항의 동분산성과 독립성을 가정하면, 오차항들의 공분산행렬 $\boldsymbol{Cov}(\boldsymbol{\varepsilon})$은 다음과 같이 표시할 수 있다.

$$Cov(\boldsymbol{\varepsilon}) = \begin{bmatrix} Var(\varepsilon_1) & Cov(\varepsilon_1, \varepsilon_2) & \cdots & Cov(\varepsilon_1, \varepsilon_n) \\ Cov(\varepsilon_2, \varepsilon_1) & Var(\varepsilon_2) & \cdots & Cov(\varepsilon_2, \varepsilon_n) \\ \vdots & \vdots & \ddots & \vdots \\ Cov(\varepsilon_n, \varepsilon_1) & Cov(\varepsilon_n, \varepsilon_2) & \cdots & Var(\varepsilon_n) \end{bmatrix}$$

$$= \begin{bmatrix} \sigma^2 & 0 & \cdots & 0 \\ 0 & \sigma^2 & \cdots & 0 \\ \vdots & \vdots & \ddots & \vdots \\ 0 & 0 & \cdots & \sigma^2 \end{bmatrix} = \sigma^2 \boldsymbol{I}$$

오차항들의 공분산행렬에서 대각원소는 개별 오차항의 분산을 나타내고, 비대각원소는 두개 오차항사이의 공분산을 의미한다. 만약 오차항의 동분산가정이 위반되게 되면 일반적으로 가중회귀모형(weighted regression model)을 사용하게 되고, 이분산과 독립성이 위반되게 되면 일반회귀모형(generalized regression model)을 사용하게 된다.

■ **정규성(Normality)** : 오차항을 모형에 포함되지 못한 여러 작은 요인들의 결합적인 효과로 간주한다면, 주어진 독립변수의 수준에서 오차들의 분포는 정규분포에 근사한다고 가정할 수 있을 것이다. [그림 1.1]에서도 분포의 형태는 정규분포로 표시되었다. 오차 혹은 종속변수에 대한 정규성가정은 최소제곱법에 의해서 회귀계수를 추정할 때 반드시 필요한 가정은 아니지만, 회귀계수의 신뢰구간 추정과 검정을 하기 위해서 필요한 가정임을 유의하기 바란다. 오차항이 정규분포에 따른다면 오차항의 분포는 $\varepsilon_i \sim N(0, \sigma^2)$로 표시하고, 종속변수의 분포는 $Y_i \sim N[E(Y_i | \boldsymbol{x}_i), \sigma^2]$로 표시한다.

1.2 회귀계수의 의미와 추정

식(1.4)와 같은 선형회귀함수에서 종속변수의 기대값에 대한 개별 독립변수의 효과를 평가하기 위해서는 개별 독립변수에 대응되는 회귀계수의 의미를 우선 살펴보아야 한다. 회귀계수의 의미는 두가지 방법을 통해서 해석할 수 있다. 첫번째 방법은 편미분(partial derivative)을 사용하는 것이다. 표기를 단순하게 표현하기 위해서 첨자 i를 생략하도록 하겠다. j-번째 독립변수 X_j의 $E(Y|\boldsymbol{x})$에 대한 효과를 평가하기 위해서는 $E(Y|\boldsymbol{x})$를 X_j에 대하여 편미분하면

$$
\begin{aligned}
\frac{\partial E(Y|\boldsymbol{x})}{\partial X_j} &= \frac{\partial\,(\beta_o+\beta_1X_1+\cdots+\beta_jX_j+\cdots+\beta_kX_k)}{\partial X_j} \\
&= \frac{\partial\,(\boldsymbol{x}'\boldsymbol{\beta})}{\partial X_j} = \beta_j
\end{aligned} \tag{1.5}
$$

이 된다. 편미분값은 j-번째 독립변수를 제외한 다른 독립변수들의 수준이 일정하다고 했을 때, 선형회귀함수에서 j-번째 독립변수 X_j의 기울기(slope)를 의미한다. 설정된 모형이 선형이기 때문에 편미분값은 독립변수들의 수준과 관계없이 항상 일정한 값을 갖게 된다.

두번째 방법은 이산변화(discrete change)를 사용하는 것이다. 이 방법은 j-번째 독립변수를 제외한 다른 독립변수들의 수준이 일정하다고 했을 때, j-번째 독립변수 X_j의 변화에 대응되는 종속변수의 기대값 변화를 측정하게 된다. 여기서 $E(Y|\boldsymbol{x}, X_j)$ 표기는 주어진 자료벡터 $\boldsymbol{x}$에서 j-번째 독립변수값이 X_j인 경우에 종속변수의 기대값을 의미하고, $E(Y|\boldsymbol{x}, X_j+1)$ 표기는 j-번째 독립변수값이 X_j에서 X_j+1로 증가했을 때 종속변수의 기대값을 의미한다. 이 표기를 이용해서 다른 독립변수들의 수준이 일정하다고 했을 때 X_j의 값 한 단위 변화에 대응되는 종속변수의 평균적인 이산변화는

$$
\begin{aligned}
\frac{\triangle E(Y|\boldsymbol{x})}{\triangle X_j} &= E(Y|\boldsymbol{x}, X_j+1) - E(Y|\boldsymbol{x}, X_j) \\
&= [\beta_o+\beta_1X_1+\cdots+\beta_j(X_j+1)+\cdots+\beta_kX_k] \\
&\quad -[\beta_o+\beta_1X_1+\cdots+\beta_jX_j+\cdots+\beta_kX_k] \\
&= \beta_j
\end{aligned} \tag{1.6}
$$

이 된다. 이때 X_j에 대한 이산변화의 의미는 다른 독립변수들의 수준이 일정하다고 했을 때 X_j의 값을 한 단위 증가함에 따라 종속변수 Y는 β_j만큼 변화가 기대(expected)된다는 의미이다. 두 방법을 종합하면 선형회귀모형에서는

$$
\frac{\partial E(Y|\boldsymbol{x})}{\partial X_j} = \frac{\triangle E(Y|\boldsymbol{x})}{\triangle X_j} = \beta_j \tag{1.7}
$$

이 된다. 즉, 선형회귀모형에서는 편미분 방법에서 구해진 식(1.5)와 이산변화 방법에서 구해진 식(1.7)은 같은 값을 갖게 된다.

선형회귀모형에서 회귀계수들은 알려져 있지 않기 때문에 자료로부터 추정하여야한다. 선형회귀모형에서 회귀계수를 추정할 때 일반적으로 사용되는 방법은 최소제곱방법(method of least squares)이다. 회귀계수에 대한 최소제곱추정 절차는 오차제곱합을 최소화하는 회귀계수 $\beta_1, \beta_2, \ldots, \beta_k$의 추정값인 $\widehat{\beta_1}, \widehat{\beta_2}, \ldots, \widehat{\beta_k}$를 구하는 절차이다. 최소제곱법에 의해서 추정된 회귀계수벡터 $\widehat{\boldsymbol{\beta}}$ 를 행렬을 이용하여 표시하면 아래와 같다.

$$\widehat{\boldsymbol{\beta}} = \begin{bmatrix} \widehat{\beta_o} \\ \widehat{\beta_1} \\ \vdots \\ \widehat{\beta_k} \end{bmatrix} = (\boldsymbol{X}'\boldsymbol{X})^{-1}\boldsymbol{X}'\boldsymbol{y} \tag{1.8}$$

식(1.8)에서 $\boldsymbol{X}'$는 자료 디자인행렬 $\boldsymbol{X}$의 전치행렬(transpose matrix)을 의미하고, $(\boldsymbol{X}'\boldsymbol{X})^{-1}$는 행렬 $(\boldsymbol{X}'\boldsymbol{X})$의 역행렬(inverse matrix)을 의미한다. 회귀계수들이 최소제곱법에 의해서 구해지면 추정된 선형회귀함수는 아래와 같이 표시된다.

$$\widehat{Y} = \widehat{\beta_o} + \widehat{\beta_1} X_1 + \cdots + \widehat{\beta_k} X_k \tag{1.9}$$

추정된 회귀계수 $\widehat{\beta_j}$, $j=1,\ldots,k$는 앞에서 설명한 모집단 회귀계수 β_j와 같은 의미로 해석된다. 즉, 다른 독립변수들의 수준이 일정하다고 했을 때 X_j의 값을 한 단위 증가함에 따라 대응되는 종속변수는 평균적으로 $\widehat{\beta_j}$만큼 변화될 것으로 추정된다는 의미이다.

추정된 회귀계수벡터 $\widehat{\boldsymbol{\beta}}$ 의 공분산행렬 $\boldsymbol{Cov}(\widehat{\boldsymbol{\beta}})$은 다음과 같이 표시된다.

$$\begin{aligned} \boldsymbol{Cov}(\widehat{\boldsymbol{\beta}}) &= (\boldsymbol{X}'\boldsymbol{X})^{-1}\sigma^2 \\ &= \begin{bmatrix} Var(\widehat{\beta_o}) & Cov(\widehat{\beta_o}, \widehat{\beta_1}) & \cdots & Cov(\widehat{\beta_o}, \widehat{\beta_k}) \\ Cov(\widehat{\beta_1}, \widehat{\beta_o}) & Var(\widehat{\beta_1}) & \cdots & Cov(\widehat{\beta_1}, \widehat{\beta_k}) \\ \vdots & \vdots & \ddots & \vdots \\ Cov(\widehat{\beta_k}, \widehat{\beta_o}) & Cov(\widehat{\beta_k}, \widehat{\beta_1}) & \cdots & Var(\widehat{\beta_k}) \end{bmatrix} \end{aligned} \tag{1.10}$$

식(1.9)에서 추정된 회귀계수의 개수는 절편을 포함하여 $k+1$개이므로, 추정된 회귀계수벡터 $\widehat{\boldsymbol{\beta}}$의 공분산행렬의 차수는 $(k+1)\times(k+1)$이 된다. 식(1.10)의 공분산행렬에서 대각원소들은 추정된 개별 회귀계수의 분산을 의미하고, 비대각원소들은 추정된 두개 회귀계수들 사이의 공분산을 의미한다. 만약 앞 절에서 설정한 가정들이 유효하다면 최소제곱추정량은 최량선형불편추정량(best linear unbiased estimator)이 된다. 최량선형불편추정량이란 모든 선형추정량 중에서 최소제곱추정량은 최소분산을 갖는 불편추정량이라는 것이다.

식(1.10)의 공분산행렬의 원소들은 미지의 오차분산 σ^2을 포함하고 있기 때문에, 각 원소의 값을 구하기 위해서는 우선 오차분산 σ^2을 자료로부터 추정하여야 한다. 우선 자료에서 구한 오차의 관측값인 잔차 e_i를

$$\begin{aligned} e_i &= Y_i - \widehat{Y}_i = Y_i - (\widehat{\beta}_o + \widehat{\beta}_1 X_{1i} + \cdots + \widehat{\beta}_k X_{ki}) \\ &= Y_i - \boldsymbol{x}_i' \widehat{\boldsymbol{\beta}} \end{aligned} \tag{1.11}$$

로 정의하면, 오차의 분산인 σ^2의 불편추정량은 잔차제곱합 (SSE)을 연관된 자유도인 $n-k-1$로 나눈 잔차제곱평균(MSE)으로 구해진다.

$$\hat{\sigma}^2 = \frac{SSE}{n-k-1} = MSE = \frac{\sum_{i=1}^{n} e_i^2}{n-k-1} \tag{1.12}$$

여기서 k는 모형에 포함된 독립변수의 개수이다. 일단 오차 분산의 추정값인 MSE가 구해지면 $\boldsymbol{Cov}(\widehat{\boldsymbol{\beta}})$은 $\widehat{\boldsymbol{Cov}}(\widehat{\boldsymbol{\beta}}) = (\boldsymbol{X}'\boldsymbol{X})^{-1} MSE$로 추정된다. 이때 $(\boldsymbol{X}'\boldsymbol{X})^{-1}$에서 j-번째 대각원소 (j, j)를 c_{jj}, $j = 0, 1, \ldots, k$로 표시하면 $\widehat{\beta}_j$의 분산 추정값은 $\widehat{Var}(\widehat{\beta}_j) = c_{jj}\,MSE$가 된다. 또한 $\widehat{\beta}_j$의 표준편차의 추정값을 $\widehat{\beta}_j$의 표준오차(standard error)라고 하고 $s.e(\widehat{\beta}_j)$로 표시한다.

$$s.e(\widehat{\beta}_j) = \sqrt{\widehat{Var}(\widehat{\beta}_j)} = \sqrt{c_{jj}\,MSE} \tag{1.13}$$

1.3 검정절차

일단 최소제곱법에 의해서 회귀계수를 추정한 후 다음 단계는 선형회귀모형에서 독립변수의 정보가 종속변수의 변동을 설명하는 데 통계적으로 유의한 변수인지를 검정하여야 한다. 즉, 독립변수가 종속변수의 변동을 설명하는 데 유의한 정보를 제공하는지 여부를 통계적으로 검정하여야 한다. 또한 모형에 포함된 모든 독립변수들의 종합적인 정보가 종속변수의 변동을 설명하는 데 유의한지 여부를 검정할 필요가 있다. 이 경우에는 모형에 포함된 모든 회귀계수들이 동시에 0인지 여부를 검정할 필요가 있다. 본 절에서는 두가지 검정절차에 대하여 간략하게 설명하도록 하겠다.

1.3.1 개별회귀계수에 대한 검정절차

1) 가설의 설정(양측검정)

$$H_o : \beta_j = 0 \qquad H_1 : \beta_j \neq 0 , \quad j = 1, 2, \ldots, k$$

귀무가설은 j-번째 독립변수 X_j의 정보가 종속변수 Y의 변동을 설명하는 데 전혀 영향을 미치지 못한다는 가설이고, 대립가설은 독립변수 X_j의 정보가 종속변수 Y의 변동을 설명하는 데 유의한 영향을 미친다는 의미이다.

2) 검정통계량의 설정과 분포

$$T_j = \frac{\widehat{\beta_j}}{\sqrt{\widehat{Var}(\widehat{\beta_j})}} = \frac{\widehat{\beta_j}}{s.e(\widehat{\beta_j})} \tag{1.14}$$

검정통계량 T_j는 회귀계수 추정치 $\widehat{\beta_j}$와 표준오차 $s.e(\widehat{\beta_j})$의 비율로서, 귀무가설이 참이라고 할 때 검정통계량 T_j의 분포는 자유도가 $n-k-1$인 t-분포에 따르게 되고 t_{n-k-1}로 표시한다. 자료에서 계산된 검정통계량 값을 T_j^*로 표시하자.

3) 유의수준 설정과 임계값 계산

설정된 유의수준 α에서 양측검정에 필요한 임계값은 양측검정인 경우에 자유도가 $n-k-1$인 t-분포에서 상위 $\alpha/2$와 하위 $\alpha/2$면적에 해당되는 t값은 $\pm t_{\alpha/2,\,n-k-1}$이 된다.

4) 유의수준에 근거한 의사결정 규칙

귀무가설에 대한 채택 혹은 기각여부를 결정하기 위해서는 자료에서 계산된 검정통계량의 값 T_j^*와 임계값 $\pm t_{\alpha/2,\,n-k-1}$을 비교하여 다음과 같이 결정하게 된다.

만약 $|T_j^*| > t_{\alpha/2,\,n-k-1}$이면 귀무가설 H_o을 기각하게 된다.
만약 $|T_j^*| \le t_{\alpha/2,\,n-k-1}$이면 귀무가설 H_o을 채택하게 된다.

5) 양측검정 p-값 계산

$$p\text{-값} = 2 \times P(t_{n-k-1} > |T_j^*|)$$

귀무가설이 참일 때 검정통계량의 분포는 자유도가 $n-k-1$인 t-분포(귀무분포)에 따르기 때문에 표본정보와 귀무분포의 불일치 정도는 귀무분포에서 검정통계량의 값이 어디에 위치하는지 여부에 따라 측정할 수 있다. p-값은 귀무분포에서 확률변수 t가 검정통계량의 절대값보다 큰 확률이 된다. 만약 p-값이 0에 가까운 매우 작은 값을 가진다면 검정통계량값의 위치는 귀무분포의 양극단 중 어느 한곳에 위치하게 된다(극단에 위치하면 그 점에서 발생될 빈도는 매우 작다는 의미이다). 이러한 경우에는 표본자료와 귀무분포 사이의 불일치 정도는 매우 높아지기 때문에 귀무가설을 강하게 기각할 수 있는 근거가 된다. 따라서 검정통계량 T_j^*의 p-값이 0에 가까운 매우 작은 값을 가진다면 j-번째 독립변수의 정보는 종속변수의 변동을 설명하는 데 매우 유의하다는 근거가 된다. 반대로 p-값이 큰 값을 가진다면 j-번째 독립변수의 정보는 종속변수의 변동을 설명하는 데 유의하지 않다는 근거가 된다.

만약 j-번째 독립변수 X_j의 정보가 종속변수 Y의 변동을 설명하는 데 양의 효과가 있는지를 검정하기 위해서는 대립가설 $H_1: \beta_j > 0$을 설정하고, 계산된 p-값은 $P(t_{n-k-1} > T_j^*)$이 된다. 또한 음의 효과가 있는지를 검정하기 위해서는 대립가설 $H_1: \beta_j < 0$을 설정하고, 계산된

p-값은 $P(t_{n-k-1} < T_j^*)$이 되는 것을 유의하기 바란다.

1.3.2 선형회귀모형의 유의성 검정

앞에서 개별 독립변수의 정보가 종속변수의 변동을 설명하는 데 유의한 영향을 미치는지 여부를 t-검정을 통해서 평가하였다. 반면에 선형회귀모형에 대한 유의성 검정이란 종속변수와 여러 독립변수들 사이에 유의한 관계가 있는지 여부에 대한 평가하는 것이다. 선형회귀모형에 대한 유의성 F-검정절차는 다음과 같다.

1) 가설의 설정

$$H_o : \beta_1 = \beta_2 = \cdots = \beta_k = 0$$

$$H_1 : \text{최소한 하나의 } \beta_j \neq 0 \quad (j = 1, 2, \cdots, k)$$

귀무가설은 회귀모형에 포함된 k개 독립변수들의 종합적인 정보가 종속변수의 변동을 설명하는 데 전혀 영향을 미치지 못한다는 가설이고, 대립가설은 k개 독립변수 중 적어도 하나 이상의 독립변수가 종속변수의 변동을 설명하는 데 유의한 영향을 미치고 있다는 의미이다. 귀무가설에서는 절편항에 대한 조건 $\beta_o = 0$이 제외되었다. 왜냐하면 절편항은 독립변수의 정보를 가지고 있지 않기 때문이다.

2) 검정통계량의 설정과 분포

선형회귀모형의 유의성검정에 사용되는 검정통계량은 회귀모형에 의하여 설명될 수 있는 변동인 회귀제곱합(SSR)과 설명될 수 없는 변동인 잔차제곱합(SSE)을 연관된 자유도로 나눈 제곱평균 통계량의 비율로 아래와 같이 표시된다.

$$F = \frac{SSR/k}{SSE/n-k-1} = \frac{MSR}{MSE} \tag{1.15}$$

선형회귀모형에서 총변동(SST)을 회귀모형에 의하여 설명될 수 있는 변동(SSR)과 설명될 수 없는 변동(SSE)으로 분할한 분산분석표를 작성하면 아래와 같다.

[표 1.1 : 선형회귀모형에 대한 분산분석표]

변동요인	자유도	제곱합	제곱평균	F 검정통계량
회 귀	k	SSR	$MSR=\frac{SSR}{k}$	$F=\frac{MSR}{MSE}$
잔 차	$n-k-1$	SSE	$MSE=\frac{SSE}{n-k-1}$	
계	$n-1$	SST		

여기서 제곱평균이란 제곱합을 관련된 자유도로 나눈 평균이다. F-검정통계량에서 회귀모형에 의하여 설명될 수 있는 변동(SSR)이 설명될 수 없는 변동(SSE)보다 상당히 크다면 회귀모형에 포함된 독립변수들의 종합적인 정보가 종속변수의 변동을 설명할 가능성은 커지게 될 것이다. 다중회귀모형에 의하여 설명될 수 있는 변동과 설명될 수 없는 변동은 독립변수의 수에 따라서 달라지게 되므로, 회귀제곱합과 잔차제곱합보다는 회귀제곱평균(MSR)과 잔차제곱평균(MSE)을 검정통계량에서 사용하게 된다. 귀무가설이 참이라고 할 때 검정통계량 F의 분포는 분자의 자유도가 k이고 분모의 자유도가 $n-k-1$인 $F_{k,n-k-1}$분포에 따르게 된다. 자료에서 계산된 검정통계량 값을 F^*로 표시하자.

3) 유의수준 설정과 임계값 계산

설정된 유의수준 α에서 귀무가설을 기각할 수 있는 임계값은 분자의 자유도가 k이고 분모의 자유도가 $n-k-1$인 F-분포에서 상위 α면적에 해당되는 F-값은 $F_{\alpha,k,n-k-1}$로 표시하자.

4) 유의수준에 근거한 의사결정 규칙

귀무가설에 대한 채택 혹은 기각여부는 검정통계량값 F^*과 임계값 $F_{\alpha,k,n-k-1}$을 비교하여 다음과 같이 결정한다.

만약 $F^* > F_{\alpha, k, n-k-1}$ 이면 귀무가설을 기각하게 된다.

만약 $F^* \le F_{\alpha, k, n-k-1}$ 이면 귀무가설을 채택하게 된다.

5) p-값 계산

$$p\text{-값} = P(F_{k, n-k-1} > F^*)$$

p-값은 분자의 자유도가 k이고 분모의 자유도가 $n-k-1$인 F-분포(귀무가설이 참인 분포)에서 검정통계량값 F^*보다 클 확률이다. 설정된 유의수준 α에서 의사결정 규칙과 p-값의 의미를 그림으로 표시하면 [그림 1.2]와 같다. 검정통계량값이 ② F^*일 때 p-값은 매우 작아지기 때문에 "모든 회귀계수들이 0"이라는 귀무가설을 기각할 가능성이 매우 높아지게 된다. 즉, 선형회귀모형에 포함된 k개 독립변수 중 적어도 하나 이상의 독립변수의 정보가 종속변수의 변동을 설명하는 데 유의하다고 판단한다. 반면에 검정통계량값이 ① F^*이면 p-값은 커지기 때문에 귀무가설을 채택할 가능성이 높아지게 된다.

[그림 1.2] 유의수준에 의한 의사결정과 p-값

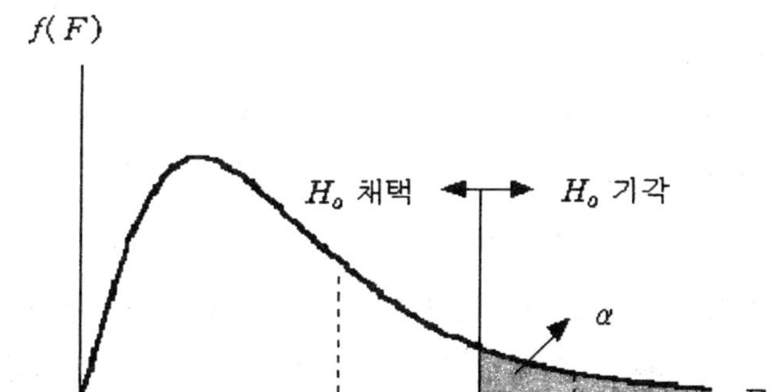

1.3.3 회귀모형의 설명력 평가

일단 회귀계수에 대한 t-검정과 회귀모형에 대한 F-검정을 한 후 다음 관심사는 "독립변수들을 포함한 선형회귀모형이 종속변수의 변동을 얼마나 잘 설명할 수 있을까?" 이다. 선형회귀모형에서 종속변수의 변동에 대한 설명력은 결정계수(R^2)에 의하여 평가할 수 있다. 결정계수 R^2는 총변동(SST)에 대한 회귀제곱합(SSR)의 비율로서 아래와 같이 정의된다.

$$\begin{aligned} R^2 &= \frac{SSR}{SST} = \frac{\sum_{i=1}^{n}(\hat{Y}_i - \overline{Y})^2}{\sum_{i=1}^{n}(Y_i - \overline{Y})^2} \\ &= 1 - \frac{SSE}{SST} \end{aligned} \tag{1.16}$$

만약 결정계수 R^2값이 0.75라면 종속변수의 총변동은 선형회귀모형에 의해서 약 75% 만큼 설명될 수 있다는 의미이다. 결정계수의 의미를 해석할 때 유의할 점은 결정계수 크기는 모형에 포함된 독립변수의 개수에 따라 달라질 수 있다는 것이다. 모형에 포함될 독립변수의 개수가 증가할수록 일반적으로 결정계수도 증가하기 때문에, 결정계수는 독립변수의 개수에 대하여 증가함수가 된다. 따라서 설명력을 높이기 위해서 독립변수를 과다하게 모형에 포함시키고자 하는 유혹에 빠질 수 있게 되고, 독립변수가 과다한 모형을 가장 적절한 모형이라고 판단하게 되는 오류를 범할 수 있게 된다.

만약 독립변수의 개수가 서로 다른 모형의 설명력을 상대적으로 비교 검토하기 위해서는 단순히 결정계수 기준을 사용할 수는 없다. 결정계수의 단점을 보완하기 모형에 포함된 독립변수의 개수를 고려한 수정(조정)된 결정계수(adjusted $R^2 = R_a^2$)는 식(1.17)과 같이 정의된다. 독립변수의 개수가 서로 다른 회귀모형의 설명력을 비교 평가하여 최종회귀모형(final regression model)을 결정할 때는 결정계수 기준보다는 수정된 결정계수 기준이 가장 높은 모형을 선택하는 것이 바람직할 것이다. 수정된 결정계수는 식(1.16)의 분자와 분모를 각각의 자유도를 나누어 구해진다. 식(1.17)을 살펴보면 수정된 결정계수는 독립변수의 개수에 대해서 항상 증가함수는 아니기 때문에 독립변수를 모형에 추가할 때 증가 혹은 감소될 수도 있다.

$$R_a^2 = 1 - \frac{SSE}{SST}$$

$$= 1 - \frac{SSE/n-k-1}{SST/n-1} \qquad (1.17)$$

$$= 1 - \frac{(n-1)(1-R^2)}{(n-k-1)}$$

[예제 1.1] 의료인력 수요예측 선형회귀모형분석

병원에서 필요한 의료 인력수요(Y : 근무시간)를 예측하기 위한 선형회귀모형을 구축하기 위해서 15개 병원에 대하여 의료 인력수요에 영향을 미칠 수 있는 네가지 독립변수에 대한 자료를 수집하였다. 여기서 독립변수들은 다음과 같이 정의되었다. X_1 : 하루 평균 환자수, X_2 : 월 평균 X-선 검사 수, X_3 : 월 평균 입원환자 수, X_4 : 지역인구(천명). 아래 절차에 따라 선형회귀분석을 실시하여 가장 적합한 최종회귀모형을 설정하여라. 자료는 \data\ex1-1.dat 에 저장되어 있다.

(1) 네가지 독립변수를 포함한 선형회귀모형을 설정하여 회귀계수를 추정한 후, 개별회귀계수에 대하여 유의수준 0.05에서 유의성 t-검정, 회귀모형의 유의성 F-검정, 설명력을 평가하기 위한 결정계수 R^2 등을 검토하여라.

(2) 모형에 포함된 네가지 독립변수들 사이에 심각한 다중공선성이 존재하는지 여부를 검토하여라.

(3) 수정된 결정계수(R_a^2), 잔차제곱평균(MSE), C_p 등을 비교하여 적합한 최종회귀모형을 선택하여라.

□ **SAS 프로그램(\program\ex1-1.sas)**

```
DATA ONE;
 ①INFILE 'A:\DATA\EX1-1.DAT';
 INPUT X1-X4 Y @@;
RUN;
PROC REG;
 ②MODEL Y= X1-X4/VIF;
RUN;
PROC REG;
 MODEL Y=X1-X4/③METHOD=RSQUARE ADJRSQ MSE CP SELECT=1;
RUN;
```

```
PROC REG;
 ④MODEL Y=X2 X3;
RUN;
```

(1) 자료를 infile 하기 위해서 ①INFILE 'A:\DATA\EX1-1.DAT'; 문을 사용하였다. 네 가지 독립변수들을 포함한 선형회귀모형을 설정하기 위해서 ②MODEL Y= X1-X4/VIF; 문을 사용하였다. 다중공선성의 심각성 여부를 평가하기 위해서 옵션 /VIF를 사용하였다. 여기서 VIF(variance inflation factor)는 추정된 회귀계수들의 분산팽창계수를 구하라는 옵션이다.

(2) 가능한 모든 회귀모형에 대하여 결정계수를 계산한 다음, 독립변수의 개수에 따라 최대 결정계수를 갖는 회귀모형을 각각 하나씩 선택(SELECT=1)하여 출력하기 위해서 옵션 ③을 사용하였다. 독립변수의 개수에 따라 출력된 회귀모형에 대하여 수정된 결정계수(R_a^2), 잔차제곱평균(MSE), C_p 등을 출력하기 위해서 옵션/ ADJRSQ MSE CP를 사용하였다.

(3) 최종적으로 선택된 회귀모형에 대하여 분석하기 위해서 ④MODEL Y=X2 X3; 문을 사용하였다.

□ SAS 결과 및 해석

[표 1.2 : 회귀계수 추정과 검정 결과]

Variable	DF	Parameter Estimate	Standard Error	T for H0: Parameter=0	①Prob >|T|	②Variance Inflation
INTERCEP	1	-214.082220	304.36648116	-0.703	0.4979	0.0000
X1	1	-128.630261	96.86659596	-1.328	0.2137	5040.89056
X2	1	0.125009	0.04395341	2.844	0.0174	8.444089
X3	1	4.840188	3.11525876	1.554	0.1513	4838.13040
X4	1	4.445722	5.97844420	0.744	0.4742	7.759239

①개별 회귀계수에 대한 t-검정 결과 월 평균 X-선 검사 수 (X_2)의 검정통계량에 대한 p-값이 0.0174로 유의수준 0.05보다 매우 작으므로 "월 평균 X-선 검사 수의 정보가 의료인력수요의 변동을 설명하는 데 영향을 미치지 않는다"는 귀무가설을 강하게 기각할 수 있는 근거가 된다. 또한 나머지 독립변수들(X_1, X_3, X_4)의 검정통계량에 대한 p-값들이 모두 0.05보다 상당히 크므로 의료인력수요의 변동을 설명하는 데 유의하지 않은 독립변수들로 나타났다. 하루 평균 환자수에 대한 추정된 회귀계수 $\widehat{\beta}_1 = -128.63$의 부호를 살펴보면 하루 평균 환자수가 증가할수록 의료인력수요는 증가되는 것(양의 기울기)이 일반적인 경향임에도 불구하고 감소하는(음의 기울기)경향이 있는 것으로 추정되었다. 이러한 현상은 독립변수들 사이에 다중공선성이 존재할 때 전형적으로 나타나는 결과임

을 알 수 있다. 참고로 독립변수들 사이에 심각한 다중공선성이 존재할 경우의 전형적인 현상을 살펴보면 아래와 같다.

(1) 독립변수들 사이의 상관행렬(correlation matrix)에서 높은 상관관계가 존재한다.
(2) 분산분석표를 이용한 F-검정 결과가 유의함에도 불구하고, 개별 회귀계수의 t-검정 결과는 유의하지 않은 상반된 결과가 발생하게 된다.
(3) 추정된 회귀계수의 부호가 이론적 혹은 경험적으로 예상되었던 부호와 상반되게 나타날 수 있다.

위와 같은 현상이 관측되면 독립변수들 사이에 다중공선성이 존재할 가능성이 있다고 판단할 수 있다. 문제는 독립변수들 사이에 다중공선성이 얼마나 심각하게 존재하는지는 계량적으로 평가하는 것이다. 다중공선성이 심각한 경우에는 추정된 회귀계수의 분산이 매우 커지는 현상이 발생되기 때문에, 다중공선성의 크기를 계량적으로 측정할 수 있는 방법은 추정된 회귀계수의 분산이 얼마나 팽창되었는지를 측정할 수 있는 분산팽창계수(VIF)를 계산하여야 한다. 추정된 회귀계수의 분산이 팽창되면 추정값의 신뢰도가 떨어지기 때문에 팽창의 정도를 계량적으로 측정한 다음 다중공선성의 심각성 여부를 평가하게 된다. 다중회귀모형에서 j-번째 추정된 회귀계수에 대한 분산팽창계수 VIF_j는 다음과 같이 정의된다.

$$VIF_j = \frac{1}{1-R_j^2} \tag{1.18}$$

식(1.18)에서 R_j^2는 j-번째 독립변수를 종속변수로 하고, 나머지 $k-1$개 변수들을 독립변수로 설정한 회귀모형의 결정계수를 의미한다. 만약 독립변수가 네개 있는 경우에 R_1^2은 종속변수가 X_1이 되고 독립변수가 X_2, X_3, X_4인 회귀모형에서 계산된 결정계수를 의미한다. 만약 j-번째 독립변수와 나머지 독립변수들 사이에 선형관계가 없다면 결정계수 R_j^2는 0이 되기 때문에 분산팽창계수 VIF_j는 1이 된다. 반면에 다른 독립변수들과 선형관계가 존재한다면 VIF_j는 1보다 크게 된다. 다중공선성의 정도 여부를 판단하는 데 사용되는 일반적인 기준은 VIF_j가 10보다 크게 되면 j-번째 독립변수와 다른 독립변수들 사이에 다중공선성이 존재할 가능성이 있다고 판단한다. ②분산팽창계수인 VIF를 살펴보면 $VIF_1 = 5,040.89$와 $VIF_3 = 4838.13$이 매우 크므로 X_1과 X_3 독립변수는 다른 독립변수들과 강한 선형관계가 있음을 알 수 있다. 결론적으로 모형에 포함된 네개 독립변수들 사이에는 다중공선성이 심각하게 존재하고 있음을 확인할 수 있다.

[표 1.3 : 선형회귀모형에 대한 분산분석]

Source	DF	Sum of Squares	Mean Square	F Value	③Prob>F
Model	4	271841351.35	67960337.838	138.919	0.0001
Error	10	4892088.9712	489208.89712		
C Total	14	276733440.32			

Root MSE	699.43470	R-square	④0.9823
Dep Mean	4347.54600	Adj R-sq	0.9753
C.V.	16.08803		

선형회귀모형에 대한 유의성 F-검정에서 검정통계량값은 $F^* = 138.919$ 이고, 검정통계량의 ③ p-값이 0.0001 로 0 에 가까운 매우 작은 값을 갖기 때문에 "네개 독립변수를 포함한 선형회귀모형이 의료인력수요의 변동을 설명하는 데 전혀 영향을 미치지 않는다"는 귀무가설 $H_o: \beta_1 = \beta_2 = \beta_3 = \beta_4 = 0$ 을 강하게 기각할 수 있는 근거가 된다. 즉, 설정된 선형회귀모형에는 의료인력수요의 변동을 설명할 수 있는 유의한 독립변수가 포함되어 있다는 의미이다. 또한 ④결정계수가 $R^2 = 0.9823$ 이므로 설정된 다중회귀모형에 의해서 의료인력수요의 변동을 약 98.23% 만큼 설명할 수 있다는 의미이다.

[표 1.4 : 최량선택법에 의한 회귀모형의 선택]

Number in Model	R-square	Adjusted R-square	C(p)	MSE	Variables
1	0.96394283	0.96116920	9.39665	767556	X3
2	0.97920350	0.97573741	2.76407	479591	X2 X3
3	0.98134446	0.97625659	3.55298	469328	X1 X2 X3
4	0.98232202	0.97525082	5.00000	489209	X1 X2 X3 X4

선형회귀모형에 포함된 독립변수들 사이에 다중공선성이 존재하는 것으로 나타났기 때문에 중복된 정보를 가진 독립변수들 중 몇 개 독립변수를 제외하는 것이 바람직할 것이다. 최종회귀모형에 포함될 독립변수들을 선택하기 위한 최량부분선택법(best subset selection) 절차를 설명하겠다. [표 1.4]에

서는 독립변수의 개수 ($k=1,2,3,4$)에 따라 최대 결정계수를 갖는 회귀모형이 선택되어 출력되었다. 독립변수가 하나인 경우 가능한 네개 단순회귀모형중에서 월 평균 입원 환자수 (X_3)를 포함한 회귀모형의 결정계수 0.964가 최대값이 된다. 독립변수가 두개인 경우 가능한 여섯개 선형회귀모형 중에서 월 평균 X-선 검사수 (X_2)와 월 평균 입원 환자수 (X_3)를 포함한 선형회귀모형의 결정계수 0.979가 최대값이 된다. 독립변수가 세개인 경우 가능한 네개 단순회귀모형중에서 하루 평균 환자수 (X_1), 월 평균 X-선 검사수 (X_2), 월 평균 입원 환자수 (X_3)를 포함한 선형회귀모형의 결정계수 0.981가 최대값이 된다. 마지막으로 모든 독립변수를 모형에 포함되었을 때 결정계수는 0.982로 나타났다.

만약 모형에 포함된 독립변수의 개수가 같은 모형들의 설명력을 비교 평가하기 위한 기준으로 결정계수는 매우 유용하게 사용될 수 있다. 그러나 모형에 포함된 독립변수 개수가 많아짐에 따라 결정계수는 증가하는 경향이 있기 때문에, 독립변수의 개수가 서로 다른 모형의 설명력을 비교하기 위해서는 다른 기준을 추가적으로 사용해야 할 것이다. 독립변수 개수가 서로 다른 모형의 설명력을 비교하기 위한 기준으로 결정계수 (R^2) 보다는 수정된 결정계수 (R_a^2)와 잔차제곱평균 (MSE)이 주로 이용된다. 전자의 기준에 의하면 여러 회귀모형 중에서 수정된 결정계수가 가장 큰 회귀모형을 선호하게 된다. 또한 수정된 결정계수가 비슷한 경우에는 독립변수 개수가 상대적으로 작은 단순한 회귀모형을 선택하게 된다. [표 1.4]의 결과에 의하면 두 개 이상의 독립변수를 포함하는 모형에서는 수정된 결정계수의 차이가 거의 없기 때문에, 두개 독립변수 (X_2, X_3)를 모함한 회귀모형을 최종모형으로 선택하게 된다. 후자의 기준에 의하면 여러 회귀모형 중에서 잔차제곱평균이 가장 작은 회귀모형을 선호하게 된다. 그리고 잔차제곱평균은 독립변수의 개수가 많아짐에 따라 감소하다가 최소가 된 다음에 다시 증가하는 형태를 되기 때문에, 잔차제곱평균의 차이가 작은 경우에는 독립변수 개수가 상대적으로 작은 단순한 회귀모형을 선택하게 된다. [표 1.4]의 결과에 의하면 세개 독립변수를 포함한 모형에서 잔차제곱평균이 가장 작기 때문에 (X_1, X_2, X_3)를 포함한 회귀모형을 최종모형으로 선택하게 된다. 앞에서 설명한 두가지 기준 외에 예측오차를 최소로 하는 모형을 선택하는 데 사용되는 C_p라는 기준이 있다. 이 기준에 의하면 C_p값이 최소이거나 $C_p \approx (k+1)$에 근사하는 회귀모형을 최종모형으로 선택하게 된다. [표 1.4]의 결과에 의하면 C_p값이 최소가 되는 모형은 두개 독립변수 (X_2, X_3)를 포함하게 된다. 결론적으로 R_a^2, MSE, C_p기준에 선택된 결과를 종합하면 의료인력수요의 변동을 예측하기 위한 최종회귀모형은 월 평균 X-선 검사 수 (X_2)와 월 평균 입원환자수 (X_3)를 포함하게 된다. 이때 선택된 회귀모형의 결정계수는 약 0.976이 된다.

[표 1.5 : 최종회귀모형에 대한 회귀계수의 추정과 검정]

Variable	DF	Parameter Estimate	Standard Error	T for H0: Parameter=0	⑤Prob > |T|
INTERCEP	1	-286.261250	292.30068415	-0.979	0.3467
X2	1	0.122209	0.04118337	2.967	0.0118
X3	1	0.708751	0.12194416	5.812	0.0001

최종모형에서 추정된 선형회귀함수는 $\widehat{Y} = -286.261 + 0.122X_2 + 0.709X_3$이 된다. 개별회귀계수에 대한 검정결과 ⑤ p-값이 매우 작으므로 개별 독립변수의 정보는 의료인력수요의 변동을 설명하는 데 매우 유의함을 알 수 있다. 추정된 회귀계수 $\widehat{\beta}_1 = 0.122$ 의미를 살펴보면 지역인구가 일정한 수준일 때 월 평균 X-선 검사수가 100번 증가함에 따라 의료인력수요는 평균적으로 약 12.2명 증가가 기대된다고 추정된다. 또한 $\widehat{\beta}_2 = 0.709$ 의미는 월 평균 X-선 검사수가 일정한 수준일 때 지역인구수가 만명 증가함에 따라 의료인력수요는 평균적으로 약 7.1명의 증가가 기대된다고 추정된다.

1.4 최대우도 추정과 성질

제1장 2절에서는 선형회귀모형에서 모수인 회귀계수를 추정하기 위해서 최소제곱법을 사용하였다. 최소제곱추정 절차에서는 오차항 혹은 종속변수의 분포 형태에 대한 가정을 하지 않았다. 반면에 오차항의 확률분포의 형태가 미리 가정될 수 있다면 최우추정법(method of maximum likelihood)을 이용해서 회귀계수를 추정할 수 있다. 최우추정법에 의해서 모수를 추정하기 위해서는 표본 관측값의 결합확률분포(joint probability distribution)를 이용한다. 특정한 표본 관측값이 주어졌을 때 결합확률분포가 모수들의 함수로 표시되는 경우를 우도함수(likelihood function)라고 하다. 본 절에서는 최우추정방법, 최우추정량의 성질에 대하여 설명하도록 하겠다.

1.4.1 최대우도추정법

우선 오차항의 분포가 정규분포에 따른다고 가정했을 때 독립변수가 하나인 단순회귀모형에서 우도함수를 유도하여 보자. 독립변수의 값 X_i가 주어졌을 때 종속변수 Y_i의 조건부 분포는 평균이 $\beta_o+\beta_1 X_i$이고 분산이 σ^2인 정규분포 $N(\beta_o+\beta_1 X_i,\ \sigma^2)$에 따르게 되고, 확률밀도함수는 아래와 같이 정의된다.

$$f(Y_i \mid \beta_o+\beta_1 X_i, \sigma^2) = \frac{1}{\sqrt{2\pi}\sigma} \exp\left(-\frac{1}{2}\frac{[Y_i-(\beta_o+\beta_1 X_i)]^2}{\sigma^2}\right) \qquad (1.19)$$

평균이 0이고 분산이 1인 표준정규확률변수(standard normal random variable) Z의 확률밀도함수 $\phi(z)$는

$$\phi(z) = \frac{1}{\sqrt{2\pi}} \exp\left(-\frac{z^2}{2}\right)$$

이 되기 때문에, 식(1.19)은 아래와 같이 다시 표현할 수 있다.

$$\begin{aligned} f(Y_i \mid \beta_o+\beta_1 X_i, \sigma^2) &= \frac{1}{\sigma}\left[\frac{1}{\sqrt{2\pi}} \exp\left\{-\frac{1}{2}\left(\frac{Y_i-(\beta_o+\beta_1 X_i)}{\sigma}\right)^2\right\}\right] \\ &= \frac{1}{\sigma}\,\phi\left[\frac{Y_i-(\beta_o+\beta_1 X_i)}{\sigma}\right] \end{aligned} \qquad (1.20)$$

표본관측값 $Y_1, Y_2, \cdots, Y_n$ 은 서로 독립이기 때문에 우도함수 $L(\beta_o, \beta_1, \sigma^2)$는 식(1.20)의 결합확률밀도함수를 이용하면

$$\begin{aligned} L(\beta_o, \beta_1, \sigma^2) &= \prod_{i=1}^{n} f(Y_i \mid \beta_o+\beta_1 X_i) \\ &= \prod_{i=1}^{n} \frac{1}{\sigma}\,\phi\left[\frac{Y_i-(\beta_o+\beta_1 X_i)}{\sigma}\right] \end{aligned}$$

$$= (2\pi)^{-\frac{n}{2}} (\sigma^2)^{-\frac{n}{2}} \exp\left(- \frac{\sum_{i=1}^{n} (Y_i - \beta_o - \beta_1 X_i)^2}{2\sigma^2} \right) \quad (1.21)$$

이 된다. 최우추정법에서는 우도함수 L 혹은 자연대수우도함수(natural logarithm of the likelihood function) $\log_e L$를 최대화하는 모수 β_o, β_1와 σ^2의 값을 찾는 것이다. 일반적으로 최우추정법에서는 식(1.21)의 우도함수보다는 자연대수우도함수를 사용하게 된다. 식(1.21)의 양변에 자연대수를 취한 자연대수우도함수 $\log_e L(\beta_o, \beta_1, \sigma^2)$를 표현하면 아래와 같다.

$$\begin{aligned} \log_e L(\beta_o, \beta_1, \sigma^2) &= \sum_{i=1}^{n} \log_e \frac{1}{\sigma} \phi\left[\frac{Y_i - (\beta_o + \beta_1 X_i)}{\sigma} \right] \\ &= -\frac{n}{2} \log_e 2\pi - \frac{n}{2} \log_e \sigma^2 - \frac{1}{2\sigma^2} \sum_{i=1}^{n} (Y_i - \beta_o - \beta_1 X_i)^2 \end{aligned} \quad (1.22)$$

자연대수우도함수를 최대화하는 모수 β_o, β_1와 σ^2의 최우추정량 $\widehat{\beta_o}$, $\widehat{\beta_1}$, 와 $\hat{\sigma}^2$을 구하는 절차를 설명하여 보자. 우선 대수우도함수를 모수에 대하여 편미분한 다음 0로 놓으면

$$\begin{aligned} \frac{\partial[\log_e L(\beta_o, \beta_1, \sigma^2)]}{\partial \beta_o} &= \frac{1}{\sigma^2} \sum_{i=1}^{n} (Y_i - \beta_o - \beta_1 X_i) = 0 \\ \frac{\partial[\log_e L(\beta_o, \beta_1, \sigma^2)]}{\partial \beta_1} &= \frac{1}{\sigma^2} \sum_{i=1}^{n} X_i (Y_i - \beta_o - \beta_1 X_i) = 0 \\ \frac{\partial[\log_e L(\beta_o, \beta_1, \sigma^2)]}{\partial \sigma^2} &= -\frac{n}{2\sigma^2} + \frac{1}{2\sigma^4} \sum_{i=1}^{n} X_i (Y_i - \beta_o - \beta_1 X_i)^2 = 0 \end{aligned} \quad (1.23)$$

이 되고, 연립방정식을 만족시키는 모수 β_o, β_1와 σ^2의 값인 $\widehat{\beta_o}$, $\widehat{\beta_1}$, 와 $\hat{\sigma}^2$은 아래와 같이 쉽게 구할 수 있다.

$$\widehat{\beta_1} = \frac{\sum_{i=1}^{n}(X_i - \overline{X})(Y_i - \overline{Y})}{\sum_{i=1}^{n}(X_i - \overline{X})^2}, \qquad \widehat{\beta_o} = \overline{Y} - \widehat{\beta_1}\,\overline{X}$$

$$\hat{\sigma}^2 = \frac{\sum_{i=1}^{n}(Y_i - \widehat{\beta_o} - \widehat{\beta_1}X_i)^2}{n} = \frac{\sum_{i=1}^{n}(Y_i - \widehat{Y_i})^2}{n} = \frac{\sum_{i=1}^{n} e_i^2}{n} \tag{1.24}$$

위에서 구한 회귀계수 최우추정량은 최소제곱법에서 구한 추정량과 일치된다. 그러나 최우추정량 $\hat{\sigma}^2$는 오차분산 σ^2의 편의추정량(biased estimator)이 된다. 이제 독립변수가 두개 이상인 경우에 행렬로 표시된 선형회귀모형 $\boldsymbol{y} = \boldsymbol{X}\boldsymbol{\beta} + \boldsymbol{\varepsilon}$의 대수우도함수는

$$\log_e L(\boldsymbol{\beta}, \sigma^2 \mid \boldsymbol{y}, \boldsymbol{X}) = \sum_{i=1}^{n} \log_e \frac{1}{\sigma}\,\phi\!\left(\frac{Y_i - \mathbf{x}_i{}'\boldsymbol{\beta}}{\sigma}\right) \tag{1.25}$$

이 된다. 식(1.25)을 최대로 하는 모수벡터 $\boldsymbol{\beta}$의 최우추정량은 $\widehat{\boldsymbol{\beta}} = (\boldsymbol{X}'\boldsymbol{X})^{-1}\boldsymbol{X}'\boldsymbol{y}$이 되고, 최소제곱법에서 구한 회귀계수벡터의 추정량과 같게 된다. 이때 최우추정량도 최소제곱추정량과 마찬가지로 불편성(unbiasedness)을 만족시킨다. 또한 최우추정량은 몇가지 추가적인 좋은 추정량의 성질을 가지고 있다. 첫째, 최우추정량은 일치추정량(consistent estimator)이다. 일치성이란 표본크기가 커짐에 따라 추정하고자 하는 모수를 더 정확히 추정해 준다는 의미이다. 둘째, 최우추정량은 점근적으로 효율적인 추정량(asymptotically efficient estimator)이다. 효율성이란 모든 일치추정량중에서 최우추정량의 분산은 가장 작다는 의미이다. 마지막으로 최우추정량은 점근적으로 정규분포(asymptotically normal distribution)에 따르게 되기 때문에 통계적 검정을 정당화할 수 있다.

1.4.2 최대우도추정량의 분산

최우추정법은 추정량의 분산을 추정하는 데 사용되어 질 수 있다. 여기서는 최우추정량의 분산을 구하는 자세한 절차에 대해서는 생략하고 결과를 중심으로 설명하도록 하겠다. 아래 [그림 1.3]은 회귀계수 β가 변함에 대한 대수우도함수의 두가지 형태를 보여주고 있다. (a)는 자연대수우도함수의 굴곡이 있는 형태이고, (b)는 대수우도함수의 굴곡이 평평한 형태를 나타내고

있다.

[그림 1.3] 대수우도함수의 형태와 기울기 변화

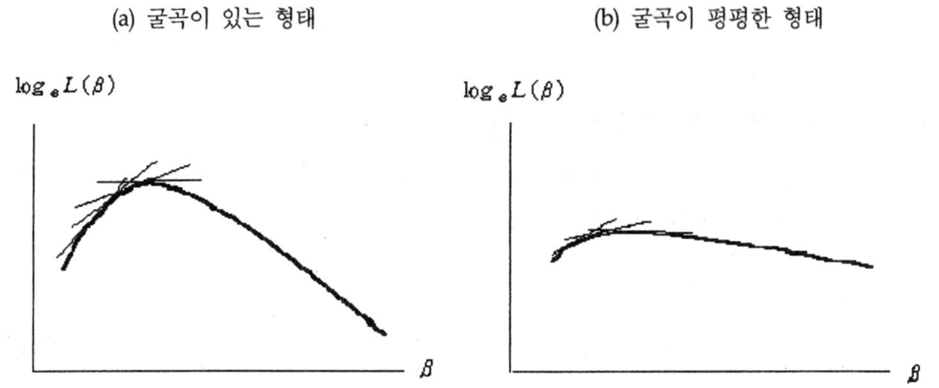

[그림 1.3]에서 접선은 대수우도함수의 기울기인 $\partial[\log_e L(\beta)]/\partial\beta$를 의미한다. 그림(a)에서는 β가 변함에 따라 기울기(접선)들의 변화는 큰 것으로 나타났고, 반면에 그림(b)에서는 기울기(접선)들은 천천히 변화하는 것으로 나타났다. 대수우도함수의 기울기의 변화를 측정하기 위해서는 이차편미분 $\partial^2[\log_e L(\beta)]/\partial\beta\partial\beta$를 사용하게 된다. 만약 이차편미분값이 크면 대수우도함수의 기울기가 빠르게 변화한다는 의미이고, 반대로 이차편미분값이 작으면 대수우도함수의 기울기가 천천히 변화한다는 의미로 해석된다. 대수우도함수의 이차편미분값이 매우 작게 되면 대우우도함수의 굴곡이 평평해 지기 때문에 대수우도함수를 최대로 하는 모수 β의 값을 찾기가 어렵게 된다. 따라서 회귀계수의 최우추정량은 대수우도함수의 기울기의 변화(대수우도함수의 이차편미분)와 관계가 있게 된다. 만약 이차편미분값이 매우 작으면 모수 β의 값을 구하기가 쉽지 않기 때문에 추정량의 분산은 커지게 될 것이다. 왜냐하면 추정량의 분산은 추정량의 신뢰도와 반비례하기 때문이다.

이제 회귀계수가 $k+1$개인 회귀계수 벡터 $\boldsymbol{\beta}=(\beta_o, \beta_1, \cdots, \beta_k)'$인 경우로 연장하여 생각하여보자. 대수우도함수의 이차편미분행렬을 헷시안행렬(Hessian matrix)라고 부르고, $\boldsymbol{H}(\boldsymbol{\beta})$로 표시한다.

$$H(\boldsymbol{\beta}) = \frac{\partial^2 [\log_e L(\boldsymbol{\beta})]}{\partial \boldsymbol{\beta}\, \partial \boldsymbol{\beta}'}$$

$$= \begin{bmatrix} \frac{\partial^2 \log_e L(\boldsymbol{\beta})}{\partial \beta_o \partial \beta_o} & \frac{\partial^2 \log_e L(\boldsymbol{\beta})}{\partial \beta_o \partial \beta_1} & \cdots & \frac{\partial^2 \log_e L(\boldsymbol{\beta})}{\partial \beta_o \partial \beta_k} \\ \frac{\partial^2 \log_e L(\boldsymbol{\beta})}{\partial \beta_1 \partial \beta_o} & \frac{\partial^2 \log_e L(\boldsymbol{\beta})}{\partial \beta_1 \partial \beta_1} & \cdots & \frac{\partial^2 \log_e L(\boldsymbol{\beta})}{\partial \beta_1 \partial \beta_k} \\ \vdots & \vdots & \ddots & \vdots \\ \frac{\partial^2 \log_e L(\boldsymbol{\beta})}{\partial \beta_k \partial \beta_o} & \frac{\partial^2 \log_e L(\boldsymbol{\beta})}{\partial \beta_k \partial \beta_1} & \cdots & \frac{\partial^2 \log_e L(\boldsymbol{\beta})}{\partial \beta_k \partial \beta_k} \end{bmatrix} \tag{1.26}$$

앞에서도 설명하였지만 이차편미분은 대수우도함수의 기울기의 변화율을 의미한다. 예를 들면, 만약 j-번째 회귀계수 β_j에 대한 이차편미분 $\partial^2[\log_e L(\boldsymbol{\beta})]/\partial\beta_j \partial\beta_j$이 작다면 β_j가 변함에 따라 대수우도함수는 느리게 변화한다는 의미이다. 다시 표현하면 대수우도함수가 평평하다는 의미로 해석된다. 만약 대수우도함수가 평평하다면, 대수우도함수를 최대화하는 $\widehat{\beta}_j$ 값을 선택하기가 어려워지기 때문에 $\widehat{\beta}_j$의 분산은 커지게 될 것이다. 따라서 대수우도함수의 이차편미분(햇시안)은 추정량의 분산과 역수관계를 갖게 된다. 최우추정량의 공분산행렬은 햇시안행렬 기대값의 음수로 정의되고 다음과 같이 표현된다.

$$\boldsymbol{Cov}(\widehat{\boldsymbol{\beta}}) = -E[\boldsymbol{H}(\boldsymbol{\beta})]^{-1}$$

$$= \begin{bmatrix} -E\left(\frac{\partial^2 \log_e L(\boldsymbol{\beta})}{\partial \beta_o \partial \beta_o}\right) & -E\left(\frac{\partial^2 \log_e L(\boldsymbol{\beta})}{\partial \beta_o \partial \beta_1}\right) & \cdots & -E\left(\frac{\partial^2 \log_e L(\boldsymbol{\beta})}{\partial \beta_o \partial \beta_k}\right) \\ \vdots & \vdots & \ddots & \vdots \\ -E\left(\frac{\partial^2 \log_e L(\boldsymbol{\beta})}{\partial \beta_k \partial \beta_o}\right) & -E\left(\frac{\partial^2 \log_e L(\boldsymbol{\beta})}{\partial \beta_k \partial \beta_1}\right) & \cdots & -E\left(\frac{\partial^2 \log_e L(\boldsymbol{\beta})}{\partial \beta_k \partial \beta_k}\right) \end{bmatrix}^{-1} \tag{1.27}$$

만약 모수벡터 $\boldsymbol{\beta}$의 최우추정량이 $\widehat{\boldsymbol{\beta}}$ 라면 $\boldsymbol{Cov}(\widehat{\boldsymbol{\beta}})$의 추정량은 아래와 같다.

$$\widehat{\boldsymbol{Cov}}(\widehat{\boldsymbol{\beta}}) = -E[\boldsymbol{H}(\widehat{\boldsymbol{\beta}})]^{-1} \tag{1.28}$$

APPLIED LOGISTIC REGRESSION ANALYSIS

제 2 장

로지스틱과 프로빗 회귀모형

선형회귀모형에서 종속변수는 연속적인 척도에서 측정된 양적인 변수라고 가정하였다. 다중 선형회귀모형 $\boldsymbol{y} = \boldsymbol{X}\boldsymbol{\beta} + \boldsymbol{\epsilon}$ 에서 종속변수벡터 $\boldsymbol{y}$는 평균이 $\boldsymbol{X}\boldsymbol{\beta}$이고 분산이 $\sigma^2\boldsymbol{I}$인 정규분포에 따른다고 가정하였다. 때때로 종속변수가 질적인 변수(qualitative variable)로 취할 수 있는 변수의 값이 단지 두가지밖에 없는 경우가 있다. 예를 들면, 새로운 자동차를 구입 여부를 분석할 수 있는 회귀모형을 설정하고자 할 때 영향을 미칠 수 있는 독립변수들로 가계소득, 보유 자동차 사용연수 등을 고려할 수 있을 것이다. 이때 종속변수는 자동차 구입여부를 구분할 수 있는 질적인 변수로 '구입' 혹은 '구입하지 않음' 두가지 값으로 표시할 수 있겠다.

다른 예를 들자면 결혼한 여자의 직업참여 여부를 분석할 수 있는 회귀모형을 설정하고자 할 때 영향을 미칠 수 있는 독립변수들로 부인 나이, 5세 미만의 자녀 수, 부인 학력수준, 남편 학력수준, 가계소득 등을 고려할 수 있을 것이다. 이 경우에도 종속변수는 결혼한 여성의 직업참여 여부를 구분할 수 있는 질적인 변수로 두가지 값인 '참여' 혹은 '참여할 수 없음' 으로 표시할 수 있다. 일반적으로 종속변수가 취할 수 있는 값은 어떤 사건이 발생된 경우를 1 로 하고, 발생되지 않은 경우를 0 으로 표시될 수 있기 때문에, 종속변수는 연속적인 척도에서 측정된 변수가 아니고 이산형변수가 된다. 본장에서는 종속변수가 두가지 값을 취하는 범주형 변수일 때 사용할 수 있는 로지스틱회귀모형(logistic regression model)과 프로빗모형(probit model)에 대하여 설명하도록 하겠다.

2.1 이변수 선형회귀모형

종속변수가 두가지 값만 취하는 질적인 이변수이고 독립변수의 수가 k개인 경우에 선형회귀모형은 아래와 같이 설정된다.

$$Y_i = \beta_o + \beta_1 X_{1i} + \beta_2 X_{2i} + \cdots + \beta_k X_{ki} + \varepsilon_i = \boldsymbol{x}_i{}' \boldsymbol{\beta} + \varepsilon_i \tag{2.1}$$

여기서 $\boldsymbol{x}_i{}'$ 는 자료 디자인행렬 $\boldsymbol{X}$의 i-번째 행 $(1, X_{1i}, \ldots, X_{ki})$, $\boldsymbol{\beta} = (\beta_o, \beta_1, \ldots, \beta_k)'$ 는 모수벡터, ε_i는 i-번째 오차항이다. 종속변수 Y_i가 취할 수 있는 값은 특정사건이 발생했을 때에는 $Y_i = 1$ 로, 발생되지 않은 경우에는 $Y_i = 0$ 로 표시하자. 선형회귀모형에서 독립변수들의

값 $\boldsymbol{x}_i$이 주어졌을 때 종속변수의 기대값은 아래와 같이 표시된다.

$$E(Y_i \mid \boldsymbol{x}_i) = \beta_o + \beta_1 X_{1i} + \beta_2 X_{2i} + \cdots + \beta_k X_{ki} = \boldsymbol{x}_i{}' \boldsymbol{\beta} \tag{2.2}$$

종속변수가 이변수일 때 독립변수의 값이 주어졌을 때 종속변수의 기대값의 의미를 살펴보기로 하자. 이때 종속변수 Y_i는 두가지 값만 취하는 베르누이 확률변수(bernoulli random variable)로 아래와 같은 확률분포를 가지게 된다.

[표 2.1 : 종속변수에 대한 베르누이 확률분포]

종속변수 Y_i	확률
1	$P(Y_i = 1 \mid \boldsymbol{x}_i) = \pi(\boldsymbol{x}_i)$
0	$P(Y_i = 0 \mid \boldsymbol{x}_i) = 1 - \pi(\boldsymbol{x}_i)$

[표 2.1]에서 독립변수들의 값 $\boldsymbol{x}_i$에서 종속변수의 값이 1이 될 확률 $P(Y_i = 1 \mid \boldsymbol{x}_i)$을 $\pi(\boldsymbol{x}_i)$로 표시하고, 종속변수의 값이 0이 될 확률 $P(Y_i = 0 \mid \boldsymbol{x}_i)$을 $1 - \pi(\boldsymbol{x}_i)$로 표시하였다. 독립변수들의 값 $\boldsymbol{x}_i$에서 종속변수의 조건부 기대값(conditional expectation)은 다음과 같이 구해진다.

$$\begin{aligned} E(Y_i \mid \boldsymbol{x}_i) &= \sum_{y_i=0,1} y_i P(Y_i = y_i \mid \boldsymbol{x}_i) \\ &= 0 \times P(Y_i = 0 \mid \boldsymbol{x}_i) + 1 \times P(Y_i = 1 \mid \boldsymbol{x}_i) \\ &= 0 \times [1 - \pi(\boldsymbol{x}_i)] + 1 \times \pi(\boldsymbol{x}_i) = \pi(\boldsymbol{x}_i) \\ &= \boldsymbol{x}_i{}' \boldsymbol{\beta} \end{aligned} \tag{2.3}$$

따라서 $E(Y_i \mid \boldsymbol{x}_i)$은 독립변수들의 값 $\boldsymbol{x}_i$에서 종속변수값이 1이 될 확률을 의미한다. 다시 표현하면

$$
\begin{aligned}
E(Y_i \mid \boldsymbol{x}_i) &= P(Y_i = 1 \mid \boldsymbol{x}_i) = \pi(\boldsymbol{x}_i) \\
&= \beta_o + \beta_1 X_{1i} + \beta_2 X_{2i} + \cdots + \beta_k X_{ki} \\
&= \boldsymbol{x}_i' \boldsymbol{\beta}
\end{aligned} \tag{2.4}
$$

이 된다. 식(2.4)에서 j-번째 회귀계수 β_j의 해석은 다른 독립변수들의 수준이 일정할 때 j-번째 독립변수 X_j가 한 단위 증가함에 따라 어떤 사건이 발생될 확률변화를 의미한다. 이때 회귀함수는 선형(linear)이기 때문에 j-번째 독립변수 X_j가 한 단위 증가함에 따라 대응되는 확률 변화는 X_j의 수준에 관계없이 항상 동일하게 된다. 따라서 종속변수가 이변수인 경우에 선형회귀모형을 선형확률모형(linear probability model)이라고도 부른다.

[예제 2.1] 결혼한 여성의 직업참여 여부를 결정할 수 있는 선형회귀모형 분석

Morz(1987)는 결혼한 백인 여성의 직업참여 여부를 분석할 수 있는 회귀모형을 설정하기 위해서 직업참여 여부에 영향을 미칠 수 있는 독립변수들로 5세 이하 자녀수(X_1), 6세부터 18세 이하 자녀수(X_2), 부인 나이(X_3), 부인 학력수준(X_4), 남편 학력수준(X_5), 부인소득의 자연대수값(X_6), 부인소득을 제외한 가계소득(X_7) 등을 고려할 수 있을 것이다. 자료는 30세부터 60세까지의 여성 753명에 대한 자료이다. 자료는 첨부된 디스켓 \data\ex2-1.dat 에 저장되어있다. 자료에서 종속변수 Y와 두개 독립변수 X_4, X_5는 가변수(dummy variable)로 아래와 같이 표시되었다. 자료에 대하여 선형회귀모형을 적합시키고 아래 물음에 대하여 분석하여 보자.

$$
Y = \begin{cases} 1 & \text{참여} \\ 0 & \text{참여할 수 없음} \end{cases} \qquad
X_4 = \begin{cases} 1 & \text{부인학력 대학졸업} \\ 0 & \text{부인학력 고졸이하} \end{cases} \qquad
X_5 = \begin{cases} 1 & \text{남편학력 대학졸업} \\ 0 & \text{남편학력 고졸이하} \end{cases}
$$

$$
Y = \beta_o + \beta_1 X_1 + \beta_2 X_2 + \beta_3 X_3 + \beta_4 X_4 + \beta_5 X_5 + \beta_6 X_6 + \beta_7 X_7 + \varepsilon
$$

(1) 자료의 요약통계량을 출력시켜라.
(2) 선형회귀모형의 모수를 최소제곱법에 의해서 추정하고, 유의수준 0.05 에서 t-검정하여라. 또한 추정된 회귀계수의 의미를 해석하고, 어떤 문제점이 있는지를 검토하여라.
(3) 설정된 선형회귀모형의 유의성에 대한 F-검정을 하여라.
(4) 설정된 선형회귀모형의 설명력을 검토하고, 문제점을 설명하여라.

□ **SAS 프로그램(\program\ex2-1.sas)**

```
    DATA ONE;
     INFILE 'A:\DATA\EX2-1.DAT';
      INPUT Y X1-X7;
    RUN;
   ①PROC MEANS MEAN STD MIN MAX MAXDEC=2;
     VAR Y X1-X7;
    RUN;
    PROC REG;
   ②MODEL Y=X1-X7;
    RUN;
```

(1) 자료의 요약통계량인 표본평균, 표본표준편차, 최소값과 최대값을 소수점 두 자리까지 계산하여 출력하기 위해서 ①PROC MEANS MEAN STD MIN MAX MAXDEC=2; 문을 사용하였다.

(2) 일곱 개 독립변수를 포함한 선형회귀모형을 설정하여 분석하기 위해서 PROC REG 에서 ② MODEL Y=X1-X7; 문을 사용하였다.

□ **SAS 결과와 해석**

[표 2.2 : 변수들에 대한 요약통계]

Variable	Mean	Std Dev	Minimum	Maximum
Y	0.57	0.50	0.00	1.00
X1	0.24	0.52	0.00	3.00
X2	1.35	1.32	0.00	8.00
X3	42.54	8.07	30.00	60.00
X4	0.28	0.45	0.00	1.00
X5	0.39	0.49	0.00	1.00
X6	1.10	0.59	-2.05	3.22
X7	20.13	11.63	-0.03	96.00

[표 2.3 : 회귀계수에 대한 추정과 검정]

Variable	DF	Parameter Estimate	Standard Error	T for H0: Parameter=0	Prob> |T|
INTERCEP	1	1.143548	0.12705267	9.001	0.0001
X1	1	-0.294836	0.03590272	-8.212	0.0001
X2	1	-0.011215	0.01396274	-0.803	①0.4221
X3	1	-0.012741	0.00253773	-5.021	0.0001
X4	1	0.163679	0.04582837	3.572	0.0004
X5	1	0.018951	0.04253297	0.446	②0.6560
X6	1	0.122740	0.03019149	4.065	0.0001
X7	1	-0.006760	0.00157077	-4.304	0.0001

(1) 유의수준 0.05에서 개별회귀계수에 대한 t-검정 결과 ①6세부터 18세 이하 자녀수(X_2)와 ②남편 학력수준(X_5)과 연관된 p-값이 각각 0.4221과 0.6560으로 매우 크므로, 두개 독립변수에 대한 개별 정보는 부인의 직업참여 여부 결정에 통계적으로 유의한 영향을 미치지 않는 것으로 나타났다. 반면에 나머지 독립변수들과 연관된 p-값들은 모두 0에 가까운 매우 작은 값으로 나타났기 때문에 부인의 직업참여 여부 결정에 매우 유의한 영향을 미치고 있는 것으로 나타났다. 이제 추정된 개별 회귀계수의 의미를 살펴보도록 하자. $\widehat{\beta_1}=-0.295$에 대한 해석은 다른 여섯개 독립변수들의 수준이 일정할 때, 5세 이하 자녀수(X_1)가 한 명씩 증가할수록 부인이 직업에 참여할 확률은 약0.295 만큼씩 감소된다는 의미일 것이다. $\widehat{\beta_3}=-0.013$에 대한 해석은 다른 여섯개 독립변수들의 수준이 일정할 때, 부인 나이(X_3)가 10세씩 증가할수록 부인이 직업을 가질 확률은 약0.13 만큼씩 감소한다는 의미일 것이다. 그리고 $\widehat{\beta_4}=0.164$에 대한 해석은 다른 여섯개 독립변수들의 수준이 일정할 때, 부인 학력수준(X_4)이 대학을 졸업했다면 고졸이하의 학력수준과 비교해서 부인이 직업에 참여할 확률은 0.164 만큼 증가한다는 의미일 것이다. 이때 만약 5세 이하 자녀수(X_1)가 4명이라면 직업에 참여에 대한 확률의 감소는 1.18 (-0.295×4)로 1보다 큰 값으로 얻어지게 된다. 이러한 확률적 감소(확률의 최대값은 1)는 해석상의 문제점을 야기하게 된다.

(2) 귀무가설 $H_o: \beta_1=\beta_2=\cdots=\beta_7=0$에 대한 F-검정 결과에서 검정통계량값은 ③ $F^*=18.827$이고, 검정통계량의 ④ p-값이 0.0001로 매우 작으므로 귀무가설을 강하게 기각할 수 있는 근거가 된다. 따라서 선형회귀모형에 포함된 일곱 개 독립변수들 중에는 적어도 하나 이상의 독립변수가 부인의 직업참여여부 결정에 유의한 영향을 미치는 것으로 판단된다.

[표 2.4 : 선형회귀모형에 대한 분산분석 결과]

Source	DF	Sum of Squares	Mean Square	F Value	Prob>F
Model	7	27.76575	3.96654	③18.827	④0.0001
Error	745	156.96201	0.21069		
C Total	752	184.72776			

Root MSE	0.45901	⑤R-square	0.1503
Dep Mean	0.56839	Adj R-sq	0.1423
C.V.	80.75517		

(3) 일곱 개 독립변수를 포함한 선형회귀모형의 설명력을 평가할 수 있는 ⑤결정계수 R^2는 0.1503로 매우 낮게 나타났다. 즉, 부인의 직업참여 여부 결정에 대한 변동은 일곱개 독립변수를 포함한 선형회귀모형에 의해서 약15.03%만큼 설명될 수 있다는 의미이다. 이렇게 선형회귀모형의 설명력이 낮은 가능한 이유를 찾자면 1)선형회귀모형 가정(연속적인 종속변수, 선형성, 동분산성 등)의 위반, 2)부인의 직업참여 결정을 설명할 수 있는 주요 독립변수들의 생략 가능성 등을 검토할 수 있겠다. 참고로 종속변수가 연속형이 아니고 범주형일 때에는 결정계수로 모형의 설명력을 평가하는 것은 바람직하지 못하다고 판단된다.

이제부터 예제에서 나타난 문제점들을 이론적으로 검토하여 보기로 하자. 종속변수가 두가지 값만 취하는 범주형 변수일 때 선형회귀모형은 제1장 1절에서 설정한 몇가지 기본가정들을 위반하게 되어, 다음과 같은 문제점들이 발생하게 된다.

1) 오차항의 이분산성(Heteroscedasticity)

종속변수 Y_i가 1과 0을 취하는 범주형 변수일 때에는 독립변수들의 값 $\boldsymbol{x}_i$에서 오차항 ε_i의 조건부 분산 $Var(\varepsilon_i \mid \boldsymbol{x}_i)$은 동일하지 않게 되기 때문에 선형회귀모형에서 가정한 동분산성이 위반되게 된다. $Var(\varepsilon_i \mid \boldsymbol{x}_i)$는 독립변수값 $\boldsymbol{x}_i$에서 Y_i의 조건부 분산 $Var(Y_i \mid \boldsymbol{x}_i)$와 같게 된다. 왜냐하면 오차 ε_i가 $Y_i - \pi(\boldsymbol{x}_i)$로 표시되고 $\pi(\boldsymbol{x}_i)$는 상수이기 때문이다. 따라서 $Var(Y_i \mid \boldsymbol{x}_i)$은 아래와 같이 구해진다.

$$
\begin{aligned}
Var(Y_i \mid \boldsymbol{x}_i) &= E[Y_i - E(Y_i \mid \boldsymbol{x}_i)]^2 = E[Y_i - \pi(\boldsymbol{x}_i)]^2 \\
&= \sum_{Y_i=0,1} [Y_i - \pi(\boldsymbol{x}_i)]^2 P(Y_i \mid \boldsymbol{x}_i) \\
&= [0 - \pi(\boldsymbol{x}_i)]^2 [1 - \pi(\boldsymbol{x}_i)] + [1 - \pi(\boldsymbol{x}_i)]^2 \pi(\boldsymbol{x}_i) \\
&= \pi(\boldsymbol{x}_i)[1 - \pi(\boldsymbol{x}_i)] = E(Y_i \mid \boldsymbol{x}_i)[1 - E(Y_i \mid \boldsymbol{x}_i)] \\
&= \boldsymbol{x}_i' \boldsymbol{\beta} (1 - \boldsymbol{x}_i' \boldsymbol{\beta})
\end{aligned} \tag{2.5}
$$

식(2.5)에 의하면 독립변수들의 값 $\boldsymbol{x}_i$에서 종속변수 Y_i의 조건부 분산은 k개 독립변수의 수준에 따라 달라질 수 있기 때문에 조건부 분산은 동일하지 않게 되고, 오차의 조건부 분산도 이분산을 가지게 된다.

2) 오차항의 비정규성(Nonnormality)

종속변수 Y_i가 1과 0을 취하는 범주형 변수일 때, 개별 오차항 $\varepsilon_i = Y_i - \boldsymbol{x}' \boldsymbol{\beta}$은 다음과 같은 두가지 값만 취하게 된다.

$$
\begin{aligned}
Y_i = 1 \text{ 이면} \quad & \varepsilon_i \mid Y_i = 1 - \boldsymbol{x}_i' \boldsymbol{\beta} \\
Y_i = 0 \text{ 이면} \quad & \varepsilon_i \mid Y_i = -\boldsymbol{x}_i' \boldsymbol{\beta}
\end{aligned}
$$

오차 ε_i는 두가지 값만 취할 수밖에 없기 때문에 오차의 분포는 연속형(continuous)이 아니라 이산형(discrete)이기 때문에, 선형회귀모형에서 오차의 분포가 정규분포에 따른다는 가정은 분명히 위반하게 된다.

3) 확률의 비현실적 예측(Nonsensical Prediction)

종속변수가 범주형 변수일 때 선형회귀모형에서 종속변수 Y_i의 조건부 기대값 $E(Y_i \mid \boldsymbol{x}_i)$은 Y_i가 1을 취할 확률 $\pi(\boldsymbol{x}_i)$이기 때문에, 확률의 성질인 $0 \le E(Y_i \mid \boldsymbol{x}_i) \le 1$이 반드시 성립되어야 한다. 그러나 선형회귀모형을 적용할 때에는 이러한 제약조건이 충족되지 못하는 경우가 발생하게 된다. 왜냐하면 $E(Y_i \mid \boldsymbol{x}_i) = \boldsymbol{x}_i' \boldsymbol{\beta}$이고, 특정한 독립변수들의 값 $\boldsymbol{x}_i$을 대입할 때 $E(Y_i \mid \boldsymbol{x}_i) > 1$ 혹은 $E(Y_i \mid \boldsymbol{x}_i) < 0$인 경우가 발생될 수 있기 때문이다. 따라서 종속

변수가 범주형 변수인 경우에 선형회귀모형을 사용하게 되면 확률에 대한 비합리적인 예측을 초래할 수 있다는 것을 유의하여야 한다.

4) 함수형태(Functional Form)

종속변수가 범주형 변수일 때 선형회귀모형에서 추정된 개별회귀계수 $\widehat{\beta_j}$의 해석은 다른 독립변수들의 수준이 일정할 때, j-번째 독립변수 X_j가 한 단위 증가함에 따라 어떤 사건이 발생할 확률의 변화량은 $\widehat{\beta_j}$로 추정된다는 의미이다. 이러한 해석은 비현실적인 경우가 흔히 발생되게 된다. [예제 2.1]에서 5세 이하 자녀수(X_1)에 대한 추정된 회귀계수 $\widehat{\beta_1}=-0.295$ 의 해석은 다른 독립변수들의 수준이 일정할 때 5세 이하 어린 자녀가 한 명씩 증가함에 따라 부인이 직업에 참여할 확률은 어린 자녀가 없는 경우와 비교해서 0.295만큼 감소된다는 의미로 해석되었다. 만약 어린 자녀가 네 명일 경우에는 확률은 1.18(0.295 × 4)만큼 감소되기 때문에, 이러한 확률적 해석은 비현실적이다. 좀더 현실적인 해석은 어린 자녀수가 증가함에 따라 부인이 직업에 참여할 확률은 동일한 값만큼 계속 감소하는 것이 아니라, 점진적으로 감소하는 것이 이론적으로 타당할 것이다.

예를 들면, 첫번째 어린 자녀인 경우에는 확률이 약 0.3만큼, 두번째 어린 자녀는 0.2만큼, 세번째 어린 자녀는 0.1만큼 등으로 감소하는 것으로 생각하는 것이 합리적일 것이다. 이러한 점진적인 감소를 고려하려면 종속변수와 독립변수들의 회귀모형의 함수형태는 선형(linear)보다는 비선형(nonlinear)이어야 할 것이다. 만약 종속변수가 범주형 변수일 때 비선형 함수형태의 회귀모형을 설정할 수 있다면 독립변수의 수준이 변화할 때 종속변수의 기대값인 확률은 0과 1로 수렴할 수 있을 것이다. 따라서 종속변수가 범주형 변수일 때 선형회귀모형의 가장 심각한 문제점은 함수의 형태에 있다고 판단된다.

2.2 로지스틱회귀모형

앞 절에서 종속변수가 두가지 값만 취하는 범주형변수일 때 선형회귀모형에서 설정한 몇가지 주요 가정을 심각하게 위반하게 됨을 설명하였다. 만약 종속변수가 범주형 변수일 때 비선형 함수형태의 회귀모형을 설정할 수 있다면 독립변수의 수준이 변화할 때 종속변수의 기대값인 확률은 0과 1로 수렴할 수 있을 것이다. 선형회귀모형에서는 독립변수들의 값 $\boldsymbol{x}_i$ 에서 종속변수가 1이 될 확률은 1보다 크거나 0보다 작게 나타날 수 있음을 이미 설명하였다. 이러한 문제를 해결하기 위한 방법으로 $P(Y_i=1 \mid \boldsymbol{x}_i)$ 의 적절한 변환을 통해서 우선 범위가 $-\infty$ 와 ∞ 이 되도록 하여보자. 먼저 확률 $P(Y_i=1 \mid \boldsymbol{x}_i)$ 을 아래와 같은 승산(odds)으로 변환하여 보자.

$$\Omega(\boldsymbol{x}_i) = \frac{P(Y_i=1 \mid \boldsymbol{x}_i)}{P(Y_i=0 \mid \boldsymbol{x}_i)} = \frac{P(Y_i=1 \mid \boldsymbol{x}_i)}{1-P(Y_i=1 \mid \boldsymbol{x}_i)} \tag{2.6}$$

여기서 승산 $\Omega(\boldsymbol{x}_i)$ 은 어떤 사건이 발생되지 않을 확률에 대한 발생될 확률의 비율을 의미한다. 승산 $\Omega(\boldsymbol{x}_i)$ 의 범위는 $P(Y_i=1 \mid \boldsymbol{x}_i)=0$ 일 때 0에서 $P(Y_i=1 \mid \boldsymbol{x}_i)=1$ 일 때 ∞ 로 변하게 되므로 승산의 범위는 $0 \le \Omega(\boldsymbol{x}_i) \le \infty$ 이 된다. 이때 승산에 자연대수(natural logarithm)를 취하면 범위는 $-\infty$ 와 ∞ 로 변하게 되고, 이러한 변환을 로짓변환(logit transformation)이라고 한다. 이때 모형은 로짓에 대하여 선형이 되고 다음과 같이 정의한다.

$$\begin{aligned} \log_e\left[\frac{P(Y_i=1 \mid \boldsymbol{x}_i)}{1-P(Y_i=1 \mid \boldsymbol{x}_i)}\right] &= \beta_o + \beta_1 X_{1i} + \beta_2 X_{2i} + \cdots + \beta_k X_{ki} \\ &= \boldsymbol{x}_i{}' \boldsymbol{\beta} \end{aligned} \tag{2.7}$$

식(2.7)을 $P(Y_i=1 \mid \boldsymbol{x}_i)$ 에 관하여 정리하면

$$\begin{aligned} P(Y_i=1 \mid \boldsymbol{x}_i) &= \frac{\exp(\boldsymbol{x}_i{}'\boldsymbol{\beta})}{1+\exp(\boldsymbol{x}_i{}'\boldsymbol{\beta})} \\ &= \frac{\exp(\beta_o + \beta_1 X_{1i} + \cdots + \beta_k X_{ki})}{1+\exp(\beta_o + \beta_1 X_{1i} + \cdots + \beta_k X_{ki})} \end{aligned} \tag{2.8}$$

이 되고, 식(2.8)을 로지스틱 반응함수(logistic response function)이라고 한다. 로지스틱 반응함수의 형태를 그래프로 설명하기 위해서 우선 독립변수가 하나인 단순 로지스틱반응함수를 살펴보기로 하자.

$$P(Y_i=1 \mid X_i) = \frac{\exp(\beta_o+\beta_1 X_i)}{1+\exp(\beta_o+\beta_1 X_i)} \tag{2.9}$$

식(2.9)에서 절편 β_o와 기울기 β_1이 변함에 따라 로지스틱 반응함수가 어떠한 형태를 갖는지 살펴보기로 하자. [그림 2.1]은 기울기 β_1를 1로 고정시키고, 절편 β_o가 각각 -4, 0, 4 로 했을 때 반응함수로 기울어진 S자 형태를 보이고 있다. 계열1은 ($\beta_o=-4$, $\beta_1=1$), 계열2는 ($\beta_o=0$, $\beta_1=1$), 계열3은 ($\beta_o=4$, $\beta_1=1$)인 경우이다. 절편 β_o가 증가함에 따라 반응함수는 왼쪽으로 이동하게 되고, 기울기는 변하지 않음을 알 수 있다. 또한 특정 X수준에서 절편 β_o가 증가함에 따라 확률은 증가하게 된다.

[그림 2.1] β_o의 변화에 대한 효과

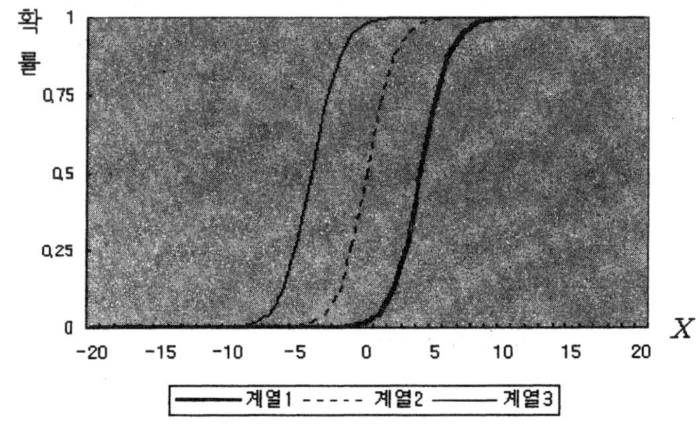

[그림 2.2] β_1의 변화에 대한 효과

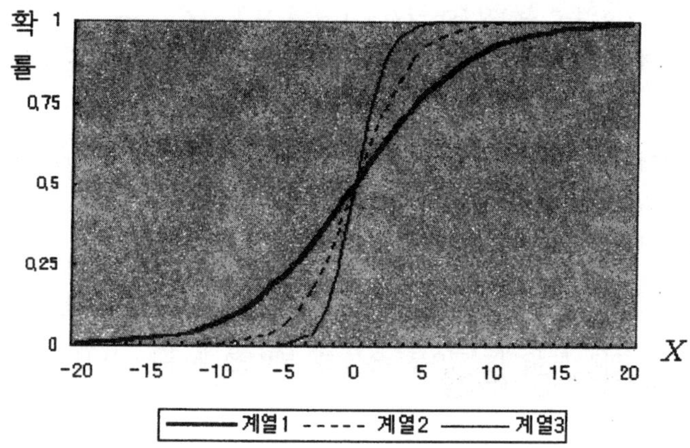

절편 β_o를 0로 고정시키고, 기울기 β_1가 각각 0.25, 0.5, 1인 세가지 반응함수는 [그림2.2]와 같다. [그림 2.2]에서 계열1은 (β_o=0, β_1=0.25), 계열2는 (β_o=0, β_1=0.5), 계열3은 (β_o=0, β_1=1)인 경우이다. β_1가 0에서 0.5로 증가함에 따라 반응함수는 초반에는 서서히 증가하다가 X가 0에 접근할수록 더 빠르게 증가함을 알 수 있다. 일반적으로 β_1가 증가할수록 반응함수는 X가 0에 접근할수록 더 빠르게 증가하게 된다. 만약 기울기를 나타내는 β_1가 음수가 되면 반응함수는 180^o회전하게 되어 기울어진 역 S 자 형태로 바뀌게 된다. 결론적으로 로지스틱 반응함수는 β_1의 부호에 따라 확률 0과 1 사이에서 단조증가 혹은 단조 감소하게 된다. 또한 로지스틱반응함수는 확률 0.2와 0.8 사이에서는 거의 선형적인 형태를 가지고, 독립변수 범위의 양끝에서는 0과 1에 서서히 접근하게 된다.

로지스틱 회귀모형은 선형회귀모형의 제한적인 가정들을 극복할 수 있기 때문에 종속변수가 두가지 값만 취하는 모형에 널리 사용된다. 로지스틱 회귀모형의 가정을 요약하면 아래와 같다.

1) 로지스틱 회귀모형은 종속변수와 독립변수들 사이의 함수관계를 선형으로 가정하지 않고, 비선형관계로 가정한다.
2) 종속변수의 분포는 정규분포에 따를 필요가 없다.

3) 종속변수는 주어진 독립변수의 수준에서 동일한 분산을 가질 필요가 없다.
4) 오차항의 정규성이 가정되지 않는다.
5) 로지스틱 회귀모형에서 독립변수들의 척도는 연속형, 이산형 혹은 혼합형으로 구성될 수 있다.
6) 로지스틱 회귀모형에서는 최우추정법을 사용하기 때문에 추정량의 신뢰성을 확보하기 위해서 표본크기가 어느 정도 대표본이 되어야 한다.

2.3 회귀계수 최대우도 추정

로지스틱회귀모형에서 모수인 회귀계수를 추정하는 데 가장 널리 사용되는 방법은 최대우도 방법이다. 제1장 4절에서 설명하였지만 우도함수(likelihood function)는 n개 자료에 대한 결합확률함수(joint probability function)로 표시된다. 주어진 독립변수들의 수준 $\boldsymbol{x}_i$에서 종속변수 Y_i는 [표 2.1]과 같은 베르누이 확률분포에 따르기 때문에 확률함수는 다음과 같이 정의된다.

$$f(Y_i \mid \boldsymbol{x}_i) = \pi(\boldsymbol{x}_i)^{Y_i}[1-\pi(\boldsymbol{x}_i)]^{1-Y_i}, \quad i=1,\cdots,n \tag{2.10}$$

모든 자료들이 독립적일 때 결합확률함수는 개별 확률함수들의 곱으로 다음과 같이 표시된다.

$$f(Y_1,\cdots,Y_n \mid \boldsymbol{X}) = \prod_{i=1}^{n} f(Y_i \mid \boldsymbol{x}_i) = \prod_{i=1}^{n} \pi(\boldsymbol{x}_i)^{Y_i}[1-\pi(\boldsymbol{x}_i)]^{1-Y_i} \tag{2.11}$$

최대우도법에서는 식(2.11)과 같은 결합확률함수 혹은 결합확률함수의 자연대수를 최대로 하는 모수의 값을 추정하게 된다. 왜냐하면 추정은 두가지 함수에서 같은 결과를 얻을 수 있기 때문이다. 일반적으로 결합확률함수의 자연대수를 최대화시키는 것이 결합확률함수 자체를 최대화시키는 것보다 수학적으로 수월하기 때문에 결합확률함수의 자연대수를 주로 이용한다. 결합확률함수의 자연대수는 다음과 같이 표현된다.

$$
\begin{aligned}
&\log_e f(Y_1, \cdots, Y_n | \boldsymbol{X}) \\
&= \log_e \prod_{i=1}^{n} \pi(\boldsymbol{x}_i)^{Y_i} [1 - \pi(\boldsymbol{x}_i)]^{1-Y_i} \\
&= \sum_{i=1}^{n} Y_i \log_e \pi(\boldsymbol{x}_i) + \sum_{i=1}^{n} (1 - Y_i) \log_e [1 - \pi(\boldsymbol{x}_i)] \\
&= \sum_{i=1}^{n} \left[Y_i \log_e \left(\frac{\pi(\boldsymbol{x}_i)}{1 - \pi(\boldsymbol{x}_i)} \right) \right] + \sum_{i=1}^{n} \log_e [1 - \pi(\boldsymbol{x}_i)]
\end{aligned}
\tag{2.12}
$$

이제 식(2.12)을 독립변수가 하나인 단순 로지스틱회귀모형에 적용하면

$$
\begin{aligned}
[1 - \pi(\boldsymbol{x}_i)] &= [1 + \exp(\beta_o + \beta_1 X_i)]^{-1} \\
\log_e \left(\frac{\pi(\boldsymbol{x}_i)}{1 - \pi(\boldsymbol{x}_i)} \right) &= \beta_o + \beta_1 X_i
\end{aligned}
\tag{2.13}
$$

이 된다. 식(2.13)을 식(2.12)에 대입하면 다음과 같다.

$$
\begin{aligned}
\log_e f(Y_1, \cdots, Y_n | \boldsymbol{X}) &= \log_e L(\beta_o, \beta_1) \\
&= \sum_{i=1}^{n} Y_i (\beta_o + \beta_1 X_i) - \sum_{i=1}^{n} \log_e [1 + \exp(\beta_o + \beta_1 X_i)]
\end{aligned}
\tag{2.14}
$$

식(2.14)를 최대로 하는 회귀계수 β_o와 β_1의 최대우도 추정값을 구하기 위해서는 우선 자연대수우도함수인 $\log_e L(\beta_o, \beta_1)$를 β_o와 β_1에 대해서 편미분하면

$$
\begin{aligned}
\frac{\partial \log_e L(\beta_o, \beta_1)}{\partial \beta_o} &= \sum_{i=1}^{n} Y_i - \sum_{i=1}^{n} \frac{\exp(\beta_o + \beta_1 X_i)}{1 + \exp(\beta_o + \beta_1 X_i)} \\
\frac{\partial \log_e L(\beta_o, \beta_1)}{\partial \beta_1} &= \sum_{i=1}^{n} Y_i X_i - \sum_{i=1}^{n} \frac{X_i \exp(\beta_o + \beta_1 X_i)}{1 + \exp(\beta_o + \beta_1 X_i)}
\end{aligned}
\tag{2.15}
$$

이 된다. β_o와 β_1에 대한 최대우도 추정값 $\widehat{\beta_o}$와 $\widehat{\beta_1}$은 식(2.15)를 0으로 놓은 정규방정식의 해를 구하게 된다. 여기서 문제는 정규방정식이 모수에 대하여 선형이 아니고 비선형이기 때문

에 $\widehat{\beta_o}$와 $\widehat{\beta_1}$를 직접적으로 구할 수 없고, Newton-Raphson 방법 혹은 피셔(Fisher)의 스코어링 방법(method of scoring) 등과 같은 반복적인(iterative) 추정 방법에 의하여 근사해를 구할 수밖에 없다. 반복적인 추정 절차는 특정한 수렴기준(convergence criteria)을 만족할 때까지 계속하게 된다.

이제부터는 로지스틱회귀모형에서 모수 벡터 $\boldsymbol{\beta}$를 반복적으로 추정하는 절차를 행렬을 이용해서 설명하도록 하겠다. 행렬표시는 단순 혹은 다중에서나 같은 형식으로 사용할 수 있으므로 우선 식(2.15)를 행렬로 표시하여 보자. 식(2.15)를 행렬로 표현하기 전에 자료에 대해서 몇가지 벡터와 행렬을 사용하여 표기하여 보자. 단순 로지스틱회귀모형에서 자료 디자인행렬 $\boldsymbol{X}$는 $n\times 2$인 행렬, $\boldsymbol{x}_i'=(1, X_i)$는 행렬 $\boldsymbol{X}$의 i-번째 행, 관측벡터 $\boldsymbol{Y}$는 n차 벡터, 모수벡터 $\boldsymbol{\beta}$는 2차 벡터, $\boldsymbol{\pi}(\boldsymbol{X})$는 n차 벡터가 된다.

$$\boldsymbol{X}=\begin{bmatrix} 1 & X_1 \\ \vdots & \vdots \\ 1 & X_i \\ \vdots & \vdots \\ 1 & X_n \end{bmatrix}=\begin{bmatrix} \boldsymbol{x}_1' \\ \vdots \\ \boldsymbol{x}_i' \\ \vdots \\ \boldsymbol{x}_n' \end{bmatrix} \qquad \boldsymbol{Y}=\begin{bmatrix} Y_1 \\ \vdots \\ Y_i \\ \vdots \\ Y_n \end{bmatrix}$$

$$\boldsymbol{X}'=\begin{bmatrix} 1 & \cdots & 1 & \cdots & 1 \\ X_1 & \cdots & X_i & \cdots & X_n \end{bmatrix} \qquad \boldsymbol{\beta}=\begin{bmatrix} \beta_o \\ \beta_1 \end{bmatrix}$$

$$\boldsymbol{\pi}(\boldsymbol{X})=\begin{bmatrix} \pi(\boldsymbol{x}_1) \\ \vdots \\ \pi(\boldsymbol{x}_i) \\ \vdots \\ \pi(\boldsymbol{x}_n) \end{bmatrix}=\begin{bmatrix} \dfrac{\exp(\beta_o+\beta_1X_1)}{1+\exp(\beta_o+\beta_1X_1)} \\ \vdots \\ \dfrac{\exp(\beta_o+\beta_1X_i)}{1+\exp(\beta_o+\beta_1X_i)} \\ \vdots \\ \dfrac{\exp(\beta_o+\beta_1X_n)}{1+\exp(\beta_o+\beta_1X_n)} \end{bmatrix} \tag{2.16}$$

와 같다. 식(2.15)의 좌변과 우변은 식(2.16)에서 표시된 행렬로 표현하여보자.

$$\begin{aligned}\frac{\partial[\log_e L(\boldsymbol{\beta})]}{\partial\boldsymbol{\beta}} &= \boldsymbol{X}'\boldsymbol{Y}-\boldsymbol{X}'\boldsymbol{\pi}(\boldsymbol{X}) \\ &= \boldsymbol{X}'[\boldsymbol{Y}-\boldsymbol{\pi}(\boldsymbol{X})]\end{aligned} \tag{2.17}$$

식(2.17)을 **0**으로 놓으면 아래와 같이 표현된다.

$$\boldsymbol{X}'\,\boldsymbol{\pi}(\boldsymbol{X}) = \boldsymbol{X}'\,\boldsymbol{Y} \tag{2.18}$$

식(2.18)에서 모수추정은 뉴튼-랩슨 방법과 같은 반복절차를 통해서 아래와 같이 구해진다.

$$\boldsymbol{\beta}^{(t+1)} = \boldsymbol{\beta}^{(t)} - \left(\frac{\partial^2\,[\log_e L(\boldsymbol{\beta})]}{\partial\,\boldsymbol{\beta}^{(t)}\;\partial\,\boldsymbol{\beta}'^{(t)}}\right)^{-1}\left(\frac{\partial\,[\log_e L(\boldsymbol{\beta})]}{\partial\,\boldsymbol{\beta}^{(t)}}\right) \tag{2.19}$$

반복절차에서 $(t+1)$-번째에서 구한 모수벡터 $\boldsymbol{\beta}^{(t+1)}$와 t-번째에서 구한 모수벡터 $\boldsymbol{\beta}^{(t)}$사이의 차이가 설정한 기준보다 작다면 반복절차를 중단하고 마지막 단계에서 구한 값이 최대우도 추정값 $\widehat{\boldsymbol{\beta}}$이 된다.

식(2.19)에서 우변 두번째 항인 이차편미분은 식(2.17)을 $\boldsymbol{\beta}$에 대해서 다시 편미분한 것과 같으므로

$$\begin{aligned}\frac{\partial^2[\log_e L(\boldsymbol{\beta})]}{\partial\boldsymbol{\beta}\,\partial\boldsymbol{\beta}'} &= \frac{\partial\{\boldsymbol{X}'[\boldsymbol{Y}-\boldsymbol{\pi}(\boldsymbol{X})]\}}{\partial\boldsymbol{\beta}}\\ &= -\frac{\partial[\boldsymbol{X}'\,\boldsymbol{\pi}(\boldsymbol{X})]}{\partial\boldsymbol{\beta}}\\ &= -\left[\frac{\partial\,\boldsymbol{\pi}(\boldsymbol{X})}{\partial\boldsymbol{\beta}}\right]\boldsymbol{X}\end{aligned} \tag{2.20}$$

이 된다. 식(2.20)의 마지막 우변을 구하기 위해서 우선 식(2.16)에서 $\boldsymbol{\pi}(\boldsymbol{X})$의 i-번째 원소인 $\pi(\boldsymbol{x}_i)$를 β_o와 β_1으로 편미분하여 보자.

$$\frac{\partial\pi(\boldsymbol{x}_i)}{\partial\beta_o} = \frac{\partial\{\exp(\beta_o+\beta_1X_i)/[1+\exp(\beta_o+\beta_1X_i)]\}}{\partial\beta_o}$$

$$= \frac{\exp(\beta_o + \beta_1 X_i)}{1 + \exp(\beta_o + \beta_1 X_i)} \left(1 - \frac{\exp(\beta_o + \beta_1 X_i)}{1 + \exp(\beta_o + \beta_1 X_i)}\right)$$

$$= \pi(\boldsymbol{x}_i)[1 - \pi(\boldsymbol{x}_i)]$$

$$\frac{\partial \pi(\boldsymbol{x}_i)}{\partial \beta_1} = \frac{\partial\{\exp(\beta_o + \beta_1 X_i)/[1 + \exp(\beta_o + \beta_1 X_i)]\}}{\partial \beta_1}$$

$$= \frac{X_i \exp(\beta_o + \beta_1 X_i)}{1 + \exp(\beta_o + \beta_1 X_i)} \left(1 - \frac{\exp(\beta_o + \beta_1 X_i)}{1 + \exp(\beta_o + \beta_1 X_i)}\right)$$

$$= X_i\, \pi(\boldsymbol{x}_i)[1 - \pi(\boldsymbol{x}_i)]$$

여기서 $w_i = \pi(\boldsymbol{x}_i)[1-\pi(\boldsymbol{x}_i)]$로 두고 위 결과를 행렬로 표시하면

$$\frac{\partial \boldsymbol{\pi}(\boldsymbol{X})}{\partial \boldsymbol{\beta}} = \begin{bmatrix} w_1 & X_1 w_1 \\ \vdots & \vdots \\ w_i & X_i w_i \\ \vdots & \vdots \\ w_n & X_n w_n \end{bmatrix}$$

$$= \begin{bmatrix} 1 & \cdots & 1 & \cdots & 1 \\ X_1 & \cdots & X_i & \cdots & X_n \end{bmatrix} \begin{bmatrix} w_1 & \cdots & 0 & \cdots & 0 \\ \vdots & \ddots & \vdots & \vdots & \vdots \\ 0 & \cdots & w_i & \cdots & 0 \\ \vdots & \vdots & \vdots & \ddots & \vdots \\ 0 & \cdots & 0 & \cdots & w_n \end{bmatrix}$$

$$= \boldsymbol{X}'\boldsymbol{W} \tag{2.21}$$

여기서 $\boldsymbol{W}$는 i-번째 가중값 $w_i = \pi(\boldsymbol{x}_i)[1-\pi(\boldsymbol{x}_i)]$을 대각원소로 사용한 $n \times n$ 대각행렬이다. 이제 식(2.21)의 결과를 식(2.20)에 대입하면

$$\begin{aligned} \frac{\partial^2[\log_e L(\boldsymbol{\beta})]}{\partial \boldsymbol{\beta}\, \partial \boldsymbol{\beta}'} &= -\left[\frac{\partial \boldsymbol{\pi}(\boldsymbol{X})}{\partial \boldsymbol{\beta}}\right] \boldsymbol{X} \\ &= -\boldsymbol{X}'\boldsymbol{W}\boldsymbol{X} \end{aligned} \tag{2.22}$$

이 된다. 따라서 식(2.19)의 반복추정에서 $(t+1)$-번째로 추정된 회귀계수벡터 $\widehat{\boldsymbol{\beta}}^{(t+1)}$는 아래와 같이 얻을 수 있다.

$$\begin{aligned} \widehat{\boldsymbol{\beta}}^{(t+1)} &= \widehat{\boldsymbol{\beta}}^{(t)} + (\boldsymbol{X}'\widehat{\boldsymbol{W}}\boldsymbol{X})^{-1}\boldsymbol{X}'[\boldsymbol{Y} - \widehat{\boldsymbol{\pi}}(\boldsymbol{X})] \\ &= \widehat{\boldsymbol{\beta}}^{(t)} + (\boldsymbol{X}'\widehat{\boldsymbol{W}}\boldsymbol{X})^{-1}\boldsymbol{X}'\boldsymbol{e} \end{aligned} \tag{2.23}$$

위에서 $\widehat{\boldsymbol{W}}$는 $\boldsymbol{W}$의 추정행렬로 i-번째 대각원소가 $\widehat{w_i} = \widehat{\pi}(\boldsymbol{x}_i)[1-\widehat{\pi}(\boldsymbol{x}_i)]$인 대각행렬이고, 잔차벡터 $\boldsymbol{e}$는 $\boldsymbol{Y} - \widehat{\boldsymbol{\pi}}(\boldsymbol{X})$이다. 이러한 반복절차는 수렴이 될 때까지 계속된다. 일반적으로 수렴은 현재와 그 이전 반복절차에서 구해진 회귀계수 추정값의 차이가 거의 없을 때 발생된다. 결론적으로 수렴이 발생될 때 $\boldsymbol{\beta}$의 최대우도 추정벡터 $\widehat{\boldsymbol{\beta}}$를 얻게 된다.

반복적인 추정방법은 회귀계수에 대한 추정과 더불어 검정에 사용되는 회귀계수벡터 추정량에 대한 근사(approximate) 공분산 행렬을 제공한다. 최대우도추정량의 이론에 의하면 근사 공분산행렬은 다음과 같이 구해진다.

$$\begin{aligned} \boldsymbol{Cov}(\widehat{\boldsymbol{\beta}}) &= \left(-E\left[\frac{\partial^2 \log_e L}{\partial\boldsymbol{\beta}\,\partial\boldsymbol{\beta}'}\right]\right)^{-1} \\ &= \begin{bmatrix} Var(\widehat{\beta_o}) & Cov(\widehat{\beta_o}, \widehat{\beta_1}) & \cdots & Cov(\widehat{\beta_o}, \widehat{\beta_k}) \\ Cov(\widehat{\beta_1}, \widehat{\beta_o}) & Var(\widehat{\beta_1}) & \cdots & Cov(\widehat{\beta_2}, \widehat{\beta_k}) \\ \vdots & \vdots & \ddots & \vdots \\ Cov(\widehat{\beta_k}, \widehat{\beta_o}) & Cov(\widehat{\beta_k}, \widehat{\beta_1}) & \cdots & Var(\widehat{\beta_k}) \end{bmatrix} \end{aligned} \tag{2.24}$$

따라서 근사 공분산행렬의 추정값은 다음과 같이 구해진다.

$$\begin{aligned} \widehat{\boldsymbol{Cov}}(\widehat{\boldsymbol{\beta}}) &= -\left(\sum_{i=1}^{n} \frac{\partial^2[\log_e L_i]}{\partial\widehat{\boldsymbol{\beta}}\,\partial\widehat{\boldsymbol{\beta}}'}\right)^{-1} \\ &= \begin{bmatrix} \widehat{Var}(\widehat{\beta_o}) & \widehat{Cov}(\widehat{\beta_o}, \widehat{\beta_1}) & \cdots & \widehat{Cov}(\widehat{\beta_o}, \widehat{\beta_k}) \\ \widehat{Cov}(\widehat{\beta_1}, \widehat{\beta_o}) & \widehat{Var}(\widehat{\beta_1}) & \cdots & \widehat{Cov}(\widehat{\beta_2}, \widehat{\beta_k}) \\ \vdots & \vdots & \ddots & \vdots \\ \widehat{Cov}(\widehat{\beta_k}, \widehat{\beta_o}) & \widehat{Cov}(\widehat{\beta_k}, \widehat{\beta_1}) & \cdots & \widehat{Var}(\widehat{\beta_k}) \end{bmatrix} \end{aligned} \tag{2.25}$$

위에서 설명한 반복적인 방법을 사용하면 일반적으로 쉽게 수렴된 해를 구할 수 있으나 수렴에 종종 실패하는 문제가 발생될 수 있다. 때때로 충분한 반복을 수행하여도 수렴이 되기 어렵거나 불가능한 경우가 발생될 수 있다. 수렴이 불가능한 경우는 식(2.23)에 사용된 행렬을 구할 수가 없는 경우일 것이다. 이제 반복적인 방법에서 수렴이 어렵거나 혹은 실패하는 몇가지 요인들을 살펴보기로 하자. 첫번째 요인은 관측수의 크기이다. 수렴의 성공은 관측수가 많을 때와 모형에 포함된 독립변수의 수에 대한 자료의 비율이 높을수록 커지게 된다. 따라서 독립변수에 대한 자료수가 작은 경우에는 수렴에 문제를 발생시킬 수 있게 된다. 두번째 요인은 독립변수들과 연관된 척도(scaling) 문제이다. 독립변수들의 자료에서 구한 표본표준편차중에서 가장 큰 표본표준편차와 가장 작은 표본표준편차의 비율이 클수록 수렴은 어렵게 된다. 즉, 독립변수들의 측정척도가 매우 다를 경우에는 수렴속도가 상당히 늦어지게 된다. 이 경우에는 척도를 변환시키면 문제점을 감소시킬 수 있을 것이다. 세번째 요인은 어떤 특정사건의 분포에 대한 문제이다. 로지스틱모형에서 종속변수는 두가지 값만 취하기 때문에 어떤 특정한 사건이 발생할 비율이 매우 높고 발생되지 않을 비율이 매우 낮은 경우에는 수렴이 매우 어렵게 되는 경우가 발생될 수 있기 때문이다. 결론적으로 반복적인 절차를 사용하는 최우추정방법은 자료에 대하여 설정된 모형이 적절하다면 소수의 반복절차에서도 해는 쉽게 수렴하게 된다. 반면에 자료의 수가 너무 적거나, 독립변수의 수가 너무 많거나, 혹은 적절한 모형이 설정되지 못했다면 수렴은 어렵게 된다.

모수벡터 $\boldsymbol{\beta}$의 최대우도 추정벡터 $\widehat{\boldsymbol{\beta}}$ 가 구해지면 독립변수들의 수준 $\boldsymbol{x}_i$ 에서 어떤 사건이 발생될 확률은 아래식을 이용해서 추정할 수 있다.

$$\begin{aligned}\widehat{P}(Y_i = 1 \mid \boldsymbol{x}_i) &= \frac{\exp(\boldsymbol{x}_i{}'\widehat{\boldsymbol{\beta}})}{1+\ \exp(\boldsymbol{x}_i{}'\widehat{\boldsymbol{\beta}})} \\ &= \frac{\exp(\widehat{\beta}_o + \widehat{\beta}_1 X_{1i} + \cdots + \widehat{\beta}_k X_{ki})}{1+\exp(\widehat{\beta}_o + \widehat{\beta}_1 X_{1i} + \cdots + \widehat{\beta}_k X_{ki})}\end{aligned} \tag{2.26}$$

[예제 2.2] 부인 직업참여 여부 결정에 대한 로지스틱회귀모형 분석

Morz(1987)는 결혼한 백인 여성의 직업참여 여부를 분석할 수 있는 로지스틱회귀모형을 설정하기 위해서 직업참여 여부에 영향을 미칠 수 있는 독립변수들로 5세 이하 자녀수(X_1), 6세부터 18세 이하 자녀수(X_2), 부인 나이(X_3), 부인 학력수준(X_4), 남편 학력수준(X_5), 부인소득의 대수값(X_6), 부인 소득을 제외한 가계소득(X_7) 등을 고려할 수 있을 것이다. 자료은 30세부터 60세까지의 여성 753명에 대한 자료이다. 자료는 첨부된 디스켓 \data\ex2-1.dat 에 저장되어있다. 자료에서 종속변수 Y와 독립변수 X_4, X_5는 가변수(dummy variable)로 아래와 같이 표시되었다. 우선 자료에 대하여 아래와 같은 로지스틱회귀모형을 적합시키고 아래 질문에 대하여 분석하여보자. 아래 질문 (3), (4)와 (5)에 대한 설명과 결과에 대해서는 다음절에서 설명하도록 하겠다.

$$Y = \begin{cases} 1 & \text{참여} \\ 0 & \text{참여할 수 없음} \end{cases} \qquad X_4 = \begin{cases} 1 & \text{부인학력 대학졸업} \\ 0 & \text{부인학력 고졸이하} \end{cases} \qquad X_5 = \begin{cases} 1 & \text{남편학력 대학졸업} \\ 0 & \text{남편학력 고졸이하} \end{cases}$$

$$\pi(\boldsymbol{x}) = \frac{\exp(\beta_o + \beta_1 X_1 + \cdots + \beta_7 X_7)}{1 + \exp(\beta_o + \beta_1 X_1 + \cdots + \beta_7 X_7)}$$

(1) 로지스틱 회귀계수를 최우추정법에 의해서 추정하여라.
(2) 추정된 회귀계수를 이용해서 결혼한 여성이 직업에 참여할 확률을 추정하고, 특정한 독립변수들의 값에 대한 확률을 추정하여라.
(3) 확률의 부분변화를 계산하고 해석하여라.
(4) 확률의 이산변화를 계산하고 해석하여라.
(5) 승비의 변화를 계산하고 해석하여라.

□ **SAS 프로그램(\program\ex2-2.sas)**

```
DATA ONE;
 INFILE 'A:\DATA\EX2-1.DAT';
  INPUT Y X1-X7;
RUN;
①PROC LOGISTIC DESCENDING;
 ②MODEL Y = X1-X7;
    OUTPUT OUT=TWO P=PHAT;
  ③UNITS X1=SD X2=SD X3=SD X6=SD X7=SD;
RUN;
④PROC PRINT;
 VAR X1-X7 Y PHAT;
RUN;
```

(1) 종속변수가 1 과 0 값만 취하는 이변수인 경우에 로지스틱회귀모형을 자료에 적합시키기 위해서

①PROC LOGISTIC DESCENDING; 문을 사용하였다. 옵션 DESCENDING은 내림차순으로 $Y=1$일 확률모형을 추정하고, SAS에서 기본값은 오름차순(ASCENDING)으로 $Y=0$일 확률모형을 추정하게 된다. 또한 로지스틱회귀모형의 구성은 '종속변수 = 독립변수들' 이기 때문에 ② MODEL Y=X1-X7; 문을 사용하였다. 또한 자료에 대하여 여성이 직업에 참여할 확률을 계산하여 데이터 TWO 에 저장하기 위해서 OUTPUT OUT=TWO P=PHAT; 문을 사용하였다. ①과 ②를 사용하게 되면 회귀계수들의 추정과 검정, 표준화 회귀계수의 추정, 승비변화 등을 자동적으로 출력하게 된다. 또한 자료와 추정확률을 출력하기 위해서 ④PROC PRINT; 문을 사용하였다.

(2) 독립변수 X_1, X_2, X_3, X_6, X_7 들이 개별 독립변수가 표본 표준편차 한 단위가 증가했을 때 승비의 변화를 계산하기 위한 ③UNITS X1=SD X2=SD X3=SD X6=SD X7=SD; 문을 사용하였다.

□ **SAS 결과와 해석**

[표 2.5 : 회귀계수에 대한 최대우도 추정]

Variable	DF	①Parameter Estimate	Standard Error	Wald Chi-Square	Pr > Chi-Squar
INTERCPT	1	3.1821	0.6444	24.3872	0.0001
X1	1	-1.4629	0.1970	55.1445	0.0001
X2	1	-0.0646	0.0680	0.9017	0.3423
X3	1	-0.0629	0.0128	24.1893	0.0001
X4	1	0.8073	0.2300	12.3215	0.0004
X5	1	0.1117	0.2060	0.2941	0.5876
X6	1	0.6047	0.1508	16.0756	0.0001
X7	1	-0.0344	0.00821	17.6106	0.0001

(1) 최우추정법에 의해서 추정된 로지스틱 회귀계수 $\widehat{\beta_o}$, $\widehat{\beta_1}$, …, $\widehat{\beta_7}$는 ①Parameter Estimate 열에서 출력되었다. 따라서 추정된 로지스틱 반응함수는 아래와 같다. 그리고 출력된 결과 중 회귀계수에 대한 가설 검정에 필요한 부분은 제3장에서 다시 설명하도록 하겠다.

$$\hat{\pi}(\boldsymbol{x}) = \frac{\exp(3.1821 - 1.4629\,X_1 - 0.0646\,X_2 + \cdots - 0.034\,X_7)}{1 + \exp(3.1821 - 1.4629\,X_1 - 0.0646\,X_2 + \cdots - 0.034\,X_7)}$$

(2) 추정된 로지스틱 반응함수에 자료를 대입하여 계산된 확률의 부분출력(첫10개 자료)은 다음과 같다.

[표 2.6 : 자료에 대한 확률 추정]

OBS	X1	X2	X3	X4	X5	X6	X7	Y	PHAT
1	1	0	32	0	0	1.21016	10.9100	1	②0.51583
2	0	2	30	0	0	0.32850	19.5000	1	0.66682
3	1	3	35	0	0	1.51413	12.0400	1	0.45658
4	0	3	34	0	0	0.09212	6.8000	1	0.66202
5	1	2	31	1	0	1.52428	20.1000	1	0.66323
6	0	0	54	0	0	1.55649	9.8590	1	0.59597
7	0	2	37	1	0	2.12026	9.1520	1	0.92421
8	0	0	54	0	0	2.05964	10.9000	1	0.65861
9	0	2	48	0	0	0.75434	17.3050	1	0.47384
10	0	2	39	0	0	1.54490	12.9250	1	0.74839

첫번째 자료에 대한 확률을 추정하기 위해서 추정된 로지스틱반응함수를 이용하여 아래와 같이 구할 수 있다.

$$\hat{\pi}(\boldsymbol{x}_1) = \frac{\exp[3.1821 - 1.4629(1) - 0.0646(0) + \cdots - 0.034(10.91)]}{1 + \exp[3.1821 - 1.4629(1) - 0.0646(0) + \cdots - 0.034(10.91)]}$$
$$= ②0.51583$$

추정된 로지스틱반응함수를 이용해서 여러 경우에 대한 확률을 구하여보자. [그림 2.3]은 네가지 독립변수의 수준을 표본평균값($X_1 = 0.24, X_2 = 1.35, X_6 = 1.1, X_7 = 20.13$)으로 고정시키고 부인과 남편의 학력수준의 결합에 따라 나이가 30세부터 60세까지 변함에 따라 추정된 확률곡선이다(excel 파일 ex2-2.xls 참조). [그림 2.3]에서 P1은 부인과 남편의 학력수준이 모두 대졸인 경우($X_4 = X_5 = 1$), P2는 부인의 학력수준이 대졸이고 남편은 고졸이하인 경우($X_4 = 1, X_5 = 0$), P3는 부인의 학력수준이 고졸이하이고 남편은 대졸인 경우($X_4 = 0, X_5 = 1$), P4는 부인과 남편의 학력수준이 모두 고졸이하인 경우($X_4 = X_5 = 0$)에서 나이가 변함에 따라 추정된 확률곡선을 표시한다. [그림 2.3]에 의하면 다른 조건이 일정할 때 부인나이 수준이 증가함에 따라 직업참여 확률은 학력 수준과 관계없이 감소되는 경향을 보이고 있다. 또한 남편의 학력수준보다는 부인의 학력수준에 따라 직업참여확률에 미치는 영향은 거의 일정한 간격으로 차이가 있는 것으로 나타났다.

[그림 2.3] 부인과 남편의 학력수준의 결합에서 나이수준에 대한 추정된 확률곡선

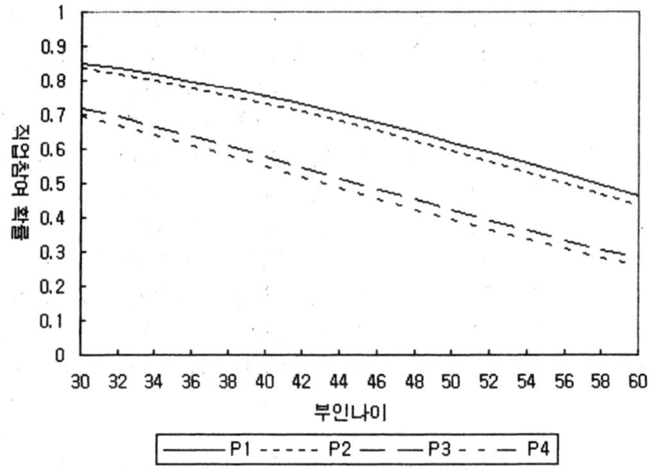

[그림 2.4]는 네가지 독립변수의 수준을 표본평균값($X_1 = 0.24$, $X_2 = 1.35$, $X_3 = 42.54$, $X_6 = 1.1$)으로 고정시키고 부인과 남편의 학력수준의 결합에 따라 부인소득을 제외한 가계소득(X_7)이 0에서 100(1억원)까지 변함에 따라 추정된 확률곡선이다(excel 파일 ex2-2.xls 참조). [그림 2.4]에 의하면 다른 조건이 일정할 때 부인소득을 제외한 가계소득수준이 증가함에 따라 직업참여 확률은 학력 수준과 관계없이 감소되는 경향을 보이고 있다. 또한 [그림 2.3]과 같이 남편의 학력수준보다는 부인의 학력수준에 따라 직업참여확률에 미치는 영향은 거의 일정한 간격으로 차이가 있는 것으로 나타났다.

[그림 2.4] 부인과 남편의 학력수준의 결합에서 부인소득을 제외한 가계소득수준에 대한 추정된 확률곡선

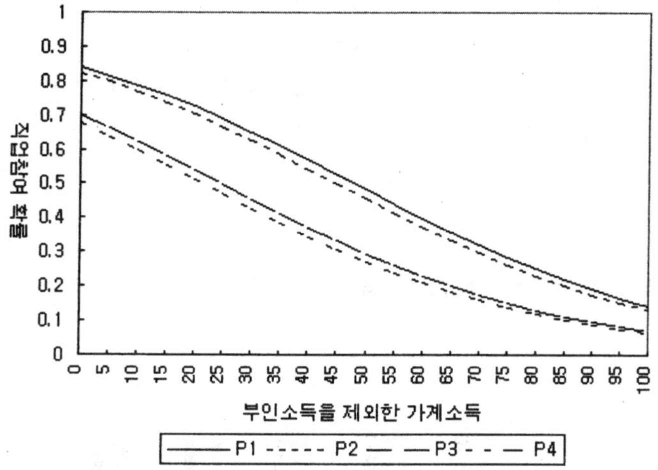

[그림 2.5]는 여섯가지 독립변수의 수준을 $X_2 = 1.35$, $X_3 = 42.54$, $X_4 = 1$, $X_5 = 1$, $X_6 = 1.1$, $X_7 = 20.13$으로 고정시킨 다음 5세 이하 자녀수(X_1)가 0명에서 3명으로 증가함에 따라 추정된 직업참여 확률 막대그림표이다(excel 파일 ex2-2.xls 참조). [그림 2.4]에 의하면 여섯가지 독립변수의 특정한 수준에서 5세 이하 자녀수가 증가함에 따라 부인의 직업참여 확률은 급격히 감소하는 경향을 보이고 있다.

[그림 2.5] 5세 이하 자녀수에 대한 직업참여 확률 막대그림표

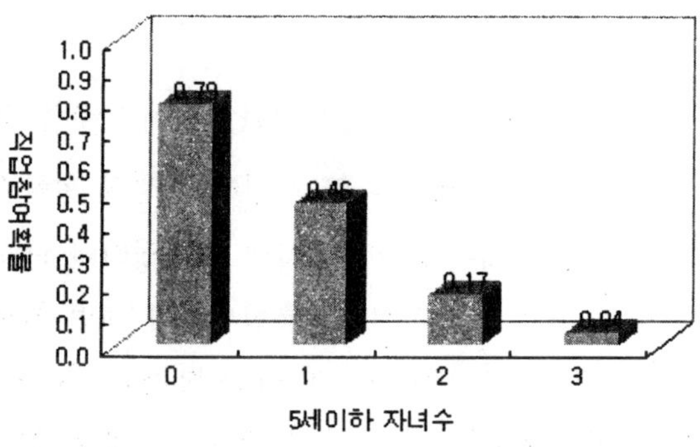

[그림 2.6]은 여섯가지 독립변수의 수준을 $X_1=0$, $X_3=42.54$, $X_4=1$, $X_5=1$, $X_6=1.1$, $X_7=20.13$으로 고정시킨 다음 6세부터 18세 이하 자녀수(X_2)가 0명에서 5명으로 증가함에 따라 추정된 직업참여 확률 막대그림표이다(excel 파일 ex2-2.xls 참조). [그림 2.5]에 의하면 여섯가지 독립변수의 특정한 수준에서 6세부터 18세 이하 자녀수가 증가함에 따라 부인의 직업참여 확률의 감소는 매우 작은 경향을 보이고 있다. 따라서 6세 이상의 자녀를 가진 부인은 학교교육에 의해서 직업을 참여할 여유시간이 있기 때문에 직업참여 욕구가 매우 크다고 판단할 수 있겠다.

[그림 2.6] 6세−18세 자녀수에 대한 직업참여 확률 막대그림표

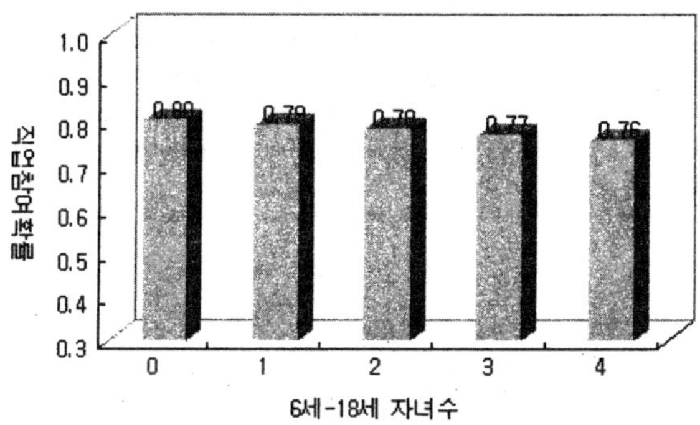

2.4 독립변수의 효과분석

선형회귀함수에서 회귀계수 β_j의 해석은 다른 독립변수들의 수준을 일정하게 하였을 때, j-번째 독립변수 X_j가 한 단위 증가함에 따라 어떤 사건이 발생될 확률변화를 의미한다고 설명하였다. 그러나 로지스틱반응함수는 회귀계수에 대하여 비선형이기 때문에 선형회귀함수의 경우와 같은 해석을 할 수가 없게 된다. 로지스틱 반응함수에서 개별 독립변수의 효과를 측정하는 방법은 (1) 확률의 부분변화(partial change in probability), (2) 확률의 이산변화(discrete change in probability), (3) 승비(odds ratios)등 세가지가 있다. 일반적으로 로지스틱회귀모형에서 개별 독립변수의 효과를 측정하는 방법으로 가장 널리 사용되는 방법은 승비이다. 본절에서

는 로지스틱반응함수에서 개별 독립변수의 효과를 측정하는 데 사용될 수 있는 세가지 방법에 대하여 설명하도록 하겠다.

2.4.1 확률의 부분변화(partial change in probability)

주어진 독립변수들의 값 $\boldsymbol{x}$에서 식(2.8)에서 정의된 확률 $P(Y=1|\boldsymbol{x})$은 로지스틱분포의 누적분포함수(cumulative distribution function)인 $\Lambda(\boldsymbol{x}'\boldsymbol{\beta})$로 표시하고 그 의미를 살펴보기로 하자.

$$P(Y=1|\boldsymbol{x}) = \frac{\exp(\beta_o+\beta_1X_1+\cdots+\beta_kX_k)}{1+\exp(\beta_o+\beta_1X_1+\cdots+\beta_kX_k)} = \Lambda(\boldsymbol{x}'\boldsymbol{\beta}) \qquad (2.27)$$

다른 독립변수들의 수준이 일정한 수준일 때 독립변수 X_j의 수준에서 확률의 부분변화를 주변효과(marginal effect)라고도 부르고, 식(2.27)을 X_j에 대한 편미분(partial derivative)을 통하여 아래와 같이 구해진다.

$$\begin{aligned}\frac{\partial P(Y=1|\boldsymbol{x})}{\partial X_j} &= \frac{\partial\Lambda(\boldsymbol{x}'\boldsymbol{\beta})}{\partial X_j} = \frac{\partial\Lambda(\boldsymbol{x}'\boldsymbol{\beta})}{\partial(\boldsymbol{x}'\boldsymbol{\beta})}\frac{\partial(\boldsymbol{x}'\boldsymbol{\beta})}{\partial X_j}\\ &= \lambda(\boldsymbol{x}'\boldsymbol{\beta})\,\beta_j\\ &= \frac{\exp(\boldsymbol{x}'\boldsymbol{\beta})}{[1+\exp(\boldsymbol{x}'\boldsymbol{\beta})]^2}\,\beta_j\\ &= P(Y=1|\boldsymbol{x})[1-P(Y=1|\boldsymbol{x})]\,\beta_j\end{aligned} \qquad (2.28)$$

여기서 $\lambda(\boldsymbol{x}'\boldsymbol{\beta})$는 독립변수들의 값 $\boldsymbol{x}$에서 로지스틱밀도함수를 의미한다. 식(2.28)에서 X_j의 부분효과는 다른 독립변수들의 수준이 일정한 수준일 때 X_j 와 $P(Y=1|\boldsymbol{x})$사이의 반응함수의 기울기를 의미하고, 부분효과의 부호는 β_j에 의해서 결정된다. 왜냐하면 로지스틱밀도함수 $\lambda(\boldsymbol{x}'\boldsymbol{\beta})$는 항상 양수이기 때문이다. 부분효과의 크기는 β_j의 크기와 $\boldsymbol{x}'\boldsymbol{\beta}$의 값에 의하여 결정되어진다. 그림으로 설명하기 위해서 우선 독립변수가 하나인 단순 로지스틱반응함수를 고려하자.

$$P(Y=1|X) = \frac{\exp(\beta_o + \beta_1 X)}{1+\exp(\beta_o + \beta_1 X)} = \Lambda(\beta_o + \beta_1 X)$$

여기서 $\Lambda(\beta_o+\beta_1 X)$은 로지스틱 누적분포함수이고, 로지스틱 밀도함수 $\lambda(\beta_o+\beta_1 X)$는 아래와 같다.

$$\lambda(\beta_o+\beta_1 X) = \frac{\exp(\beta_o+\beta_1 X)}{[1+\exp(\beta_o+\beta_1 X)]^2}$$

[그림 2.7] 로지스틱 누적분포함수와 밀도함수

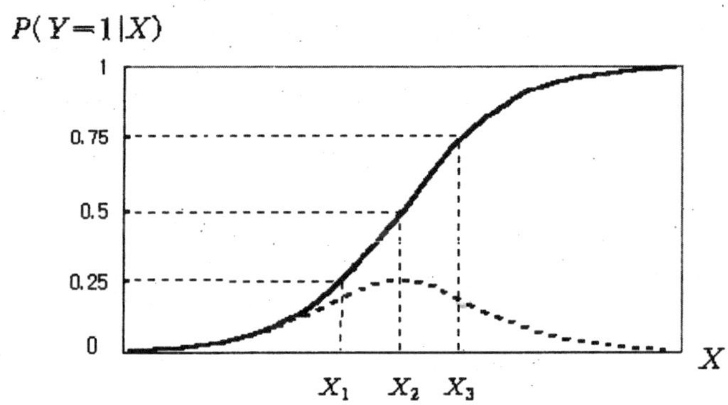

[그림 2.7]에서 로지스틱 누적분포함수는 진한곡선으로 로지스틱 밀도함수는 점선으로 표시되었다. 누적분포함수의 기울기는 초반에는 서서히 증가하다가 확률 0.5 근처에서 최대가 된 다음 다시 서서히 감소하는 경향을 보이고 있다. 또한 X_1과 X_3은 X_2로부터 동일한 차이만큼 떨어져 있다면 X_1과 X_3의 개별 부분변화는 X_2에 대하여 대칭(symmetric)이 되기 때문에 다음과 같은 등호가 성립된다.

$$\frac{\partial P(Y=1|X=X_1)}{\partial X} = \frac{\partial P(Y=1|X=X_3)}{\partial X}$$

부분효과를 평가하는데 문제점은 로지스틱회귀모형에 독립변수들의 수가 k개 있는 경우에 j-번째 독립변수의 부분효과 크기는 모든 회귀계수들의 값과 모든 독립변수들의 수준에 의하여 영향을 받게 된다는 것이다. 이러한 문제점을 해결하기 위한 대안으로서 사용되는 방법은 식 (2.28)에서 개별 독립변수의 수준을 표본평균으로 고정시킨 후 부분변화를 계산하는 것이다.

$$\begin{aligned}\frac{\partial P(Y=1\mid \bar{\boldsymbol{x}})}{\partial X_j} &= \lambda(\bar{\boldsymbol{x}}'\boldsymbol{\beta})\,\beta_j \\ &= \frac{\exp(\beta_o+\beta_1\overline{X}_1+\cdots+\beta_k\overline{X}_k)}{[1+\exp(\beta_o+\beta_1\overline{X}_1+\cdots+\beta_k\overline{X}_k)]^2}\;\beta_j\end{aligned} \tag{2.29}$$

[예제 2.2]의 자료에서 구한 표본평균(예제 2.1 의 요약 통계량 참조)은 다음과 같다.

독립변수	$\overline{X}_1$	$\overline{X}_2$	$\overline{X}_3$	$\overline{X}_4$	$\overline{X}_5$	$\overline{X}_6$	$\overline{X}_7$
표본평균	0.24	1.35	42.54	0.28	0.39	1.10	20.13

모든 독립변수들의 값을 표본평균으로 고정시켰을 때, 첫번째 독립변수인 5세 이하 자녀수 (X_1)의 부분효과는 다음과 같이 계산된다. 또한 모든 독립변수들의 표본평균에서 계산된 확률의 부분효과는 [표 2.7]과 같다.

$$\begin{aligned}\frac{\partial \hat{P}(Y=1\mid \bar{\boldsymbol{x}})}{\partial X_1} &= \lambda(\bar{\boldsymbol{x}}'\hat{\boldsymbol{\beta}})\,\hat{\beta}_1 \\ &= \frac{\exp[3.1821-1.4629(0.24)+\cdots-0.0344(20.13)]}{[1+\exp(3.1821-1.4629(0.24)+\cdots-0.0344(20.13))]^2}\times(-1.4629) \\ &= -0.3571\end{aligned}$$

[표 2.7 : 개별 독립변수의 확률에 대한 부분효과]

독립변수	X_1	X_2	X_3	X_4	X_5	X_6	X_7
부분효과	−0.3571	−0.0158	−0.0154	0.1971	0.0273	0.1476	−0.0084

개별 독립변수의 평균에서 부분변화를 평가하는 방법은 표본평균에서 확률곡선의 접선의 근사 기울기를 의미한다. 부분변화의 해석은 확률곡선이 선형에 가까울 경우에는 의미가 있으나, 로지스틱반응함수와 같은 비선형인 경우에는 X_j의 이산변화(discrete change)에 따른 확률의 변화로 해석하기는 어렵다는 것이다. 따라서 다음에서 설명할 확률의 이산변화의 평가가 부분변화보다 바람직할 것으로 판단된다.

2.4.2 확률의 이산변화(discrete change in probability)

개별 회귀계수의 효과를 해석하는데 앞에서 설명한 부분변화보다 효과적인 방법은 확률의 이산변화를 평가하는 것이다. 이제 $P(Y=1 \mid \boldsymbol{x}, X_j)$ 표기는 독립변수들의 값이 $\boldsymbol{x}$이고, 특히 j-번째 독립변수값이 X_j인 경우의 확률을 의미한다. 또한 $P(Y=1 \mid \boldsymbol{x}, X_j+\delta)$ 표기는 다른 독립변수들의 값이 일정하고, j-번째 독립변수값이 X_j에서 $X_j+\delta$로 변한 경우의 확률을 의미한다. 따라서 j-번째 독립변수값 X_j가 δ만큼 변했을 때 확률의 이산변화는

$$\frac{\triangle P(Y=1 \mid \boldsymbol{x})}{\triangle X_j} = P(Y=1 \mid \boldsymbol{x}, X_j+\delta) - P(Y=1 \mid \boldsymbol{x}, X_j) \tag{2.30}$$

로 표시된다. 여기서 주의할 점은 선형회귀모형과 달리 로지스틱반응함수와 같은 비선형함수에서는 부분변화(partial change)와 이산변화(discrete change)는 같지가 않다는 것이다.

$$\frac{\partial P(Y=1 \mid \boldsymbol{x})}{\partial X_j} \neq \frac{\triangle P(Y=1 \mid \boldsymbol{x})}{\triangle X_j} \tag{2.31}$$

[그림 2.8] 비선형함수에서 부분변화와 이산변화

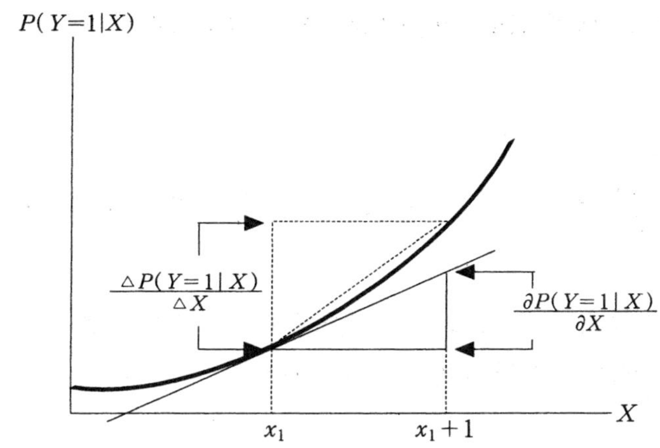

[그림 2.8]과 같은 비선형함수에서 X의 값 x_1에서 부분변화는 그 점에서 비선형함수에 대한 접선인 직선이 된다. 변화량이 $\delta=1$일 때 확률의 부분변화는 x_1과 x_1+1에서 계산된 편미분값의 차이로 직선으로 그려진 삼각형의 높이가 된다. 반면에 확률의 이산변화는 x_1과 x_1+1에서 계산된 확률값의 차이로 점선으로 그려진 역삼각형의 높이가 된다. 식(2.30)과 같은 확률의 이산변화도 부분변화와 마찬가지로 다음과 같은 조건 (1) X_j의 변화량, (2) X_j의 초기값(starting value), (3) 다른 독립변수들의 값 등에 따라 달라지게 된다. 따라서 확률의 이산변화도 부분변화와 마찬가지로 일반적으로 다른 독립변수들의 수준을 표본평균을 사용하여 평가하게 된다. 여기서 가능한 몇가지 경우를 살펴보기로 하자.

1) X_j의 단위변화(A Unit Change in X_j)

모든 독립변수들의 표본평균벡터를 $\bar{\mathbf{x}}$라고 하자. 이때 만약 X_j의 값이 $\overline{X_j}$에서 $\overline{X_j}+1$로 증가했을 때 단위변화는

$$\frac{\triangle P(Y=1 \mid \bar{\mathbf{x}})}{\triangle X_j} = P(Y=1 \mid \bar{\mathbf{x}}, \overline{X_j}+1) - P(Y=1 \mid \bar{\mathbf{x}}, \overline{X_j}) \qquad (2.32)$$

된다. [그림 2.8]을 살펴보면 $P(Y=1|\boldsymbol{x})=0.5$ 에서 X_j값이 한 단위 증가할 때나 혹은 감소할 때 효과는 동일하기 때문에 Kaufman(1996)은 $\overline{X_j}$를 중심으로 아래와 같은 단위변화를 제안하였다.

$$\frac{\triangle P(Y=1|\overline{\boldsymbol{x}})}{\triangle X_j} = P\left(Y=1|\overline{\boldsymbol{x}}, \overline{X_j}+\frac{1}{2}\right) - P\left(Y=1|\overline{\boldsymbol{x}}, \overline{X_j}-\frac{1}{2}\right) \qquad (2.33)$$

[예제 2.2]에서 모든 독립변수들의 값을 표본평균으로 고정시켰을 때, 첫번째 독립변수인 5세 이하 자녀수(X_1)의 단위변화 추정은 다음과 같이 계산된다.

$$\begin{aligned}
\frac{\triangle \hat{P}(Y=1|\overline{\boldsymbol{x}})}{\triangle X_1} &= \hat{P}\left(Y=1|\overline{\boldsymbol{x}}, \overline{X_1}+\frac{1}{2}\right) - \hat{P}\left(Y=1|\overline{\boldsymbol{x}}, \overline{X_1}-\frac{1}{2}\right) \\
&= \frac{\exp[3.1821-1.4629(0.24+0.5)+\cdots-0.0344(20.13)]}{1+\exp[3.1821-1.4629(0.24+0.5)+\cdots-0.0344(20.13)]} \\
&\quad - \frac{\exp[3.1821-1.4629(0.24-0.5)+\cdots-0.0344(20.13)]}{1+\exp[3.1821-1.4629(0.24-0.5)+\cdots-0.0344(20.13)]} \\
&= -0.3429
\end{aligned}$$

위 단위변화의 해석은 모든 독립변수 수준이 표본평균인 여성에 대해서 5세 이하 자녀수가 추가적으로 증가함에 따라 직업에 참여할 확률은 약0.3429 만큼 감소하는 것으로 추정된다는 의미이다.

2) X_j의 표준편차변화(A Standard Deviation Change in X_j)

식(2.33)의 단위변화를 표준편차변화로 확장하여 보자. 모든 독립변수의 표본평균벡터를 $\overline{\boldsymbol{x}}$라고 했을 때, X_j의 값이 $\overline{X_j}$를 중심으로 표준편차변화는 아래와 같이 구할 수 있다.

$$\frac{\triangle P(Y=1|\overline{\boldsymbol{x}})}{\triangle X_j} = P\left(Y=1|\overline{\boldsymbol{x}}, \overline{X_j}+\frac{s_j}{2}\right) - P\left(Y=1|\overline{\boldsymbol{x}}, \overline{X_j}-\frac{s_j}{2}\right) \qquad (2.34)$$

[예제 2.2]에서 모든 독립변수들의 값을 표본평균으로 고정시켰을 때, 세번째 독립변수인 부인의 나이(X_3)의 표준편차변화 추정은 다음과 같이 계산된다.

$$\frac{\triangle \hat{P}(Y=1 \mid \bar{\boldsymbol{x}})}{\triangle X_3} = \hat{P}\left(Y=1 \mid \bar{\boldsymbol{x}}, \overline{X_3}+\frac{s_3}{2}\right) - \hat{P}\left(Y=1 \mid \bar{\boldsymbol{x}}, \overline{X_3}-\frac{s_3}{2}\right)$$

$$= \frac{\exp[3.1821+\cdots-0.0629(42.54+8.07/2)+\cdots-0.0344(20.13)]}{1+\exp[3.1821+\cdots-0.0629(42.54+8.07/2)+\cdots-0.0344(20.13)]}$$

$$-\frac{\exp[3.1821+\cdots-0.0629(42.54-8.07/2)+\cdots-0.0344(20.13)]}{1+\exp[3.1821+\cdots-0.0629(42.54-8.07/2)+\cdots-0.0344(20.13)]}$$

$$= -0.1233$$

표준편차변화의 해석은 모든 독립변수들의 수준이 표본평균인 여성에 대해서 나이가 표준편차 한 단위만큼 증가함에 따라 직업에 참여할 확률은 약0.1233 만큼 감소하는 것으로 추정된다는 의미이다.

3) 가변수에 대한 변화(A Change From 0 to 1 for Dummy Variable)

만약 독립변수 X_j가 가변수(지시변수)로 취할 수 있는 값이 1 과 0 인 경우에는 다음과 같이 확률의 변화를 측정한다. 이것은 다른 변수들의 값을 표본평균으로 고정시켰을 때 X_j의 값이 0에서 1 로 변했을 때 확률의 변화를 의미한다.

$$\frac{\triangle P(Y=1 \mid \bar{\boldsymbol{x}})}{\triangle X_j} = P(Y=1 \mid \bar{\boldsymbol{x}}, X_j=1) - P(Y=1 \mid \bar{\boldsymbol{x}}, X_j=0) \qquad (2.35)$$

[예제 2.2]에서 모든 독립변수들의 값을 표본평균으로 고정시켰을 때, 네번째 독립변수인 부인 학력수준(X_4)의 변화 추정은 다음과 같이 계산된다.

$$\frac{\triangle \hat{P}(Y=1 \mid \bar{\boldsymbol{x}})}{\triangle X_4} = \hat{P}(Y=1 \mid \bar{\boldsymbol{x}}, \overline{X_4}=1) - \hat{P}(Y=1 \mid \bar{\boldsymbol{x}}, \overline{X_4}=0)$$

$$= \frac{\exp[3.1821+\cdots+0.8073(1)+\cdots-0.0344(20.13)]}{1+\exp[3.1821+\cdots+0.8073(1)+\cdots-0.0344(20.13)]}$$

$$-\frac{\exp[3.1821+\cdots+0.8073(0)+\cdots-0.0344(20.13)]}{1+\exp[3.1821+\cdots+0.8073(0)+\cdots-0.0344(20.13)]}$$

$$= 0.1882$$

가변수에 대한 변화의 해석은 모든 독립변수 수준이 표본평균인 여성에 대해서 부인 학력수준이 대졸인 경우 그렇지 않은 경우와 비교해서 직업에 참여할 확률은 약 0.1882 만큼 증가하는 것으로 추정된다는 의미이다. 위에서 설명한 세가지 확률의 이산변화는 SAS에서 자동적으로 출력되지 않기 때문에 SAS에서 출력된 추정된 회귀계수와 요약통계(표본평균, 표본표준편차)를 이용해서 얻어야 한다(excel 파일 ex2-3.xls 참조). 독립변수들에 대한 세가지 확률의 이산변화는 [표 2.8]과 같다.

[표 2.8 : 독립변수의 확률에 대한 이산변화]

독립변수	단위변화	표준편차변화	가변수변화
X_1	−0.3429	−0.1836	−
X_2	−0.0158	−0.0208	−
X_3	−0.0514	−0.1233	−
X_4	−	−	0.1882
X_5	−	−	0.0272
X_6	0.1466	0.0869	−
X_7	−0.0084	−0.0974	−

2.4.3 승산비(Odds Ratios) 해석

본절에서는 로지스틱회귀모형에서 개별 독립변수의 효과를 승비(odds ratios)를 사용해서 해석하는 방법을 설명하도록 하자. 이 방법은 앞에서 설명한 부분변화와 이산변화의 문제점들을 해결할 수 있기 때문에 가장 널리 사용되어지는 해석방법이다. 식(2.6)에서 승산(odds)의 자연대수인 로짓(logit)은

$$\begin{aligned} \log_e \Omega(\boldsymbol{x}) &= \beta_o + \beta_1 X_1 + \beta_2 X_2 + \cdots + \beta_k X_k \\ &= \boldsymbol{x}' \boldsymbol{\beta} \end{aligned} \tag{2.36}$$

여기서 주어진 독립변수들의 수준 $\boldsymbol{x}$에서 승산 $\Omega(\boldsymbol{x})$은 아래와 같이 정의되었다.

$$\Omega(\boldsymbol{x}) = \left[\frac{P(Y=1 \mid \boldsymbol{x})}{1 - P(Y=1 \mid \boldsymbol{x})} \right] = \left[\frac{P(Y=1 \mid \boldsymbol{x})}{P(Y=0 \mid \boldsymbol{x})} \right] = \exp(\boldsymbol{x}' \boldsymbol{\beta}) \tag{2.37}$$

식(2.36)의 로짓은 독립변수와 회귀계수를 통하여 선형의 형태를 가지고 있다. 따라서 로짓에 대한 독립변수 X_j의 부분효과 혹은 이산효과는 같게 되고 다음과 같이 구해진다.

$$\frac{\partial [\log_e \Omega(\boldsymbol{x})]}{\partial X_j} = \beta_j = \frac{\triangle [\log_e \Omega(\boldsymbol{x})]}{\triangle X_j} \tag{2.38}$$

식(2.38)의 해석은 다른 독립변수들의 수준이 일정할 경우, j-번째 독립변수 X_j가 한단위 증가함에 따라 대응되는 로짓의 변화는 β_j가 된다는 것이다. 로짓의 변화는 항상 β_j이기 때문에, 독립변수 X_j의 수준 혹은 다른 독립변수들의 수준과 관계없이 일정한 값을 갖게 된다. 이러한 해석은 선형회귀모형의 경우와 같이 단순한 형태를 갖는다는 장점이 있지만, 로짓의 변화가 어떤 의미를 갖는지를 해석하기가 어려운 단점을 가지고 있다. 이러한 문제를 해결하기 위해서 로짓보다는 승비에 대한 해석을 사용하게 된다. 우선 식(2.37)로부터 승산은 아래와 같이 표시된다.

$$\begin{aligned} \Omega(\boldsymbol{x}) &= \exp(\boldsymbol{x}' \boldsymbol{\beta}) \\ &= \exp(\beta_o + \beta_1 X_1 + \cdots + \beta_j X_j + \cdots + \beta_k X_k) \\ &= \exp(\beta_o) \exp(\beta_1 X_1) \cdots \exp(\beta_j X_j) \cdots \exp(\beta_k X_k) \end{aligned} \tag{2.39}$$

식(2.39)에서 j-번째 독립변수 X_j의 수준이 δ만큼 변화했을 때 승산 $\Omega(\boldsymbol{x}, X_j+\delta)$은 아래와 같이 표시된다.

$$\Omega(\boldsymbol{x},\ X_j+\delta) \\ = \exp(\beta_o)\exp(\beta_1 X_1)\cdots\exp(\beta_j X_j)\exp(\beta_j\,\delta)\cdots\exp(\beta_k X_k) \qquad (2.40)$$

j-번째 독립변수 X_j의 일정한 수준에서 승산과 δ만큼 변화했을 때 승산을 비교하기 위해서 승비를 고려하면 아래와 같다.

$$\frac{\Omega(\boldsymbol{x}, X_j+\delta)}{\Omega(\boldsymbol{x}, X_j)} \\ = \frac{\exp(\beta_o)\exp(\beta_1 X_1)\cdots\exp(\beta_j X_j)\exp(\beta_j\delta)\cdots\exp(\beta_k X_k)}{\exp(\beta_o)\exp(\beta_1 X_1)\cdots\exp(\beta_j X_j)\cdots\exp(\beta_k X_k)} \\ = \exp(\beta_j\,\delta) \qquad (2.41)$$

따라서 $\exp(\beta_j\,\delta)$의 해석은 다른 독립변수들의 수준이 일정할 때 X_j의 수준이 δ만큼 변화할 때 대응되는 승비의 변화는 $\exp(\beta_j\,\delta)$배로 기대된다는 것이다. 이때 $\delta=1$인 경우에는 승비의 변화는 $\exp(\beta_j)$배가되고, 표본표준편차 $\delta=s_j$만큼 변화할 때 승비의 변화는 $\exp(\beta_j\times s_j)$배로 기대된다. 만약 $\exp(\beta_j)>1$이면 승비가 $\exp(\beta_j)$배로 커지게 되고, $\exp(\beta_j)<1$이면 승비는 $\exp(\beta_j)$배로 작아지게 된다고 해석된다.

식(2.41)에서 j-번째 독립변수 X_j 수준의 변화가 승비에 미치는 영향은 X_j 수준이나 다른 독립변수들의 수준과는 독립적이다. 또한 식(2.41)을 이용하면 승산의 퍼센트변화(percentage change in the odds)를 쉽게 계산할 수 있다.

$$100\times\frac{\Omega(\boldsymbol{x}, X_j+\delta)-\Omega(\boldsymbol{x}, X_j)}{\Omega(\boldsymbol{x}, X_j)} = 100\times[\exp(\beta_j\times\delta)-1] \qquad (2.42)$$

식(2.42)는 다른 독립변수들의 수준이 일정할 때 j-번째 독립변수 수준이 δ만큼 변화할 때 승산의 퍼센트 변화로 해석된다. 이제 [예제 2.2]에서 출력된 SAS 결과를 해석하여 보자.

[표 2.9 : 독립변수에 대한 승비변화]

Variable	DF	Parameter Estimate	Odds Ratio
INTERCPT	1	3.1821	.
X1	1	-1.4629	0.232
X2	1	-0.0646	0.937
X3	1	-0.0629	0.939
X4	1	0.8073	2.242
X5	1	0.1117	1.118
X6	1	0.6047	1.831
X7	1	-0.0344	0.966

(1) 다른 독립변수들의 수준이 일정할 때, 5세 이하 자녀수(X_1)가 한 명 증가함에 따라 여성이 직업에 참여할 승비는 약 $e^{(-1.4629)}$ = 0.232 배 감소하게 된다고 추정된다. 그리고 승산의 퍼센트변화는 $100\times(0.232-1)=-76.8$ 이기 때문에 승산은 약 76.8% 만큼 감소하게 된다.

(2) 다른 독립변수들의 수준이 일정할 때, 6세부터 18세 이하 자녀수(X_2)가 한 명 증가함에 따라 여성이 직업에 참여할 승비는 약 $e^{(-0.0646)}$ = 0.937 배 감소하게 된다고 추정된다. 그리고 승산의 퍼센트변화는 $100\times(0.937-1)=-6.3$ 이기 때문에 승산은 약 6.3% 만큼 감소하게 된다.

(3) 다른 독립변수들의 수준이 일정할 때, 부인 나이(X_3)가 10세 증가함에 따라 여성이 직업에 참여할 승비는 약 $e^{(-0.0629\times10)}$ = 0.533 배 감소하게 된다고 추정된다. 그리고 승산의 퍼센트변화는 $100\times(0.533-1)=-46.7$ 이기 때문에 승산은 약 46.7% 만큼 감소하게 된다.

(4) 다른 독립변수들의 수준이 일정할 때, 부인 학력수준(X_4)이 대졸인 경우 그렇지 않을 경우와 비교해서 여성이 직업에 참여할 승비는 약 $e^{0.8073}$= 2.242 배 증가하게 된다고 추정된다. 그리고 승산의 퍼센트변화는 $100\times(2.242-1)=124.2$ 이기 때문에 승산은 약 124.2% 만큼 증가하게 된다.

(5) 다른 독립변수들의 수준이 일정할 때, 남편 학력수준(X_5)이 대졸인 경우 그렇지 않을 경우와 비교해서 여성이 직업에 참여할 승비는 약 $e^{0.1117}$= 1.118 배 증가하게 된다고 추정된다.

그리고 승산의 퍼센트변화는 $100 \times (1.118-1) = 11.8$ 이기 때문에 승산은 약 11.8% 만큼 증가하게 된다.

(6) 다른 독립변수들의 수준이 일정할 때, 부인소득 대수값(X_6)이 한 단위 증가함에 따라 여성이 직업에 참여할 승비는 약 $e^{(0.6047)} = 1.831$ 배 증가하게 된다고 추정된다. 그리고 승산의 퍼센트변화는 $100 \times (1.831-1) = 83.1$ 이기 때문에 승산은 약 83.1% 만큼 증가하게 된다.

(7) 다른 독립변수들의 수준이 일정할 때, 부인의 소득을 제외한 가계소득(X_7)이 백만원 증가함에 따라 여성이 직업에 참여할 승비는 약 $e^{(-0.0344)} = 0.966$ 배 감소하게 된다고 추정된다. 그리고 승산의 퍼센트변화는 $100 \times (0.966-1) = -3.4$ 이기 때문에 승산은 약 3.4% 만큼 감소하게 된다.

SAS에서는 개별 독립변수의 한 단위가 변화에 대한 승비는 기본적으로 출력되지만 몇 단위 변화 혹은 몇 표준편차 변화에 대한 승비를 계산하기 위해서는 SAS MODEL문 다음에 아래와 같은 명령문을 사용하여야 한다. 출력된 결과는 [표 2.10]과 같다.

양식 : UNITS 변수 = NUMBER 변수 = NUMBER*SD

예 : UNITS X1=SD X2=SD X3=-10 10 SD X4=SD
X5=SD X6=SD X7=SD;

[표 2.10 : 조건부 승산 변화]

Variable	Unit	Odds Ratio
X1	0.5240	0.465
X2	1.3199	0.918
X3	-10.0000	②1.875
X3	10.0000	③0.533
X3	8.0726	④0.602
X6	0.5876	1.427
X7	11.6348	0.670

[표 2.10]의 결과 중 부인나이(X_3)에 변화에 대한 승비의 변화를 살펴보도록 하자. 다른 독

립변수들의 수준이 일정할 때, 부인 나이가 10세 감소(증가)함에 따라 여성이 직업에 참여할 승비는 ②약 1.875 배(③ 0.533 배) 증가(감소)하게 된다고 추정된다. 또한 부인 나이가 표본표준편차(8.0726) 만큼 증가하면 여성이 직업에 참여할 승비는 ④약 0.602 배 감소하게 된다고 추정된다.

승비 $\exp(\beta_j)$는 배수 계수(multiplicative coefficient)이므로 승비가 1 보다 크게 되면 양적효과(positive effect), 승비가 0 과 1 사이에 있으면 음적효과(negative effect)를 의미한다. 양적 혹은 음적효과의 상대 크기는 반드시 음적효과의 역수를 취하여 비교하여야 한다는 것을 유의하기 바란다. 예를 들면, 양적효과 2 는 음적효과 0.5 = 1/2 과 같은 크기가 된다. 따라서 음적효과 0.1 = 1/10 은 양적효과 2 보다 매우 강한 효과를 의미하게 된다.

이제까지는 회귀계수 최우추정값을 이용해서 승비(odds ratio)를 점추정하였다. 지금부터 승비의 구간추정에 대하여 살펴보도록 하자. 승비에 대한 구간추정을 구하기 위해서는 먼저 개별회귀계수에 대한 구간추정이 필요하다. 회귀계수 최우추정량은 표본의 크기가 증가함에 따라 점근적으로 정규분포에 따르게 되므로, j-번째 최우추정량 $\widehat{\beta}_j$는 평균이 β_j이고 분산이 $Var(\widehat{\beta}_j)$인 정규분포에 근사하게된다. 따라서 회귀계수 β_j에 대한 $100\times(1-\alpha)\%$ 신뢰구간의 하한과 상한은 아래와 같이 구해진다.

$$[\ \widehat{\beta}_j - z_{\alpha/2}\ s.e(\widehat{\beta}_j)\ ,\ \ \widehat{\beta}_j + z_{\alpha/2}\ s.e(\widehat{\beta}_j)\ ] \tag{2.43}$$

여기서 $\widehat{\beta}_j$의 표준오차 $s.e(\widehat{\beta}_j)$는 $\sqrt{\widehat{Var}(\widehat{\beta}_j)}$이고, $z_{\alpha/2}$는 표준화 정규분포의 상위 $100\times\alpha/2\%$에 해당되는 z값이다. 따라서 승비 $\exp(\beta_j)$에 대한 $100\times(1-\alpha)\%$ 신뢰구간의 하한과 상한은 아래와 같이 구해진다.

$$[\ \exp\{\widehat{\beta}_j - z_{\alpha/2}\ s.e(\widehat{\beta}_j)\}\ ,\ \ \exp\{\widehat{\beta}_j + z_{\alpha/2}\ s.e(\widehat{\beta}_j)\}\ ] \tag{2.44}$$

[예제 2.2]에서 회귀계수와 승비에 대한 95% 신뢰구간 하한과 상한은 SAS에서 아래와 같은 MODEL 옵션을 사용하면 쉽게 구할 수 있다.

```
MODEL Y = X1-X7/WALDCL WALDRL;
```

옵션에서 WALDCL은 [표 2.11]과 같은 회귀계수의 95% 신뢰구간, WALDRL은 [표 2.12]와 같은 승비의 95% 신뢰구간을 출력하라는 명령문이다. 예를 들면, 5세 이하 자녀수(X_1)과 연관된 회귀계수 β_1의 95% 신뢰구간의 하한과 상한은

$$[\ -1.4629 \pm 1.96 \times 0.1970 = ⑤(-1.8490,\ -1.0768)\ ]$$

이 되고, 승비 $\exp(\beta_1)$에 대한 95% 신뢰구간의 하한과 상한은 아래와 같이 구해진다. 즉, 95% 신뢰수준에서 5세 이하 자녀수(X_1)가 한 명 증가할수록 직업에 참여할 승비는 약 0.157 배부터 0.341 배만큼 감소된다고 추정된다.

$$[\ \exp(-1.4629 \pm 1.96 \times 0.1970) = ⑥(0.157,\ 0.341)\ ]$$

[표 2.11 : 회귀계수 추정값과 95% 신뢰구간]

Variable	Parameter Estimate	Wald Confidence Limits Lower	Wald Confidence Limits Upper
INTERCPT	3.1821	1.9192	4.4451
X1	-1.4629	⑤-1.8490	-1.0768
X2	-0.0646	-0.1978	0.0687
X3	-0.0629	-0.0879	-0.0378
X4	0.8073	0.3565	1.2580
X5	0.1117	-0.2921	0.5156
X6	0.6047	0.3091	0.9003
X7	-0.0344	-0.0505	-0.0184

[표 2.12 : 승비 추정값과 95% 신뢰구간]

Variable	Unit	Odds Ratio	Wald Confidence Limits Lower	Wald Confidence Limits Upper
X1	1.0000	0.232	⑥0.157	0.341
X2	1.0000	0.937	0.820	1.071
X3	1.0000	0.939	0.916	0.963
X4	1.0000	2.242	1.428	3.518
X5	1.0000	1.118	0.747	1.675
X6	1.0000	1.831	1.362	2.460
X7	1.0000	0.966	0.951	0.982

2.5 프로빗 모형

로지스틱회귀모형에서 독립변수들의 값 $\boldsymbol{x}$에서 특정 사건이 발생될 확률은 아래와 같이 설정되었다.

$$\pi(\boldsymbol{x}) = \frac{\exp(\beta_o + \beta_1 X_1 + \cdots + \beta_k X_k)}{1 + \exp(\beta_o + \beta_1 X_1 + \cdots + \beta_k X_k)}$$

$$= \frac{\exp(\boldsymbol{x}'\boldsymbol{\beta})}{1 + \exp(\boldsymbol{x}'\boldsymbol{\beta})} \tag{2.45}$$

$$= \Lambda(\boldsymbol{x}'\boldsymbol{\beta})$$

여기서 $\Lambda(\boldsymbol{x}'\boldsymbol{\beta})$는 평균이 0 이고 분산이 $\pi^2/3 \approx 3.29$ 인 로지스틱분포의 누적분포함수를 의미하고, 로지스틱 밀도함수 $\lambda(\boldsymbol{x}'\boldsymbol{\beta})$는 아래와 같다.

$$\lambda(\boldsymbol{x}'\boldsymbol{\beta}) = \frac{\exp(\beta_o + \beta_1 X_1 + \cdots + \beta_k X_k)}{[1 + \exp(\beta_o + \beta_1 X_1 + \cdots + \beta_k X_k)]^2}$$

$$= \frac{\exp(\boldsymbol{x}'\boldsymbol{\beta})}{[1+\exp(\boldsymbol{x}'\boldsymbol{\beta})]^2} \tag{2.46}$$

만약 독립변수들의 값 $\boldsymbol{x}$에서 특정 사건이 발생될 확률 $\pi(\boldsymbol{x})$이 정규분포의 누적분포함수로 설정되는 모형을 프로빗모형이라고 하고 아래와 같이 정의된다.

$$\begin{aligned} \pi(\boldsymbol{x}) &= \int_{-\infty}^{\boldsymbol{x}'\boldsymbol{\beta}} \frac{1}{\sqrt{2\pi}} \exp\left(-\frac{t^2}{2}\right) dt \\ &= \int_{-\infty}^{\boldsymbol{x}'\boldsymbol{\beta}} \phi(t)\, dt = \Phi(\boldsymbol{x}'\boldsymbol{\beta}) \end{aligned} \tag{2.47}$$

여기서 $\phi(t)$는 평균이 0 이고 분산이 1 인 표준정규분포의 밀도함수이고, $\Phi(\boldsymbol{x}'\boldsymbol{\beta})$는 독립변수들의 값 $\boldsymbol{x}$에서 표준정규분포의 누적확률을 의미한다. 따라서 $\Phi(\boldsymbol{x}'\boldsymbol{\beta})$는 $\boldsymbol{x}'\boldsymbol{\beta}$의 값에 관계없이 범위는 0 과 1 사이가 된다. 로지스틱분포와 표준정규분포의 밀도함수를 [그림 2.9]에서 비교하면 밀도함수는 모두 평균 0 을 중심으로 대칭분포이나, 로지스틱 밀도함수가 표준정규밀도함수보다 약간 평평한 종모양을 하고 있음을 알 수 있다. 또한 두가지 누적분포함수를 [그림 2.10]에서 비교하면 정규 누적분포함수는 로지스틱 누적분포함수에 비해서 작은 값에서 빨리 증가하다가 일찍 1 에 수렴하게 됨을 알 수 있다.

[그림 2.9] 로지스틱분포와 정규분포의 밀도함수

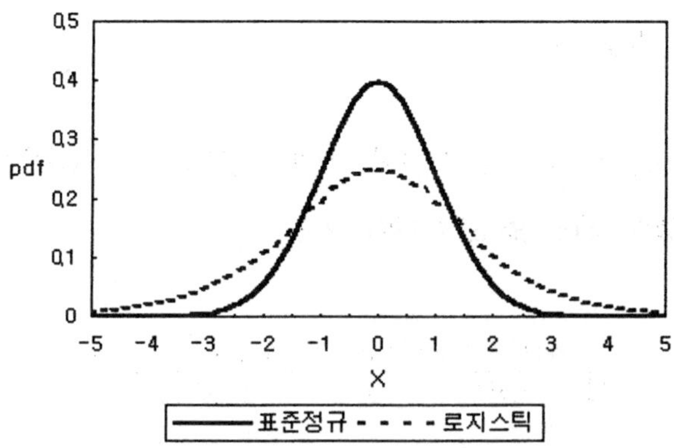

[그림 2.10] 로지스틱분포와 정규분포의 누적분포함수

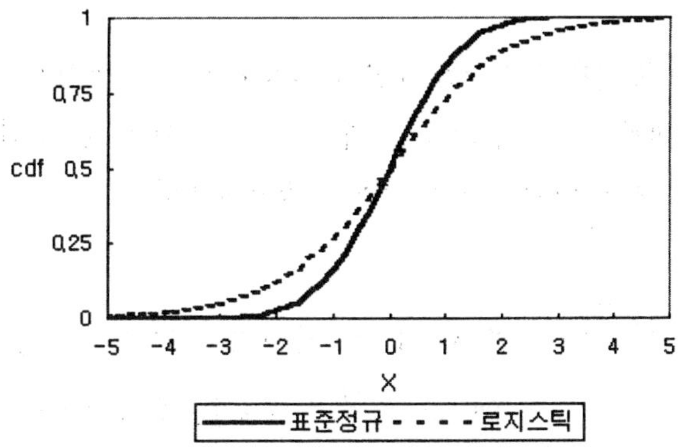

프로빗모형에서 자료에 대한 우도함수 $L(\boldsymbol{\beta})$는 다음과 같이 구해진다.

$$\begin{aligned} L(\boldsymbol{\beta}) &= \prod_{i=1}^{n} \pi(\boldsymbol{x}_i)^{Y_i}[1-\pi(\boldsymbol{x}_i)]^{1-Y_i} \\ &= \prod_{i=1}^{n} \Phi(\boldsymbol{x}_i\boldsymbol{\beta})^{Y_i}[1-\Phi(\boldsymbol{x}_i)]^{1-Y_i} \end{aligned} \tag{2.48}$$

식(2.48)에 자연대수를 취한 자연대수우도함수는

$$\log_e L(\boldsymbol{\beta}) = \sum_{i=1}^{n} Y_i \log_e \Phi(\boldsymbol{x}_i\boldsymbol{\beta}) + \sum_{i=1}^{n}(1-Y_i)\log_e[1-\Phi(\boldsymbol{x}_i)] \tag{2.49}$$

이 되고, 자연대수우도함수를 최대로 하는 모수벡터의 값을 추정하기 위해서 로지스틱모형에서와 같이 뉴튼-랩슨방법을 이용한다. 일단 모수벡터 $\boldsymbol{\beta}$에 대한 최우추정값 $\widehat{\boldsymbol{\beta}}$이 구해지면 독립변수들의 값 $\boldsymbol{x}$에서 특정사건이 발생될 확률은 다음과 같이 추정된다.

$$\begin{aligned} \widehat{P}(Y=1\mid\boldsymbol{x}) &= \widehat{\pi}(\boldsymbol{x}) = \int_{-\infty}^{\boldsymbol{x}'\widehat{\boldsymbol{\beta}}} \frac{1}{\sqrt{2\pi}} \exp\left(-\frac{t^2}{2}\right)dt \\ &= \Phi(\boldsymbol{x}'\widehat{\boldsymbol{\beta}}) \end{aligned} \tag{2.50}$$

$$\hat{P}(Y=0 \mid \boldsymbol{x}) = 1 - \hat{\pi}(\boldsymbol{x}) = 1 - \Phi(\boldsymbol{x}'\hat{\boldsymbol{\beta}})$$

프로빗모형에 포함된 독립변수 수준의 변화가 확률에 미치는 영향을 평가하기 위해서는 앞에서 다룬 확률의 이산변화를 주로 이용한다. 확률의 이산변화는 (1) 단위변화, (2) 표준편차변화, (3) 가변수에 대한 변화 등을 아래 식에 의해서 측정하게 된다.

$$\begin{aligned} \frac{\triangle P(Y=1 \mid \overline{\boldsymbol{x}})}{\triangle X_j} &= P(Y=1 \mid \overline{\boldsymbol{x}}, \overline{X_j}+\delta) - P(Y=1 \mid \overline{\boldsymbol{x}}, \overline{X_j}) \\ &= \Phi[\beta_o + \beta_1\overline{X_1} + \cdots + \beta_j(\overline{X_j}+\delta) + \cdots + \beta_k\overline{X_k}] \\ &\quad \Phi(\beta_o + \beta_1\overline{X_1} + \cdots + \beta_j\overline{X_j} + \cdots + \beta_k\overline{X_k}) \end{aligned} \tag{2.51}$$

[예제 2.3] 결혼한 여성의 직업참여 결정에 대한 프로빗모형 분석

〔예제 2.2〕에서는 결혼한 백인 여성의 직업참여 여부를 분석할 수 있는 로지스틱회귀모형을 설정하여 회귀계수를 추정하고, 개별회귀계수의 효과를 해석하였다. 같은 자료에 프로빗모형을 적합시켜 계수를 추정하고 확률의 이산변화를 구하여 보자.

□ **SAS 프로그램(\program\ex2-3.sas)**

```
DATA ONE;
 INFILE 'A:\DATA\EX2-1.DAT';
 INPUT Y X1-X7;
RUN;
PROC LOGISTIC DESCENDING;
 MODEL Y=X1-X7/①LINK=NORMIT;
  OUTPUT OUT=TWO P=PHAT;
RUN;
PROC PRINT;
 VAR X1-X7 Y PHAT;
RUN;
```

프로빗모형을 설정하여 분석하기 위해서 로지스틱모형 명령문 PROC LOGISTIC에서 MODEL문의 옵션으로 ①LINK=NORMIT; 문을 사용하였다. 다른 프로그램은 로지스틱 회귀모형에서 작성된 것과 동일하다.

□ SAS 결과 해석

[표 2.13 : 프로빗모형의 계수추정]

Variable	DF	①Parameter Estimate	Standard Error	Wald Chi-Square	Pr > Chi-Square
INTERCPT	1	1.9184	0.3824	25.1739	0.0001
X1	1	-0.8747	0.1144	58.4373	0.0001
X2	1	-0.0386	0.0410	0.8883	0.3460
X3	1	-0.0378	0.00761	24.7342	0.0001
X4	1	0.4883	0.1367	12.7546	0.0004
X5	1	0.0572	0.1242	0.2119	0.6453
X6	1	0.3656	0.0900	16.5066	0.0001
X7	1	-0.0205	0.00485	17.8917	0.0001

프로빗모형의 ①계수에 대한 최우추정값은 [표 2.13]과 같다. 최우추정 회귀계수를 사용하여 독립변수들의 수준 $\boldsymbol{x}$ 에서 부인이 직업에 참여할 추정확률은 아래와 같은 식으로 표시할 수 있다. 또한 자료에 대하여 부인이 직업에 참여할 ②추정확률에 대한 부분출력 결과는 [표 2.14]와 같다.

$$\begin{aligned}\hat{\pi}(\boldsymbol{x}) &= \Phi(\boldsymbol{x}'\hat{\boldsymbol{\beta}}) \\ &= \Phi(1.9184 - 0.8747X_1 - 0.0386X_2 - \cdots - 0.0205X_7)\end{aligned}$$

[표 2.14 : 프로빗모형을 이용한 확률계산]

OBS	X1	X2	X3	X4	X5	X6	X7	Y	②PHAT
1	1	0	32	0	0	1.21016	10.9100	1	0.52070
2	0	2	30	0	0	0.32850	19.5000	1	0.66509
3	1	3	35	0	0	1.51413	12.0400	1	0.46438
4	0	3	34	0	0	0.09212	6.8000	1	0.65937
5	1	2	31	1	0	1.52428	20.1000	1	0.66534
6	0	0	54	0	0	1.55649	9.8590	1	0.59588
7	0	2	37	1	0	2.12026	9.1520	1	0.93542
8	0	0	54	0	0	2.05964	10.9000	1	0.65737
9	0	2	48	0	0	0.75434	17.3050	1	0.47860
10	0	2	39	0	0	1.54490	12.9250	1	0.74720

프로빗모형에 포함된 독립변수 수준의 변화가 확률에 미치는 영향을 평가하기 위해서는 앞에서 다룬 확률의 이산변화인 (1) 단위변화, (2) 표준편차변화, (3) 가변수에 대한 변화 등에 관해서 분석하여 보자.

(1) X_j의 단위변화(A Unit Change in X_j)

모든 독립변수들의 표본평균벡터를 $\bar{\boldsymbol{x}}$ 라고 하자. 모든 독립변수들의 값을 표본평균으로 고정시켰을 때, 첫번째 독립변수인 5세 이하 자녀수(X_1)의 단위변화 추정은 다음과 같이 계산된다.

$$\begin{aligned}\frac{\triangle \hat{P}(Y=1 \mid \bar{\boldsymbol{x}})}{\triangle X_1} &= \hat{P}\left(Y=1 \mid \bar{\boldsymbol{x}}, \overline{X_1}+\frac{1}{2}\right)-\hat{P}\left(Y=1 \mid \bar{\boldsymbol{x}}, \overline{X_1}-\frac{1}{2}\right) \\ &= \Phi[1.9184-0.8747(0.24+0.5)+\cdots-0.0205(20.13)] \\ &\quad -\Phi[1.9184-0.8747(0.24-0.5)+\cdots-0.0205(20.13)] \\ &= -0.3321\end{aligned}$$

위 단위변화의 해석은 모든 독립변수들의 수준이 표본평균인 여성에 대해서 5세 이하 자녀수가 추가적으로 증가함에 따라 직업에 참여할 확률은 약 0.3321 만큼 감소하는 것으로 추정된다는 의미이다.

(2) X_j의 표준편차변화(A Standard Deviation Change in X_j)

모든 독립변수들의 값을 표본평균으로 고정시켰을 때, 세번째 독립변수인 부인 나이(X_3)의 표준편차변화 추정은 다음과 같이 계산된다.

$$\begin{aligned}\frac{\triangle \hat{P}(Y=1 \mid \bar{\boldsymbol{x}})}{\triangle X_3} &= \hat{P}\left(Y=1 \mid \bar{\boldsymbol{x}}, \overline{X_3}+\frac{s_3}{2}\right)-\hat{P}\left(Y=1 \mid \bar{\boldsymbol{x}}, \overline{X_3}-\frac{s_3}{2}\right) \\ &= \Phi[1.9184+\cdots-0.0378(42.54+8.07/2)+\cdots-0.0205(20.13)] \\ &\quad -\Phi[1.9184+\cdots-0.0378(42.54-8.07/2)+\cdots-0.0205(20.13)] \\ &= -0.1190\end{aligned}$$

위 표준편차변화의 해석은 모든 독립변수들의 수준이 표본평균인 여성에 대해서 나이가 표준편차 한단위 만큼 증가함에 따라 직업에 참여할 확률은 약 0.1190 만큼 감소하는 것으로 추정된다는 의미이다.

(3) 가변수에 대한 변화(A Change From 0 to 1 for Dummy Variable)

모든 독립변수들의 값을 표본평균으로 고정시켰을 때, 네번째 독립변수인 부인 학력수준(X_4)의 변화 추정은 다음과 같이 계산된다.

$$\begin{aligned}\frac{\triangle \hat{P}(Y=1 \mid \bar{\boldsymbol{x}})}{\triangle X_4} &= \hat{P}(Y=1 \mid \bar{\boldsymbol{x}}, X_4=1)-\hat{P}(Y=1 \mid \bar{\boldsymbol{x}}, X_4=0) \\ &= \Phi[1.9184+\cdots+0.4883(1)+\cdots-0.0205(20.13)] \\ &\quad -\Phi[1.9184+\cdots+0.4883(0)+\cdots-0.0205(20.13)] \\ &= 0.1843\end{aligned}$$

가변수에 대한 변화의 해석은 모든 독립변수들의 수준이 표본평균인 여성에 대해서 부인 학력수준이 대졸인 경우 그렇지 않은 경우와 비교해서 직업에 참여할 확률은 약 0.1843 만큼 증가하는 것으로 추정된다는 의미이다. 위에서 설명한 세가지 확률의 이산변화 계산은 첨부된 excel 파일 (ex2-3.xls sheet2)를 참조하여라. 프로빗모형에서 독립변수들에 대한 세가지 확률의 이산변화는 [표 2.14]와 같다.

[표 2.15 : 확률에 대한 이산변화]

독립변수	단위변화	표준편차변화	가변수변화
X_1	−0.3321	−0.1765	−
X_2	−0.0151	−0.020	−
X_3	−0.0148	−0.1189	−
X_4	−	−	0.1843
X_5	−	−	0.0087
X_6	0.1423	0.0842	−
X_7	−0.0080	−0.0931	−

2.6 적용분야

종속변수가 두가지 값만 취하는 범주형 변수일 때에는 선형회귀모형보다는 로지스틱회귀모형을 사용하는 것이 적절하다고 설명하였다. 로지스틱회귀분석의 주요 목적은 아래와 같다.

(1) **종속변수의 구분을 설명할 수 있는 함수의 추정 :** 두가지 명목범주사이의 차이를 설명할 수 있는 독립변수들의 비선형함수를 추정하는 것이다. 로지스틱회귀분석의 목적은 모형에 포함된 독립변수들에 대한 유의성을 검정하고, 두가지 명목범주사이의 차이를 적절하게 설명할 수 있는 최종모형을 구축하는 것을 포함한다. 유의성 검정과 최종모형의 구축은 제3장과 제4장에서 자세히 설명하도록 하겠다.

(2) **각 범주에 속할 확률의 추정 및 예측 :** 추정된 최종모형을 이용해서 주어진 독립변수의 수준에서 각 범주에 속할 확률을 추정 혹은 예측을 하게 된다. 로지스틱 회귀모형의 목적은 개별 독립변수의 변화에 따라 대응되는 확률의 변화를 부분변화, 이산변화, 승산비변화 등을 통해서 평가하게 된다.

(3) **범주에 대한 분류 :** 주어진 독립변수들의 수준에서 각 범주에 속할 확률을 비교하여 어떤

범주로 분류할 것인지를 판단하게 된다. 로지스틱회귀모형을 이용한 분류표에 대해서는 제 3장에서 설명하도록 하자.

위와 같은 목적은 두 범주사이에 구분을 위해서 사용되는 판별분석(discriminant analysis) 혹은 분류분석(classification analysis)과 유사하다. 판별 혹은 분류분석에서는 두 범주사이의 구분을 최대화 할 수 있는 독립변수들의 선형함수식 혹은 이차함수식을 추정하는 것이다. 판별 혹은 분류분석에서 적절한 함수식을 추정하기 위해서는 모형에 포함된 독립변수들이 다변량정규분포(multivariate normal distribution)에 따른다는 것을 가정한다. 또한 개별범주에 속한 독립변수들의 공분산행렬이 동일한 경우에는 선형함수식을 사용하고, 동일하지 않은 경우에는 이차함수식을 사용하게 된다. 그러나 로지스틱 회귀모형에서는 독립변수들에 대한 분포와 공분산행렬에 대한 분포의 가정을 하지 않기 때문에 정규성위반에 대하여 영향을 받지는 않는다. 따라서 독립변수들 중에 연속형 변수와 이산형 변수들이 혼합되어있는 경우에는 다변량 정규분포에 근거한 판별분석보다는 로지스틱회귀분석을 사용하는 것이 적절하다고 판단된다. 또한 로지스틱회귀모형과 프로빗모형의 분석결과는 실질적으로 거의 차이가 없기 때문에 두 모형사이의 선택은 편의성과 관례에 따라 선택된다고 판단된다. 이제부터 로지스틱 회귀모형에 적용될 수 있는 주요 분야에 대하여 요약하여 보겠다.

1) 중소기업부실 예측분석을 위한 로지스틱회귀모형의 구축

중소기업을 부실기업과 정상기업으로 구분하는 데 사용되어질 수 있는 가능한 독립변수들은 해당기업의 재무적변수와 비재무적변수들이 있을 것이다. 분석목적은 중소기업부실에 영향을 미칠 수 있는 가능한 모든 독립변수들을 포함한 로지스틱 회귀모형을 설정한 다음, 유의한 영향을 미치는 변수의 선택하여 최종 로지스틱회귀모형을 구축하고 개별 변수의 효과를 분석하고자 한다. 또한 주어진 독립변수들의 수준에서 기업이 부실로 판정될 확률을 수시로 탐지하여 경영정책을 개발하는 것이다. 이 경우에 사용된 종속변수와 가능한 독립변수들은 아래와 같이 고려될 수 있겠다.

▷ **종속변수의 구분** : 부실기업($Y=1$), 정상기업($Y=0$)

▷ **가능한 독립변수** : 재무상태 평가변수(자기자본비율, 유동비율, 총자본 대비 순이익률, 매출액 대비 경상이익률, 총차입금 대비 자기자본비율, 운전자금 차입금비율), 사업성 평가변수

(흑자경영기간, 매출액 증가율, 추정매출액 증가율, 거래조건 및 판매안정도, 품질 및 기술 수준, 담보력, 총차입금 대비 매출액비율), 거래신뢰도 평가변수(여신거래기간, 당좌부도여부, 연체여부, 사업장보유형태), 인적사항 변수(기업체업력, 경영자경력, 노사관계) 등

2) 신상품에 구매의사 성향분석을 위한 로지스틱회귀모형의 구축

기업에서는 기존제품보다 기능이 다양한 신제품을 개발하였다. 기업 마케팅 부서에서는 신제품 소개에 대한 소비자들의 구매의사 성향을 조사하기 위해서 설문을 조사하고자 한다. 조사목적은 설문자료에 근거해서 신상품 구매의사에 영향을 미칠 수 있는 유의한 변수의 선택과 변수들의 효과를 분석하여 최적 마케팅전략을 수립하는 것이다. 여기서 사용된 종속변수와 가능한 독립변수들은 아래와 같이 고려될 수 있겠다.

▷ 종속변수의 구분 : 구매보류($Y=0$), 즉시구매($Y=1$)

▷ 가능한 독립변수 : 교육수준, 소득수준, 가족규모, 적절한 가격수준, 기존상품에 대한 신뢰도, 기존상품의 사용연수 등

3) 건강판정 여부를 분석할 수 있는 로지스틱회귀모형의 구축

의학분야에서는 혈장에서 적혈구 혈침율(血沈率)이 20mm/hour 미만이면 건강하다고 판정하고, 20mm/hour 이상이면 건강하지 않다고 판정하게 된다. 적혈구 혈침율에 영향을 미칠 수 있는 요인으로는 혈장 피브리노겐(혈액을 엉기게 하는 단백질)과 혈장 감마글로불린(단백질의 한 성분으로 항체가 풍부함) 등이 있다고 한다. 분석목적은 로지스틱회귀모형을 설정하여 주어진 독립변수들의 수준에서 건강하다고 판정될 확률을 추정하는 것과 더불어 개별 독립변수의 효과를 분석하여 건강의 적신호를 탐지하는 것이다. 여기서 사용된 종속변수와 가능한 독립변수들은 아래와 같이 고려될 수 있겠다.

▷ 종속변수의 구분 : 건강하지 않다고 판정($Y=0$), 건강판정($Y=1$)

▷ 가능한 독립변수 : 혈장 피브리노겐 수준(gm/liter), 혈장 감마글로불린 수준(gm/liter) 등

4) 자동차 보험청구에서 부정행위를 탐지할 수 있는 로지스틱회귀모형의 구축

자동차 보험에서는 사고발생시 보험청구의 부정행위를 탐지할 수 있는 모형을 구축하기 위해서 최근 3년간 보험 청구한 사례에서 정직한 청구와 부정한 청구를 분류하였다. 그리고 사고발생시 보고된 여러 요소들을 종합하여 부정 청구할 확률을 예측하여 보험청구업무의 효율성을 높이고자 한다. 분석목적은 보험청구 형태(정직, 부정)에 영향을 미칠 수 있는 여러 가지 요소들 가운데 유의한 요소를 탐지하여 부정행위를 탐지할 수 있는 모형을 구축하는 것이다. 여기서 사용된 종속변수와 가능한 독립변수들은 아래와 같이 고려될 수 있겠다.

▷ 종속변수의 구분 : 정직 판정($Y=0$), 부정 판정($Y=1$)

▷ 가능한 독립변수 : 피보험자 특성(나이, 운전경력, 사전 보험청구건수, 보상범위), 자동차 특성(차량용도, 차량연도), 사고 특성(사고인정 여부, 사고지역 구분, 사고시각 구분, 주말 혹은 주중 사고구분, 목격자 여부, 경찰보고 여부, 사고 다발지역 구분, 사고보고서 작성의 의심여부, 사고 보고기한 지연여부)

연 습 문 제

2.1 기업에서 발행된 채권(bond)의 등급평가는 채권의 특수성을 감안하여 채권의 약관내용과 운영 및 재무상태 등이 평가요소로 이용되고 있다. 채권등급은 기관 포트폴리오 관리자가 채권의 위험수준을 평가하는 지표로 자주 사용되어진다. 미국의 신용조사기관의 하나인 Moody's 등급은 신용도가 높은 순서로 Aaa, Aa, A, Baa, Ba, B, Caa, Ca, C 등급으로 대분류된다. 일반적으로 Baa 등급 이상인 처음 네 등급은 투자성등급이고, Ba 등급이하는 투기성등급으로 분류된다. 따라서 Baa 등급은 투자성채권과 투기성채권을 구분하는 기준등급으로 사용되어진다. 디스켓 \data\p2-1.dat 에 저장된 자료는 1987년 Moody's Industrial Manual에서 130개 기업채권(투자성채권 85개와 투기성채권 45개)에 대하여 조사한 것이다. 자료에 포함된 종속변수와 채권등급에 영향을 미칠 수 있는 독립변수는 아래와 같다. 아래 주식등급은 1986년도 자료이고, 나머지 독립변수들은 5년간 산술평균을 이용하였다. 레버리지척도, 불안정척도와 주식등급은 낮을수록 우량채권일 가능성이 있고, 수익성척도는 높을수록 우량채권일 가능성이 커지게 된다. SAS 분석파일은 \problem\p2-1.sas 에 저장되어있음.

종속변수 : $Y = 1$(투자성 등급), $Y = 0$(투기성 등급)

독립변수 : X_1 = 총자산규모(1억달러), X_2 = 레버리지척도(장기부채/총자본)

X_3 = 수익성척도(순이익/총자산) , X_4 = 불안정척도(순이익변동계수)

X_5 = 주식등급(1-6척도)

(1) 자료를 투자성등급과 투기성등급으로 분류하여 독립변수에 대한 표본평균, 표본표준편차, 최소값과 최대값을 구하여라.

Y=0

Variable	Mean	Std Dev	Minimum	Maximum
X1	1889.00	3275.68	40.40	19600.80
X2	0.42	0.13	0.16	0.66
X3	-0.06	0.71	-4.60	1.08
X4	2.71	4.03	0.10	19.98
X5	4.82	0.75	3.00	6.00

Y=1

Variable	Mean	Std Dev	Minimum	Maximum
X1	7708.81	12585.25	171.40	65434.80
X2	0.25	0.10	0.04	0.51
X3	0.06	0.03	-0.02	0.14
X4	0.65	1.62	0.04	14.14
X5	2.81	1.06	1.00	5.00

(2) 자료에 로지스틱회귀모형을 적합시켜서 회귀계수를 추정하여라.

(3) 추정된 로지스틱반응함수를 이용해서 확률의 이산변화(표준편차변화)를 Excel를 이용하여 구하여라.

(4) 총자산규모가 1000억, 레버리지척도가 0.1, 수익성척도가 0.02, 불안정척도가 0.5, 주식등급이 1 증가함에 따라 승산의 변화를 추정하고 해석하여라.

(4) 레버리지척도를 제외한 모든 독립변수의 수준이 투자성등급의 표본평균인 경우, 레버리지척도가 0.1에서 0.7까지 0.1 단위로 변하게 될 때 투자성등급으로 분류될 확률을 추정하고 막대그림표를 작성하여라.

(5) 수익성척도를 제외한 모든 독립변수의 수준이 투기등급의 표본평균인 경우, 수익성척도가 −0.10에서 0.2까지 0.05 단위로 변하게 될 때 투자성등급으로 분류될 확률을 추정하고 막대그림표를 작성하여라.

(6) 주식등급을 제외한 모든 독립변수의 수준이 투자성등급의 표본평균인 경우, 주식등급이 1에서 5까지 1 단위씩 변하게 될 때 투자성등급으로 분류될 확률을 추정하고 막대그림표를 작성하여라.

(7) 개별 회귀계수에 대한 95%신뢰구간을 추정하여라.

(8) 승비에 대한 95%신뢰구간을 추정하여라.

(9) 주어진 개별자료에 대하여 투자성등급으로 분류될 확률을 추정하여라.

[SAS 프로그램: \PROBLEM\P2-1.SAS]

```
DATA ONE;
 INFILE 'A:\DATA\BIBOND.DAT';
 INPUT ID X1-X5 Y @@;
RUN;
PROC SORT;
 BY Y;
RUN;
PROC MEANS MEAN STD MIN MAX MAXDEC=2;
 VAR X1-X5;
 BY Y;
RUN;
PROC LOGISTIC DESCENDING;
 MODEL Y = X1-X5/WALDCL WALDRL;
  OUTPUT OUT=TWO P=PHAT;
   UNITS X1=1000 X2=0.1 X3=0.02 X4=0.5 X5=1;
RUN;
PROC PRINT NOOBS;
 VAR X1-X6 Y PHAT;
RUN;
```

2.2 개인 납세자가 소득세를 신고할 때 전문회계사의 도움을 받는 경우가 있다. 전문회계사의 도움에 영향을 미치는 변수들을 조사하기 위해서 미국 미시간 경영대학에서는 조세 데이터베이스에서 192명을 무작위로 추출하여 자료를 수집하였다. 자료 \data\p2-2.dat 에 로지스틱회귀모형을 적합시켜 아래 물음에 대하여 답하여라. 자료에 포함된 종속변수는 전문회계사의 도움여부를 표시하는 이변수이고, 독립변수는 (1) 나이구분 (X_1), (2) 총소득의 대수값 (X_2), (3) 납세자의 사업구분 (X_3), (4) 한계조세율(marginal tax rate: X_4) 등이다. SAS 분석파일은 \problem\p2-2.sas 에 저장되어있음.

$$Y = \begin{cases} 1 & \text{회계사 도움} \\ 0 & \text{개인신고} \end{cases} \qquad X_1 = \begin{cases} 1 & \text{나이 65세 이상} \\ 0 & \text{65세 미만} \end{cases} \qquad X_3 = \begin{cases} 1 & \text{개인사업} \\ 0 & \text{직장인} \end{cases}$$

(1) 전체 자료에서 독립변수에 대한 표본평균, 표본표준편차, 최소값과 최대값을 구하여라.

Variable	Mean	Std Dev	Maximum	Minimum
X2	9.76	1.03	12.81	5.77
X4	19.43	10.48	50.00	0.00

(2) 자료에 로지스틱회귀모형을 적합시켜서 회귀계수를 추정하여라.

(3) 추정된 로지스틱반응함수를 이용해서 확률의 이산변화를 Excel를 이용하여 구하여라.

(4) 나이가 65세 미만, 개인사업자, 한계조세율이 20일 때 총소득의 대수값이 6에서 13가지 변화할 때 전문회계사의 도움을 청할 확률을 추정하고, 막대그림표로 표시하여라.

(5) 개별 회귀계수에 대한 95%신뢰구간을 추정하여라.

(6) 승비에 대한 95%신뢰구간을 추정하여라.

(7) 개별 자료에 대해서 전문회계사의 도움을 청할 확률을 추정하여라.

[SAS 프로그램: \PROBLEM\P2-2.SAS]

```
DATA ONE;
 INFILE 'A:\DATA\P2-2.DAT';
 INPUT ID Y X1-X4;
RUN;
PROC MEANS MEAN STD MAX MIN MAXDEC=2;
 VAR X2 X4;
RUN;
PROC LOGISTIC DESCENDING;
 MODEL Y=X1-X4/WALDCL WALDRL;
 OUTPUT OUT=TWO P=PHAT;
RUN;
PROC PRINT NOOBS;
 VAR ID X1-X4 Y PHAT;
RUN;
```

2.3 전립선암의 치료는 암이 임파절(lymph nodes) 주위까지 퍼져있는지 여부에 따라 달라진다. 임파절 주위에 퍼져있는 암의 범위를 결정하기 위해서 수술적인 방법도 있으나, 여러 요인 변수들을 이용하면 암이 임파선 주위에 퍼져있는지 여부를 결정할 수 도 있을 것이다. 병원에서는 전립선암으로 판정된 53명에 대하여 임상 자료를 수집하였다. 자료는 디스켓 \data\p2-3.dat 에 저장되어있다. 임파선 주위에 퍼져있는지 여부에 영향을 미칠 수 있는 변수는 (1) 전립선암 판정시 환자나이(X_1), (2) 혈청 인산염수준(X_2), (3) X-선 검사결과(X_3), (4) 종양의 크기(X_4), (5) 생체검사결과 종양의 병리학적 등급(X_5) 등이다. 종속변수와 범주형 독립변수들의 속성은 아래와 같이 설정되었다. 자료에 로지스틱회귀모형을 적합시켜 아래 물음에 대하여 답하여라. SAS 분석파일은 \problem\p2-3.sas 에 저장되어있다.

$$Y = \begin{cases} 1 & \text{임파절 전이} \\ 0 & \text{전이 없음} \end{cases} \quad X_3 = \begin{cases} 1 & \text{양성} \\ 0 & \text{음성} \end{cases} \quad X_4 = \begin{cases} 1 & \text{크다} \\ 0 & \text{작다} \end{cases} \quad X_5 = \begin{cases} 1 & \text{매우 심각} \\ 0 & \text{약간 심각} \end{cases}$$

(1) 전체 자료에서 독립변수에 대한 표본평균, 표본표준편차, 최소값과 최대값을 구하여라.
(2) 자료에 로지스틱회귀모형을 적합시켜서 회귀계수를 추정하여라.
(3) 추정된 로지스틱반응함수를 이용해서 확률의 이산변화를 Excel를 이용하여 구하여라.
(4) 나이가 59세, X-선 검사결과 양성, 작은 종양, 생체검사결과 종양의 병리학적 등급이 약간 심각한 경우, 혈청 인산염수준이 0.40에서 1.8까지 0.1간격으로 변함에 따라 임파절이 전이되었을 확률을 추정하고, 꺾은선 그림표로 표시하여라.
(5) 개별 회귀계수에 대한 95%신뢰구간을 추정하여라.
(6) 승비에 대한 95%신뢰구간을 추정하여라.
(7) 개별 임상자료에 대해서 임파절이 전이되었을 확률을 추정하여라.

[SAS 프로그램: \PROBLEM\P2-3.SAS]

```
DATA ONE;
 INFILE 'A:\DATA\P2-3.DAT';
 INPUT ID X1-X5 Y @@;
RUN;
PROC MEANS MEAN STD MAX MIN MAXDEC=2;
 CLASS Y;
```

```
 VAR X1-X5;
RUN;
PROC LOGISTIC DESCENDING;
 MODEL Y= X1-X5/WALDCL WALDRL;
  OUTPUT OUT=TWO P=PHAT;
RUN;
PROC PRINT NOOBS;
 VAR ID X1-X5 Y PHAT;
RUN;
```

2.4 기업파산에 대한 통계적 예측모형을 개발하기 위해서 영향을 미칠 수 있는 네개 독립변수를 고려하였다. 첫번째 변수는 일정한기간에서 동태적 유동성상태를 나타내는 지표로 현금흐름 대 총부채비율(X_1= Cash Flow/Total Debt), 두번째 변수는 수익성지표로 순이익 대 총자산비율(X_2 = Net Income/Total Assets), 세번째 변수는 기업의 단기지급능력을 측정하는 지표로 유동자산 대 유동부채 비율(X_3 = Current Assets/Currents Liabilities), 네번째 변수는 자산운용의 효율성을 측정하는 지표로 유동자산 대 순매출액 비율(X_4 = Current Assets/Net Sales) 등 네가지 주요 재무비율을 고려하였다. 종속변수 Y는 정상적인 기업인 경우는 $Y=1$, 파산된 기업은 $Y=0$으로 표시되었다. 저장된 자료 \data\p2-4.dat 는 파산 선고된 21개 기업과 정상적으로 운영되는 25개 기업에 대한 것이다. 자료에 로지스틱회귀모형을 적합시켜 아래 물음에 답하여라. SAS 분석 프로그램은 \problem\p2-4.sas 에 저장되어있다.

(1) 전체 자료에서 독립변수에 대한 표본평균, 표본표준편차, 최소값과 최대값을 구하여라.

Variable	Mean	Std Dev	Minimum	Maximum
X1	0.10	0.26	-0.56	0.58
X2	-0.01	0.12	-0.41	0.14
X3	2.03	1.01	0.33	5.06
X4	0.43	0.18	0.13	0.95

(2) 자료에 로지스틱회귀모형을 적합시켜서 회귀계수를 추정하여라.

(3) $X_1 = 0.1$, $X_2 = -0.01$, $X_4 = 0.43$인 경우 X_3가 1에서 5까지 1간격으로 변함에 따라 정상일 기업으로 분류될 확률을 추정하고, 막대그림표로 표시하여라.

(4) 개별 회귀계수에 대한 95%신뢰구간을 추정하여라.

(5) 승비에 대한 95%신뢰구간을 추정하여라.

(6) 개별 기업자료에 대해서 정상기업으로 분류될 확률을 추정하여라.

[SAS 프로그램: \PROBLEM\P2-4.SAS]

```
DATA ONE;
 INFILE 'A:\P2-4.DAT';
 INPUT ID X1-X4 Y;
RUN;
PROC MEANS MEAN STD MIN MAX MAXDEC=2;
 VAR X1-X4;
RUN;
PROC LOGISTIC DESCENDING;
 MODEL Y=X1-X4/WALDCL WALDRL;
 OUTPUT OUT=TWO P=PHAT;
RUN;
PROC PRINT NOOBS;
 VAR ID X1-X4 Y PHAT;
RUN;
```

2.5 1986년 미국 메사츄세츠주의 베이스테이트 병원에서는 신생아 몸무게(BWT)가 2.5kg 미만인 미숙아 출산에 대한 위험요인들에 관한 연구를 실시하였다. 미숙아인 경우에는 유아치사율과 기형아 발생률이 높기 때문에 위험요인을 대한 결정은 매우 중요한 연구대상이다. 미숙아 출산(LOW)에 영향을 미칠 수 있는 위험요인으로 출산나이(AGE), 임신직전의 몸무게(LWT: 파운드), 인종(RACE), 임신중 흡연여부(SMOKE), 미숙아 출산경험여부(PTL), 고혈압 여부(HT), 자궁 자극성여부(UI), 임신 첫3개월간 진찰회수(FTV) 등을 고려하였다. 출산한 여성 189명을 조사한 결과(미숙아를 출산한 여성 59명과 정상아를 출산한 여성 130명)는 \data\p2-5.dat 에 저장되어있다. 자료에 로지스틱회귀모형을 적합시켜 아래 물음에 답하여라. SAS 분석 프로그램은 \problem\p2-5.sas 에 저장되어있다. 또한 자료에 포

함된 주요변수들의 속성을 아래와 같다.

ID : 임신부 번호
LOW : 미숙아 구분(0=신생아 몸무게 ≥2,500g, 1=신생아 몸무게 < 2,500g)
RACE : 인종 구분 (1=백인, 2=흑인, 3=기타)
D1 : (1=백인, 0=백인이 아닌 경우), D2 : (1=흑인, 0=흑인이 아닌 경우)
SMOKE : (1=흡연, 0=금연) PTL : (0=없음, 1=있음)
HT : (1=고혈압, 0=정상) UI : (1=있음, 0=없음)
D1 : (1=백인, 0=백인이 아님) D2 : (1=흑인, 0=흑인이 아님)

(1) 자료에 로지스틱회귀모형을 적합시켜서 회귀계수를 추정하여라.
(2) 개별 회귀계수를 유의수준 0.05에서 검정하여라.
(3) 추정된 회귀계수의 의미를 해석하여라.
(4) 개별 자료에 대하여 미숙아를 출산할 확률을 추정하여라.

[SAS 프로그램: \PROBLEM\P2-5.SAS]

```
DATA ONE;
 INFILE 'A:\DATA\P2-5.DAT';
 INPUT ID LOW AGE LWT RACE SMOKE PTL HT UI FTV BWT;
 D1=(RACE=1);  D2=(RACE=2);
RUN;
PROC LOGISTIC ;
 MODEL LOW= AGE LWT D1 D2 SMOKE PTL HT UI FTV
   /WALDCL WALDRL;
 OUTPUT OUT=TWO P=PHAT;
RUN;
PROC PRINT NOOBS;
 VAR ID AGE LWT RACE SMOKE PTL HT UI FT PHAT LOW PHAT;
RUN;
```

제 3 장

가설검정과 적합도

종속변수가 두가지 값만 취하는 범주형 변수일 때 로지스틱 회귀모형을 설정한 후 회귀계수를 최대우도방법으로 추정하는 절차를 제2장에서 설명하였다. 본장에서는 먼저 최대우도법에 의해서 추정된 어떤 모형에서도 사용되어질 수 있는 가설검정 절차에 대하여 다루어 보겠다. 또한 설정된 모형의 적합도를 평가할 수 있는 통계량도 설명하도록 하겠다.

3.1 개별 회귀계수 가설검정

일단 최우추정법에 의하여 로지스틱 회귀계수를 추정한 후 다음 단계는 개별 회귀계수가 어떤 특정한 사건이 발생될 확률에 유의한 영향을 미치는지 여부를 검정을 하여야 한다. 표본에서 구한 최대우도추정량은 표본의 크기가 증가함에 따라 점근적(approximately)으로 정규분포에 따르게 된다. j-번째 회귀계수 β_j에 대한 최우추정량 $\widehat{\beta_j}$는 아래와 같이

$$\widehat{\beta_j} \quad \sim^a \quad N(\beta_j,\ Var(\widehat{\beta_j})) \tag{3.1}$$

평균이 β_j이고 분산이 $Var(\widehat{\beta_j})$인 정규분포에 근사하게($\sim^a$)된다. 그리고 절편을 포함한 $(k+1)$차 최우추정 회귀계수벡터 $\widehat{\boldsymbol{\beta}}$는

$$\widehat{\boldsymbol{\beta}} \quad \sim^a \quad N(\boldsymbol{\beta},\ \boldsymbol{Cov}(\widehat{\boldsymbol{\beta}})) \tag{3.2}$$

평균벡터가 $\boldsymbol{\beta}$이고 공분산행렬이 $\boldsymbol{Cov}(\widehat{\boldsymbol{\beta}})$인 다변량정규분포에 근사하게된다. 일반적으로 공분산행렬 $\boldsymbol{Cov}(\widehat{\boldsymbol{\beta}})$는 알려져 있지 않기 때문에 자료로부터 추정된 공분산행렬 $\widehat{\boldsymbol{Cov}}(\widehat{\boldsymbol{\beta}})$은 아래와 같이 표시한다. 개별 로지스틱 회귀계수를 검정하는 데 사용되는 왈드검정(wald test) 절차는 아래와 같다.

$$\widehat{Cov}(\widehat{\boldsymbol{\beta}}) = \begin{pmatrix} \widehat{Var}(\widehat{\beta}_o) & \cdots & \widehat{Cov}(\widehat{\beta}_o, \widehat{\beta}_j) & \cdots & \widehat{Cov}(\widehat{\beta}_o, \widehat{\beta}_k) \\ \vdots & \ddots & \vdots & \vdots & \vdots \\ \widehat{Cov}(\widehat{\beta}_j, \widehat{\beta}_o) & \cdots & \widehat{Var}(\widehat{\beta}_j) & \cdots & \widehat{Cov}(\widehat{\beta}_j, \widehat{\beta}_k) \\ \vdots & \vdots & \vdots & \ddots & \vdots \\ \widehat{Cov}(\widehat{\beta}_k, \widehat{\beta}_o) & \cdots & \widehat{Cov}(\widehat{\beta}_k, \widehat{\beta}_j) & \cdots & \widehat{Var}(\widehat{\beta}_k) \end{pmatrix} \quad (3.3)$$

1) 가설 설정

$$H_o: \beta_j = 0 \qquad\qquad H_1: \beta_j \neq 0$$

귀무가설($H_o: \beta_j = 0$)은 로지스틱회귀모형에 포함된 j-번째 독립변수 X_j가 어떤 사건이 발생될 확률에 전혀 영향을 미치지 못한다는 의미이다. 대립가설은 어떤 사건이 발생될 확률에 j-번째 독립변수 X_j가 유의한(significant) 영향을 미친다는 의미이다.

2) 왈드 검정통계량

식(3.1)에서 $\widehat{\beta}_j$의 평균은 β_j이고 분산은 $Var(\widehat{\beta}_j)$이다. 자료에서 추정된 분산을 $\widehat{Var}(\widehat{\beta}_j)$로 표시하면, 추정량 $\widehat{\beta}_j$에 대한 표준화 통계량 Z_j는 아래와 같이 표시된다.

$$Z_j = \frac{\widehat{\beta}_j}{\sqrt{\widehat{Var}(\widehat{\beta}_j)}} \quad (3.4)$$

표준화 통계량 Z_j는 귀무가설이 참이고 대표본(large sample)일 때 평균이 0 이고 분산이 1 인 정규분포에 근사하게 된다. SAS에서 사용되는 검정통계량은 식(3.4)를 제곱한 왈드검정통계량(wald test statistic)을 사용한다.

$$W_j = \left(\frac{\widehat{\beta}_j}{\sqrt{\widehat{Var}(\widehat{\beta}_j)}} \right)^2 \quad (3.5)$$

왈드검정통계량은 귀무가설이 참일 때 자유도가 1 인 카이제곱분포(chi-square distribution)

χ_1^2에 따르게 된다. 자료로부터 계산된 검정통계량의 값을 W_j^*로 표시하자.

3) 유의수준 설정과 임계값

유의수준이 α일 때 귀무가설의 기각여부를 결정하는 임계값은 자유도가 1 인 카이제곱분포 χ_1^2에서 상위 $100 \times \alpha\%$에 해당되는 카이제곱값으로 $\chi^2_{\alpha,1}$이 된다. 일반적으로 사용되는 유의수준 α 값은 0.05, 0.01 등이다.

4) 의사결정 규칙

귀무가설에 대한 채택 혹은 기각여부는 검정통계량의 값 W_j^*과 임계값 $\chi^2_{\alpha,1}$을 비교하여 아래와 같이 결정한다.

만약 $W_j^* > \chi^2_{\alpha,1}$ 이면 유의수준 α에서 귀무가설을 기각한다.
만약 $W_j^* \leq \chi^2_{\alpha,1}$ 이면 유의수준 α에서 귀무가설을 채택하게 된다.

5) p-값 계산

검정통계량의 p-값은 표본자료와 귀무가설사이에 어느 정도의 일치성이 있는지를 평가할 수 있는 값이다. 표본자료와 귀무가설사이의 일치여부는 귀무가설이 참일 때 자유도가 1 인 카이제곱분포 χ_1^2에서 검정통계량값 W_j^*이 어느 위치에 있는지를 검토하여야 한다. 검정통계량의 p-값은 자유도가 1 인 카이제곱분포 χ_1^2에서 검정통계량값 W_j^*보다 클 확률로 아래와 같이 정의된다.

$$p\text{-값} = P(\chi_1^2 > W_j^*)$$

만약 계산된 p-값이 0 에 가까운 작은 값을 가질수록 검정통계량값 W_j^*은 자유도가 1 인 카이제곱분포 χ_1^2의 우측 꼬리로 이동하게 된다. 이러한 경우 표본자료는 귀무가설이 참인 분포와 일치도는 매우 낮아지게 되어, 표본자료는 귀무가설에서 추출된 표본이라는 가능성보다는 대립가설이 참인 분포에서 추출된 표본일 가능성이 높아지게 될 것이다. 따라서 계산된 p-값이 0 에 가까운 매우 작은 경우에는 표본자료와 귀무가설사이의 불일치도는 매우 높아지기 때문에 귀무가설을 강하게 기각할 수 있는 충분한 근거가 된다.

[예제 3.1] 개별 회귀계수에 대한 왈드검정

〔예제 2.1〕에서는 결혼한 여성의 직업참여 여부를 분석하기 위해서 일곱 개 독립변수 (1) 5세 이하 자녀수(X_1), (2) 6세부터 18세 이하 자녀수(X_2), (3) 부인 나이(X_3), (4) 부인 학력수준(X_4), (5) 남편 학력수준(X_5), (6) 부인소득의 대수값(X_6), (7) 부인 소득을 제외한 가계소득(X_7) 등을 포함한 로지스틱회귀모형을 자료에 적합시켜 최대우도방법에 의해서 회귀계수를 추정하였다. 왈드검정법에 의하여 개별 회귀계수를 유의수준 0.05 에서 검정하고, 검정통계량의 p-값을 구하여 해석하여 보자.

[표 3.1 : 회귀계수에 대한 왈드 검정]

Variable	DF	①Parameter Estimate	②Standard Error	③Wald Chi-Square	④Pr > Chi-Square
INTERCPT	1	3.1821	0.6444	24.3872	0.0001
X1	1	-1.4629	0.1970	55.1445	0.0001
X2	1	-0.0646	0.0680	0.9017	0.3423
X3	1	-0.0629	0.0128	24.1893	0.0001
X4	1	0.8073	0.2300	12.3215	0.0004
X5	1	0.1117	0.2060	0.2941	0.5876
X6	1	0.6047	0.1508	16.0756	0.0001
X7	1	-0.0344	0.00821	17.6106	0.0001

①Paramerter Estimate 열은 개별 회귀계수에 대한 최우추정값, ②Standard Error 열은 추정된 회귀계수의 표준오차, ③Wald Chi-Square 열은 왈드 검정통계량 값, ④Pr>Chi-Square열은 연관된 검정통계량의 p-값을 표시한다. 예를 들면, 5세 이하 자녀(X_1)가 직업에 참여할 확률에 대한 효과를 검정하기 위한 귀무가설은 H_o: $\beta_1=0$ 이다. 연관된 왈드 카이제곱 검정통계량은

$$W_1^* = \left(\frac{\widehat{\beta_1}}{\sqrt{\widehat{Var}(\widehat{\beta_1})}} \right)^2 = \left(\frac{-1.4629}{0.1970} \right)^2 = 55.1445$$

이 되고, p-값은 $P(\chi_1^2 > 55.1445) = 0.0001$ 로 0 에 가까운 매우 작은 값으로 구해졌다. 따라서 5세 이하 자녀수(X_1)의 정보는 여성이 직업에 참여할 확률에 매우 유의한 영향을 미치고 있다고 판단할 수 있겠다. [표 3.1]에서 6세부터 18세 이하 자녀수(X_2)와 남편 학력수준(X_5)과 연관된 p-값이 0.3424 과 0.5876으로 매우 크므로 유의수준 0.05 에서 여성이 직업에 참여할 확률에 유의한 영향을 미치지 않는 것으로 판단할 수 있겠다. 나머지 5세 이하 자녀수(X_1), 부인 나이(X_3), 부인 학력수준(X_4), 부인소득의 대수값(X_6), 부인 소득을 제외한 가계소득(X_7)과 연관된 p-값은 0 에 가까운 매우 작은 값으로 나타났기 때문에 여성이 직업에 참여할 확률에 매우 유의한 영향을 미친다고 판단할 수 있겠다.

3.2 선형결합가설 검정

앞절에서는 개별회귀계수에 대한 왈드 카이제곱검정 절차에 대하여 설명하였다. 이제부터는 모수의 선형결합에 대한 가설을 검정하는 절차에 대하여 살펴보기로 하자. 이해를 돕기 위해서 로지스틱 회귀모형에 포함된 독립변수가 세개인 경우를 고려해보면, 모형에 포함된 회귀계수는 절편을 포함하여 네개가 된다. 이때 특정한 두개 회귀계수 (β_2, β_3)의 영향이 동일한지 여부를 검정하기 위한 귀무가설은 $H_o: \beta_2 = \beta_3$ 혹은 $H_o: \beta_2 - \beta_3 = 0$ 이 된다.

정리 3.1

선형벡터 $\boldsymbol{\ell}$ 를 $(k+1)$ 차 대비벡터(contrast vector)라고 하자. 이때 $(k+1)$ 차 계수 벡터 $\boldsymbol{\beta}$에 대한 선형결합 $\boldsymbol{\ell}'\boldsymbol{\beta}$의 최우추정량은 $\boldsymbol{\ell}'\widehat{\boldsymbol{\beta}}$ 가 된다. 이때 추정량 $\boldsymbol{\ell}'\widehat{\boldsymbol{\beta}}$ 의 평균과 분산은 아래와 같이 구할 수 있다.

$$\begin{aligned} E(\boldsymbol{\ell}'\widehat{\boldsymbol{\beta}}) &= \boldsymbol{\ell}'\boldsymbol{\beta} \\ Var(\boldsymbol{\ell}'\widehat{\boldsymbol{\beta}}) &= \boldsymbol{\ell}'\,Cov(\widehat{\boldsymbol{\beta}})\,\boldsymbol{\ell} \end{aligned} \tag{3.6}$$

[정리 3.1]을 귀무가설 $H_o: \beta_2 - \beta_3 = 0$ 에 응용하면 대비벡터는 $\boldsymbol{\ell} = (0, 0, 1, -1)'$이 되고,

귀무가설은 다시 H_o: $\boldsymbol{\ell}'\boldsymbol{\beta}=0$로 표시될 수 있다. 또한 추정된 선형결합벡터 $\boldsymbol{\ell}'\hat{\boldsymbol{\beta}}$의 평균과 분산을 다시 표현하면

$$\boldsymbol{\ell}'\boldsymbol{\beta} = (0,0,1,-1)\begin{bmatrix}\beta_o\\ \beta_1\\ \beta_2\\ \beta_3\end{bmatrix} = \beta_2-\beta_3$$

$$\begin{aligned}&\boldsymbol{\ell}'\, Cov(\hat{\boldsymbol{\beta}})\,\boldsymbol{\ell}\\ &= (0,0,1,-1)\begin{bmatrix} Var(\hat{\beta}_o) & Cov(\hat{\beta}_o,\hat{\beta}_1) & Cov(\hat{\beta}_o,\hat{\beta}_2) & Cov(\hat{\beta}_o,\hat{\beta}_3)\\ Cov(\hat{\beta}_1,\hat{\beta}_o) & Var(\hat{\beta}_1) & Cov(\hat{\beta}_1,\hat{\beta}_2) & Cov(\hat{\beta}_1,\hat{\beta}_3)\\ Cov(\hat{\beta}_2,\hat{\beta}_o) & Cov(\hat{\beta}_2,\hat{\beta}_1) & Var(\hat{\beta}_2) & Cov(\hat{\beta}_2,\hat{\beta}_3)\\ Cov(\hat{\beta}_3,\hat{\beta}_o) & Cov(\hat{\beta}_3,\hat{\beta}_1) & Cov(\hat{\beta}_3,\hat{\beta}_2) & Var(\hat{\beta}_3)\end{bmatrix}\begin{bmatrix}0\\0\\1\\-1\end{bmatrix}\\ &= Var(\hat{\beta}_2)+Var(\hat{\beta}_3)-2Cov(\hat{\beta}_2,\hat{\beta}_3)\end{aligned}$$

이 된다. 위에서 $Cov(\hat{\boldsymbol{\beta}})$는 알려져 있지 않기 때문에 자료로부터 추정된 $\widehat{Cov}(\hat{\boldsymbol{\beta}})$을 사용하게 된다. 이때 $\boldsymbol{\ell}'\hat{\boldsymbol{\beta}}$와 $\boldsymbol{\ell}'\boldsymbol{\beta}=0$사이의 통계적거리의 제곱값 W는 다음과 같이

$$\begin{aligned} W &= \left(\frac{\boldsymbol{\ell}'\hat{\boldsymbol{\beta}}-\boldsymbol{\ell}'\boldsymbol{\beta}}{\sqrt{\boldsymbol{\ell}'\,\widehat{Cov}(\hat{\boldsymbol{\beta}})\,\boldsymbol{\ell}}}\right)^2\\ &= \frac{(\hat{\beta}_2-\hat{\beta}_3)^2}{\widehat{Var}(\hat{\beta}_2)+\widehat{Var}(\hat{\beta}_3)-2\,\widehat{Cov}(\hat{\beta}_2,\hat{\beta}_3)}\end{aligned} \qquad (3.7)$$

표시되고, 귀무가설이 참일 때 W는 자유도가 1 인 카이제곱분포 χ_1^2에 따르게 된다. 여기서 자유도 1 인 이유는 선형대비식이 하나이기 때문이다.

이제 네개 계수 중에서 두개 계수가 동시에 0 인지 여부를 검정하는 방법에 대하여 살펴보기로 하자. 만약 귀무가설이 H_o: $\beta_1=\beta_3=0$인 경우를 생각해보자. 이 가설을 검정하기 위해서는 H_o: ($\beta_1=0$ 와 $\beta_3=0$)를 동시에 고려하여야 한다. 이러한 경우에 귀무가설은 아래와 같은 두개 선형대비식이 필요하게 된다.

$$\boldsymbol{L}=\begin{bmatrix}0&1&0&0\\0&0&0&1\end{bmatrix} \qquad \boldsymbol{\beta}=\begin{bmatrix}\beta_o\\\beta_1\\\beta_2\\\beta_3\end{bmatrix} \qquad \boldsymbol{r}=\begin{bmatrix}0\\0\end{bmatrix}$$

$$\boldsymbol{L}\,\boldsymbol{\beta}=\begin{bmatrix}0&1&0&0\\0&0&0&1\end{bmatrix}\begin{bmatrix}\beta_o\\\beta_1\\\beta_2\\\beta_3\end{bmatrix}=\begin{bmatrix}\beta_1\\\beta_3\end{bmatrix}=\begin{bmatrix}0\\0\end{bmatrix}=\boldsymbol{r}$$

정리 3.2

$\boldsymbol{L}$를 $q\times(k+1)$ 차 대비행렬(contrast matrix)라고 하자. 이때 $(k+1)$ 차 계수벡터 $\boldsymbol{\beta}$에 대한 q개 선형결합 $\boldsymbol{L}\,\boldsymbol{\beta}$의 최우추정량은 $\boldsymbol{L}\,\widehat{\boldsymbol{\beta}}$가 된다. 이때 q차 추정벡터 $\boldsymbol{L}\,\widehat{\boldsymbol{\beta}}$의 평균벡터와 공분산행렬은 아래와 같이 구해진다.

$$E(\boldsymbol{L}\,\widehat{\boldsymbol{\beta}})=\boldsymbol{L}\,\boldsymbol{\beta}$$
$$Cov(\boldsymbol{L}\,\widehat{\boldsymbol{\beta}})=\boldsymbol{L}\,Cov(\widehat{\boldsymbol{\beta}})\,\boldsymbol{L}' \qquad (3.8)$$

[정리 3.2]를 귀무가설 $H_o:\ \beta_1=\beta_3=0$에 응용하면 대비행렬은 $\boldsymbol{L}$이기 때문에 귀무가설은 $H_o:\ \boldsymbol{L}\,\boldsymbol{\beta}=\boldsymbol{r}$이 된다. 또한 $\boldsymbol{L}\,\widehat{\boldsymbol{\beta}}$의 평균벡터와 공분산행렬을 표현하면

$$\boldsymbol{L}\,\boldsymbol{\beta}=\begin{bmatrix}0&1&0&0\\0&0&0&1\end{bmatrix}\begin{bmatrix}\beta_o\\\beta_1\\\beta_2\\\beta_3\end{bmatrix}=\begin{bmatrix}\beta_1\\\beta_3\end{bmatrix}$$

$$\boldsymbol{L}\,Cov(\widehat{\boldsymbol{\beta}})\,\boldsymbol{L}'=\begin{bmatrix}0&1&0&0\\0&0&0&1\end{bmatrix}\times$$

$$\begin{bmatrix}Var(\widehat{\beta_o}) & Cov(\widehat{\beta_o},\widehat{\beta_1}) & Cov(\widehat{\beta_o},\widehat{\beta_2}) & Cov(\widehat{\beta_o},\widehat{\beta_3})\\ Cov(\widehat{\beta_1},\widehat{\beta_o}) & Var(\widehat{\beta_1}) & Cov(\widehat{\beta_1},\widehat{\beta_2}) & Cov(\widehat{\beta_1},\widehat{\beta_3})\\ Cov(\widehat{\beta_2},\widehat{\beta_o}) & Cov(\widehat{\beta_2},\widehat{\beta_1}) & Var(\widehat{\beta_2}) & Cov(\widehat{\beta_2},\widehat{\beta_3})\\ Cov(\widehat{\beta_3},\widehat{\beta_o}) & Cov(\widehat{\beta_3},\widehat{\beta_1}) & Cov(\widehat{\beta_3},\widehat{\beta_2}) & Var(\widehat{\beta_3})\end{bmatrix}\times\begin{bmatrix}0&0\\1&0\\0&0\\0&1\end{bmatrix}$$

$$=\begin{bmatrix}Var(\widehat{\beta_1}) & Cov(\widehat{\beta_1},\widehat{\beta_3})\\ Cov(\widehat{\beta_3},\widehat{\beta_1}) & Var(\widehat{\beta_3})\end{bmatrix}$$

이때 $\boldsymbol{L}\widehat{\boldsymbol{\beta}}$ 와 $\boldsymbol{L}\boldsymbol{\beta}=\boldsymbol{r}$사이의 통계적거리 제곱값은 다음과 같이

$$W=(\boldsymbol{L}\widehat{\boldsymbol{\beta}}-\boldsymbol{r})'[\boldsymbol{L}\ \widehat{\boldsymbol{Cov}}(\widehat{\boldsymbol{\beta}})\ \boldsymbol{L}']^{-1}(\boldsymbol{L}\widehat{\boldsymbol{\beta}}-\boldsymbol{r})$$
$$=[\ \widehat{\beta}_1,\ \ \widehat{\beta}_3\ ]\left(\begin{bmatrix}\widehat{Var}(\widehat{\beta}_1) & \widehat{Cov}(\widehat{\beta}_1,\widehat{\beta}_3)\\ \widehat{Cov}(\widehat{\beta}_3,\widehat{\beta}_1) & \widehat{Var}(\widehat{\beta}_3)\end{bmatrix}\right)^{-1}\begin{bmatrix}\widehat{\beta}_1\\ \widehat{\beta}_2\end{bmatrix} \tag{3.9}$$

표시되고, 귀무가설이 참일 때 W는 자유도가 2 인 카이제곱분포 χ_2^2에 따르게 된다. 여기서 자유도가 2 인 이유는 선형대비식이 두개이기 때문이다. 만약 모형에 포함된 세개 독립변수들이 어떤 사건이 발생될 확률에 영향을 전혀 영향을 미치지 않는다는 가설 H_o: $\beta_1=\beta_2=\beta_3=0$ 을 검정을 할 때, 검정통계량 W는 귀무가설이 참일 때 자유도가 3 인 카이제곱분포 χ_3^2에 따르게 된다. 자료에서 계산된 왈드 검정통계량의 값을 W^*라고 표시하자.

[예제 3.2] 선형결합계수에 대한 왈드 카이제곱검정

〔예제 2.1〕에서는 결혼한 여성의 직업참여 여부를 분석하기 위해서 일곱개 독립변수 (1) 5세 이하 자녀수(X_1), (2) 6부터 18세 이하 자녀수(X_2), (3) 부인 나이(X_3), (4) 부인 학력수준(X_4), (5) 남편 학력수준(X_5), (6) 부인소득의 대수값(X_6), (7) 부인 소득을 제외한 가계소득(X_7)을 포함한 로지스틱회귀모형을 자료에 적합시켜 대응되는 최대우도방법에 의해서 회귀계수를 추정하였다. 아래와 같은 선형가설을 유의수준 0.05에서 검정하여보자.

(1) 부인 학력수준(X_4)과 남편 학력수준(X_5)이 여성이 직업에 참여할 확률에 동일한 크기의 영향을 미치는지 여부를 유의수준 0.05 에서 검정하여라. 이때 대비벡터 $\boldsymbol{\ell}$ 을 설정하고, 검정통계량의 값 W^*와 p-값을 계산하여라.

(2) 6세부터 18세 이하 자녀수(X_2)와 남편 학력수준(X_5)의 종합적인 정보가 여성이 직업에 참여할 확률에 영향을 미치는지 여부를 유의수준 0.05에서 검정하여라. 이때 대비행렬 $\boldsymbol{L}$을 설정하고, 검정통계량의 값 W^*와 p-값을 계산하여라.

(3) 모형에 포함된 일곱 개 독립변수들의 종합적인 정보가 여성이 직업에 참여할 확률에 영향을 미치는지 여부를 유의수준 0.05에서 검정하여라. 이때 대비행렬 $\boldsymbol{L}$을 설정하고, 검정통계량값 W^*와 p-값을 계산하여라.

□ **SAS 프로그램(\program\ex3-2.sas)**

```
DATA ONE;
 INFILE 'A:\DATA\EX2-1.DAT';
  INPUT Y X1-X7;
RUN;
PROC LOGISTIC DESCENDING;
 MODEL Y=X1-X7/①COVB ⑤RSQ;
 ②TEST1: TEST X4-X5=0;
 ③TEST2: TEST X2=X5=0;
 ④TEST3: TEST X1=X2=X3=X4=X5=X6=X7=0;
RUN;
```

(1) ①COVB은 회귀계수에 대한 추정된 공분산행렬을 출력시키라는 옵션이다.

(2) 첫번째 귀무가설 H_o: $\beta_4=\beta_5$에 대한 검정을 하기 위해서 ②TEST1: TEST X4−X5=0; 문을 사용하였다. 두번째 귀무가설 H_o: $\beta_2=\beta_5=0$ 에 대한 검정을 하기 위해서 ③TEST2: TEST X2=X5=0; 문을 사용하였다. 세번째 귀무가설 H_o: $\beta_1=\beta_2=\cdots=\beta_7=0$을 검정하기 위해서 ④TEST3: TEST X1=X2=X3=X4=X5=X6=X7=0; 문을 사용하였다.

(3) ⑤RSQ 옵션은 모형의 적합도를 평가하기 위한 것으로 다음절에서 설명하도록 하겠다.

□ **SAS 결과와 해석**

[표 3.2 : 추정된 회귀계수의 공분산 추정행렬]

Variable	INTERCPT	X1	X2	X3	X4	X5	X6	X7
INTERCPT	0.4152193	-0.063052	-0.023035	-0.007666	0.0128188	-0.012495	-0.018813	-0.000609
X1	-0.063052	0.0388092	0.0019573	0.0012216	-0.00455	-0.002855	-0.000977	0.0001235
X2	-0.023035	0.0019573	0.0046241	0.0003747	0.0007303	-0.000136	0.0007584	-0.000031
X3	-0.007666	0.0012216	0.0003747	0.0001634	-0.000128	0.0002798	-0.000054	-8.381E-6
X4	0.0128188	-0.00455	0.0007303	-0.000128	0.0528907	-0.02073	-0.006737	-0.000253
X5	-0.012495	-0.002855	-0.000136	0.0002798	-0.02073	0.0424524	0.0001434	-0.00049
X6	-0.018813	-0.000977	0.0007584	-0.000054	-0.006737	0.0001434	0.0227459	-0.000108
X7	-0.000609	0.0001235	-0.000031	-8.381E-6	-0.000253	-0.00049	-0.000108	0.0000674

[표 3.2]의 추정된 공분산행렬 $\widehat{Cov}(\widehat{\boldsymbol{\beta}})$에서 $j+1$번째 대각원소인 $\widehat{Var}(\widehat{\beta}_j)$는 $\widehat{\beta}_j$의 분산 추정값, $(i+1)$-번째행과 $(j+1)$-번째열 원소인 $\widehat{Cov}(\widehat{\beta}_i, \widehat{\beta}_j)$는 $\widehat{\beta}_j$와 $\widehat{\beta}_j$사이의 공분산 추정값이다.

(1) 부인 학력수준(X_4)과 남편 학력수준(X_5)이 여성이 직업에 참여할 확률에 동일한 크기의 영향을 미치는지 여부를 검정하기 위한 가설은 아래와 같다.

$$H_o: \beta_4 = \beta_5 \qquad\qquad H_1: \beta_4 \neq \beta_5$$

귀무가설은 $H_o: \beta_4 - \beta_5 = 0$로 표시되므로 대비벡터 $\boldsymbol{\ell}$와 모수벡터 $\boldsymbol{\beta}$는 아래와 같다.

$$\boldsymbol{\ell}' = (0, 0, 0, 0, 1, -1, 0, 0) \qquad \boldsymbol{\beta} = \begin{bmatrix} \beta_o \\ \beta_1 \\ \beta_2 \\ \beta_3 \\ \beta_4 \\ \beta_5 \\ \beta_6 \\ \beta_7 \end{bmatrix}$$

[표 3.3 : 선형가설 검정결과]

Linear Hypotheses Testing

Label	Wald Chi-Square	DF	Pr > Chi-Square
TEST1	①3.5363	1	②0.0600
TEST2	③1.1858	2	④0.5527
TEST3	⑤94.9813	7	⑥0.0001

귀무가설 $H_o: \beta_4 = \beta_5$에 대한 ①왈드 검정통계량의 값은

$$W^* = \left(\frac{\boldsymbol{\ell}'\widehat{\boldsymbol{\beta}}}{\sqrt{\boldsymbol{\ell}'\,\widehat{Cov}(\widehat{\boldsymbol{\beta}})\,\boldsymbol{\ell}}} \right)^2$$

$$= \frac{(\widehat{\beta}_4 - \widehat{\beta}_5)^2}{\widehat{Var}(\widehat{\beta}_4) + \widehat{Var}(\widehat{\beta}_5) - 2\,\widehat{Cov}(\widehat{\beta}_4, \widehat{\beta}_5)}$$

$$= 3.5363$$

이 된다. 왈드 카이제곱 검정통계량 W는 귀무가설이 참일 때 자유도가 1 인 카이제곱분포에 따르게 된다. 왈드 카이제곱 검정통계량의 ② p-값 $= P(\chi_1^2 > 3.5363) = 0.0600$ 은 유의수준 0.05 보다 약간 큰 값이다. 따라서 부인 학력수준(X_4)과 남편 학력수준(X_5)이 여성이 직업에 참여할 확률에 동일한 크기의 영향을 미친다는 귀무가설 $H_o: \beta_4 = \beta_5$를 기각할 수는 없게 된다. 이 경우에 p-값이 0.06 으로 유의수준 0.05 보다 약간 크기 때문에 귀무가설을 분명히 채택 혹은 기각할 수 근거가 약하다고 판단된다.

(2) 6세부터 18세 이하 자녀수(X_2)와 남편 학력수준(X_5)의 종합적인 정보가 여성이 직업에 참여할 확률에 유의한 영향을 미치는지 여부를 검정하기 위한 가설은 아래와 같다.

$$H_o: \beta_2 = \beta_5 = 0 \qquad H_1: \text{적어도 한개 } \beta_j \neq 0,\ j = 2, 5$$

귀무가설은 $H_o: (\beta_2 = 0$ 와 $\beta_5 = 0)$로 표시되므로 선형대비행렬은 아래와 같다.

$$L = \begin{bmatrix} 0 & 0 & 1 & 0 & 0 & 0 & 0 & 0 \\ 0 & 0 & 0 & 0 & 0 & 1 & 0 & 0 \end{bmatrix}$$

귀무가설 $H_o: \beta_2 = \beta_5 = 0$ 에 대한 ③왈드 카이제곱 검정통계량값은

$$\begin{aligned} W^* &= (L\widehat{\beta})'[L\,\widehat{Cov}(\widehat{\beta})\,L']^{-1}(L\widehat{\beta}) \\ &= [\,\widehat{\beta}_2,\ \widehat{\beta}_5\,]\left(\begin{bmatrix} \widehat{Var}(\widehat{\beta}_2) & \widehat{Cov}(\widehat{\beta}_2, \widehat{\beta}_5) \\ \widehat{Cov}(\widehat{\beta}_5, \widehat{\beta}_2) & \widehat{Var}(\widehat{\beta}_5) \end{bmatrix}\right)^{-1} \begin{bmatrix} \widehat{\beta}_2 \\ \widehat{\beta}_5 \end{bmatrix} \\ &= 1.1858 \end{aligned}$$

이 된다. 왈드 카이제곱 검정통계량 W는 귀무가설이 참일 때 자유도가 2 인 카이제곱분포 χ_2^2에 따르게 된다. 그리고 왈드 카이제곱 검정통계량의 ④ p-값$= P(\chi_2^2 > 1.1858) = 0.5527$ 은 유의수준 0.05 보다 상당히 큰 값이기 때문에 귀무가설 $H_o: \beta_4 = \beta_5$을 강하게 채택할 수 있는 근거가 된다. 따라서 6세부터 18세 이하 자녀수(X_2)와 남편 학력수준(X_5)의 종합정보는 여성이 직업에 참여할 확률에 유의한 영향을 미친다고는 할 수 없다고 판단된다.

(3) 모형에 포함된 일곱 개 독립변수들의 종합적인 여성이 직업에 참여할 확률에 유의한 영향을 미치는지 여부를 검정하기 위한 가설은 아래와 같다.

$$H_o: \beta_1 = \beta_2 = \cdots = \beta_7 = 0 \qquad H_1: \text{적어도 하나 } \beta_j \neq 0, \quad j = 1, 2, \cdots, 7$$

귀무가설 H_o: $\boldsymbol{L\beta} = \boldsymbol{0}$에 사용된 선형대비행렬 $\boldsymbol{L}$은 아래와 같다.

$$\boldsymbol{L} = \begin{bmatrix} 0 & 1 & 0 & 0 & 0 & 0 & 0 & 0 \\ 0 & 0 & 1 & 0 & 0 & 0 & 0 & 0 \\ 0 & 0 & 0 & 1 & 0 & 0 & 0 & 0 \\ 0 & 0 & 0 & 0 & 1 & 0 & 0 & 0 \\ 0 & 0 & 0 & 0 & 0 & 1 & 0 & 0 \\ 0 & 0 & 0 & 0 & 0 & 0 & 1 & 0 \\ 0 & 0 & 0 & 0 & 0 & 0 & 0 & 1 \end{bmatrix}$$

귀무가설 H_o: $\boldsymbol{L\beta} = \boldsymbol{0}$에 대한 ⑤왈드 카이제곱 검정통계량의 값은

$$W^* = (\boldsymbol{L}\,\widehat{\boldsymbol{\beta}})'\,[\boldsymbol{L}\ \widehat{Cov}(\widehat{\boldsymbol{\beta}})\ \boldsymbol{L}']^{-1}(\boldsymbol{L}\,\widehat{\boldsymbol{\beta}})$$
$$= 94.9813$$

이 된다. 왈드 카이제곱 검정통계량 W는 귀무가설이 참일 때 자유도가 7 인 카이제곱분포 χ_7^2에 따르게 된다. 왈드 카이제곱 검정통계량의 ⑥ p-값 $= P(\chi_7^2 > 94.9813) = 0.0001$은 0 에 가까운 매우 작은 값이기 때문에 귀무가설 H_o: $\beta_1 = \cdots = \beta_7 = 0$ 을 강하게 기각할 수 있는 충분한 근거가 된다. 따라서 모형에 포함된 독립변수들 중에는 여성이 직업에 참여할 확률에 유의한 영향을 미치는 독립변수가 적어도 한개 이상이 존재한다고 판단할 수 있겠다.

3.3 우도비 검정

앞절에서는 로지스틱회귀모형에서 개별 회귀계수의 귀무가설 H_o: $\beta_j = 0$에 대한 유의성검정

과 모형에 포함된 모든 회귀계수의 귀무가설 H_o: $\boldsymbol{\beta} = \mathbf{0}$에 대한 왈드검정 방법에 대하여 설명하였다. 본절에서는 로지스틱 회귀모형의 유의성검정에 가장 널리 사용되는 우도비검정(likelihood ratio test)에 대하여 설명하도록 하겠다. 모형의 유의성검정에 사용되는 첫번째 우도비검정은 우도비 카이제곱(likelihood ratio chi-square)검정이고, 두번째 우도비검정은 데비언스(deviance)검정이다. 여기서 우도(likelihood)는 종속변수의 관측값이 독립변수의 정보에 의하여 예측될 수 있는 확률을 의미한다.

3.3.1 우도비 카이제곱검정

로지스틱 회귀모형에서 절편을 제외한 모든 회귀계수가 동시에 0 이라는 귀무가설에 대한 우도비 카이제곱 유의성검정은 다음과 같은 절차를 통해서 실시할 수 있다.

1) 가설설정

$$H_0: \ \beta_1 = \beta_2 = \ \cdots \ = \beta_k = \ 0$$

H_1 : 최소한 하나의 $\beta_j \neq 0 \ (j = 1, 2, \cdots, k)$

귀무가설은 로지스틱회귀모형에 포함된 k개 독립변수들이 어떤 사건이 발생될 확률에 전혀 정보를 제공하지 못한다는 의미이고, 대립가설은 적어도 하나 이상의 유의한 영향을 미치는 독립변수가 모형에 포함되어 있다는 의미이다.

2) 검정통계량

우도비 카이제곱 검정통계량은 설정된 모형의 우도와 모든 회귀계수가 0 으로 제약된 모형의 우도를 비교하는 것이다. 전자는 k개 독립변수를 포함한 로지스틱회귀모형에서 최우추정법에 의해서 구해진 우도로 $L(\hat{\boldsymbol{\beta}})$로 표시하자. 여기서 $\hat{\boldsymbol{\beta}}$ 는 절편을 포함한 추정된 회귀계수벡터이다.

$$L(\widehat{\boldsymbol{\beta}}) = \prod_{i=1}^{n} [\pi(\boldsymbol{x}_i)]^{Y_i} [1-\pi(\boldsymbol{x}_i)]^{1-Y_i}$$
$$= \prod_{i=1}^{n} \left(\frac{\exp(\boldsymbol{x}_i' \widehat{\boldsymbol{\beta}})}{1+\exp(\boldsymbol{x}_i' \widehat{\boldsymbol{\beta}})} \right)^{Y_i} \left(\frac{1}{1+\exp(\boldsymbol{x}_i' \widehat{\boldsymbol{\beta}})} \right)^{1-Y_i} \tag{3.10}$$

후자는 귀무가설이 참인 (모든 k개 기울기계수들이 동시에 0 일 때) 제약된 모형에서 최우추정법에 의해서 구해진 우도 $L(\widehat{\beta_o})$로 표시하자. 제약된 모형은 절편만 포함하고 있기 때문에 우도 $L(\widehat{\beta_o})$는 다음과 같이 구해진다.

$$L(\widehat{\beta_o}) = \prod_{i=1}^{n} \left(\frac{\exp(\widehat{\beta_o})}{1+\exp(\widehat{\beta_o})} \right)^{Y_i} \left(\frac{1}{1+\exp(\widehat{\beta_o})} \right)^{1-Y_i}$$
$$= \prod_{i=1}^{n} [\exp(\widehat{\beta_o})]^{Y_i} \left(\frac{1}{1+\exp(\widehat{\beta_o})} \right) \tag{3.11}$$

식(3.10)에서 우도 $L(\widehat{\boldsymbol{\beta}})$는 확률의 곱으로 표시되기 때문에 0 과 1 사이의 값을 갖게 된다. 만약 로지스틱 회귀모형에 포함된 독립변수들의 종합적인 정보가 어떤 사건이 발생될 확률에 미치는 영향이 커질수록 $L(\widehat{\boldsymbol{\beta}})$는 $L(\widehat{\beta_o})$에 비해서 커지게 될 것이고, 만약 모형에 포함된 독립변수들의 종합적인 정보가 어떤 사건이 발생될 확률에 미치는 영향이 작을수록 두 우도사이의 차이는 작아지게 될 것이다. 따라서 모든 기울기 회귀계수들이 동시에 0 인지 여부에 대한 검정하기 위해서는 두가지 우도의 크기를 비교하게 된다. 우도비 카이제곱 검정통계량 LR은 두가지 우도의 비율에 자연대수를 취하여 아래와 같이 설정한다.

$$LR = -2 \log_e \left(\frac{L(\widehat{\beta_o})}{L(\widehat{\boldsymbol{\beta}})} \right)$$
$$= -2 \log_e L(\widehat{\beta_o}) + 2 \log_e L(\widehat{\boldsymbol{\beta}}) \tag{3.12}$$

로지스틱회귀모형에 포함된 독립변수들의 종합정보가 유의할수록 우도비 카이제곱 검정통계량 LR은 커지게 되고, 반대로 유의하지 않다면 LR은 0 에 가까워지게 된다. 그리고 우도비 카이제곱 검정통계량 LR 은 귀무가설이 참일 때 자유도가 k 인 카이제곱분포 χ_k^2 에 따르게 된다. 현재 설정된 모형에서는 절편과 k개 회귀계수가 있기 때문에 자유도는 $(k+1)$ 이 되고, 절편만 포함한 제약된 모형에서 자유는 1 이 된다. 따라서 두가지 모형에서 자유도의 차이는 k 이기 때문에 카이제곱 검정통계량 LR 의 자유도는 k가 된다. 자료에서 구해진 우도비 카이제곱 검정통계량값을 LR^*로 표시하자.

3) 유의수준 설정과 임계값

유의수준이 α일 때 귀무가설의 기각여부를 결정하는 임계값은 자유도가 k인 카이제곱분포에서 상위 $100\times\alpha$%에 해당되는 카이제곱값인 $\chi^2_{\alpha,k}$이 된다. 일반적으로 사용되는 유의수준 α 값은 0.05, 0.01 등이다.

4) 의사결정 규칙

의사결정은 우도비 카이제곱 검정통계량값 LR^*과 임계값인 $\chi^2_{\alpha,k}$ 을 비교하여 귀무가설의 채택 여부를 결정하게 된다.

만약 $LR^* > \chi^2_{\alpha,k}$ 이면 유의수준 α에서 귀무가설을 기각한다.

만약 $LR^* \le \chi^2_{\alpha,k}$ 이면 유의수준 α에서 귀무가설을 채택한다.

5) p-값 계산

우도비 카이제곱 검정통계량의 p-값은 자유도가 k인 카이제곱분포에서 검정통계량값 LR^* 보다 클 확률인 $P(\chi_k^2 > LR^*)$을 의미하고, p-값이 0 에 가까운 값일 때 귀무가설을 강하게 기각할 수 있는 충분한 근거를 제공한다.

결론적으로 우도비 카이제곱 검정통계량의 값 LR^*이 클수록 혹은 대응되는 p-값이 작을수록 모형에 포함된 독립변수들의 종합적인 정보가 어떤 사건이 발생될 확률을 예측할 수 있는 능력을 유의하게 향상시킬 수 있다고 판단할 수 있다.

3.3.2 데비언스 유의성검정

데비언스 검정은 설정된 로지스틱 회귀모형이 완전정보를 가진 모형과 비교해서 유의한 차이가 있는지 여부를 평가하는 방법이다. 데비언스는 설정된 모형과 연관된 오차를 반영하므로 종속변수에서 설명될 수 없는 변동의 유의성과 관계가 있다. 데비언스 검정은 다음과 같은 절차를 통해서 구할 수 있다.

1) 가설설정

$$H_0 : \pi(\boldsymbol{x}_i) = \frac{\exp(\boldsymbol{x}_i'\boldsymbol{\beta})}{1+\exp(\boldsymbol{x}_i'\boldsymbol{\beta})} \qquad H_1 : \pi(\boldsymbol{x}_i) \neq \frac{\exp(\boldsymbol{x}_i'\boldsymbol{\beta})}{1+\exp(\boldsymbol{x}_i'\boldsymbol{\beta})}$$

귀무가설은 k개 독립변수를 포함한 로지스틱회귀모형이 어떤 사건이 발생될 확률을 설명하는 데 충분한 정보를 제공한다는 의미이고, 대립가설은 현재 설정된 로지스틱 회귀모형이 어떤 사건이 발생될 확률을 설명하는 데 불충분하다는 것이다.

2) 검정통계량

데비언스 검정통계량은 설정된 모형의 우도와 완전정보를 가진 모형의 우도를 비교하여 구하게 된다. 설정된 로지스틱회귀모형에서 구해진 우도는 앞에서 $L(\hat{\boldsymbol{\beta}})$로 표시하였다. 완전정보를 가진 모형은 각 관측 값마다 하나의 개별적인 모수를 갖기 때문에 종속변수의 관측값을 완전하게 예측할 수 있는 모형을 의미한다. 완전정보를 가진 모형에 대한 우도 $L(F)$는 아래와 같이 구해진다.

$$L(F) = \prod_{i=1}^{n} \pi_i^{Y_i} (1-\pi_i)^{1-Y_i} \tag{3.13}$$

우도 $L(F)$를 계산하는 데 각 관측값과 관련된 하나의 모수 π_i를 사용하였고, 독립변수의 정보를 이용한 $\pi(\boldsymbol{x}_i)$를 사용하지 않았다. 식(3.13)에서 π_i가 0 (혹은 1)일 때 Y_i도 0 (혹은 1)이 되기 때문에 우도 $L(F)$의 값은 항상 1 이 된다. 만약 설정된 로지스틱회귀모형의 예측력이 충분하다면, 우도 $L(\hat{\boldsymbol{\beta}})$는 1 에 가까운 값을 갖게 되므로 완전정보를 가진 모형의 우도

$L(F)$사이의 차이는 아주 작아지게 된다. 반대로 설정된 로지스틱회귀모형의 예측력이 미흡하게 되면 두 우도의 차이는 커지게 될 것이다. 데비언스 검정통계량은 두가지 우도의 비율에 자연대수를 취하여 구해진다.

$$\begin{aligned} D &= -2\log_e\left(\frac{L(\widehat{\boldsymbol{\beta}})}{L(F)}\right) \\ &= -2\log_e L(\widehat{\boldsymbol{\beta}}) + 2\log_e L(F) \\ &= -2\log_e L(\widehat{\boldsymbol{\beta}}) \end{aligned} \tag{3.14}$$

완전정보를 가진 모형에서 구한 우도 $L(F)$는 항상 1 이 되기 때문에 자연대수를 취한 우도 $\log_e L(F)$는 0 이 된다. 또한 우도 $L(\widehat{\boldsymbol{\beta}})$는 확률의 곱으로 표시되므로 0 과 1 사이의 범위를 가지기 때문에, 자연대수를 취한 우도 $\log_e L(\widehat{\boldsymbol{\beta}})$의 범위는 $-\infty$ 과 0 가 된다. 따라서 데비언스 검정통계량 D의 범위는 0 과 ∞ 사이가 된다. 데비언스 검정통계량 D의 값이 작을수록 현재 설정된 로지스틱회귀모형의 적합도는 좋아지게 된다. 데비언스 검정통계량 D는 귀무가설이 참일 때 자유도가 $n-k-1$인 카이제곱분포 χ^2_{n-k-1}에 따르게 된다. 자유도를 살펴보면 완전정보를 가진 모형에서는 각 관측 값마다 모수가 하나씩 있기 때문에 자유도는 n이 되고, 설정된 모형의 자유도는 모수의 수인 $k+1$이 된다. 두 모형과 연관된 자유도의 차이는 $n-(k+1)$이기 때문에 데비언스 검정통계량 D의 자유도는 $n-k-1$이 된다. 자료에서 구해진 데비언스 검정통계량의 값을 D^*로 표시하자.

3) 유의수준 설정과 임계값

유의수준이 α일 때 귀무가설의 기각여부를 결정하는 임계값은 자유도가 $n-k-1$인 카이제곱분포에서 상위 $100\times\alpha\%$에 해당되는 카이제곱값인 $\chi^2_{\alpha,n-k-1}$이 된다.

4) 의사결정 규칙

의사결정은 데비언스 검정통계량의 값 D^*과 임계값 $\chi^2_{\alpha,n-k-1}$을 비교하여 귀무가설의 채택

여부를 결정한다.

만약 $D^{*} > \chi^{2}_{\alpha, n-k-1}$ 이면 유의수준 α에서 귀무가설을 기각한다.

만약 $D^{*} \le \chi^{2}_{\alpha, n-k-1}$ 이면 유의수준 α에서 귀무가설을 채택한다.

5) p-값 계산

데비언스 검정통계량의 p-값은 자유도가 $n-k-1$인 카이제곱분포에서 검정통계량의 값 D^{*}보다 클 확률 $P(\chi^{2}_{n-k-1} > D^{*})$을 의미하고, p-값이 클수록 귀무가설을 강하게 채택할 수 있는 근거가 된다.

결론적으로 데비언스 검정통계량값 D^{*}가 작을수록 혹은 대응되는 p-값이 클수록 설정된 로지스틱회귀모형이 완전정보를 가진 모형과 비교해서 유의한 차이가 없다고 판단할 수 있을 것이다. McCullagh 와 Nelder(1989, pp. 120-122)에 의하면 표본 자료에서 독립변수들의 수준이 한번씩만 관측이 되는 경우에는 데비언스 검정방법은 모형의 적합도를 측정하는 척도로는 사용할 수 없다고 제안하였다.

[예제 3.3] 로지스틱회귀모형에 대한 우도비 검정

[예제 2.1에서는 결혼한 여성의 직업참여 여부를 분석하기 위해서 일곱 개 독립변수 (1) 5세 이하 자녀수(X_1), (2) 6세부터 18세 이하 자녀수(X_2), (3) 부인 나이(X_3), (4) 부인 학력수준(X_4), (5) 남편 학력수준(X_5), (6) 부인소득 대수값(X_6), (7) 부인 소득을 제외한 가계소득(X_7)를 포함한 로지스틱회귀모형을 자료에 적합시켜 최대우도방법에 의해서 회귀계수를 추정하였다. 아래 질문에 대하여 우도비검정을 실시하고 해석하여보자.

(1) 설정된 로지스틱회귀모형에서 모든 회귀계수가 모두 동시에 0인지 여부에 대한 우도비 카이제곱검정을 유의수준 0.05에서 검정하여라. 또한 p-값을 계산하고 해석하여라.

(2) 설정된 로지스틱회귀모형이 완전정보를 가진 모형과 유의한 차이가 있는지 여부에 대한 데비언스 검정을 유의수준 0.05에서 검정하여라. 또한 p-값을 계산하고 해석하여라.

□ SAS 결과 해석

[표 3.4 : 로지스틱 회귀모형 우도비검정 결과]

Criterion	Intercept Only	Intercept and Covariates	Chi-Square for Covariates
AIC	1031.746	921.266	.
SC	1036.370	958.258	.
-2 LOG L	①1029.746	②905.266	③124.480 with 7 DF(④p=0.0001)
Score	.	.	113.181 with 7 DF(p=0.0001)

(1) 설정된 로지스틱회귀모형에서 절편을 제외한 모든 회귀계수가 모두 동시에 0인지 여부에 대한 가설은 아래와 같다.

$$H_o: \beta_1 = \beta_2 = \cdots = \beta_7 = 0 \qquad H_1: \text{적어도 하나 } \beta_j \neq 0, \quad j = 1, 2, \cdots, 7$$

식(3.12)를 이용해서 계산된 우도비 카이제곱 검정통계량의 값 LR^*은

$$\begin{aligned} LR^* &= -2 \log_e L(\widehat{\beta_o}) + 2 \log_e L(\widehat{\boldsymbol{\beta}}) \\ &= ①1029.746 - ②905.266 = ③124.480 \end{aligned}$$

이 된다. 우도비 카이제곱 검정통계량의 ④ p-값은 $P(\chi_7^2 > 124.480) = 0.0001$ 이다. p-값이 0 에 가까운 매우 작은 값을 가지므로 귀무가설(H_o: $\beta_1 = \cdots = \beta_7 = 0$)을 강하게 기각할 수 있는 충분한 근거가 된다. 따라서 모형에 포함된 일곱개 독립변수들의 정보 중에는 여성이 직업에 참여할 확률을 설명하는 데 유의한 독립변수가 포함되어 있다고 판단할 수 있다.

(2) 설정된 로지스틱 회귀모형이 완전정보를 가진 모형과 비교해서 유의한 차이가 있는지 여부를 평가하기 위한 귀무가설은 아래와 같다.

$$H_0 : \pi(\boldsymbol{x}) = \frac{\exp(\beta_o + \beta_1 X_1 + \cdots + \beta_7 X_7)}{1 + \exp(\beta_o + \beta_1 X_1 + \cdots + \beta_7 X_7)}$$

식(3.14)에서 구한 데비언스 검정통계량값은

$$D^* = -2 \log_e L(\hat{\beta}) = ②905.266$$

이 된다. 검정통계량 D는 귀무가설이 참일 때 자유도는 $n-k-1=753-8=745$ 이다. 검정통계량값 905.266은 임계값 $\chi^2_{0.05,745}=809.690$ 보다 크므로 귀무가설을 기각하게 된다. 데비언스 검정통계량의 p-값$=P(\chi^2_{745}>905.266)$을 계산하면 0.00004 가 된다. 따라서 p-값이 0에 가까운 매우 작은 값을 가지므로 설정된 모형이 완전정보를 가진 모형과 유의한 차이가 없다는 귀무가설을 강하게 기각할 수 있는 충분한 근거가 된다.

3.4 모형의 적합도 측정

이제까지는 로지스틱회귀모형에서 왈드검정과 우도비 카이제곱검정에 대하여 설명하였다. 다음 관심사는 설정된 로지스틱 회귀모형의 적합도(measure of fit)를 평가하는 것이다. 모형의 적합도를 측정하기 위해서 선형회귀모형에서는 결정계수 R^2를 사용하였지만, 종속변수가 범주형(1 혹은 0)결과를 가진 로지스틱회귀모형에서는 적합도의 평가로 결정계수를 사용할 수가 없다. 로지스틱회귀모형에서는 결정계수의 대안으로 여러 가지 통계량들이 제안되었으나, 결정계수와 같은 분명한 해석을 할 수 없다는 약점을 가지고 있다. 본절에서 설명할 여러 가지 통계량들은 서로 다른 모형들을 상대적으로 비교하여 최종모형(final model)을 찾고자 할 때 유용하게 사용될 수 있을 것이다.

3.4.1 유사-R^2 (Pseudo-R^2)

Maddala(1983)와 Magee(1990)는 선형회귀모형에서 사용되는 결정계수 R^2의 대안으로 로지스틱회귀모형의 적합도를 평가할 수 있는 유사-R^2 통계량을 아래와 같이 제안하였다.

$$R^2_{ML} = 1 - \left[\frac{L(\widehat{\beta}_o)}{L(\widehat{\boldsymbol{\beta}})} \right]^{2/n} \tag{3.15}$$

여기서 $L(\widehat{\boldsymbol{\beta}})$는 설정된 로지스틱회귀모형에서 구한 우도이고, $L(\widehat{\beta}_o)$는 절편항만을 포함한 모형에서 구한 우도를 표시한다. Maddala(1983)이 제안한 R^2_{ML}은 우도비 카이제곱 통계량 LR을 아래와 같이 변환하여 유도하였다.

$$\begin{aligned} R^2_{ML} &= 1 - \exp(-LR/n) \\ &= 1 - \exp\left(\frac{2}{n} \log_e \frac{L(\widehat{\beta}_o)}{L(\widehat{\boldsymbol{\beta}})} \right) \\ &= 1 - \left[\frac{L(\widehat{\beta}_o)}{L(\widehat{\boldsymbol{\beta}})} \right]^{2/n} \end{aligned} \tag{3.16}$$

여기서 우도 $L(\widehat{\boldsymbol{\beta}})$는 확률의 곱이기 때문에 우도값은 일반적으로 1 보다 작게 되기 때문에 R^2_{ML}은 1 보다 작게된다. 식(3.15)에서 $L(\widehat{\boldsymbol{\beta}}) \rightarrow L(\widehat{\beta}_o)$로 접근할수록 R^2_{ML}의 최소값은 0에 접근하게 되고, R^2_{ML}의 최대값은 $L(\widehat{\boldsymbol{\beta}})$이 1 일 때 단지 $1-[L(\widehat{\beta}_o)]^{2/n}$이 된다. 이러한 문제를 보완하기 위해서 Nagelkerke(1991)는 유사 수정결정계수 $\overline{R^2}_{ML}$를 아래와 같이 제안하였다.

$$\overline{R^2}_{ML} = \frac{R^2_{ML}}{\max R^2_{ML}} = \frac{1-[L(\widehat{\beta}_o)/L(\widehat{\boldsymbol{\beta}})]^{2/n}}{1-\{L(\widehat{\boldsymbol{\beta}}_o)\}^{2/n}} \tag{3.17}$$

유사 결정계수인 R^2_{ML}과 유사 수정결정계수 $\overline{R^2}_{ML}$은 실제로 설명력이 충분한데도 불구하고 일반적으로 낮은 값을 가지기 때문에 통계량 자체의 해석보다는 여러 모형들의 설명력을 비교하여 최종모형을 선택할 때 보충적인 통계량으로 사용되어 질 수 있음을 유의하기 바란다. 유사 결정계수 R^2_{ML}와 유사 수정결정계수 $\overline{R^2}_{ML}$를 SAS에서 구하기 위해서는 MODEL문에 옵션 /RSQ를 사용한다. 출력결과에 의하면 $R^2_{ML}=0.1524$이고 $\overline{R^2}_{ML}=0.2045$이 된다.

3.4.2 분할표를 이용한 정분류율

모형의 적합도를 평가할 때 유사 결정계수보다는 일반적으로 종속변수의 관측결과와 예측결과를 비교하여 구한 정분류율(correct classification rate)을 고려하게 된다. 로지스틱회귀모형에서 종속변수 Y가 두가지 값(1 과 0)을 취할 때, 독립변수들의 수준 $\boldsymbol{x}_i$ 에서 $Y=1$ 일 확률 예측값은 $\hat{\pi}(\boldsymbol{x}_i)$이 된다. 이때 확률 예측값 $\hat{\pi}(\boldsymbol{x}_i)$을 분류 기준값 d(일반적으로 $d=0.5$)을 이용해서 예측결과 $\hat{Y}$를 다음과 같이 구분할 수 있다.

$$\hat{Y} = \begin{cases} 0 & \text{만약 } \hat{\pi}(\boldsymbol{x}_i) < d \\ 1 & \text{만약 } \hat{\pi}(\boldsymbol{x}_i) \geq d \end{cases} \tag{3.18}$$

식(3.18)을 이용하면 특정한 사건에 대한 관측 회수와 예측 회수를 비교하여 [표 3.5]와 같은 분류표(classification table)를 작성할 수 있다. 아래 분류표에서 n_{11}는 관측 결과가 $Y=1$ 인 n_{1+} 개 자료 중에서 $\hat{Y}=1$ 로 옳게 분류된 수이고, n_{1o}은 $Y=1$ 인 n_{1+} 개 자료 중에서 $\hat{Y}=0$ 로 잘못 분류된 수이다. 또한 n_{oo}는 관측 결과가 $Y=0$ 인 n_{o+} 개 자료 중에서 $\hat{Y}=0$ 으로 옳게 분류된 수이고, n_{o1}는 $\hat{Y}=1$ 로 잘못 분류된 수이다.

[표 3.5 : 관측결과와 예측결과의 분류표]

		예측 결과		행 합계
		$\hat{Y}=1$	$\hat{Y}=0$	
관측 결과	$Y=1$	n_{11}	n_{1o}	n_{1+}
	$Y=0$	n_{o1}	n_{oo}	n_{o+}
열 합계		n_{+1}	n_{+o}	n

자료에서 관측결과와 예측결과가 같은 회수의 비율인 정분류율을 CCR로 표시하면 다음과 같이 계산된다.

$$CCR = \left(\frac{n_{11} + n_{oo}}{n} \right) \times 100\% \tag{3.19}$$

Maddala(1992)는 로지스틱회귀모형에서 구한 정분류율을 카운트 결정계수라고 부르고 R^2_{Count}로 표시하였다. 정분류율은 분류표에서 쉽게 구할 수 있다는 장점이 있으나, 두 범주에 속한 자료 수가 충분히 크지 않다면 정분류율은 참분류율(true classification rate)을 과대 평가하는 경향이 있는 것을 유의하기 바란다.

정분류율을 사용할 때 문제점은 모형의 예측력이 높지 않은 경우임에도 불구하고 높은 것으로 평가되는 오류를 범하는 경우가 자주 발생하게 된다. 실제적으로 모형을 이용하지 않더라도 모든 자료를 관측 결과 수가 많은 범주로 단순하게 분류하더라도 정분류율은 50% 이상이 된다. [예제 3.3]의 자료에서도 여성이 직업을 가지고 있다고 답한 비율이 전체의 약 57%이기 때문에, 모든 자료를 직업을 가질 여성으로 예측한다면 정분류율은 약 57%가 된다. 따라서 정분류율을 최대 행합계를 고려해서 수정할 필요가 있다. 이 경우에 수정된 정분류율을 CCR_{adj}로 표시하고, 다음과 같은 식으로 표시할 수 있다.

$$CCR_{adj} = \left(\frac{(n_{11} + n_{oo}) - \max_r(n_{r+})}{n - \max_r(n_{r+})} \right) \times 100\% \tag{3.20}$$

위에서 n_{r+}는 r번째 행합계를 의미하므로 $\max_r(n_{r+})$는 행합계 중에서 최대값을 표시한다. 따라서 수정된 정분류율은 독립변수의 정보를 이용한 경우가 행합계 중 최대값에 근거한 단순 추측의 오류를 얼마나 감소시킬 수 있는지를 평가하게 된다.

[예제 3.4] 로지스틱회귀모형에 대한 정분류율

〔예제 2.1〕에서 설정된 로지스틱회귀모형에서 분류기준값이 0.5일 때 분류행렬을 작성하고 정분류율과 수정된 정분류율을 계산하여 보자. 또한 〔예제 2.3〕에서 설정된 프로빗모형에 대하여도 동일한 분석을 하여 로지스틱 회귀모형의 결과와 비교하여 보자.

□ SAS 프로그램(\program\ex3-4.sas)

```
DATA ONE;
 INFILE 'A:\DATA\EX2-1.DAT';
  INPUT Y X1-X7;
RUN;
PROC LOGISTIC DESCENDING;
 MODEL Y=X1-X7;
  ①OUTPUT OUT=TWO P=PHAT;
RUN;
DATA THREE;
 SET TWO;
  ②IF PHAT > 0.5 THEN YHAT=1;
    ELSE YHAT=0;
RUN;
③PROC FREQ;
 TABLES Y*YHAT/NOROW NOCOL NOPERCENT;
RUN;
```

(1) 독립변수들의 수준에서 확률 예측값의 표시를 PHAT로 하여 데이터 TWO에 저장하기 위해서 ① OUTPUT OUT=TWO P=YHAT; 문을 사용하였다.

(2) 데이터 TWO에 저장된 예측된 확률을 분류기준값을 0.5로 하여 예측결과를 구분하기 위해서 조건문 ②IF PHAT>0.5 THEN YHAT=1; ELSE YHAT=0; 문을 사용하였다. 분류기준값을 사용해서 관측결과와 예측결과에 대한 분류표를 작성하기 위해서 ③PROC FREQ; TABLES Y*YHAT/NOROW NOCOL NOPERCENT; 문을 사용하였다.

(3) 프로빗모형에서 동일한 분석을 하기 위해서 MODEL Y=X1−X7/LINK=NORMIT; 문을 사용하여 다시 분석한다.

□ SAS 결과 해석

(1) 로지스틱 회귀모형에서 구한 분류표와 정분류율

[표 3.6 : 로지스틱회귀모형에 근거한 분류표]

```
  Y            YHAT
  Frequency¦       0 ¦       1 ¦  Total
  ---------+--------+--------+
          0 ¦    180 ¦    145 ¦    325
  ---------+--------+--------+
          1 ¦     86 ¦    342 ¦    428
  ---------+--------+--------+
 Total          266      487      753
```

로지스틱모형에서 분류기준을 0.5로 하였을 때 정분류된 빈도는 $Y=1$로 관측된 428명 중 342명, $Y=0$로 관측된 325명 중 180명이었다. 그리고 오분류된 빈도는 $Y=1$로 관측된 428명 중 86명, $Y=0$로 관측된 325명 중 145명이었다. 따라서 분류표에서 정분류율은

$$CCR = \left(\frac{342+180}{753}\right)\times 100\% = 69.3\%$$

이 된다. 따라서 분류기준값을 0.5 로 사용했을 때 여성의 직업참여 여부는 일곱개 독립변수를 포함한 로지스틱회귀모형에 의해서 약 69.3%가 옳게 분류되고, 나머지 약 30.7%는 잘못 분류되었음을 알 수 있다. 수정된 정분류율을 구하여 보면

$$CCR_{adj} = \left(\frac{(342+180)-428}{753-428}\right)\times 100\% = 28.9\%$$

이 된다. 따라서 독립변수들의 정보를 이용한 로지스틱회귀모형이 단지 자료의 분포에 근거한 추측과 비교해서 예측오류를 약 28.9%만큼 감소시킬 수 있다고 판단할 수 있다.

(2) 프로빗모형에서 구한 분류표와 정분류율

[표 3.7 : 프로빗모형에 근거한 분류표]

Y / Frequency	YHAT 0	YHAT 1	Total
0	175	150	325
1	86	342	428
Total	261	492	753

프로빗모형에서 분류기준을 0.5로 하였을 때 정분류된 빈도는 $Y=1$로 관측된 428명 중 342명, $Y=0$로 관측된 325명 중 175명이었다. 따라서 분류표에서 정분류율은

$$CCR = \left(\frac{342+175}{753}\right)\times 100\% = 68.7\%$$

로 로지스틱회귀모형에서 구한 정분류율 69.3%보다 약간 낮게 나타났다. 또한 수정된 정분류율을 구하여 보면

$$CCR_{adj} = \left(\frac{(342+175)-428}{753-428}\right)\times 100\% = 27.4\%$$

이 된다. 따라서 독립변수들의 정보를 이용한 프로빗모형이 단지 자료의 분포에 근거한 추측과 비교해서 예측오류를 약 27.4%만큼 감소시킬 수 있다고 판단할 수 있다. 위 결과를 종합하면 예제 자료에 대해서는 로지스틱 회귀모형이 프로빗모형보다 약간 적합도가 높음을 알 수 있다.

만약 분류표에서 오분류가 심각하다면 그 원인을 탐색하여 모형을 개선하여야 한다. 오분류가 심각하게 발생될 수 있는 몇가지 가능한 원인을 요약하면 (1) 종속변수에 유의한 영향을 미칠 수 있는 주요 독립변수들의 생략, (2) 모형설정에 이차항 혹은 교차항 등의 생략, (3) 이상값(outliers)들의 포함, (4) 분류기준값의 잘못된 설정 등을 고려할 수 있겠다.

3.4.3 정보척도

서로 다른 로지스틱회귀모형의 적합도를 비교 평가하기 위해서 사용되는 방법으로 정보에 근거한 척도들이 있다. 첫번째 척도는 가장 많이 사용되는 Akaike(1973)가 제안한 정보기준인 AIC(Akaike's Information Criterion)이고, 두번째 척도는 Raftery(1996)가 제안한 베이지안 정보기준인 BIC(Bayesian Information Criterion)이다.

1) Akaike 정보기준

Akaike 정보기준 방법은 모형에 포함된 독립변수의 수와 표본크기가 서로 다른 모형의 적합도를 비교 평가하기 위해서 제안되었고, $-2\log_e L(\hat{\beta})$를 수정한 통계량으로 아래와 같이 정의된다.

$$AIC = \frac{-2\log_e L(\hat{\beta}) + 2(k+1)}{n} \tag{3,21}$$

여기서 $L(\hat{\beta})$은 설정된 모형에서 구한 우도이고, k는 모형에 포함된 독립변수의 수이다. 우도 $L(\hat{\beta})$은 확률의 곱으로 표시되므로 0 과 1 사이의 값을 갖게 되고, 1 에 가까운 값일수록 적합도는 좋아지게 된다. 자연대수우도 $\log_e L(\hat{\beta})$은 $-\infty$ 과 0 사이의 범위를 취하므로, $-\log_e L(\hat{\beta})$의 범위는 0 과 ∞ 사이가 된다. 따라서 $-\log_e L(\hat{\beta})$값이 작을수록 적합도는 좋아지게 되어 해당되는 모형이 바람직한 모형이라고 판단할 수 있겠다.

또한 모형에 포함될 유의한 독립변수의 수가 많아질수록 $-\log_e L(\hat{\beta})$값은 작아지기 때문에, 독립변수의 개수가 서로 다른 모형의 적합도를 비교하기 위해서는 독립변수 개수 증가로 인한 $-\log_e L(\hat{\beta})$의 감소효과를 수정하기 위해서 $2(k+1)$을 더하게 된다. 또한 표본 크기도 $-\log_e L(\hat{\beta})$에 영향을 미치기 때문에, 식(3.21)의 분자에 대한 자료 하나의 기여를 평가하기 위해서 표본 크기인 n으로 나누게 된다. 따라서 AIC는 표본자료 크기가 서로 다른 모형들 혹은 독립변수의 수가 서로 다른 모형들의 적합도를 비교하기 위해서 사용되어질 수 있다. 이때 고려된 여러 모형들의 표본크기가 같은 경우에는 식(3.21)의 분자만을 사용하여

$$AIC = -2\log_e L(\hat{\beta}) + 2(k+1) \tag{3.22}$$

와 같이 구할 수 있다. SAS에서 출력되는 AIC 는 식(3.22)에서 구해진 값임을 유의하기 바란다.

2) 베이지안 정보기준

베이지안 정보기준인 BIC는 여러 모형들의 적합도를 베이지안 정보에 근거하여 평가하게 된다. 이제 두개 모형 M_1과 M_2를 베이지안 정보기준에 의해서 비교하는 절차에 대하여 설명하도록 하겠다. 모형 M_1과 비교해서 모형 M_2의 사후 승산(posterior odds)은 아래와 같이 표시된다.

$$\frac{P(M_2 \mid \text{관측자료})}{P(M_1 \mid \text{관측자료})} \tag{3.23}$$

만약 관측자료가 주어졌을 때 모형 M_2의 확률이 모형 M_1의 확률보다 크다면 모형 M_2가 선호될 것이다. 사전적으로 두개 모형에 대한 선호도가 같다고 가정하면, 두개 모형에 대한 사전승산(prior odds)인 $P(M_2)/P(M_1)$는 1 이 된다. 베이지안 정리에 의하면 식(3.23)의 사후승산은 아래와 같은 베이지 배수(bayes factor)와 같게 된다.

$$\begin{aligned}\frac{P(M_2 \mid \text{관측자료})}{P(M_1 \mid \text{관측자료})} &= \frac{\{P(\text{관측자료} \mid M_2)P(M_2)\}/P(\text{관측자료})}{\{P(\text{관측자료} \mid M_1)P(M_1)\}/P(\text{관측자료})} \\ &= \frac{P(\text{관측자료} \mid M_2)}{P(\text{관측자료} \mid M_1)}\end{aligned} \tag{3.24}$$

만약 모형 M_2에서 관측자료가 발생될 확률이 모형 M_1에서 관측자료가 발생될 확률보다 크다면 모형 M_2가 선호될 수 있을 것이다. 물론 고려된 두개 모형 M_1과 M_2은 최적모형(optimal model)이 아니라고 할지라도 베이지안 배수는 새로운 자료에 대하여 평균적으로 예측력이 높은 모형을 선택하는 데 유용하게 사용될 수 있다.

식(3.24)의 베이지 배수는 베이지안 정보기준인 BIC에 의해서 계산적으로 쉽게 근사될 수 있다. 여러 모형 중에서 독립변수의 수가 k이고 표본크기가 n인 모형 M_j의 데비언스는 $D(M_j)$이고 우도비 카이제곱은 $LR(M_j)$이라고 하자. 첫번째로 고려될 수 있는 BIC척도는 모형 M_j와 완전정보모형 M_F을 비교하는 것이다.

$$BIC_j = D(M_j) - df_j \log_e n = D(M_j) - (n-k-1)\log_e n \quad (3.25)$$

여기서 자유도 df_j는 표본크기 n와 회귀계수 개수 $(k+1)$사이의 차이인 $n-(k+1)$를 의미한다. 식(3.25)에서 완전정보를 가진 모형에 대한 BIC_F를 구해보면 0 이 된다. 왜냐하면 완전정보를 가진 모형에 대한 자연대수우도는 $\log_e L(F)=0$이기 때문에 데비언스 $D(M_F)$는 0 이 된다. 자유도 df_F는 표본크기 n와 완전정보모형의 모수개수 n사이의 차이로 0 이 된다. 따라서 BIC 척도에 의하면 $BIC_j > 0$이면 완전정보를 가진 모형이 선호되고, $BIC_j < 0$이면 모형 M_j가 선호된다고 판단할 수 있다. 결론적으로 BIC_j값이 음수의 큰값을 가질수록 관련 모형의 적합도는 높아지게 된다. 두번째로 고려될 수 있는 BIC' 척도는 식(3.12)의 우도비 카이제곱에 근거한 모형 M_j와 절편만 포함한 모형 M_o을 비교하는 것으로 다음과 같이 계산된다.

$$BIC_j' = -LR(M_j) + df_j' \log_e n = -LR(M_j) + k \log_e n \quad (3.26)$$

여기서 자유도 df_j'는 모형에 포함된 회귀계수 개수가 아니라 독립변수의 개수를 의미한다. 식(3.26)에서 절편만 포함된 모형에 대한 BIC_o'를 구해보면 0 이 된다. 왜냐하면 절편만 포함된 모형에 대한 $LR(M_o)$은 0 이고 k도 0 이기 때문이다. BIC' 척도에 의하면 $BIC_j' > 0$이면 설정된 모형에 너무 많은 모수나 독립변수가 있다는 의미이므로 절편만 포함된 모형이 선호되고, 반대로 $BIC_j' < 0$이면 모형의 적합도가 높다는 의미이므로 모형 M_j가 선호된다고 판단할 수 있다. BIC_j'의 값이 음수의 큰 값을 가질수록 관련모형의 적합도는 높아지게 된다. 결론적으로 BIC_j'는 독립변수의 개수를 고려하여 모형이 자료를 얼마나 잘 적합하고 있는가를 평가한다.

앞에서 설명한 두가지 정보척도 BIC와 BIC'는 서로 다른 모형들의 적합도를 비교 평가하는 데 사용되어진다. Raftery(1996)는 베이지 배수와 BIC사이의 관계가 다음과 같이 근사됨을

증명하였다.

$$2\log_e\left[\frac{P(\text{관측자료}\mid M_2)}{P(\text{관측자료}\mid M_1)}\right] \approx BIC_1 - BIC_2 \tag{3.27}$$

두개 모형에서 구한 BIC 차이는 어떤 모형이 관측된 자료를 발생시킬 가능성이 높은지를 평가하기 때문에 BIC 와 BIC' 사이의 관계는 아래와 같다.

$$BIC_1 - BIC_2 = BIC_1' - BIC_2' \tag{3.28}$$

만약 $BIC_1 - BIC_2 < 0$ 이면 모형 M_1 이 모형 M_2 보다 선호되고, $BIC_1 - BIC_2 > 0$ 이면 반대로 모형 M_2 가 모형 M_1 보다 선호된다고 판단하게 된다.

[예제 3.5] 정보척도에 의한 모형의 비교평가

〔예제 2.1에서는 결혼한 여성의 직업참여 여부에 영향을 미칠 수 있는 독립변수로 (1) 5세 이하 자녀수(X_1), (2) 6세부터 18세 이하 자녀수(X_2), (3) 부인 나이(X_3), (4) 부인 학력수준(X_4), (5) 남편 학력수준(X_5), (6) 부인소득 대수값(X_6), (7) 부인 소득을 제외한 가계소득(X_7) 등을 고려하였다. 첫번째 모형 (M_1)은 일곱 개 독립변수를 모두 포함한 모형이고, 두번째 모형 (M_2)은 세개 독립변수 (X_1, X_3, X_4)만을 포함한 모형이라고 하자. 고려된 두가지 모형의 적합도를 비교하기 위해서 정보척도인 AIC, BIC 와 BIC' 을 구하여 선호하는 모형을 선택하여라.

□ **SAS 프로그램(\program\ex3-5.sas)**

```
DATA ONE;
 INFILE 'A:\DATA\EX2-1.DAT';
  INPUT Y X1-X7;
RUN;
PROC LOGISTIC DESCENDING;
 ①MODEL Y=X1-X7;
RUN;
```

```
PROC LOGISTIC DESCENDING;
 ②MODEL Y=X1 X3 X4;
RUN;
```

일곱개 독립변수들을 모두 포함한 첫번째 로지스틱회귀모형을 설정하기 위해서 ①MODEL Y=X1 −X7; 문을 사용하였고, 세개 독립변수들을 포함한 두번째 로지스틱회귀모형을 설정하기 위해서 ② MODEL Y=X1 X3 X4; 문을 사용하였다.

□ SAS 결과 해석

[표 3.8 : M_1 모형에 대한 정보척도 결과]

Criterion	Intercept Only	Intercept and Covariates	Chi-Square for Covariates
AIC	1031.746	①921.266	.
SC	1036.370	958.258	.
-2 LOG L	1029.746	②905.266	③124.480 with 7 DF (p=0.0001)
Score	.	.	113.181 with 7 DF (p=0.0001)

일곱개 독립변수들을 모두 포함한 첫번째 로지스틱회귀모형 (M_1)에 대한 AIC_1 를 계산하기 위해서 식(3.22)을 사용하자. 왜냐하면 두 모형은 독립변수의 개수는 다르지만 표본크기는 같기 때문이다.

$$AIC_1 = -2\log_e L(\hat{\beta}) + 2(k+1)$$
$$= ②905.266 + 2(7+1) = ①921.266$$

이제 [표 3.8]의 결과를 이용해서 BIC_1 와 BIC_1' 를 계산해보자.

$$BIC_1 = D(M_1) - (n-k-1)\log_e n = ②905.266 - (753-7-1)\log_e 753 = -4029.663$$

$$BIC_1' = -LR(M_1) + k\log_e n = -③124.480 + 7\log_e 753 = -78.112$$

[표 3.9 : M_2 모형에 대한 정보척도 결과]

```
                         Intercept
              Intercept     and
Criterion     Only        Covariates  Chi-Square for Covariates
AIC           1031.746    ④950.863          .
SC            1036.370     969.360          .
-2 LOG L      1029.746    ⑤942.863    ⑥86.883 with 3 DF (p=0.0001)
Score             .           .        81.864 with 3 DF (p=0.0001)
```

위와 같은 절차로 세개 독립변수들을 포함한 두번째 로지스틱회귀모형(M_2)에 대한 AIC_2, BIC_2와 BIC_2'를 계산해보자.

$$AIC_2 = -2\log_e L(\hat{\beta}) + 2(k+1)$$
$$= ⑤942.863 + 2(3+1) = ④950.863$$

$$BIC_2 = D(M_2) - (n-k-1)\log_e n$$
$$= ⑤942.942 - (753-3-1)\log_e 753$$
$$= -4018.483$$

$$BIC_2' = -LR(M_2) + k\log_e n$$
$$= -⑥86.883 + 3\log_e 753$$
$$= -67.011$$

[표 3.10 : 두 모형에 대한 정보척도 요약]

구 분	M_1	M_2
AIC	921.266	950.863
BIC	−4029.663	−4018.483
BIC'	−78.112	−67.011

위 결과를 종합해 볼 때 AIC 기준에서는 상대적으로 작은값을 갖는 모형 M_1, BIC와 BIC' 기준에서는 상대적으로 큰 음수값을 갖는 모형 M_1이 선호된다. 따라서 적합도 측면에서는 여성이 직업에 참여할 확률을 설명하는 데 선호되는 모형은 M_1이 된다. 이러한 결과는 독립변수의 수가 상

대적으로 많은 모형이 적합도가 상대적으로 높을 수도 있다는 근거가 되지만, 선호되는 모형은 설정된 적합도 수준이상에서 상대적으로 단순한 모형이라고 할 수 있겠다.

3.5 ROC 곡선

ROC(receiver operating characteristic)곡선은 설정된 로지스틱모형의 예측정확도를 도표로 평가하기 위한 방법이다. ROC 곡선을 작성하기 위해서는 관측결과와 예측결과를 비교한 [표 3.5]와 같은 분류표에서 두가지 예측정확도 척도를 이해하여야 한다.

(1) Sensitivity : $Y=1$로 관측된 자료 중에서 설정된 분류기준값에서 구한 정분류율

$$\left(\frac{\hat{Y}=1 \text{ 로 정분류된 자료수}}{Y=1 \text{ 인 관측 자료수}}\right)=\left(\frac{n_{11}}{n_{1+}}\right)$$

(2) Specificity : $Y=0$로 관측된 자료 중에서 설정된 분류기준값에서 구한 정분류율

$$\left(\frac{\hat{Y}=0 \text{ 로 정분류된 자료수}}{Y=0 \text{ 인 관측 자료수}}\right)=\left(\frac{n_{oo}}{n_{o+}}\right)$$

로지스틱모형이 유용한 모형이라면 설정된 분류기준값에서 sensitivity와 specificity 등 두가지 척도의 값이 동시에 높아야 한다. 두가지 척도는 식(3.18)에서 설정된 분류기준값 인 d 에 따라 달라질 수 있다. 예를 들면, 분류기준값이 크다면 대응되는 sensitivity는 작아지고, specificity는 커지게 된다. 반대로 분류기준값이 작다면 대응되는 sensitivity는 커지고, specificity는 작아지게 된다. ROC곡선은 가능한 모든 분류기준값에 대하여 1-specificity에 대한 sensitivity의 도표이다. 이제 본장에서 다룬 예제에 대하여 ROC곡선을 SAS 프로그램으로 작성하여 분석결과를 해석하는 방법에 대하여 설명하도록 하겠다.

□ SAS 프로그램(\program\ex3-6.sas)

```
DATA ONE;
 INFILE 'A:\DATA\EX2-1.DAT';
  INPUT Y X1-X7;
RUN;
PROC LOGISTIC DESCENDING;
 MODEL Y=X1-X7/①OUTROC=ROC;
RUN;
②PROC PRINT; RUN;
 PROC PLOT DATA=ROC HPERCENT=70 VPERCENT=50;
③PLOT _SENSIT * _1MSPEC_ = '*';
  LABEL _SENSIT_ = 'SENSITIVITY'
        _1MSPEC_ = '1-SPECIFICITY';
RUN;
```

ROC곡선을 작성하는 데 필요한 척도값들을 데이터 ROC에 저장하기 위해서 옵션 /① OUTROC=ROC; 문, 데이터 ROC에 저장된 자료를 출력하기 위해서 ②PROC PRINT; 문을 사용하였다. ROC곡선의 수평축을 1−specificity로 하고 수직축을 sensitivity로 하는 도표를 출력하기 위해서 ③PLOT _SENSIT * _1MSPEC_ = '*'; 문을 사용하였다.

□ SAS 결과해석

가능한 모든 분류기준값(_PROB_)에 대하여 계산되어 데이터 ROC에 저장된 값들의 부분출력은 [표 3.11]과 같다. [표 3.11]에서 마지막 두 열의 자료는 ROC를 작성하는 데 필요한 값으로 _SENSIT_ 는 설정된 분류기준값에 대한 sensitivity, _1MSPEC_ 은 1−specificity를 의미한다. [표 3.11]의 자료값들을 이용해서 작성된 ROC 곡선은 [그림 3.1]과 같다.

[표 3.11 : ROC 자료 출력]

OBS	_PROB_	_POS_	_NEG_	_FALPOS_	_FALNEG_	_SENSIT_	_1MSPEC_
1	0.96212	1	325	0	427	0.00234	0.000000
2	0.95398	2	325	0	426	0.00467	0.000000
3	0.94368	3	325	0	425	0.00701	0.000000
4	0.94085	4	325	0	424	0.00935	0.000000
5	0.93531	5	325	0	423	0.01168	0.000000
6	0.92867	6	325	0	422	0.01402	0.000000
7	0.92488	8	325	0	420	0.01869	0.000000
8	0.92467	9	325	0	419	0.02103	0.000000
9	0.92421	10	325	0	418	0.02336	0.000000
10	0.92084	11	325	0	417	0.02570	0.000000

[그림 3.1] ROC 곡선

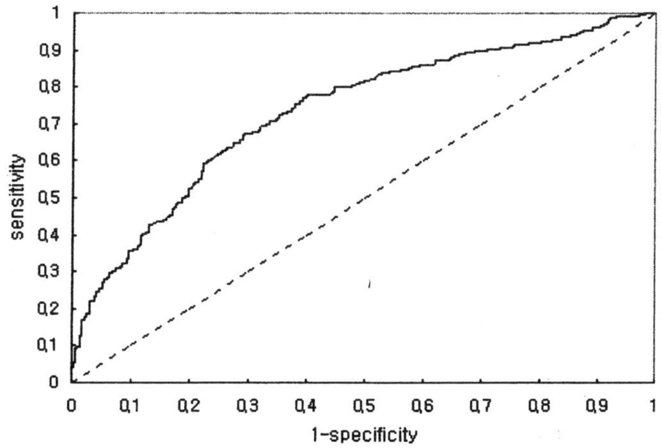

[표 3.11 : 예측확률과 관측반응의 연관성 분석]

Concordant	= 73.5%	Somers' D	= 0.473
Discordant	= 26.2%	Gamma	= 0.474
Tied	= 0.3%	Tau-a	= 0.232
(139100 pairs)		c	= 0.736

[그림 3.1]의 ROC곡선에서 점선으로 표시된 대각선은 우연직선(chance line)을 의미한다. 대각선 위쪽에 위치한 ROC곡선의 형태에 따라 모형 예측력의 정확도를 판단하게 된다. 만약 ROC곡선이 대각선 위에 위치하더라도 분류기준값 변화에 따라 곡선의 증가가 빠르지 않다면 설정된 모형의 예측력 정확도는 낮다는 의미이다. 모형 예측력의 정확도 크기로 일반적으로 사용되는 척도는 ROC 곡선 아래의 면적에 의해서 측정된다. ROC 곡선 아래의 면적 크기는 0.5와 1 사이의 값을 취하게 된다. 만약 면적크기가 0.5라면 설정된 모형은 종속변수에 대한 분별력이 없다는 의미로 해석될 수 있다. 면적크기가 0.5보다 클수록 설정된 모형의 예측력 정확도는 증가하게 된다. SAS 출력에서는 ROC 곡선 아래의 면적은 " c 통계량"으로 표시되고, 출력결과는 $c=0.736$ 으로 나타났다. 따라서 설정된 모형은 부인의 직업 참여 여부를 판별할 수 있는 예측력이 높다고 판단할 수 있겠다.

APPLIED LOGISTIC REGRESSION ANALYSIS

연 습 문 제

3.1 〔예제 2.1〕에서는 로지스틱회귀모형을 130개 기업채권(투자성채권 85개와 투기성채권 45개)에 적합하였다. 자료에 포함된 종속변수와 채권등급에 영향을 미칠 수 있는 독립변수는 아래와 같다. 아래 질문에 따라 가설검정과 적합도를 평가하여 보자. SAS 분석파일은 \problem\p3-1.sas 에 저장되어있다.

종속변수 : $Y=1$(투자성 등급), $Y=0$(투기성 등급)
독립변수 : X_1=총자산규모(1억달러), X_2=레버리지척도(장기부채/총자본)
X_3=수익성척도(순이익/총자산) , X_4=불안정척도(순이익변동계수)
X_5=주식등급(1-6척도)

(1) 개별 회귀계수에 대한 유의성을 유의수준 0.05에서 왈드 카이제곱 검정을 하여라.

(2) 레버리지척도(X_2)와 주식등급(X_5)이 채권분류에 동일한 크기의 영향을 미치는지 여부를 유의수준 0.05에서 검정하여라. 이때 대비벡터 $\boldsymbol{\ell}$ 을 설정하고, 검정통계량값 W^* 와 p-값을 계산하여라.

(3) 수익성척도(X_3)와 불안정척도(X_4)가 채권분류에 동시에 유의한 영향을 미치는지 여부를 유의수준 0.05에서 검정하여라. 이때 대비행렬 $\boldsymbol{L}$을 설정하고, 검정통계량의 값 W^*와 p-값을 계산하여라.

(4) 모형에 포함된 다섯개 독립변수들의 종합적인 정보가 유의한 영향을 미치는지 여부를 유의수준 0.05에서 검정하여라. 이때 대비행렬 $\boldsymbol{L}$을 설정하고, 검정통계량값 W^*와 p-값을 계산하여라.

(5) 분류기준값이 0.5일 때 분류행렬을 작성하고, 정분류율과 수정된 정분류율을 계산하여라.

(6) 5개 독립변수를 포함함 모형 M_1과 두개 독립변수 (X_2, X_5)를 포함한 모형 M_2의 적합도를 비교하기 위해서 정보척도인 AIC, BIC 와 BIC' 을 구하여 선호하는 모형을 선택하여라.

(7) 모형 M_1에 대하여 ROC를 작성하여 해석하여라.

(8) 프로빗모형을 사용하였을 때 분류행렬을 작성하고, 정분류율과 수정된 정분류율을 계산하여라.

[SAS 프로그램: \PROBLEM\P3-1.SAS]

```
DATA ONE;
 INFILE 'A:\DATA\P2-1.DAT';
 INPUT ID X1-X5 Y @@;
RUN;
PROC LOGISTIC DESCENDING;
 MODEL Y = X1-X5/RSQ OUTROC=ROC;
  OUTPUT OUT=TWO P=PHAT;
  TEST1: TEST X2-X5=0;
  TEST2: TEST X3=X4=0;
  TEST3: TEST X1=X2=X3=X4=X5=0;
RUN;
DATA THREE;
 SET TWO;
  IF PHAT > 0.5 THEN YHAT=1;
   ELSE YHAT=0;
RUN;
PROC FREQ;
 TABLES Y*YHAT/NOROW NOCOL NOPERCENT;
RUN;
PROC PLOT DATA=ROC HPERCENT=70 VPERCENT=50;
 PLOT _SENSIT_ * _1MSPEC_ = '*';
  LABEL _SENSIT_ = 'SENSITIVITY'
        _1MSPEC_ = '1-SPECCIFICITY';
RUN;
PROC LOGISTIC DATA=ONE DESCENDING;
 MODEL Y = X2 X5/RSQ;
RUN;
```

3.2 [예제 2.2]에서 로지스틱회귀모형을 조세 데이터베이스에서 192명을 무작위로 추출한 자료에 적합하였다. 자료에 포함된 종속변수 (Y)는 전문회계사의 도움 여부를 표시하는 이변수이고, 독립변수는 (1) 나이구분 (X_1), (2) 총소득의 대수값 (X_2), (3) 납세자의 사업구분 (X_3), (4) 한계조세율(marginal tax rate: X_4) 등이다. 아래 질문에 따라 가설검정과 적합도를 평가하여 보자. SAS 분석파일은 \problem\p3-2.sas 에 저장되어있음.

(1) 개별 회귀계수에 대한 유의성을 유의수준 0.05에서 왈드 카이제곱 검정을 하여라.

(2) 나이구분 (X_1)과 한계조세율(X_4)이 동시에 전문회계사의 도움 여부에 유의한 영향을 미치는지 여부를 유의수준 0.05에서 검정하여라. 이때 대비행렬 $\boldsymbol{L}$을 설정하고, 검정통계량의 값 W^*와 p-값을 계산하여라.

(3) 모형에 포함된 네개 독립변수들의 종합적인 정보가 전문회계사의 도움 여부에 유의한 영향을 미치는지 여부를 유의수준 0.05에서 검정하여라. 이때 대비행렬 $\boldsymbol{L}$을 설정하고, 검정통계량값 W^*와 p-값을 계산하여라.

(4) 분류기준값이 0.5일 때 분류행렬을 작성하고, 정분류율과 수정된 정분류율을 계산하여라.

(5) 네개 독립변수를 포함함 모형 M_1과 두개 독립변수 (X_2, X_3)를 포함한 모형 M_2의 적합도를 비교하기 위해서 정보척도인 AIC, BIC 와 BIC' 을 구하여 선호하는 모형을 선택하여라.

(6) 모형 M_1에 대하여 ROC를 작성하여 해석하여라.

(7) 프로빗모형을 사용하였을 때 분류행렬을 작성하고, 정분류율과 수정된 정분류율을 계산하여라.

[SAS 프로그램: \PROBLEM\P3-2.SAS]

```
DATA ONE;
 INFILE 'A:\DATA\P2-2.DAT';
 INPUT ID Y X1-X4 @@;
RUN;
PROC LOGISTIC DESCENDING;
 MODEL Y = X1-X4/RSQ OUTROC=ROC;
  OUTPUT OUT=TWO P=PHAT;
```

```
    TEST1: TEST X1=X4=0;
    TEST2: TEST X1=X2=X3=X4=0;
RUN;
DATA THREE;
 SET TWO;
  IF PHAT > 0.5 THEN YHAT=1;
   ELSE YHAT=0;
RUN;
PROC FREQ;
 TABLES Y*YHAT/NOROW NOCOL NOPERCENT;
RUN;
PROC PLOT DATA=ROC HPERCENT=70 VPERCENT=50;
 PLOT _SENSIT_ * _1MSPEC_ = '*';
  LABEL _SENSIT_ = 'SENSITIVITY'
        _1MSPEC_ = '1-SPECCIFICITY';
RUN;
PROC LOGISTIC DATA=ONE DESCENDING;
 MODEL Y = X2 X3/RSQ;
RUN;
```

3.3 〔예제 2.3〕에서는 전립선암이 임파선 주위에 퍼져있는지 여부를 결정하기 위해서 전립선암으로 판정된 53명에 로지스틱회귀모형을 적합하였다. 암이 임파선 주위에 퍼져있는지 여부에 영향을 미칠 수 있는 변수는 (1) 전립선암 판정시 환자나이(X_1), (2) 혈청 인산염수준(X_2), (3) X-선 검사결과(X_3), (4) 종양의 크기(X_4), (5) 생체검사결과 종양의 병리학적 등급(X_5) 등이었다. 종속변수와 범주형 독립변수들의 속성은 아래와 같이 설정되었다. 아래 질문에 따라 가설검정과 적합도를 평가하여 보자. SAS 자료파일은 \data\p2-3.dat 에 분석파일은 \problem\p3-3.sas 에 저장되어있다.

$$Y = \begin{cases} 1 & \text{임파절 전이} \\ 0 & \text{전이 없음} \end{cases} \quad X_3 = \begin{cases} 1 & \text{양성} \\ 0 & \text{음성} \end{cases} \quad X_4 = \begin{cases} 1 & \text{크다} \\ 0 & \text{작다} \end{cases} \quad X_5 = \begin{cases} 1 & \text{매우 심각} \\ 0 & \text{약간 심각} \end{cases}$$

(1) 개별 회귀계수에 대한 유의성을 유의수준 0.05에서 왈드 카이제곱 검정을 하여라.

(2) 혈청 인산염수준(X_2)과 종양의 크기(X_4)가 전립선암이 임파선 주위에 퍼져있는지 여부에 동일한 크기의 영향을 미치는지 여부를 유의수준 0.05에서 검정하여라. 이때 대

비벡터 $\boldsymbol{\ell}$ 을 설정하고, 검정통계량값 W^*와 p-값을 계산하여라.

(3) 전립선암 판정시 환자나이 (X_1)와 생체검사결과 종양의 병리학적 등급(X_5)이 동시에 전립선암이 임파선 주위에 퍼져있는지 여부에 유의한 영향을 미치는지 여부를 유의수준 0.05에서 검정하여라. 이때 대비행렬 $\boldsymbol{L}$을 설정하고, 검정통계량의 값 W^*와 p-값을 계산하여라.

(4) 모형에 포함된 다섯개 독립변수들의 종합적인 정보가 전립선암이 임파선 주위에 퍼져있는지 여부에 유의한 영향을 미치는지 여부를 유의수준 0.05에서 검정하여라. 이때 대비행렬 $\boldsymbol{L}$을 설정하고, 검정통계량값 W^*와 p-값을 계산하여라.

(5) 분류기준값이 0.5일 때 분류행렬을 작성하고, 정분류율과 수정된 정분류율을 계산하여라.

(6) 다섯개 독립변수를 포함함 모형 M_1과 두개 독립변수 (X_3, X_4)를 포함한 모형 M_2의 적합도를 비교하기 위해서 정보척도인 AIC, BIC 와 BIC' 을 구하여 선호하는 모형을 선택하여라.

(7) 모형 M_1에 대하여 ROC를 작성하여 해석하여라.

(8) 프로빗모형을 사용하였을 때 분류행렬을 작성하고, 정분류율과 수정된 정분류율을 계산하여라.

[SAS 프로그램: \PROBLEM\P3-3.SAS]

```
DATA ONE;
 INFILE 'A:\DATA\P2-3.DAT';
 INPUT ID X1-X5 Y @@;
RUN;
PROC LOGISTIC DESCENDING;
 MODEL Y = X1-X5/RSQ OUTROC=ROC;
  OUTPUT OUT=TWO P=PHAT;
   TEST1: TEST X2-X4=0;
   TEST2: TEST X1=X5=0;
   TEST3: TEST X1=X2=X3=X4=X5=0;
RUN;
DATA THREE;
 SET TWO;
  IF PHAT > 0.5 THEN YHAT=1;
```

```
   ELSE YHAT=0;
RUN;
PROC FREQ;
 TABLES Y*YHAT/NOROW NOCOL NOPERCENT;
RUN;
PROC PLOT DATA=ROC HPERCENT=70 VPERCENT=50;
 PLOT _SENSIT_ * _1MSPEC_ = '*';
  LABEL _SENSIT_ = 'SENSITIVITY'
        _1MSPEC_ = '1-SPECCIFICITY';
RUN;
PROC LOGISTIC DATA=ONE DESCENDING;
 MODEL Y = X3 X4/RSQ;
RUN;
```

3.4 〔예제 2.4〕에서는 기업파산에 대한 통계적 예측모형을 개발하기 위해서 로지스틱회귀모형을 파산선고된 21개 기업과 정상적으로 운영되는 25개 기업에 적합하였다. 파산여부에 영향을 미칠 수 있는 독립변수는 일정한기간에서 동태적 유동성상태를 나타내는 지표로 현금흐름 대 총부채비율 (X_1), 수익성지표로 순이익 대 총자산비율 (X_2), 기업의 단기지급능력을 측정하는 지표로 유동자산 대 유동부채 비율 (X_3), 자산운용의 효율성을 측정하는 지표로 유동자산 대 순매출액 비율 (X_4)등 네가지 주요 재무비율을 고려하였다. 종속변수 Y는 정상적인 기업인 경우는 $Y=1$, 파산된 기업은 $Y=0$ 으로 표시되었다. 아래 질문에 따라 가설검정과 적합도를 평가하여 보자. SAS 자료파일은 \data\p2-4.dat 에 분석파일은 \problem\p3-4.sas 에 저장되어있다.

(1) 개별 회귀계수에 대한 유의성을 유의수준 0.05에서 왈드 카이제곱 검정을 하여라.

(2) 현금흐름 대 총부채비율 (X_1)과 유동자산 대 순매출액 비율 (X_4)이 기업파산 여부에 동일한 영향을 미치는지 여부를 유의수준 0.05에서 검정하여라. 이때 대비벡터 $\boldsymbol{\ell}$ 을 설정하고, 검정통계량값 W^*와 p-값을 계산하여라.

(3) 현금흐름 대 총부채비율 (X_1),수익성지표로 순이익 대 총자산비율 (X_2), 유동자산 대 순매출액 비율 (X_4)가 동시에 기업파산 여부에 유의한 영향을 미치는지 여부를 유의수준 0.05에서 검정하여라. 이때 대비행렬 $\boldsymbol{L}$을 설정하고, 검정통계량의 값 W^*와 p-값을 계산하여라.

(4) 모형에 포함된 네개 독립변수들의 종합적인 정보가 기업파산 여부에 유의한 영향을 미치는지 여부를 유의수준 0.05에서 검정하여라. 이때 대비행렬 $\boldsymbol{L}$을 설정하고, 검정통계량값 W^*와 p-값을 계산하여라.

(5) 분류기준값이 0.5일 때 분류행렬을 작성하고, 정분류율과 수정된 정분류율을 계산하여라.

(6) 다섯개 독립변수를 포함함 모형 M_1과 두개 독립변수 (X_1, X_3)를 포함한 모형 M_2의 적합도를 비교하기 위해서 정보척도인 AIC, BIC 와 BIC' 을 구하여 선호하는 모형을 선택하여라.

(7) 모형 M_1에 대하여 ROC를 작성하여 해석하여라.

(8) 프로빗모형을 사용하였을 때 분류행렬을 작성하고, 정분류율과 수정된 정분류율을 계산하여라.

[SAS 프로그램: \PROBLEM\P3-4.SAS]

```
DATA ONE;
 INFILE 'A:\DATA\P2-4.DAT';
 INPUT ID X1-X4 Y @@;
RUN;
PROC LOGISTIC DESCENDING;
 MODEL Y = X1-X4/RSQ OUTROC=ROC;
  OUTPUT OUT=TWO P=PHAT;
RUN;
DATA THREE;
 SET TWO;
  IF PHAT > 0.5 THEN YHAT=1;
   ELSE YHAT=0;
RUN;
PROC FREQ;
 TABLES Y*YHAT/NOROW NOCOL NOPERCENT;
RUN;
PROC PLOT DATA=ROC HPERCENT=70 VPERCENT=50;
 PLOT _SENSIT_ * _1MSPEC_ = '*';
  LABEL _SENSIT_ = 'SENSITIVITY'
        _1MSPEC_ = '1-SPECCIFICITY';
RUN;
```

```
PROC LOGISTIC DATA=ONE DESCENDING;
 MODEL Y = X1 X3 /RSQ;
RUN;
```

3.5 [예제 2.5]에서는 신생아 몸무게(BWT)가 2.5kg 미만인 미숙아 출산에 대한 위험요인들에 관한 연구를 하기 위해서 로지스틱회귀모형을 출산한 여성 189명(미숙아를 출산한 여성 59명과 정상아를 출산한 여성 130명)자료에 적합시켰다. 미숙아 출산(LOW)에 영향을 미칠 수 있는 위험요인으로 출산나이(AGE), 임신직전의 몸무게(LWT: 파운드), 인종(RACE), 임신중 흡연여부(SMOKE), 미숙아 출산경험여부(PTL), 고혈압 여부(HT), 자궁 자극성여부(UI), 임신 첫3개월간 진찰회수(FTV) 등을 고려하였다. 아래 질문에 따라 가설검정과 적합도를 평가하여 보자. SAS 자료파일은\data\p2-5.dat 에 분석파일은 \problem\p3-5.sas 에 저장되어있다.

ID : 임신부 번호
LOW : 미숙아 구분(0=신생아 몸무게 ≥2,500g, 1=신생아 몸무게 < 2,500g)
RACE : 인종 구분 (1=백인, 2=흑인, 3=기타)
D1 : (1=백인, 0=백인이 아닌 경우), D2 : (1=흑인, 0=흑인이 아닌 경우)
SMOKE : (1=흡연, 0=금연) PTL : (0=없음, 1=있음)
HT : (1=고혈압, 0=정상) UI : (1=있음, 0=없음)
D1 : (1=백인, 0=백인이 아님) D2 : (1=흑인, 0=흑인이 아님)

(1) 개별 회귀계수에 대한 유의성을 유의수준 0.05에서 왈드 카이제곱 검정을 하여라.

(2) 임신직전의 몸무게(LWT: 파운드)와 고혈압 여부(HT)가 미숙아 출산여부에 동일한 영향을 미치는지 여부를 유의수준 0.05에서 검정하여라. 이때 대비벡터 $\boldsymbol{\ell}$ 을 설정하고, 검정통계량값 W^*와 p-값을 계산하여라.

(3) 출산나이(AGE),미숙아 출산경험여부(PTL), 임신 첫3개월간 진찰회수(FTV)가 동시에 미숙아 출산여부에 유의한 영향을 미치는지 여부를 유의수준 0.05에서 검정하여라. 이때 대비행렬 $\boldsymbol{L}$을 설정하고, 검정통계량의 값 W^*와 p-값을 계산하여라.

(4) 모형에 포함된 9개 독립변수들의 종합적인 정보가 미숙아 출산여부에 유의한 영향을 미치는지 여부를 유의수준 0.05에서 검정하여라. 이때 대비행렬 $\boldsymbol{L}$을 설정하고, 검정통계량값 W^*와 p-값을 계산하여라.

(5) 분류기준값이 0.05일 때 분류행렬을 작성하고, 정분류율과 수정된 정분류율을 계산하여라. 또한 분류기준값이 0.3, 0.4, 0.6, 0.7 인 경우에 같은 분석을 하여 비교하여 어떤 기준값에서 정분류율이 가장 높은지를 선택하여라.

(6) 9개 독립변수를 포함함 모형 M_1과 (LWT, D1, D2, SMOKE, HT, UI) 등 6개 독립변수를 포함한 모형 M_2의 적합도를 비교하기 위해서 정보척도인 AIC, BIC 와 BIC'을 구하여 선호하는 모형을 선택하여라.

(7) 모형 M_1에 대하여 ROC를 작성하여 해석하여라.

(8) 프로빗모형을 사용하였을 때 분류행렬을 작성하고, 정분류율과 수정된 정분류율을 계산하여라.

[SAS 프로그램: \PROBLEM\P3-5.SAS]

```
DATA ONE;
 INFILE 'A:\DATA\P2-5.DAT';
 INPUT ID LOW AGE LWT RACE SMOKE PTL HT UI FTV BWT @@;
 D1=(RACE=1); D2=(RACE=2);
RUN;
PROC LOGISTIC DESCENDING;
 MODEL LOW=AGE LWT D1 D2 SMOKE PTL HT UI FTV
    /RSQ OUTROC=ROC;
  OUTPUT OUT=TWO P=PHAT;
  TEST1: TEST LWT-HT=0;
  TEST2: TEST AGE=PTL=FTV=0;
  TEST3: TEST AGE=LWT=D1=D2=SMOKE=PTL=HT=UI=FTV=0;
RUN;
DATA THREE;
 SET TWO;
  IF PHAT > 0.4 THEN LOWHAT=1;
   ELSE LOWHAT=0;
RUN;
PROC FREQ;
 TABLES LOW*LOWHAT/NOROW NOCOL NOPERCENT;
RUN;
PROC PLOT DATA=ROC HPERCENT=70 VPERCENT=50;
 PLOT _SENSIT_ * _1MSPEC_ = '*';
  LABEL _SENSIT_ = 'SENSITIVITY'
```

```
        _1MSPEC_ = '1-SPECCIFICITY';
RUN;
PROC LOGISTIC DESCENDING;
 MODEL LOW=LWT D1 D2 SMOKE HT UI;
RUN;
```

APPLIED LOGISTIC REGRESSION ANALYSIS

제 4 장

최종 로지스틱회귀모형 구축

로지스틱회귀모형을 설정을 할 때 일반적으로 어떤 사건이 발생될 확률에 영향을 미칠 수 있는 가능한 모든 독립변수들을 고려하게 된다. 가능한 모든 독립변수들 중에는 특정한 사건이 발생될 확률에 유의한 영향을 미치지 변수가 있는가 하면, 그렇지 못한 변수들도 상당히 많이 포함될 수도 있을 것이다. 이러한 경우에 설정된 모형의 함수 형태가 옳다면 유의한 독립변수들을 선택하고 나머지 변수들을 제외시키는 것이 바람직할 것이다. 따라서 모형선택 방법은 변수의 수가 서로 다른 여러 모형들을 몇가지 기준에 의해서 비교 평가하여 가장 바람직한 최종모형(final model)을 선택하는 절차를 의미한다. SAS에서는 변수선택 방법을 통해서 가장 적합한 최종모형을 찾을 수 있는 벙법을 제공하고 있다.

로지스틱회귀모형을 자료에 적합시킬 때 소수 자료가 나머지 대부분 자료와 비교해서 크게 동떨어져있는 경우가 흔히 발생하는 경우가 있는데 이러한 자료를 이상값(outliers)이라고 부른다. 모형에 포함된 독립변수가 하나인 경우에는 잔차의 산점도를 통해서 이상값들을 비교적 쉽게 탐지할 수 있으나, 독립변수의 수가 여러개 있는 경우에는 단순히 산점도를 통해서 이상값을 탐지하기가 어렵기 때문에 계량적인 통계량을 사용하게 된다. 또한 분석결과에 유의한 영향을 미칠 수 있는 자료를 영향력 관측값(influential observations)이라고 부른다. 자료에 영향력 있는 관측값들이 포함되어있는 경우에는 다음과 같은 방법을 통해서 모형을 개선할 필요가 있다. 만약 설정된 모형이 옳고 영향력 관측값이 소수개 있는 경우에는 자료에서 영향력 있는 관측값을 제외한 후 다시 모형을 적합시키게 된다. 만약 영향력 있는 관측값이 집단으로 탐지되었고 그 원인이 분명할 경우에는 모형에 포함된 개별 독립변수의 변환(대수변환 혹은 제곱근 변환 등), 교호항(interaction term)의 추가, 이차항(square term)의 추가와 새로운 독립변수의 추가 등을 고려할 수 있을 것이다. 본장에서는 모형구축에 사용되는 방법과 이상값과 영향력 관측값을 탐지하여 최종모형을 구축하는 절차에 대하여 설명하도록 하겠다.

4.1 변수 선택방법

설정된 모형에 포함된 많은 변수들 중에서 유의한 변수를 선택하기 위해서 사용되는 방법에는 (1) 전진선택법(forward selection), (2) 후진소거법(backward elimination), (3) 단계별선택법(stepwise selection), (4) 최량부분선택법(best subset selection)등이 사용되어진다. (1) 전진선택법은 설정된 유의수준을 충족시키는 변수를 각 단계마다 모형에 하나씩 추가적으로 포함시키는 방법으로, 일단 모형에 포함된 변수는 제외될 수 없게 된다. (2) 후진소거법은 설정된 유의수준을 충족시키지 못하는 변수를 각 단계마다 모형에서 하나씩 제거하는 방법으로, 일단 모형에서 제외된 변수는 다시 모형에 포함될 수 없게 된다. (3) 단계별선택법은 각 단계마다 변수를 모형에 추가적으로 포함시키거나 제외시키기 위해서 전진선택법과 후진선택법을 혼합하여 사용하는 방법으로, 일단 모형에 포함된 변수도 다시 제외될 수 있다. (4) 최량부분선택법은 모든 가능한 모형들에 대하여 높은 스코어 카이제곱 통계량을 갖는 모형을 출력하게 된다. 이 경우에 모형들은 변수의 수에 따라 구분되어 출력되기 때문에 가장 적합한 모형을 찾는 데 매우 유용하게 사용될 수 있다. 모형에서 유의한 변수를 선택하는 방법은 일반적으로 모형에 포함된 독립변수의 수가 많을 때 매우 유용하게 사용될 수 있다. 모형에서 변수를 선택방법을 설명하기 전에 우선 유의한 변수를 선택하는 기준을 설명하도록 하겠다. 제3장에서는 회귀계수에 대한 검정으로 왈드 카이제곱검정과 우도비 카이제곱검정을 사용하였으나, 변수 선택과정에서 사용되는 검정방법은 스코어 카이제곱검정(score chi-square test)이기 때문에 검정절차를 먼저 설명하도록 하겠다.

1) 가설 설정

$$H_o: \beta_j = 0 \qquad\qquad H_1: \beta_j \neq 0$$

귀무가설은 j-번째 독립변수 X_j가 어떤 사건이 발생할 확률에 유의한 영향을 미치지 않는다는 의미이고, 대립가설은 j-번째 독립변수 X_j가 어떤 사건이 발생할 확률에 유의한 영향을 미친다는 의미이다.

2) 스코어 카이제곱 검정통계량

스코어 카이제곱 검정통계량은 자연대수우도에 대한 편비분의 비율로 구해진다. 우선 자연대수우도 $\log_e L(\boldsymbol{\beta})$의 일차 편미분은 식(2.17)에서 $\boldsymbol{X}'\boldsymbol{e}$이었고, 대수우도의 이차 편미분의 음수는 식(2.22)에서 $\boldsymbol{X}'\boldsymbol{W}\boldsymbol{X}$이었다. 이제 모든 회귀계수에서 검정대상인 회귀계수 β_j와 나머지 절편을 포함한 k차 회귀계수벡터 $\boldsymbol{\beta}^*$를 구분하여 표현하기 위해서 회귀계수벡터를 $\boldsymbol{\beta} = (\boldsymbol{\beta}^*, \beta_j)'$로 표시하자. 이 경우에 j-번째 독립변수를 모형에서 제외하고 구한 최우추정량을 $\widetilde{\boldsymbol{\beta}} = (\widetilde{\boldsymbol{\beta}}^*, 0)'$ 라고 했을 때 $\widetilde{\boldsymbol{\beta}}$ 에서 평가한 일차편미분값을 $\boldsymbol{U}(\widetilde{\boldsymbol{\beta}})$ 라고 표시하자. 또한 $\widetilde{\boldsymbol{\beta}}$ 에서 평가한 이차 편미분값을 $\boldsymbol{I}(\widetilde{\boldsymbol{\beta}})$ 라고 표시하자. 이 경우에 귀무가설 H_o: $\beta_j = 0$ 에 대한 스코어 카이제곱 검정통계량은

$$S_j = \boldsymbol{U}'(\widetilde{\boldsymbol{\beta}})\,[\boldsymbol{I}(\widetilde{\boldsymbol{\beta}})]^{-1}\,\boldsymbol{U}(\widetilde{\boldsymbol{\beta}}) \tag{4.1}$$

이며, 검정통계량 S_j 의 분포는 귀무가설이 참일 때 자유도가 1 인 카이제곱분포 χ_1^2 에 근사하게 된다. 또한 모든 모수벡터가 동시에 0 이라는 귀무가설 H_o: $\boldsymbol{\beta} = \boldsymbol{0}$ 을 검정하기 위한 스코어 카이제곱 검정통계량은

$$S = \boldsymbol{U}'(\boldsymbol{0})\,[\boldsymbol{I}(\boldsymbol{0})]^{-1}\,\boldsymbol{U}(\boldsymbol{0}) \tag{4.2}$$

이 되며, 검정통계량 S 의 분포는 귀무가설이 참일 때 자유도가 $k+1$ 인 카이제곱분포 χ_{k+1}^2 에 근사하게 된다. 자료에서 계산된 스코어 검정통계량의 값을 S_j^* 혹은 S^* 로 표시하자.

3) 유의수준 설정과 임계값

유의수준이 α 일 때 귀무가설 H_o: $\beta_j = 0$ (혹은 H_o: $\boldsymbol{\beta} = \boldsymbol{0}$)의 기각여부를 결정하는 임계값은 자유도가 1 (혹은 $k+1$)인 카이제곱분포에서 상위 $100 \times \alpha\%$ 에 해당되는 카이제곱값인 $\chi^2_{\alpha,1}$ (혹은 $\chi^2_{\alpha,k+1}$)이 된다.

4) 의사결정 규칙

귀무가설에 대한 채택 혹은 기각여부는 검정통계량값 S_j^* (혹은 S^*)과 임계값 $\chi^2_{\alpha,1}$ (혹은 $\chi^2_{\alpha,k+1}$)을 비교하여 아래와 같이 결정한다.

만약 S_j^*(혹은 S^*) $>$ $\chi^2_{\alpha,1}$(혹은 $\chi^2_{\alpha,k+1}$) 이면 유의수준 α 에서 귀무가설을 기각한다.
만약 S_j^*(혹은 S^*) $\le$ $\chi^2_{\alpha,1}$(혹은 $\chi^2_{\alpha,k+1}$) 이면 유의수준 α 에서 귀무가설을 채택한다.

5) p-값 계산

계산된 p-값이 0 에 가까운 매우 작은 경우에는 표본자료와 귀무가설사이의 불일치도가 매우 높아지기 때문에 귀무가설을 강하게 기각할 수 있는 근거가 된다.

$$H_o: \beta_j = 0 \text{에 대한 검정통계량의 } p\text{-값} = P(\chi_1^2 > S_j^*)$$

$$H_o: \boldsymbol{\beta} = \mathbf{0} \text{에 대한 검정통계량의 } p\text{-값} = P(\chi_{k+1}^2 > S^*)$$

이제 SAS를 이용해서 적합한 최종모형(final model)을 얻는 과정을 아래 예제를 통해서 설명하고자 한다.

[예제 4.1] 모형선택 방법에 의한 최종 로지스틱회귀모형의 결정

〔예제 2.1〕에서는 결혼한 여성의 직업참여 여부에 영향을 미칠 수 있는 가능한 독립변수로 (1) 5세 이하 자녀수(X_1), (2) 6세부터 18세 이하 자녀수(X_2), (3) 부인 나이(X_3), (4) 부인 학력수준(X_4), (5) 남편 학력수준(X_5), (6) 부인소득의 대수값(X_6), (7) 부인 소득을 제외한 가계소득(X_7) 등을 고려하였다. 아래 절차에 따라 적절한 최종모형을 결정하여라.

(1) 전진선택법, 후진소거법, 단계별선택법을 사용하여 구한 최종모형을 비교하여라.
(2) 최량부분선택법을 사용하여 적절한 최종모형을 결정하고, (1)의 결과와 비교하여라.

□ SAS 프로그램(\program\ex4-1.sas)

```
 DATA ONE;
 INFILE 'A:\DATA\EX2-1.DAT';
  INPUT Y X1-X7;
RUN;
PROC LOGISTIC DESCENDING;
 MODEL Y=X1-X7/①SELECTION=FORWARD SLENTRY=0.25 DETAILS;
RUN;
PROC LOGISTIC DESCENDING;
 MODEL Y=X1-X7/②SELECTION=BACKWARD SLSTAY=0.10 DETAILS;
RUN;
```

```
PROC LOGISTIC DESCENDING;
 MODEL Y=X1-X7/③SELECTION=SEPWISE SLENTRY=0.30 DETAILS;
  OUTPUT OUT=TWO P=PHAT;
RUN;
DATA THREE;
 SET TWO;
  ④IF PHAT>0.5 THEN YHAT=1;
    ELSE YHAT=0;
RUN;
⑤PROC FREQ;
  TABLES Y*YHAT/NOCOL NOROW NOPERCENT;
RUN;
RUN;
PROC LOGISTIC DESCENDING DATA=ONE;
 MODEL Y=X1-X7/⑥SELECTION=SCORE BEST=2;
RUN;
```

(1) 전진선택법으로 유의한 독립변수를 추가 선택할 때 사용되는 유의수준을 0.25 로 설정하고 단계마다 세부적인 분석결과(details)를 출력하기 위해서 ①SELECTION=FORWARD SLENTRY=0.25 DETAILS; 문을 사용하였다. 후진소거법으로 유의하지 않은 독립변수를 제외할 때 사용되는 유의수준을 0.10 으로 설정하고 세부적인 분석결과를 출력하기 위해서 ②SELECTION=BACKWARD SLSTAY=0.10 DETAILS; 문을 사용하였다. 단계별선택법을 사용하여 변수를 추가 혹은 제외하기 위해서 ③SELECTION=SEPWISE SLENTRY=0.30 DETAILS; 문을 사용하였다. 그리고 단계별선택법에 구해진 모형에서 예측확률을 PHAT으로 지정하여 데이터 TWO에 저장한 후, 분류표를 작성하기 위해서 ⑤PROC FREQ; TABLES Y*YHAT/NOCOL NOROW NOPERCENT; 문을 사용하였다. 일반적으로 변수선택 과정은 모형탐색이 목적이므로 일반적으로 사용되는 유의수준 0.05 보다 큰값을 사용하게 된다.

(2) 모형에 포함될 독립변수 개수에 대하여 모든 가능한 모형을 적합시킨 다음, 독립변수 개수에 따라 스코어 카이제곱값이 가장 큰 두개 모형을 선택하여 출력시키기 위해서 ⑥SELECTION=SCORE BEST=2; 문을 사용하였다.

□ SAS 결과 해석

1) 전진선택법(Forward Selection Procedure)

Step 0. Intercept entered:

①Analysis of Maximum Likelihood Estimates

Variable	DF	Parameter Estimate	Standard Error	Wald Chi-Square	Pr > Chi-Square
INTERCPT	1	0.2753	0.0736	14.0003	0.0002

Residual Chi-Square = ②113.1807 with 7 DF (p=0.0001)

③Analysis of Variables Not in the Model

Variable	Score Chi-Square	Pr > Chi-Square
④X1	34.4036	0.0001
X2	0.0044	0.9470
X3	4.8794	0.0272
X4	14.7804	0.0001
X5	1.9751	0.1599
X6	24.9083	0.0001
X7	10.4133	0.0013

'단계 0' 에서는 절편만이 모형에 포함된다. 출력결과는 ①최대우도추정 결과, ②잔차 카이제곱값과 p-값, ③모형에 포함되지 못한 변수들의 검정결과가 자동적으로 출력된다. 잔차 카이제곱 통계량은 모형에 포함되지 못한 변수들 중에 유의한 변수가 있는지 여부를 검정하는 통계량이다. ② p-값이 0.0001로 매우 작은 값을 가지므로 7개 독립변수들 중에는 유의한 독립변수가 포함되어 있다고 판단된다. 모형에 포함되지 못한 독립변수들의 분석에서 ④독립변수 X_1이 가장 큰 스코어 카이제곱 검정 통계량값과 매우 작은 p-값을 가지므로 다음 단계에서 모형에 추가될 대상 변수가 된다.

Step 1. Variable X1 entered:

Model Fitting Information and Testing
Global Null Hypothesis BETA=0

Criterion	Intercept Only	Intercept and Covariates	Chi-Square for Covariates
AIC	1031.746	998.750	.
SC	1036.370	1007.998	.
-2 LOG L	1029.746	994.750	⑤34.996 with 1 DF (p=0.0001)
Score	.	.	34.404 with 1 DF (p=0.0001)

Analysis of Maximum Likelihood Estimates

Variable	DF	Parameter Estimate	Standard Error	Wald Chi-Square	Pr > Chi-Square
INTERCPT	1	0.4801	0.0827	33.7345	0.0001
X1	1	-0.8718	0.1570	30.8153	0.0001

Residual Chi-Square = ⑥82.9800 with 6 DF (p=0.0001)

Analysis of Variables Not in the Model

Variable	Score Chi-Square	Pr > Chi-Square
X2	0.2242	0.6359
⑦X3	29.7251	0.0001
X4	21.0949	0.0001
X5	5.4242	0.0199
X6	24.7348	0.0001
X7	9.8447	0.0017

'단계 1' 에서는 변수 X_1이 모형에 추가된다. 이때 우도비 카이제곱은 ⑤ 34.996이고, 잔차 카이제곱의 ⑥ p-값이 0.0001로 매우 작은 값을 가지므로 나머지 6개 독립변수들 중에서 유의한 변수가 포함되어있다고 판단된다. 모형에 포함되지 못한 변수들의 분석에서 ⑦변수 X_3이 가장 큰 스코어 카이제곱 검정통계량값과 매우 작은 p-값을 가지므로 다음 단계에서 모형에 추가될 변수가 된다.

Step 2. Variable X3 entered:

```
          Model Fitting Information and Testing
          Global Null Hypothesis BETA=0
                                Intercept
                  Intercept       and
Criterion          Only       Covariates Chi-Square for Covariates
AIC              1031.746      970.484        .
SC               1036.370      984.356        .
-2 LOG L         1029.746      964.484 ⑧65.263 with 2 DF (p=0.0001)
Score                .            .        62.250 with 2 DF (p=0.0001)

           Analysis of Maximum Likelihood Estimates
                       Parameter   Standard      Wald        Pr >
Variable     DF        Estimate     Error     Chi-Square  Chi-Square
INTERCPT     1          3.0858     0.4971      38.5312      0.0001
X1           1         -1.3204     0.1864      50.1928      0.0001
X3           1         -0.0585     0.0109      28.7744      0.0001

         Residual Chi-Square = ⑨56.0749 with 5 DF (p=0.0001)


          Analysis of Variables Not in the Model
                             Score           Pr >
           Variable       Chi-Square      Chi-Square
           X2                 3.7834          0.0518
           X4                20.9820          0.0001
           X5                 3.4979          0.0614
          ⑩X6                26.1161          0.0001
           X7                 7.6573          0.0057
```

'단계 2'에서는 변수 X_3가 모형에 추가됨에 따라 우도비 카이제곱은 ⑤34.996에서 ⑧65.263으로 증가되고, 잔차 카이제곱의 ⑨ p-값이 0.0001로 아직도 매우 작은 값을 가지므로 나머지 5개 독립변수들 중에는 유의한 변수가 포함되어있다고 판단하게 된다. 모형에 포함되지 못한 변수들의 분석에서 ⑩변수 X_6이 가장 큰 스코어 카이제곱 검정통계량값과 매우 작은 p-값을 가지므로 다음 단계에서 모형에 추가될 변수가 된다. 다음 단계도 같은 절차를 통해서 유의한 독립변수를 모형에 추가하게 된다.

Step 3. Variable X6 entered:

Model Fitting Information and Testing
Global Null Hypothesis BETA=0

Criterion	Intercept Only	Intercept and Covariates	Chi-Square for Covariates
AIC	1031.746	945.616	.
SC	1036.370	964.112	.
-2 LOG L	1029.746	937.616	92.130 with 3 DF (p=0.0001)
Score	.	.	86.349 with 3 DF (p=0.0001)

Analysis of Maximum Likelihood Estimates

Variable	DF	Parameter Estimate	Standard Error	Wald Chi-Square	Pr > Chi-Square
INTERCPT	1	2.4159	0.5174	21.8025	0.0001
X1	1	-1.3448	0.1886	50.8638	0.0001
X3	1	-0.0608	0.0111	29.9147	0.0001
X6	1	0.7147	0.1448	24.3591	0.0001

Residual Chi-Square = 31.3283 with 4 DF (p=0.0001)

Analysis of Variables Not in the Model

Variable	Score Chi-Square	Pr > Chi-Square
X2	2.1118	0.1462
X4	10.4259	0.0012
X5	0.8883	0.3459
X7	12.3320	0.0004

Step 4. Variable X7 entered:

```
        Model Fitting Information and Testing
        Global Null Hypothesis BETA=0
                              Intercept
                  Intercept      and
Criterion           Only      Covariates  Chi-Square for Covariates
AIC               1031.746     935.166         .
SC                1036.370     958.286         .
-2 LOG L          1029.746     925.166    104.580 with 4 DF (p=0.0001)
Score                 .            .        96.634 with 4 DF (p=0.0001)

                Analysis of Maximum Likelihood Estimates
                    Parameter   Standard    Wald          Pr >
Variable    DF      Estimate     Error    Chi-Square   Chi-Square
INTERCPT    1        2.7587     0.5349     26.6002       0.0001
X1          1       -1.3423     0.1905     49.6575       0.0001
X3          1       -0.0590     0.0112     27.5283       0.0001
X6          1        0.7877     0.1483     28.1948       0.0001
X7          1       -0.0246     0.00720    11.7136       0.0006

        Residual Chi-Square = 19.5329 with 3 DF (p=0.0002)

        Analysis of Variables Not in the Model
                         Score          Pr >
        Variable       Chi-Square    Chi-Square
        X2                1.4058        0.2358
        X4               18.3623        0.0001
        X5                5.7946        0.0161
```

Step 5. Variable X4 entered:

Model Fitting Information and Testing
Global Null Hypothesis BETA=0

Criterion	Intercept Only	Intercept and Covariates	Chi-Square for Covariates
AIC	1031.746	918.455	.
SC	1036.370	946.200	.
-2 LOG L	1029.746	906.455	㉠123.291 with 5 DF (p=0.0001)
Score	.	.	112.453 with 5 DF (p=0.0001)

Analysis of Maximum Likelihood Estimates

Variable	DF	Parameter Estimate	Standard Error	Wald Chi-Square	Pr > Chi-Square
INTERCPT	1	2.9019	0.5429	28.5706	0.0001
X1	1	-1.4318	0.1932	54.9196	0.0001
X3	1	-0.0585	0.0114	26.2890	0.0001
X4	1	0.8724	0.2064	17.8653	0.0001
X6	1	0.6157	0.1501	16.8149	0.0001
X7	1	-0.0337	0.00780	18.6353	0.0001

Residual Chi-Square = ㉡1.1884 with 2 DF (p=0.5520)

㉢Analysis of Variables Not in the Model

Variable	Score Chi-Square	Pr > Chi-Square
X2	0.8958	0.3439
X5	0.2867	0.5924

NOTE: No (additional) variables met the 0.25 significance level for entry into the model.

㉣Summary of Forward Selection Procedure

Step	Variable Entered	Number In	Score Chi-Square	Pr > Chi-Square
1	X1	1	34.4036	0.0001
2	X3	2	29.7251	0.0001
3	X6	3	26.1161	0.0001
4	X7	4	12.3320	0.0004
5	X4	5	18.3623	0.0001

마지막 단계에서 변수 X_4가 모형에 추가됨에 따라 우도비 카이제곱은 전단계 104.580에서 ㉠ 123.291로 증가되었다. 잔차 카이제곱의 ㉡ p-값이 0.5520로 큰 값을 가지므로 나머지 2개 독립변수들의 영향은 유의하다고 할 수 없다. ㉢모형에 포함되지 않은 두개 변수에 대응되는 모수에 대한 검정에서도 모든 p-값들이 설정된 유의수준 0.25보다 크므로 추가될 변수는 없게 되어 전진선택법의 절차를 마치게 된다. 따라서 남아있는 변수인 X_2와 X_5는 확률의 예측에 유의한 영향을 미치는 변수가 아님을 알 수 있다. 전진선택법 ㉣요약표는 단계번호, 각 단계마다 모형에 추가된 변수, 각 변수에 대한 스코어 카이제곱 통계값과 대응되는 p-값을 표시하고 있다. 따라서 전진선택법에 의해서 구한 최종모형에는 다섯개 독립변수(X_1, X_3, X_4, X_6, X_7)가 포함되게 된다.

2) 후진소거법(Backward Elimination Procedure)

Step 0. The following variables were entered:

INTERCPT X1 X2 X3 X4 X5 X6 X7

Model Fitting Information and Testing
Global Null Hypothesis BETA=0

Criterion	Intercept Only	Intercept and Covariates	Chi-Square for Covariates
AIC	1031.746	921.266	.
SC	1036.370	958.258	.
-2 LOG L	1029.746	905.266	①124.480 with 7 DF (p=0.0001)
Score	.	.	113.181 with 7 DF (p=0.0001)

Analysis of Maximum Likelihood Estimates

Variable	DF	Parameter Estimate	Standard Error	Wald Chi-Square	Pr > Chi-Square
INTERCPT	1	3.1821	0.6444	24.3872	0.0001
X1	1	-1.4629	0.1970	55.1445	0.0001
X2	1	-0.0646	0.0680	0.9017	0.3423
X3	1	-0.0629	0.0128	24.1893	0.0001
X4	1	0.8073	0.2300	12.3215	0.0004
②X5	1	0.1117	0.2060	0.2941	0.5876
X6	1	0.6047	0.1508	16.0756	0.0001
X7	1	-0.0344	0.00821	17.6106	0.0001

'단계 0'에서는 7개 독립변수들이 모형에 이미 포함되어있다. 이 모형에서 구한 우도비 카이제곱은 ①124.480이고, p-값이 0.0001로 매우 작기 때문에 모형에 포함된 7개 독립변수들 중에 유의한 변수가 포함되어 있다는 것이다. 설정된 유의수준 0.10에서 모형에서 제외될 변수를 고려하면 ②변수 X_5의 왈드검정통계량값이 가장 작고, 관련된 p-값이 0.5876으로 상당히 크므로 X_5가 제외된다.

Step 1. Variable X5 is removed:

```
          Model Fitting Information and Testing
          Global Null Hypothesis BETA=0
                                Intercept
                    Intercept     and
Criterion            Only      Covariates  Chi-Square for Covariates
AIC                1031.746     919.560        .
SC                 1036.370     951.929        .
-2 LOG L           1029.746     905.560 ③124.186 with 6 DF (p=0.0001)
Score                  .            .        113.010 with 6 DF (p=0.0001)

          Residual Chi-Square = 0.2942 with 1 DF (p=0.5875)

                 Analysis of Maximum Likelihood Estimates
                    Parameter   Standard     Wald      Pr >
  Variable   DF     Estimate     Error    Chi-Square Chi-Square
  INTERCPT   1       3.2166     0.6409     25.1896    0.0001
  X1         1      -1.4561     0.1961     55.1101    0.0001
④X2         1      -0.0643     0.0680      0.8942    0.3443
  X3         1      -0.0636     0.0127     25.1021    0.0001
  X4         1       0.8623     0.2067     17.3972    0.0001
  X6         1       0.6045     0.1506     16.1097    0.0001
  X7         1      -0.0332     0.00783    17.9395    0.0001
```

'단계 1'에서는 모형으로부터 변수 X_5가 제외되었다. 이 모형에서 구한 우도비 카이제곱은 ③124.186로 '단계 0'에 구한 ①124.480과 차이가 거의 없다. 모형에서 제외될 변수를 고려하면 ④변수 X_2의 왈드 카이제곱 검정통계량값이 가장 작고, 관련된 p-값이 0.3443으로 상당히 크므로 X_2가 제외된다.

Step 2. Variable X2 is removed:

Model Fitting Information and Testing
Global Null Hypothesis BETA=0

Criterion	Intercept Only	Intercept and Covariates	Chi-Square for Covariates
AIC	1031.746	918.455	.
SC	1036.370	946.200	.
-2 LOG L	1029.746	906.455	⑤123.291 with 5 DF (p=0.0001)
Score	.	.	112.453 with 5 DF (p=0.0001)

Residual Chi-Square = 1.1884 with 2 DF (p=0.5520)

⑥Analysis of Maximum Likelihood Estimates

Variable	DF	Parameter Estimate	Standard Error	Wald Chi-Square	Pr > Chi-Square
INTERCPT	1	2.9019	0.5429	28.5706	0.0001
X1	1	-1.4318	0.1932	54.9196	0.0001
X3	1	-0.0585	0.0114	26.2890	0.0001
X4	1	0.8724	0.2064	17.8653	0.0001
X6	1	0.6157	0.1501	16.8149	0.0001
X7	1	-0.0337	0.00780	18.6353	0.0001

NOTE: No (additional) variables met the 0.1
significance level for removal from the model.

⑦Summary of Backward Elimination Procedure

Step	Variable Removed	Number In	Wald Chi-Square	Pr > Chi-Square
1	X5	6	0.2941	0.5876
2	X2	5	0.8942	0.3443

'단계 2'에서는 모형으로부터 변수 X_2가 제외되었다. 이 모형에서 구한 우도비 카이제곱은 ⑤ 123.291로 '단계 1'에 구한 ③124.186 와 차이가 미미하다. ⑥모형에서 추가로 제외될 변수를 선택하기 위해서 관련된 p-값을 살펴보면, 모두 설정된 유의수준 0.10보다 작으므로 모형에서 추가적으로 제외될 변수는 없다고 판단되어 절차를 마치게 된다. 후진소거법 ⑦요약표는 단계번호, 각 단계마다 모형에 제외될 변수, 각 변수에 대한 왈드 카이제곱 검정통계량값과 대응되는 p-값을 표시하고 있다.

따라서 후진소거법에 의해서 구한 최종모형에는 다섯개 독립변수 (X_1, X_3, X_4, X_6, X_7)가 포함되게 된다.

3) 단계별 선택법

⑧Summary of Stepwise Procedure

Step	Variable Entered	Variable Removed	Number In	Score Chi-Square	Wald Chi-Square	Pr > Chi-Square
1	X1		1	34.4036	.	0.0001
2	X3		2	29.7251	.	0.0001
3	X6		3	26.1161	.	0.0001
4	X7		4	12.3320	.	0.0004
5	X4		5	18.3623	.	0.0001

⑨Analysis of Maximum Likelihood Estimates

Variable	DF	Parameter Estimate	Standard Error	Wald Chi-Square	Pr > Chi-Square
INTERCPT	1	2.9019	0.5429	28.5706	0.0001
X1	1	-1.4318	0.1932	54.9196	0.0001
X3	1	-0.0585	0.0114	26.2890	0.0001
X4	1	0.8724	0.2064	17.8653	0.0001
X6	1	0.6157	0.1501	16.8149	0.0001
X7	1	-0.0337	0.00780	18.6353	0.0001

단계별선택법은 각 단계마다 변수를 모형에 추가적으로 포함시키거나 제외시키기 위해서 전진선택법과 후진선택법을 혼합하여 사용하는 방법으로 상세한 절차는 생략하고 결과만을 살펴보기로 하자. ⑧요약표는 단계번호, 각 단계마다 모형에 추가 혹은 제외될 변수, 각 변수에 대한 카이제곱 검정통계량 값과 대응되는 p-값을 표시하고 있다. 따라서 단계별선택법에 의해서 구한 최종모형에는 전진선택법과 후진소거법에서 구한 결과와 동일하게 다섯개 독립변수 (X_1, X_3, X_4, X_6, X_7)가 포함되게 된다.

⑩TABLE OF Y BY YHAT

Y Frequency	YHAT 0	1	Total
0	178	147	325
1	93	335	428
Total	271	482	753

이제 다섯개 독립변수를 포함한 모형에서 분류기준값을 $d=0.5$로 하였을 때 정분류된 빈도는 $Y=1$로 관측된 428명 중 335명, $Y=0$으로 관측된 325명 중 178명이다. 그리고 오분류된 빈도는 $Y=1$로 관측된 428명 중 93명, $Y=0$로 관측된 325명 중 147명이다. 따라서 정분류율은

$$CCR = \left(\frac{335+178}{753}\right)\times 100\% = 68.1\%$$

이 된다. 따라서 분류기준값을 0.5로 했을 때 여성의 직업참여 여부는 다섯개 독립변수를 포함한 로지스틱회귀모형에 의해서 약68.1%가 옳게 분류되고, 나머지 약31.9%는 잘못 분류되었음을 알 수 있다. 모형에서 두개 독립변수(X_2, X_5)가 제외됨에 따라 정분류율은 약 69.3%에서 약 68.1%로 약1.2%가 감소되었다. 따라서 정분류율의 감소가 매우 작은 반면에 모형이 좀더 간편해 졌기 때문에 모형선택법에 의해서 구해진 모형이 잠정적으로 최종모형으로 바람직하다고 판단할 수 있겠다.

4) 최량선택법(Best Subset Selection)

최량선택법에 의해서 모형에 포함될 독립변수를 선택하기 위해서 우선 독립변수의 개수에 따라 가능한 모든 모형을 적합시킨 후 독립변수의 개수에 따라 스코어 카이제곱값이 큰 값을 갖는 모형을 각각 선택하게 된다. 만약 BEST=1 이면 독립변수의 개수에 따라 스코어 카이제곱값이 가장 큰 하나의 모형만 출력되고, BEST=2이면 스코어 카이제곱값이 큰 두개 모형만 출력하게 된다. 만약 7개 독립변수들 중에서 p개가 모형에 포함되었다면 가능한 모형의 수는 아래와 같다.

$$\binom{7}{p} = \frac{7!}{(7-p)!\,p!}, \qquad p=1,2,\cdots,7.$$

예를 들면, $p=3$이면 가능한 모형의 수는 35개이고, $p=5$이면 가능한 모형의 수는 21개, $p=7$이면 가능한 모형의 수는 1개가 된다. 독립변수의 개수에 대하여 스코어 카이제곱값이 가장 큰 두개 모형을 최량선택법에 의해서 출력된 결과는 아래와 같다. 결과에 의하면 모형에 포함된 변수의 개수가 증가함에 따라 스코어 카이제곱값은 증가하고 있다. 모형에 포함된 독립변수들이 5개 $(X_1, X_3, X_4, X_6, X_7)$인 경우에 스코어 카이제곱값은 112.453이고 독립변수의 수가 6개인 경우 스코어 카이제곱값 113.0102와 비교해서 거의 같게 나타났다. 따라서 최량선택법에서도 앞에서 설명한 세가지 선택법과 같은 결과를 얻었기 때문에 잠정적으로 적합한 최종모형은 5개 독립변수 $(X_1, X_3, X_4, X_6, X_7)$를 포함한 모형이라고 판단할 수 있다. 본 예제에서는 네가지 선택방법에서 동일한 결과를 얻을 수 있었지만 항상 같은 결과를 얻게되는 것은 아니라는 것을 유의하기 바란다. 참고로 고려된 모든 가능한 독립변수들 사이에 중복된 정보의 양이 많은 경우(예를 들면 다중공선성 문제)에는 일반적으로 후진소거법의 사용하는 것을 추천한다.

```
           Regression Models Selected by Score Criterion

            Number of        Score   Variables Included
            Variables        Value    in Model
                    1      34.4036   X1
                    1      24.9083   X6
         ------------------------------
                    2      62.2503   X1 X3
                    2      58.2555   X1 X6
         ---------------------------------
                    3      86.3492   X1 X3 X6
                    3      81.8638   X1 X3 X4
         ------------------------------------
                    4      97.5331   X1 X3 X4 X7
                    4      96.6336   X1 X3 X6 X7
         ---------------------------------------
                    5     112.4530   X1 X3 X4 X6 X7
                    5     101.3767   X1 X3 X5 X6 X7
         ------------------------------------------
                    6     113.0102   X1 X2 X3 X4 X6 X7
                    6     112.6266   X1 X3 X4 X5 X6 X7
         ---------------------------------------------
                    7     113.1807   X1 X2 X3 X4 X5 X6 X7
         ------------------------------------------------
```

4.2 이상값 탐색

모형을 평가할 때는 설정된 모형이 자료를 얼마나 잘 적합하고 있는지 여부를 살펴보아야 한다. 만약 설정된 모형이 적절함에도 불구하고 잘 적합되지 않는 이유 중에는 자료에 이상값들이 존재하는 경우를 들 수 있겠다. 자료에서 이상값을 탐지할 수 있는 두가지 대표적인 통계량은 레버리지(leverage)와 잔차(residual)가 있다. 레버리지는 개별자료가 디자인 자료행렬의 공간에서 극단적으로 멀리 떨어져 있는 여부를 평가하는 통계량이고, 잔차는 관측된 범주값과 예측된 확률사이의 큰 차이가 있는지를 평가하는 통계량이다. 자료에서 탐지된 이상값들은 회귀계수의 추정과 모형의 적합도에 영향을 미칠 수 있기 때문에 이상값 탐색은 분석시 필요한 절차이다. 본절에서는 자료에 포함된 이상값을 탐지할 수 있는 통계량에 대하여 설명하도록 하겠다.

1) 레버리지값

k개 독립변수를 포함한 선형회귀분석에서는 추정벡터 $\hat{\boldsymbol{Y}} = \boldsymbol{X}\hat{\boldsymbol{\beta}} = \boldsymbol{H}\boldsymbol{Y}$를 구하기 위해서 모자행렬(hat matrix) $\boldsymbol{H} = \boldsymbol{X}(\boldsymbol{X}'\boldsymbol{X})^{-1}\boldsymbol{X}'$ 를 이용하였다. Pregibon(1981)는 로지스틱회귀모형에서 아래와 같은 모자행렬 $\boldsymbol{H}$를 이용해서 추정벡터 $\hat{\boldsymbol{Y}}$ 에 대한 선형근사를 유도하였다.

$$\boldsymbol{H} = \hat{\boldsymbol{W}}^{1/2}\boldsymbol{X}(\boldsymbol{X}'\hat{\boldsymbol{W}}\boldsymbol{X})^{-1}\boldsymbol{X}'\hat{\boldsymbol{W}}^{1/2} \tag{4.3}$$

식(4.3)에서 행렬 $\hat{\boldsymbol{W}}$ 는 가중값 $\widehat{w_i} = \hat{\pi}(\boldsymbol{x}_i)[1-\hat{\pi}(\boldsymbol{x}_i)]$을 i-번째 대각원소로 사용한 $n \times n$ 대각행렬이다. 따라서 모자행렬의 i-번째 대각원소 h_{ii}는

$$\begin{aligned} h_{ii} &= \hat{\pi}(\boldsymbol{x}_i)[1-\hat{\pi}(\boldsymbol{x}_i)]\ \boldsymbol{x}_i'\ \widehat{Cov}(\hat{\boldsymbol{\beta}})\ \boldsymbol{x}_i \\ &= \hat{\pi}(\boldsymbol{x}_i)[1-\hat{\pi}(\boldsymbol{x}_i)]\ \boldsymbol{x}_i'(\boldsymbol{X}'\hat{\boldsymbol{W}}\boldsymbol{X})^{-1}\boldsymbol{x}_i \end{aligned} \tag{4.4}$$

이 되고, h_{ii}를 i-번째 자료의 레버리지값이라고 부른다. 모든 레버리지의 합은 $\sum_{i=1}^{n} h_{ii} = k+1$이 되기 때문에 모자행렬에서 대각원소들의 합은 모형에 포함된 모수의 개수와 같게 된

다. 레버리지 h_{ii}의 범위는 0 과 1 사이의 값을 취하게 되고, 관심사는 레버지리지가 어느 정도 큰 값을 가질 때 연관된 자료를 이상값으로 판정할 수 있는지를 결정하는 것이다. 일반적인 판정기준은 레버리지값이 레버리지 산술평균 $\overline{h}=(k+1)/n$의 2배 이상 $(h_{ii}>2\overline{h})$이면 i-번째 자료는 자료공간에서 이상값으로 판정하게 된다. 선형회귀모형에서는 레버리지값이 클수록 자료벡터가 모든 자료의 중심으로부터 거리가 증가되고, 레버리지값이 작을수록 중심근처에 위치한다는 의미로 해석되었다. 그러나 로지스틱회귀모형에서 선형회귀모형의 레버리지와 같은 해석을 항상 적용될 수는 없다. 만약 추정된 확률 $\hat{\pi}(\boldsymbol{x}_i)$이 극단적으로 0.1 보다 작거나 혹은 0.9 보다 큰 경우에 식(4.4)의 레버리지값은 자료가 중심근처에 있지 않더라도 작은값을 가지는 경향이 있기 때문이다. 따라서 로지스틱회귀모형에서 추정된 확률이 극단적으로 크거나 혹은 극단적으로 작은 경우에는 이상값을 탐지하기가 어렵게 된다는 것을 유의하기 바란다.

2) 피어슨 잔차

잔차는 일반적으로 모형에 의해서 잘 적합되지 못하는 자료를 탐지하는 데 사용된다. 로지스틱회귀모형에서 i-번째 자료 $\boldsymbol{x}_i$가 주어졌을 때 어떤 사건이 발생될 확률은 다음과 같이 표시하였다.

$$\pi(\boldsymbol{x}_i) = E(Y_i = 1 \mid \boldsymbol{x}_i) = P(Y_i = 1 \mid \boldsymbol{x}_i) \tag{4.5}$$

i-번째 종속변수 Y_i는 두가지 값(1 혹은 0)만 취하기 때문에 오차는 $Y_i - \pi(\boldsymbol{x}_i)$이 되고, 오차의 분산은

$$Var(Y_i \mid \boldsymbol{x}_i) = \pi(\boldsymbol{x}_i)[1-\pi(\boldsymbol{x}_i)] \tag{4.6}$$

이 된다. 식(4.5)와 식(4.6)에서 확률 $\pi(\boldsymbol{x}_i)$는 알려진 값이 아니기 때문에 자료에서 추정되어져야 한다. 자료에서 추정된 확률을 $\hat{\pi}(\boldsymbol{x}_i)$라고 하면 오차의 관측값인 잔차는 $Y_i - \hat{\pi}(\boldsymbol{x}_i)$이 된다. 이때 피어슨잔차(Pearson residual) r_i는 잔차를 표준화하여 아래와 같이 정의한다.

$$r_i = \frac{Y_i - \hat{\pi}(\boldsymbol{x}_i)}{\sqrt{\hat{\pi}(\boldsymbol{x}_i)[1-\hat{\pi}(\boldsymbol{x}_i)]}} \tag{4.7}$$

피어슨잔차 r_i가 큰값으로 나타날 때 모형은 주어진 자료를 적합하는 데 실패했다는 의미이다. 피어슨잔차의 명칭은 모형의 적합도를 평가하기 위한 방법으로 사용되는 피어슨 카이제곱 통계량 X^2이 r_i의 제곱합으로 구할 수 있기 때문에 r_i를 피어슨 잔차라고 한다.

$$X^2 = \sum_{i=1}^{n} r_i^2 \tag{4.8}$$

이론적으로 전차를 표준화한 척도인 피어슨잔차 r_i의 기대값은 0 이나 분산은 1 보다 작게 된다. 왜냐하면 오차의 분산과 잔차의 분산은 아래와 같기 때문이다.

$$Var[Y_i - \pi_i(\boldsymbol{x}_i)] = \pi(\boldsymbol{x}_i)[1-\pi(\boldsymbol{x}_i)]$$

$$Var[Y_i - \hat{\pi}_i(\boldsymbol{x}_i)] \neq \hat{\pi}(\boldsymbol{x}_i)[1-\hat{\pi}(\boldsymbol{x}_i)]$$

또한 i-번째 잔차 $Y_i - \hat{\pi}(\boldsymbol{x}_i)$는 $(1-h_{ii})Y_i$로 근사될 수 있으므로 잔차의 분산은

$$Var[Y_i - \hat{\pi}_i(\boldsymbol{x}_i)] \approx \hat{\pi}(\boldsymbol{x}_i)[1-\hat{\pi}(\boldsymbol{x}_i)](1-h_{ii}) \tag{4.9}$$

이 된다. 따라서 식(4.9)을 식(4.7)의 분모로 사용한 표준화 피어슨잔차(standardized Pearson residual) r_i^s는 아래와 같이 정의된다.

$$\begin{aligned} r_i^s &= \frac{Y_i - \hat{\pi}(\boldsymbol{x}_i)}{\sqrt{\hat{\pi}(\boldsymbol{x}_i)[1-\hat{\pi}(\boldsymbol{x}_i)](1-h_{ii})}} \\ &= \frac{r_i}{\sqrt{1-h_{ii}}} \end{aligned} \tag{4.10}$$

모형에 잘 적합되지 못하는 이상값 자료를 탐지하기 위해서 일반적으로 표준화 피어슨잔차

r_i^s가 피어슨잔차 r_i보다 선호된다. 왜냐하면 추정된 회귀함수는 레버리지값이 큰 자료들 쪽으로 가능한 이동하기 때문에 해당되는 자료의 잔차는 작아지게 되기 때문에 레버리지에 의해서 잔차를 수정될 필요가 있기 때문이다. 따라서 레버리지값이 큰 자료에 대해서 표준화 피어슨잔차를 사용하면 피어슨잔차보다 큰 값을 가지게 되기 때문에 이상값을 보다 쉽게 탐지할 수 있게 된다. 일반적인 기준은 표준화 피어슨잔차의 절대값이 2 보다 큰 경우에는 이상값일 가능성이 있다고 판정하게 되고, 절대값이 3 보다 큰 자료에 대해서는 특별한 검토가 필요하다고 판정한다.

3) 데비언스 잔차

앞에서는 모형에 의해서 잘 적합될 수 없는 자료를 탐지하는 데 사용되는 피어슨잔차와 표준화 피어슨잔차에 대하여 설명하였다. 이제 적합도를 측정하는 데 사용된 통계량인 데비언스의 구성요소인 데비언스잔차에 대하여 설명하도록 하겠다. 식(3.14)에서 정의된 데비언스를 다시 표시하면 다음과 같다.

$$
\begin{aligned}
D &= -2 \log_e L(\hat{\boldsymbol{\beta}}) \\
&= -2 \sum_{i=1}^{n} \left[Y_i \log_e \hat{\pi}(\boldsymbol{x}_i) + (1 - Y_i) \log_e (1 - \hat{\pi}(\boldsymbol{x}_i)) \right]
\end{aligned}
\tag{4.11}
$$

식(4.11)에서 i-번째 데비언스잔차 d_i는 아래와 같이 정의된다.

$$
d_i = sign[Y_i - \hat{\pi}(\boldsymbol{x}_i)] \{ 2[-Y_i \log_e \hat{\pi}(\boldsymbol{x}_i) - (1 - Y_i) \log_e (1 - \hat{\pi}(\boldsymbol{x}_i))] \}^{1/2} \tag{4.12}
$$

여기서 $sign[Y_i - \hat{\pi}(\boldsymbol{x}_i)]$는 $Y_i \geq \hat{\pi}(\boldsymbol{x}_i)$이면 양의 부호를, $Y_i < \hat{\pi}(\boldsymbol{x}_i)$인 경우에는 음의 부호를 취하게 된다. 또한 Y_i는 1 혹은 0 의 값만 취하기 때문에 식(4.12)를 좀 더 간편하게 아래와 같이 표현할 수 있다.

$$d_i = \begin{cases} \{2[-\log_e(\hat{\pi}(\boldsymbol{x}_i))]\}^{1/2} & \text{만약 } Y_i = 1 \text{ 일 때} \\ -\{2[-\log_e(1-\hat{\pi}(1-(\boldsymbol{x}_i)))]\}^{1/2} & \text{만약 } Y_i = 0 \text{ 일 때} \end{cases} \tag{4.13}$$

데비언스잔차 d_i는 적합된모형 우도의 i-번째 구성원소와 완전모형 우도의 대응원소와의 불일치 정도를 측정하게 되므로, d_i가 클수록 이상값일 가능성은 커지게 된다.

4.3 영향력 탐색

자료에서 탐지된 이상값 자료가 반드시 분석 결과에 유의한 영향을 미친다고는 단언할 수 없다. 예를 들면, 특정자료가 모든 자료공간의 중심 근처에 위치하게 되면 잔차가 크더라도 분석 결과에는 큰 영향을 미치지는 않기 때문이다. 따라서 회귀분석 결과에 큰 영향을 미치는 자료를 탐색하기 위한 통계량들을 살펴보아야 한다. 본절에서 설명할 통계량들의 기본적인 착상은 특정자료를 포함한 모형과 포함하지 않은 모형에서 분석된 결과를 비교하여, 분석결과가 해당자료를 제외했을 때 어떠한 영향을 받는지를 측정하는 것이다.

1) *DFbeta*

추정된 개별 회귀계수 $\widehat{\beta_j}$에 대한 i-번째 자료의 영향력을 아래와 같이 표시하자.

$$\triangle \widehat{\beta_{j(i)}} = \widehat{\beta_j} - \widehat{\beta_{j(i)}} \tag{4.14}$$

여기서 $\widehat{\beta_j}$는 모든 자료를 사용해서 구한 β_j의 최우추정값이고, $\widehat{\beta_{j(i)}}$는 자료에서 i-번째 자료를 제외하고 나머지 자료에서 구한 β_j의 최우추정값을 의미한다. *DFbeta*는 추정된 두가지 회귀계수의 차이를 표시하는 Difference in betas 의 약자이다. 식(4.14)에 대한 표준화한 척도로

$$DFbeta_{j(i)} = \frac{\triangle \widehat{\beta_{j(i)}}}{\sqrt{\widehat{Var}(\widehat{\beta_j})}} \tag{4.15}$$

을 생각할 수 있다. 만약 $DFbeta_{j(i)}$의 절대값이 크다면 i-번째 자료가 추정된 j-번째 회귀계수 $\widehat{\beta_j}$에 큰 영향을 미친다고 판단할 수 있다.

2) 쿡거리(Cook's distance)

Pregibon(1981)은 자료에서 i-번째 자료를 제외하였을 때 추정된 회귀계수벡터 $\widehat{\boldsymbol{\beta}}$ 사이의 차이에 대한 근사를 아래와 같이 유도하였다.

$$\begin{aligned} \triangle \widehat{\boldsymbol{\beta}_{(i)}} &= \widehat{\boldsymbol{\beta}} - \widehat{\boldsymbol{\beta}_{(i)}} \\ &= \widehat{Cov}(\widehat{\boldsymbol{\beta}})\ \boldsymbol{x}_i \frac{Y_i - \widehat{\pi}(\boldsymbol{x}_i)}{1 - h_{ii}} \end{aligned} \tag{4.16}$$

선형회귀분석과 마찬가지로 로지스틱회귀분석에서도 쿡거리는 모든 회귀계수의 추정에 대한 개별 자료의 영향을 측정하게 된다. 쿡거리는 식(4.16)을 표준화한 척도인

$$\begin{aligned} C_{(i)} &= \left(\widehat{\boldsymbol{\beta}} - \widehat{\boldsymbol{\beta}_{(i)}}\right)' \left[\widehat{Cov}(\widehat{\boldsymbol{\beta}})\right]^{-1} \left(\widehat{\boldsymbol{\beta}} - \widehat{\boldsymbol{\beta}_{(i)}}\right) \\ &= \left(\triangle \widehat{\boldsymbol{\beta}_{(i)}}\right)' \left[\widehat{Cov}(\widehat{\boldsymbol{\beta}})\right]^{-1} \left(\triangle \widehat{\boldsymbol{\beta}_{(i)}}\right) \\ &= \frac{r_i^2\ h_{ii}}{(1 - h_{ii})^2} \end{aligned} \tag{4.17}$$

을 사용한다. 식(4.17)에서 쿡거리 $C_{(i)}$는 피어슨잔차 r_i 와 레버리지 h_{ii}의 함수로 표현되었다. 따라서 쿡거리는 i-번째 자료의 적합이 매우 나쁘거나(r_i이 클 때) 혹은 레버리지값이 매우 클 때(h_{ii}이 1에 가까울 때) , 혹은 r_i이 크고 h_{ii}이 1 에 가까울 때 커지게 된다.

3) *DIFCHISQ*

*DIFCHISQ*는 자료에서 i-번째 자료를 제외하였을 때 적합에 대한 영향력을 검토하기 위한 방법으로 피어슨 카이제곱통계량의 차이(Difference in Pearson chi-square statistic)를 $\triangle X^2_{(i)}$로 표시하면 아래와 같다.

$$\triangle X^2_{(i)} = X^2 - X^2_{(i)} \\ = \frac{r_i^2}{1-h_{ii}} = (r_i^s)^2 \tag{4.18}$$

여기서 $X^2_{(i)}$는 i-번째 자료가 제외되었을 때 계산된 피어슨 카이제곱 통계량의 값이고, r_i^s는 표준화 피어슨잔차이다. 식(4.18)에서 $DIFCHISQ_{(i)}$는 쿡거리와 마찬가지로 r_i가 크고 h_{ii}가 작을 때 큰값을 가지게 된다. $DIFCHISQ_{(i)}$가 큰 값을 가질 때 i-번째 자료는 적합에 큰 영향력이 있다고 판단할 수 있다.

[예제 4.2] 회귀모형의 영향력 관측값 진단

〔예제 4.1〕에서는 결혼한 여성의 직업참여 여부에 유의한 영향을 미치는 독립변수로 (1) 5세 이하 자녀수(X_1), (2) 부인 나이(X_3), (3) 부인 학력수준(X_4), (4) 부인소득의 대수값(X_6), (5) 부인 소득을 제외한 가계소득(X_7) 등을 선택하였다. 아래 절차에 따라 로지스틱회귀모형에 대한 진단을 실행하여보자.

(1) 레버리지와 표준화 피어슨잔차를 사용해서 이상값 존재 여부를 검토하여라.
(2) 쿡거리, *DIFCHISQ*를 사용하여 영향력 관측값 존재 여부를 검토하여라.
(3) 영향력이 매우 큰 자료를 제외했을 때 분석결과를 비교하여라.

□ SAS 프로그램(\program\ex4-2.sas)

```
DATA ONE;
 INFILE 'A:\DATA\EX2-1.DAT';
  INPUT Y X1-X7;
   ①NUM=_N_;
RUN;
PROC LOGISTIC DESCENDING;
  MODEL Y=X1 X3 X4 X6 X7;
 ②OUTPUT OUT=TWO H=LEVERAGE RESCHI=PEARSON
    C=COOK DIFCHISQ=DIFCHISQ;
RUN;
DATA THREE;
 SET TWO;
```

```
③SPEARSON=PEARSON/SQRT(1-LEVERAGE);
 RUN;
④PROC PRINT NOOBS;
  VAR NUM LEVERAGE SPEARSON COOK DIFCHISQ;
 RUN;
⑤PROC PLOT VPERCENT=50 HPERCENT=70;
  PLOT (LEVERAGE SPEARSON COOK DIFCHISQ)*NUM='*';
 RUN;
```

(1) 입력된 자료순으로 번호(NUM)를 부여하기 위해서 ①NUM=_N_; 문을 사용하였다. 설정된 모형 회귀진단 분석결과 중 ②모자행렬의 대각원소의 이름을 레버리지 H=LEVERAGE, 피어슨잔차의 이름을 피어슨 RESCHI=PEARSON, 쿡거리의 이름을 C=COOK, 카이제곱 통계량의 차이 이름을 DIFCHISQ=DIFCHISQ로 하여 데이터 TWO에 저장하였다. 피어슨잔차와 레버리지의 함수인 표준화 피어슨잔차를 계산하기 위해서 수식 ③SPEARSON=PEARSON/SQRT (1−LEVERAGE); 문을 사용하였다.

(2) 회귀진단 통계량값을 출력하기 위해서 ④PROC PRINT NOOBS; 문을 사용하였고, 자료번호에 대한 산점도를 출력하기 위해서 ⑤PROC PLOT VPERCENT=50 HPERCENT=70; PLOT (LEVERAGE SPEARSON COOK DIFCHISQ)*NUM='*'; 문을 사용하였다.

□ SAS 결과 해석

[표 4.1]은 자료에 대한 레버리지 h_{ii}, 표준화 피어슨잔차 r_i^s, 쿡거리 $C_{(i)}$, 피어슨 카이제곱 통계량의 차이인 $DIFCHISQ_{(i)}$ 값들이다. 자료는 753명이지만 지면상 10명만 표시하였다.

[표 4.1: 회귀진단 통계량값]

NUM	LEVERAGE	SPEARSON	COOK	DIFCHISQ
1	0.008392	1.01697	0.008752	1.03422
2	0.010070	0.71126	0.005146	0.50589
3	0.008994	1.03085	0.009644	1.06265
4	0.009896	0.69433	0.004819	0.48210
5	0.010039	0.67722	0.004651	0.45863
6	0.007856	0.83544	0.005526	0.69795
7	0.004950	0.27241	0.000369	0.07421

8	0.011272	0.72947	0.006066	0.53212
9	0.002981	1.01456	0.003077	1.02934
10	0.004405	0.56817	0.001428	0.32281

자료중에서 이상값을 시각적으로 탐지하기 위해서 아래와 같은 자료번호에 대한 ①레버리지 산점도와 ②표준화 피어슨잔차의 산점도를 살펴보기로 하자.

① Plot of LEVERAGE*NUM. Symbol used is '*'.

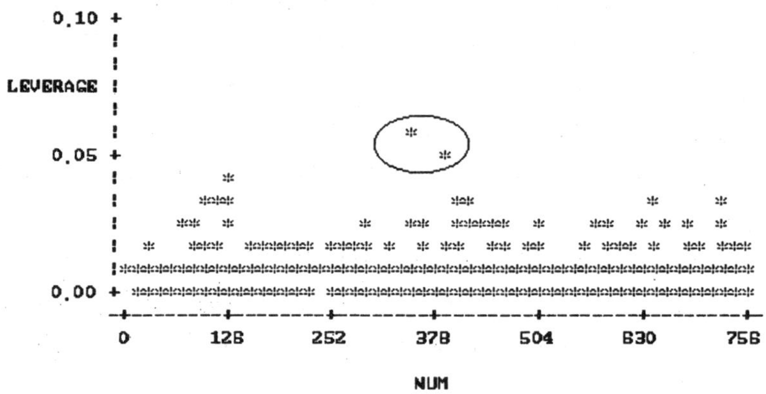

NOTE: 585 obs hidden.

② Plot of SPEARSON*NUM. Symbol used is '*'.

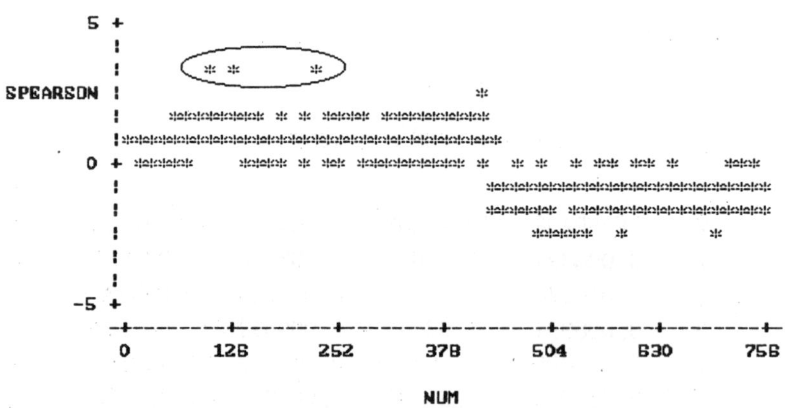

NOTE: 607 obs hidden.

①자료번호에 대한 레버리지 산점도를 살펴보면 자료 348 ($h_{348,348}=0.062$)과 자료 386 ($h_{386,386}=0.052$)들은 다른 자료의 레버리지보다 상대적으로 크게 나타났다. 따라서 산점도에서 원으로 표시된 두 자료는 디자인 자료행렬 공간에서 중앙으로부터 멀리 떨어진 이상값이라고 할 수 있겠다. ②자료번호에 대한 표준화 피어슨잔차의 산점도를 살펴보면 자료92 ($r^s_{92}=2.952$), 자료 119 ($r^s_{119}=2.967$)과 자료 220 ($r^s_{220}=3.156$)들은 다른 자료의 표준화 피어슨잔차들과 비교해서 상대적으로 크게 나타났다. 따라서 산점도에서 원으로 표시된 세 자료는 모형에 의해서 잘못 적합된 이상값이라고 할 수 있다.

이제 분석결과에 영향을 크게 미치는 영향력 관측값을 탐지하기 위해서 ③자료번호에 대한 쿡거리와 ④피어슨 카이제곱 통계량의 차이에 대한 산점도를 살펴보기로 하자.

③ Plot of COOK*NUM. Symbol used is '*'.

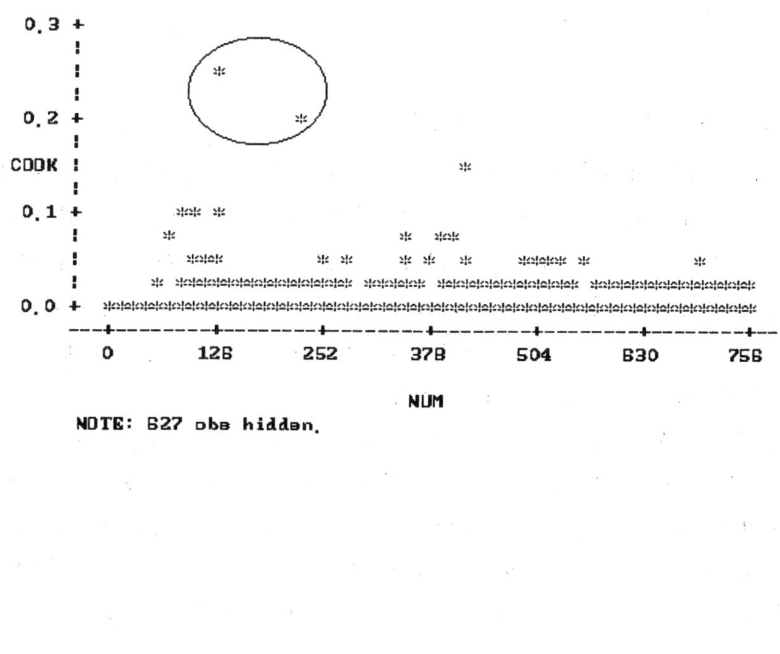

NOTE: 627 obs hidden.

④ Plot of DIFCHISQ*NUM. Symbol used is '*'.

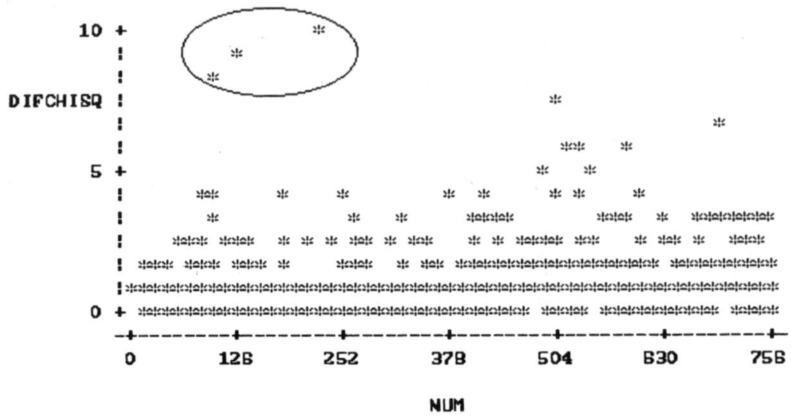

NOTE: 538 obs hidden.

③자료번호에 대한 쿡거리 산점도를 살펴보면 자료 119 ($C_{(119)}=0.260$)와 자료 220 ($C_{(220)}=2.0$)들이 다른 자료의 쿡거리보다 상대적으로 크게 나타났다. 따라서 산점도에서 원으로 표시된 두자료는 회귀계수의 추정에 전반적으로 큰 영향을 미치는 관측값이라고 할 수 있다. ④피어슨 카이제곱 통계량의 차이에 대한 산점도를 살펴보면 자료 92 ($DFCHISQ_{(92)}=8.712$), 자료 119 ($DFCHISQ_{(119)}=8.805$)와 자료 220 ($DFCHISQ_{(220)}=9.962$)들이 다른 자료의 피어슨 카이제곱 통계량의 차이보다 상대적으로 크게 나타났다. 따라서 산점도에서 원으로 표시된 세자료는 모형의 적합에 큰 영향을 미치는 관측값이라고 할 수 있다.

위 결과를 종합하면 레버리지값이 큰 자료 126, 348 과 386은 디자인 자료행렬 공간에서 이상값이지만 ③과 ④의 산점도에 의하면 분석결과에 큰 영향을 미치는 자료는 아닌 것으로 판정할 수 있다. 그러나 표준화 피어슨잔차가 큰 자료 92, 119 와 220은 ③과 ④의 산점도에 의하면 분석결과에 큰 영향을 미치는 자료로 판정할 수 있다. 또한 분석결과에 의하면 753명의 자료에 비해서 영향력 관측값이 소수인 3개로 나타났기 때문에 설정된 모형은 적절한 것으로 판정할 수 있겠다.

[예제 4.3] 최종 로지스틱회귀모형의 구축

〔예제 4.2〕에서 회귀진단결과 자료 92,119,220 등이 영향력있는 관측값으로 판정하였다. 이 세 자료를 자료에서 제외시킨 후 분석한 결과와 포함한 분석결과를 비교하여라.

□ **SAS 프로그램(\program\ex4-3.sas)**

```
DATA ONE;
 INFILE 'A:\DATA\EX2-1.DAT';
  INPUT Y X1-X7;
①NUM=_N_;
RUN;
DATA TWO;
 SET ONE;
②IF NUM=92  THEN DELETE; IF NUM=119 THEN DELETE;
 IF NUM=220 THEN DELETE;
RUN;
PROC LOGISTIC DESCENDING DATA=TWO;
 MODEL Y=X1 X3 X4 X6 X7;
  OUTPUT OUT=THREE P=PHAT;
RUN;
DATA FOUR;
 SET THREE;
  ③IF PHAT>0.5 THEN YHAT=1;
    ELSE YHAT=0;
RUN;
④PROC FREQ;
 TABLES Y*YHAT/NOCOL NOROW NOPERCENT;
RUN;
```

자료번호에 대한 변수를 생성하기 의해서 ①NUM=_N_; 문을 사용하였다. 데이터 TWO에서는 753명의 데이터 ONE에서 세 자료 92, 119 와 220 을 제외하기 위해서 ②IF NUM=92 THEN DELETE; IF NUM=119 THEN DELETE; IF NUM=220 THEN DELETE; 문을 사용하였다. 다섯개 독립변수들을 포함한 로지스틱회귀모형을 750명의 자료에 적합시킨 후 분류기준값 0.5에 의해서 분류하고 분류표를 작성하기 위해서 ③과 ④명령문을 사용하였다.

□ **SAS 결과 해석**

```
Model Fitting Information and Testing
Global Null Hypothesis BETA=0
                            Intercept
              Intercept       and
Criterion       Only       Covariates  Chi-Square for Covariates
AIC           1028.348       903.853        .
SC            1032.968       931.574        .
-2 LOG L      1026.348       891.853   ①134.495 with 5 DF (p=0.0001)
Score             .             .        121.376 with 5 DF (p=0.0001)
```

[예제 4.1]에서 모든 자료를 포함하고 구한 우도비 카이제곱값은 123.291이었다. 세 자료를 제외하고 구한 우도비 카이제곱은 134.495로 증가하였다. 그리고 추정된 회귀계수를 비교한 표는 아래와 같다. [표 4.2]에 의하면 세 자료를 제외한 후 추정된 회귀계수의 변화는 $\widehat{\beta}_1$과 $\widehat{\beta}_6$이 상대적으로 약간 크고 나머지 추정된 회귀계수의 변화는 아주 작은 것으로 나타났다.

[표 4.2 : 추정된 회귀계수의 비교]

구 분	모든 자료	제외된 자료
$\widehat{\beta}_o$	2.9019	2.9342
$\widehat{\beta}_1$	−1.4318	−1.5372
$\widehat{\beta}_3$	−0.0585	−0.0594
$\widehat{\beta}_4$	0.8724	0.8856
$\widehat{\beta}_6$	0.6157	0.6985
$\widehat{\beta}_7$	−0.0337	−0.0377

②세 자료를 제외한 후 작성한 분류표에 의하면 정분류된 빈도는 $Y=1$로 관측된 425명 중 332명, $Y=0$로 관측된 325명 중 184명이다. 따라서 정분류율은

$$CCR = \left(\frac{332+184}{750}\right)\times 100\% = 68.8\%$$

로 [예제 4.1]에서 구한 ③정분류율 68.1% 보다 약간 높아졌음을 알 수 있다. .

②TABLE OF Y BY YHAT

Y Frequency	YHAT 0	 1	 Total
0	184	141	325
1	93	332	425
Total	277	473	750

③TABLE OF Y BY YHAT

Y Frequency	YHAT 0	 1	 Total
0	178	147	325
1	93	335	428
Total	271	482	753

연 습 문 제

4.1 〔예제 2.1〕에서는 로지스틱회귀모형을 130개 기업채권(투자성채권 85개와 투기성채권 45개)에 적합하였다. 자료에 포함된 종속변수와 채권등급에 영향을 미칠 수 있는 독립변수는 아래와 같다. 아래 절차에 따라 최종 로지스틱회귀모형을 설정하여라. SAS 분석파일은 \problem\p4-1.sas 에 저장되어있다.

종속변수 : $Y=1$(투자성 등급), $Y=0$(투기성 등급)
독립변수 : X_1 = 총자산규모(1억달러), X_2 = 레버리지척도(장기부채/총자본)
X_3 = 수익성척도(순이익/총자산) , X_4 = 불안정척도(순이익변동계수)
X_5 = 주식등급(1-6척도)

(1) 전진선택법, 후진소거법, 단계별선택법을 사용하여 구한 최종모형을 서로 비교하여라.
(2) 최량부분선택법(BEST= 1)을 사용하여 적절한 최종모형을 결정하고, (1)의 결과와 비교하여라.
(3) 만약 최종모형에 두개 독립변수 (X_2 , X_5)가 포함되었을 때 정분류율과 〔예제 3.1〕에서 구한 정분류율을 비교하여라.
(4) 두개 독립변수 (X_2 , X_5) 모형에서 레버리지와 표준화 피어슨잔차를 사용해서 이상값 존재 여부를 검토하여라.
(5) 쿡거리, *DIFCHISQ* 를 사용하여 영향력 관측값 존재 여부를 검토하여라.
(6) 영향력이 매우 큰 자료를 제외했을 때 분석결과를 비교하여라.

[SAS 프로그램: \PROBLEM\P4-1.SAS]

```
DATA ONE;
 INFILE 'A:\DATA\P2-1.DAT';
  INPUT ID X1-X5 Y@@;
  NUM=_N_;
RUN;
PROC LOGISTIC DESCENDING;
 MODEL Y=X1-X5/SELECTION=FORWARD SLENTRY=0.25 DETAILS;
RUN;
PROC LOGISTIC DESCENDING;
 MODEL Y=X1-X5/SELECTION=BACKWARD SLSTAY=0.10 DETAILS;
RUN;
PROC LOGISTIC DESCENDING;
 MODEL Y=X1-X5/SELECTION=STEPWISE SLENTRY=0.30 DETAILS;
  OUTPUT OUT=TWO P=PHAT;
RUN;
DATA THREE;
 SET TWO;
  IF PHAT>0.5 THEN YHAT=1;
    ELSE YHAT=0;
RUN;
PROC FREQ;
 TABLES Y*YHAT/NOCOL NOROW NOPERCENT;
RUN;
RUN;
PROC LOGISTIC DESCENDING DATA=ONE;
 MODEL Y=X1-X5/SELECTION=SCORE BEST=1;
RUN;
PROC LOGISTIC DESCENDING DATA=ONE;
 MODEL Y= X2 X5;
 OUTPUT OUT=FOUR H=LEVERAGE RESCHI=PEARSON
  C=COOK DIFCHISQ=DIFCHISQ;
RUN;
DATA FIVE;
 SET FOUR;
  SPEARSON=PEARSON/SQRT(1-LEVERAGE);
RUN;
PROC PRINT NOOBS;
 VAR NUM LEVERAGE SPEARSON COOK DIFCHISQ;
```

```
RUN;
PROC PLOT VPERCENT=50 HPERCENT=70;
 PLOT(LEVERAGE SPEARSON COOK DIFCHISQ)*NUM='*';
RUN;
DATA SIX;
 SET ONE;
  IF NUM=80 THEN DELETE;
  IF NUM=90 THEN DELETE;
RUN;
PROC LOGISTIC DESCENDING DATA=SIX;
 MODEL Y=X2 X5;
  OUTPUT OUT=SEVEN P=PHAT;
RUN;
DATA EIGHT;
 SET SEVEN;
  IF PHAT>0.5 THEN YHAT=1;
    ELSE YHAT=0;
RUN;
PROC FREQ;
 TABLES Y*YHAT/NOCOL NOROW NOPERCENT;
RUN;
```

4.2 〔예제 2.2〕에서 로지스틱회귀모형을 조세 데이터베이스에서 192명을 무작위로 추출한 자료에 적합하였다. 자료에 포함된 종속변수 (Y)는 전문회계사의 도움 여부를 표시하는 이변수이고, 독립변수는 (1) 나이구분 (X_1), (2) 총소득의 대수값 (X_2), (3) 납세자의 사업구분 (X_3), (4) 한계조세율(marginal tax rate: X_4) 등이다. 아래 절차에 따라 최종 로지스틱회귀모형을 설정하여라. SAS 분석파일은 \problem\p4-2.sas 에 저장되어있다.

(1) 전진선택법, 후진소거법, 단계별선택법을 사용하여 구한 최종모형을 서로 비교하여라.

(2) 최량부분선택법(BEST= 1)을 사용하여 적절한 최종모형을 결정하고, (1)의 결과와 비교하여라.

(3) 만약 최종모형에 세개 독립변수 (X_2, X_3, X_4)가 포함되었을 때 정분류율과 〔예제 3.2〕에서 구한 정분류율을 비교하여라.

(4) 세개 독립변수 (X_2, X_3, X_4)가 포함한 모형에서 레버리지와 표준화 피어슨잔차를 사

용해서 이상값 존재 여부를 검토하여라.

(5) 쿡거리, *DIFCHISQ* 를 사용하여 영향력 관측값 존재 여부를 검토하여라.

(6) 영향력이 매우 큰 자료를 제외했을 때 분석결과를 비교하여라.

[SAS 프로그램: \PROBLEM\P4-2.SAS]

```
DATA ONE;
 INFILE 'A:\DATA\P2-2.DAT';
  INPUT ID Y X1-X4@@;
  NUM=_N_;
RUN;
PROC LOGISTIC DESCENDING;
 MODEL Y=X1-X4/SELECTION=FORWARD SLENTRY=0.25 DETAILS;
RUN;
PROC LOGISTIC DESCENDING;
 MODEL Y=X1-X4/SELECTION=BACKWARD SLSTAY=0.10 DETAILS;
RUN;
PROC LOGISTIC DESCENDING;
 MODEL Y=X1-X4/SELECTION=STEPWISE SLENTRY=0.30 DETAILS;
  OUTPUT OUT=TWO P=PHAT;
RUN;
DATA THREE;
 SET TWO;
  IF PHAT>0.5 THEN YHAT=1;
    ELSE YHAT=0;
RUN;
PROC FREQ;
 TABLES Y*YHAT/NOCOL NOROW NOPERCENT;
RUN;
RUN;
PROC LOGISTIC DESCENDING DATA=ONE;
 MODEL Y=X1-X4/SELECTION=SCORE BEST=1;
RUN;
PROC LOGISTIC DESCENDING DATA=ONE;
 MODEL Y= X2 X3 X4;
 OUTPUT OUT=FOUR H=LEVERAGE RESCHI=PEARSON
  C=COOK DIFCHISQ=DIFCHISQ;
RUN;
```

```
DATA FIVE;
 SET FOUR;
  SPEARSON=PEARSON/SQRT(1-LEVERAGE);
RUN;
PROC PRINT NOOBS;
 VAR NUM LEVERAGE SPEARSON COOK DIFCHISQ;
RUN;
PROC PLOT VPERCENT=50 HPERCENT=70;
 PLOT(LEVERAGE SPEARSON COOK DIFCHISQ)*NUM='*';
RUN;
DATA SIX;
 SET ONE;
  IF NUM=25 THEN DELETE; IF NUM=30 THEN DELETE;
  IF NUM=49 THEN DELETE; IF NUM=65 THEN DELETE;
  IF NUM=108 THEN DELETE;
RUN;
PROC LOGISTIC DESCENDING DATA=SIX;
 MODEL Y=X2 X3 X4;
  OUTPUT OUT=SEVEN P=PHAT;
RUN;
DATA EIGHT;
 SET SEVEN;
  IF PHAT>0.5 THEN YHAT=1;
    ELSE YHAT=0;
RUN;
PROC FREQ;
 TABLES Y*YHAT/NOCOL NOROW NOPERCENT;
RUN;
```

4.3 〔예제 2.3〕에서는 전립선암이 임파선 주위에 퍼져있는지 여부를 결정하기 위해서 전립선암으로 판정된 53명에 로지스틱회귀모형을 적합하였다. 암이 임파선 주위에 퍼져있는지 여부에 영향을 미칠 수 있는 변수는 (1) 전립선암 판정시 환자나이(X_1), (2) 혈청 인산염수준(X_2), (3) X-선 검사결과(X_3), (4) 종양의 크기(X_4), (5) 생체검사결과 종양의 병리학적 등급(X_5) 등이었다. 종속변수와 범주형 독립변수들의 속성은 아래와 같이 설정되었다. 아래 절차에 따라 최종 로지스틱회귀모형을 설정하여라. SAS 분석파일은 \problem\

p4-3.sas 에 저장되어있다.

$$Y = \begin{cases} 1 & \text{임파절 전이} \\ 0 & \text{전이 없음} \end{cases} \quad X_3 = \begin{cases} 1 & \text{양성} \\ 0 & \text{음성} \end{cases} \quad X_4 = \begin{cases} 1 & \text{크다} \\ 0 & \text{작다} \end{cases} \quad X_5 = \begin{cases} 1 & \text{매우 심각} \\ 0 & \text{약간 심각} \end{cases}$$

(1) 전진선택법, 후진소거법, 단계별선택법을 사용하여 구한 최종모형을 서로 비교하여라.

(2) 최량부분선택법(BEST= 1)을 사용하여 적절한 최종모형을 결정하고, (1)의 결과와 비교하여라.

(3) 만약 최종모형에 두개 독립변수 (X_3, X_4)가 포함되었을 때 정분류율과 〔예제 3.3〕에서 구한 정분류율을 비교하여라.

(4) 두개 독립변수 (X_3, X_4)가 포함한 모형에서 레버리지와 표준화 피어슨잔차를 사용해서 이상값 존재 여부를 검토하여라.

(5) 쿡거리, *DIFCHISQ* 를 사용하여 영향력 관측값 존재 여부를 검토하여라.

(6) 영향력이 매우 큰 자료를 제외했을 때 분석결과를 비교하여라.

[SAS 프로그램: \PROBLEM\P4-3.SAS]

```
DATA ONE;
 INFILE 'A:\DATA\P2-3.DAT';
  INPUT ID X1-X5 Y @@;
  NUM=_N_;
RUN;
PROC LOGISTIC DESCENDING;
 MODEL Y=X1-X5/SELECTION=FORWARD SLENTRY=0.25 DETAILS;
RUN;
PROC LOGISTIC DESCENDING;
 MODEL Y=X1-X5/SELECTION=BACKWARD SLSTAY=0.10 DETAILS;
RUN;
PROC LOGISTIC DESCENDING;
 MODEL Y=X1-X5/SELECTION=STEPWISE SLENTRY=0.30 DETAILS;
  OUTPUT OUT=TWO P=PHAT;
RUN;
DATA THREE;
 SET TWO;
  IF PHAT>0.5 THEN YHAT=1;
    ELSE YHAT=0;
```

```
RUN;
PROC FREQ;
 TABLES Y*YHAT/NOCOL NOROW NOPERCENT;
RUN;
RUN;
PROC LOGISTIC DESCENDING DATA=ONE;
 MODEL Y=X1-X5/SELECTION=SCORE BEST=1;
RUN;
PROC LOGISTIC DESCENDING DATA=ONE;
 MODEL Y= X3 X4;
 OUTPUT OUT=FOUR H=LEVERAGE RESCHI=PEARSON
  C=COOK DIFCHISQ=DIFCHISQ;
RUN;
DATA FIVE;
 SET FOUR;
  SPEARSON=PEARSON/SQRT(1-LEVERAGE);
RUN;
PROC PRINT NOOBS;
 VAR NUM LEVERAGE SPEARSON COOK DIFCHISQ;
RUN;
PROC PLOT VPERCENT=50 HPERCENT=70;
 PLOT(LEVERAGE SPEARSON COOK DIFCHISQ)*NUM='*';
RUN;
DATA SIX;
 SET ONE;
  IF NUM=9 THEN DELETE; IF NUM=23 THEN DELETE;
  IF NUM=26 THEN DELETE; IF NUM=37 THEN DELETE;
RUN;
PROC LOGISTIC DESCENDING DATA=SIX;
 MODEL Y=X3 X4;
  OUTPUT OUT=SEVEN P=PHAT;
RUN;
DATA EIGHT;
 SET SEVEN;
  IF PHAT>0.5 THEN YHAT=1;
    ELSE YHAT=0;
RUN;
PROC FREQ;
 TABLES Y*YHAT/NOCOL NOROW NOPERCENT;
RUN;
```

4.4 〔예제 2.4〕에서는 기업파산에 대한 통계적 예측모형을 개발하기 위해서 로지스틱회귀모형을 파산 선고된 21개 기업과 정상적으로 운영되는 25개 기업에 적합하였다. 파산여부에 영향을 미칠 수 있는 독립변수는 일정한기간에서 동태적 유동성상태를 나타내는 지표로 현금흐름 대 총부채비율 (X_1), 수익성지표로 순이익 대 총자산비율 (X_2), 기업의 단기지급능력을 측정하는 지표로 유동자산 대 유동부채 비율 (X_3), 자산운용의 효율성을 측정하는 지표로 유동자산 대 순매출액 비율 (X_4)등 네가지 주요 재무비율을 고려하였다. 종속변수 Y는 정상적인 기업인 경우는 $Y=1$, 파산된 기업은 $Y=0$으로 표시되었다. 아래 절차에 따라 최종 로지스틱회귀모형을 설정하여라. SAS 분석파일은 \problem\p4-4.sas 에 저장되어있다.

(1) 전진선택법, 후진소거법, 단계별선택법을 사용하여 구한 최종모형을 서로 비교하여라.

(2) 최량부분선택법(BEST= 2)을 사용하여 적절한 최종모형을 결정하고, (1)의 결과와 비교하여라.

(3) 만약 최종모형에 두개 독립변수 (X_1, X_3)가 포함되었을 때 정분류율과 〔예제 3.4〕에서 구한 정분류율을 비교하여라.

(4) 두개 독립변수 (X_1, X_3)가 포함한 모형에서 레버리지와 표준화 피어슨잔차를 사용해서 이상값 존재 여부를 검토하여라.

(5) 쿡거리, *DIFCHISQ* 를 사용하여 영향력 관측값 존재 여부를 검토하여라.

(6) 영향력이 매우 큰 자료를 제외했을 때 분석결과를 비교하여라.

[SAS 프로그램: \PROBLEM\P4-4.SAS]

```
DATA ONE;
 INFILE 'A:\DATA\P2-4.DAT';
  INPUT ID X1-X4 Y @@;
  NUM=_N_;
RUN;
PROC LOGISTIC DESCENDING;
 MODEL Y=X1-X4/SELECTION=FORWARD SLENTRY=0.25 DETAILS;
RUN;
PROC LOGISTIC DESCENDING;
 MODEL Y=X1-X4/SELECTION=BACKWARD SLSTAY=0.10 DETAILS;
RUN;
```

```
PROC LOGISTIC DESCENDING;
 MODEL Y=X1-X4/SELECTION=STEPWISE SLENTRY=0.30 DETAILS;
  OUTPUT OUT=TWO P=PHAT;
RUN;
DATA THREE;
 SET TWO;
  IF PHAT>0.5 THEN YHAT=1;
    ELSE YHAT=0;
RUN;
PROC FREQ;
 TABLES Y*YHAT/NOCOL NOROW NOPERCENT;
RUN;
RUN;
PROC LOGISTIC DESCENDING DATA=ONE;
 MODEL Y=X1-X4/SELECTION=SCORE BEST=2;
RUN;
PROC LOGISTIC DESCENDING DATA=ONE;
 MODEL Y= X1 X3;
 OUTPUT OUT=FOUR H=LEVERAGE RESCHI=PEARSON
  C=COOK DIFCHISQ=DIFCHISQ;
RUN;
DATA FIVE;
 SET FOUR;
  SPEARSON=PEARSON/SQRT(1-LEVERAGE);
RUN;
PROC PRINT NOOBS;
 VAR NUM LEVERAGE SPEARSON COOK DIFCHISQ;
RUN;
PROC PLOT VPERCENT=50 HPERCENT=70;
 PLOT(LEVERAGE SPEARSON COOK DIFCHISQ)*NUM='*';
RUN;
DATA SIX;
 SET ONE;
  IF NUM=16 THEN DELETE; IF NUM=34 THEN DELETE;
RUN;
PROC LOGISTIC DESCENDING DATA=SIX;
 MODEL Y=X1 X3;
  OUTPUT OUT=SEVEN P=PHAT;
RUN;
DATA EIGHT;
 SET SEVEN;
```

```
    IF PHAT>0.5 THEN YHAT=1;
      ELSE YHAT=0;
RUN;
PROC FREQ;
  TABLES Y*YHAT/NOCOL NOROW NOPERCENT;
RUN;
```

4.5 〔예제 2.5〕에서는 신생아 몸무게(BWT)가 2.5kg 미만인 미숙아 출산에 대한 위험요인들에 관한 연구를 하기 위해서 로지스틱회귀모형을 출산한 여성 189명(미숙아를 출산한 여성 59명과 정상아를 출산한 여성 130명)자료에 적합시켰다. 미숙아 출산(LOW)에 영향을 미칠 수 있는 위험요인으로 출산나이(AGE), 임신직전의 몸무게(LWT: 파운드), 인종(RACE), 임신중 흡연여부(SMOKE), 미숙아 출산경험여부(PTL), 고혈압 여부(HT), 자궁 자극성여부(UI), 임신 첫3개월간 진찰회수(FTV) 등을 고려하였다. 아래 절차에 따라 최종 로지스틱회귀모형을 설정하여라. SAS 분석파일은 \problem\p4-5.sas 에 저장되어있다.

ID : 임신부 번호
LOW : 미숙아 구분(0=신생아 몸무게 ≥2,500g, 1=신생아 몸무게 < 2,500g)
RACE : 인종 구분 (1=백인, 2=흑인, 3=기타)
D1 : (1=백인, 0=백인이 아닌 경우), D2 : (1=흑인, 0=흑인이 아닌 경우)
SMOKE : (1=흡연, 0=금연) PTL : (0=없음, 1=있음)
HT : (1=고혈압, 0=정상) UI : (1=있음, 0=없음)
D1 : (1=백인, 0=백인이 아님) D2 : (1=흑인, 0=흑인이 아님)

(1) 전진선택법, 후진소거법, 단계별선택법을 사용하여 구한 최종모형을 서로 비교하여라.
(2) 최량부분선택법(BEST= 1)을 사용하여 적절한 최종모형을 결정하고, (1)의 결과와 비교하여라.
(3) 만약 최종모형에 6개 독립변수(LWT, D1, SMOKE, PTL, HT, UI)가 포함되었을 때 정분류율과 〔예제 3.5〕에서 구한 정분류율을 비교하여라(분류기준값= 0.3).
(4) 6개 독립변수(LWT, D1, SMOKE, PTL, HT, UI)가 포함된 모형에서 레버리지와 표준화 피어슨잔차를 사용해서 이상값 존재 여부를 검토하여라.
(5) 쿡거리, *DIFCHISQ* 를 사용하여 영향력 관측값 존재 여부를 검토하여라.
(6) 영향력이 매우 큰 자료를 제외했을 때 분석결과를 비교하여라.

[SAS 프로그램: \PROBLEM\P4-5.SAS]

```
DATA ONE;
 INFILE 'A:\DATA\P2-5.DAT';
  INPUT ID LOW AGE LWT RACE SMOKE PTL HT UI FTV BWT @@;
  D1=(RACE=1); D2=(RACE=2);
  NUM=_N_;
RUN;
PROC LOGISTIC DESCENDING;
 MODEL LOW =  AGE LWT D1 D2 SMOKE PTL HT UI FTV
    /SELECTION=FORWARD SLENTRY=0.25 DETAILS;
RUN;
PROC LOGISTIC DESCENDING;
 MODEL LOW =  AGE LWT D1 D2 SMOKE PTL HT UI FTV
   /SELECTION=BACKWARD SLSTAY=0.10 DETAILS;
RUN;
PROC LOGISTIC DESCENDING;
 MODEL LOW =  AGE LWT D1 D2 SMOKE PTL HT UI FTV
   /SELECTION=STEPWISE SLENTRY=0.30 DETAILS;
  OUTPUT OUT=TWO P=PHAT;
RUN;
DATA THREE;
 SET TWO;
  IF PHAT>0.3 THEN LOWHAT=1;
    ELSE LOWHAT=0;
RUN;
PROC FREQ;
 TABLES LOW*LOWHAT/NOCOL NOROW NOPERCENT;
RUN;
RUN;
PROC LOGISTIC DESCENDING DATA=ONE;
 MODEL  LOW =  AGE LWT D1 D2 SMOKE PTL HT UI FTV
   /SELECTION=SCORE BEST=1;
RUN;
PROC LOGISTIC DESCENDING DATA=ONE;
 MODEL  LOW = LWT D1 SMOKE PTL HT UI;
 OUTPUT OUT=FOUR H=LEVERAGE RESCHI=PEARSON
  C=COOK DIFCHISQ=DIFCHISQ;
RUN;
DATA FIVE;
```

```
 SET FOUR;
  SPEARSON=PEARSON/SQRT(1-LEVERAGE);
RUN;
PROC PRINT NOOBS;
 VAR NUM LEVERAGE SPEARSON COOK DIFCHISQ;
RUN;
PROC PLOT VPERCENT=50 HPERCENT=70;
 PLOT(LEVERAGE SPEARSON COOK DIFCHISQ)*NUM='*';
RUN;
DATA SIX;
 SET ONE;
  IF NUM=94 THEN DELETE; IF NUM=132 THEN DELETE;
  IF NUM=136 THEN DELETE; IF NUM=146 THEN DELETE;
  IF NUM= 147 THEN DELETE; IF NUM=152 THEN DELETE;
  IF NUM= 155 THEN DELETE;
RUN;
PROC LOGISTIC DESCENDING DATA=SIX;
 MODEL LOW = LWT D1 SMOKE PTL HT UI;
  OUTPUT OUT=SEVEN P=PHAT;
RUN;
DATA EIGHT;
 SET SEVEN;
  IF PHAT>0.3 THEN LOWHAT=1;
    ELSE LOWHAT=0;
RUN;
PROC FREQ;
 TABLES LOW*LOWHAT/NOCOL NOROW NOPERCENT;
RUN;
```

APPLIED LOGISTIC REGRESSION ANALYSIS

제 5 장

로지스틱모형의 확장

로지스틱회귀모형은 두가지 결과(범주)만 취하는 종속변수와 여러 독립변수들 사이의 관계를 설명하기 위해서 사용되었다. 만약 종속변수가 취할 수 있는 결과를 두가지에서 세가지 이상인 경우로 연장했을 때 사용되는 로지스틱모형을 로짓모형(logit model)이라고 한다. 로짓모형을 설정을 할 때 유의할 점은 종속변수의 결과에 대한 측정척도이다. 종속변수의 측정척도는 순위척도(ordinal scale) 혹은 명목척도(nominal scale)로 측정되는 경우를 생각할 수 있다. 종속변수가 순위척도로 측정될 때 사용되는 로짓모형을 순위로짓모형(ordered logit model)이라고 하고, 종속변수가 명목척도로 측정될 때 사용되는 로짓모형을 다항로짓모형(multinomial logit model)이라고 구분할 수 있다. 또한 종속변수가 순위척도로 측정된 경우에는 정규분포를 이용한 순위프로빗모형(ordered probit model)도 사용할 수 있다. 본장에서는 로지스틱회귀모형의 확장으로 순위로짓모형, 다항로짓모형과 순위프로빗모형에 대하여 설명하도록 하겠다.

5.1 순위로짓모형

순위로짓모형은 생물통계에서 사용되는 비례승산모형(proportional odds model)과 같은 모형이다. 순위로짓모형에서 종속변수의 결과는 작은 값에서 큰 값까지 자연순위(natural rank)가 부여되지만, 순위사이의 거리는 일반적으로 알려져 있지 않다. 예를 들면, 설문조사에서 소득수준을 순위로 표시하여 저소득층(1), 중간소득층(2), 고소득층(3)으로 분류할 수도 있고, 어떤 정책에 대한 반응을 순위로 표시하여 매우 불만(1), 불만(2), 보통(3), 만족(4), 매우 만족(5) 등으로 분류할 수 있을 것이다.

5.1.1 순위로짓모형의 설정

종속변수가 취할 수 있는 결과가 g $(g \geq 3)$개이고 결과는 1 부터 g 까지 순위로 측정되었다고 하자. 이러한 경우 사용되는 순위로짓모형은 누적확률(cumulative probability)에 대한 승비(odds ratios)로 자주 해석된다. 독립변수들의 수준 $\boldsymbol{x}$에서 종속변수의 순위가 특정 순위 m이하일 누적확률은 아래와 같다.

$$P(Y \leq m \mid \boldsymbol{x}) = \sum_{j=1}^{m} P(Y = j \mid \boldsymbol{x}) \qquad m = 1, 2, \ldots, g-1 \tag{5.1}$$

이때 독립변수들의 수준 $\boldsymbol{x}$ 에서 종속변수 순위가 m 보다 클 경우와 비교해서 순위가 m 이하가 될 승산(odds) $\Omega_m(\boldsymbol{x}),\ m=1,2,\cdots,g-1$ 은 아래와 같이 정의된다.

$$\begin{aligned} \Omega_m(\boldsymbol{x}) &= \frac{P(Y \leq m \mid \boldsymbol{x})}{1 - P(Y \leq m \mid \boldsymbol{x})} = \frac{P(Y \leq m \mid \boldsymbol{x})}{P(Y > m \mid \boldsymbol{x})} \\ &= \exp(\alpha_m + \boldsymbol{x}'\boldsymbol{\beta}) \\ &= \exp(\alpha_m + \beta_1 X_1 + \cdots + \beta_j X_j + \cdots + \beta_k X_k) \end{aligned} \tag{5.2}$$

여기서 α_m 은 절편을 의미하고, k차 기울기 계수벡터 $\boldsymbol{\beta}$ 는 순위 m 과 관계없이 동일하다고 가정한다. 즉, 순위로짓모형에서는 순위에 따라 절편만 다르고 기울기 계수벡터가 모두 같다는 평행회귀 (parallel regression)가정을 하게 된다. 이제 식(5.2)에서 회귀계수 β_j 의 의미를 살펴보도록 하자. 회귀계수 β_j 의 의미는 다른 변수들의 수준이 일정할 때 j-번째 독립변수 X_j 가 δ 만큼 변했을 때 순위 m 보다 큰 경우와 비교해서 순위 m 이하가 될 승산(odds)은 약 $\exp(\delta\beta_j)$ 배만큼 변하게 된다.

$$\frac{\Omega_m(\boldsymbol{x}, X_j + \delta)}{\Omega_m(\boldsymbol{x}, X_j)} = \exp(\delta\beta_j) \tag{5.3}$$

이제 식(5.2)로부터 종속변수의 결과가 어떤 순위가 m 이하가 될 누적확률을 유도하면

$$P(Y \leq m \mid \boldsymbol{x}) = \exp(\alpha_m + \boldsymbol{x}'\boldsymbol{\beta})\,[1 - P(Y \leq m \mid \boldsymbol{x})]$$

$$P(Y \leq m \mid \boldsymbol{x})\,[1 + \exp(\alpha_m + \boldsymbol{x}'\boldsymbol{\beta})] = \exp(\alpha_m + \boldsymbol{x}'\boldsymbol{\beta})$$

이 성립되므로 아래와 같은 누적확률을 유도할 수 있다.

$$P(Y \leq m | \boldsymbol{x}) = \frac{\exp(\alpha_m + \boldsymbol{x}'\boldsymbol{\beta})}{1 + \exp(\alpha_m + \boldsymbol{x}'\boldsymbol{\beta})} \tag{5.4}$$

식(5.4)과 같은 누적확률의 표현은 [그림 2.1]에서 이미 설명하였다. 기울기가 동일하고 절편만 변하는 경우 같은 모양의 확률곡선은 오른쪽 혹은 왼쪽으로 이동하게 된다. 만약 종속변수의 결과가 세가지 순위로 측정될 때 식(5.2)의 승산은 아래와 같이 표시할 수 있다.

$$\Omega_1(\boldsymbol{x}) = \frac{P(Y = 1 | \boldsymbol{x})}{P(Y > 1 | \boldsymbol{x})} = \exp(\alpha_1 + \boldsymbol{x}'\boldsymbol{\beta})$$

$$\Omega_2(\boldsymbol{x}) = \frac{P(Y \leq 2 | \boldsymbol{x})}{P(Y = 3 | \boldsymbol{x})} = \exp(\alpha_2 + \boldsymbol{x}'\boldsymbol{\beta})$$

자료가 주어졌을 때 종속변수가 특정한 순위를 취할 확률을 식(5.4)을 이용하여 아래와 같이 구할 수 있다. 여기서 유의할 점은 마지막 순위에 대한 확률은 누적확률로부터 다시 계산하지 않고 자동적으로 구할 수 있다는 것이다.

$$\pi_1(\boldsymbol{x}) = P(Y=1 | \boldsymbol{x}), \quad \pi_2(\boldsymbol{x}) = P(Y=2 | \boldsymbol{x}), \quad \pi_3(\boldsymbol{x}) = P(Y=3 | \boldsymbol{x})$$

$$\pi_1(\boldsymbol{x}) = \frac{\exp(\alpha_1 + \boldsymbol{x}'\boldsymbol{\beta})}{1 + \exp(\alpha_1 + \boldsymbol{x}'\boldsymbol{\beta})}, \quad \pi_1(\boldsymbol{x}) + \pi_2(\boldsymbol{x}) = \frac{\exp(\alpha_2 + \boldsymbol{x}'\boldsymbol{\beta})}{1 + \exp(\alpha_2 + \boldsymbol{x}'\boldsymbol{\beta})}$$

$$\pi_2(\boldsymbol{x}) = \frac{\exp(\alpha_2 + \boldsymbol{x}'\boldsymbol{\beta})}{1 + \exp(\alpha_2 + \boldsymbol{x}'\boldsymbol{\beta})} - \frac{\exp(\alpha_1 + \boldsymbol{x}'\boldsymbol{\beta})}{1 + \exp(\alpha_1 + \boldsymbol{x}'\boldsymbol{\beta})}$$

$$\pi_3(\boldsymbol{x}) = 1 - \pi_1(\boldsymbol{x}) - \pi_2(\boldsymbol{x})$$

순위로짓모형에서 절편과 기울기 모수들을 최대우도법으로 추정하기 위해서 아래와 같은 우도함수를 고려하자.

$$L(\alpha, \boldsymbol{\beta} | \boldsymbol{x}) = \prod_{m=1}^{g} \prod_{Y_i = m} P(Y_i = m | \boldsymbol{x}_i)$$

$$= \prod_{m=1}^{g} \prod_{Y_i=m} \left[\frac{\exp(\alpha_m + \boldsymbol{x}'\boldsymbol{\beta})}{1+\exp(\alpha_m + \boldsymbol{x}'\boldsymbol{\beta})} - \frac{\exp(\alpha_{m-1} + \boldsymbol{x}'\boldsymbol{\beta})}{1+\exp(\alpha_{m-1} + \boldsymbol{x}'\boldsymbol{\beta})} \right] \quad (5.5)$$

여기서 $\prod_{Y_i=m}$는 Y결과가 m으로 관측된 모든 자료에 대한 곱을 의미한다. 식(5.5)에 자연대수를 취한 자연대수우도함수는 아래와 같다.

$$\log_e L(\alpha, \boldsymbol{\beta}|\boldsymbol{x})$$
$$= \sum_{m=1}^{g} \sum_{Y_i=m} \log_e \left[\frac{\exp(\alpha_m + \boldsymbol{x}'\boldsymbol{\beta})}{1+\exp(\alpha_m + \boldsymbol{x}'\boldsymbol{\beta})} - \frac{\exp(\alpha_{m-1} + \boldsymbol{x}'\boldsymbol{\beta})}{1+\exp(\alpha_{m-1} + \boldsymbol{x}'\boldsymbol{\beta})} \right] \quad (5.6)$$

자연대수우도함수를 최대로 하는 $(g-1)$개 절편 α_m's들과 기울기 계수벡터 $\boldsymbol{\beta}$의 값을 추정하기 위해서 일반적으로 Newton-Raphson 방법을 사용하게 된다. α_m과 $\boldsymbol{\beta}$의 최대우도추정량인 $\widehat{\alpha_m}$과 $\widehat{\boldsymbol{\beta}}$ 은 일치성, 점근적 정규성, 점근적 효율성을 갖게 된다. 최대우도 추정값이 구해지면 독립변수들의 수준 $\boldsymbol{x}_i$에서 Y의 결과가 m으로 예측될 확률은 아래와 같은 식을 이용해서 구할 수 있다.

$$\widehat{\pi_m}(\boldsymbol{x}_i) = \frac{\exp(\widehat{\alpha_m} + \boldsymbol{x}'\widehat{\boldsymbol{\beta}})}{1+\exp(\widehat{\alpha_m} + \boldsymbol{x}'\widehat{\boldsymbol{\beta}})} - \frac{\exp(\widehat{\alpha_{m-1}} + \boldsymbol{x}'\widehat{\boldsymbol{\beta}})}{1+\exp(\widehat{\alpha_{m-1}} + \boldsymbol{x}'\widehat{\boldsymbol{\beta}})} \quad (5.7)$$

5.1.2 평행회귀 스코어 검정

순위로짓모형에서 종속변수가 특정한 순위를 취할 확률함수는 절편만 다르고 기울기 계수들은 동일하다는 평행회귀 가정을 하였다. g개 순위를 갖는 순위로짓모형에서 평행회귀 가정을 검정하기 위해서 스코어 카이제곱 검정통계량을 사용한다. 이제부터 순위로짓모형에서는 순위와 연관된 $g-1$개 기울기 계수벡터 $\boldsymbol{\beta}_1, \boldsymbol{\beta}_2, \cdots, \boldsymbol{\beta}_{g-1}$들이 모두 동일하다는 가정을 검정할 수 있는 절차에 대하여 설명하도록 하겠다.

1) 가설 설정

$$H_o : \boldsymbol{\beta}_1 = \boldsymbol{\beta}_2 = \cdots = \boldsymbol{\beta}_{g-1} = \boldsymbol{\beta}$$

H_1 : 적어도 두개 계수벡터 $\boldsymbol{\beta}_m \neq \boldsymbol{\beta}_i$, $m \neq i$

귀무가설은 순위로짓모형에서 절편을 제외한 모든 기울기 계수벡터들이 동일하다는 것이고, 대립가설은 적어도 두개 이상의 기울기 계수벡터들이 서로 다르다는 것이다.

2) 스코어 카이제곱 검정통계량

모든 순위에 대한 기울기 계수벡터들이 동일하다고 가정할 때 $\boldsymbol{\beta}$의 최우추정량을 $\widetilde{\boldsymbol{\beta}}$ 라고 했을 때 스코어 카이제곱 검정통계량은

$$S = \boldsymbol{U}'(\widetilde{\boldsymbol{\beta}})\,[\boldsymbol{I}(\widetilde{\boldsymbol{\beta}})]^{-1}\boldsymbol{U}(\widetilde{\boldsymbol{\beta}}) \tag{5.8}$$

이 된다. 검정통계량 S의 분포는 귀무가설이 참일 때 자유도가 $k(g-2)$인 카이제곱분포 $\chi^2_{k(g-2)}$에 근사하게 된다. 자유도에 대해서 살펴보면 귀무가설이 참이 아닌 경우에 각 순위에 대해서 절편을 제외한 회귀계수의 개수는 독립변수의 개수와 같은 k개이고, $g-1$개 모든 순위에 대한 회귀계수의 개수는 $k(g-1)$개가된다. 또한 귀무가설이 참인 경우에는 절편을 제외한 회귀계수의 개수는 k개이다. 따라서 검정통계량 S와 연관된 자유도는 귀무가설이 참인 경우와 참이 아닌 경우사이의 회귀계수 개수 차이로 $k(g-2)$이 된다. 자료에서 계산된 스코어 검정통계량값을 S^*로 표시하자.

3) 유의수준 설정과 임계값

유의수준이 α일 때 귀무가설의 기각여부를 결정하는 임계값은 자유도가 $k(g-2)$인 카이제곱분포에서 상위 $100\times\alpha\%$에 해당되는 카이제곱값인 $\chi^2_{\alpha,k(g-2)}$이 된다.

4) 의사결정 규칙

귀무가설에 대한 채택 혹은 기각여부는 검정통계량값 S^* 와 임계값 $\chi^2_{\alpha,k(g-2)}$ 을 비교하여 아래와 같이 결정한다.

만약 $S^* > \chi^2_{\alpha,k(g-2)}$ 이면 유의수준 α 에서 귀무가설을 기각한다.
만약 $S^* \leq \chi^2_{\alpha,k(g-2)}$ 이면 유의수준 α 에서 귀무가설을 채택한다.

5) p-값 계산

계산된 검정통계량의 p-값 $= P(\chi^2_{k(g-1)} > S^*)$ 이 0 에 가까운 매우 작은 경우에는 귀무가설을 강하게 기각할 수 있는 근거가 된다. 만약 p-값이 크면 평행회귀 가정을 위반한다는 충분한 근거가 없으므로 귀무가설을 채택하게 된다.

5.1.3 분할표를 이용한 정분류율

로지스틱회귀모형에서와 마찬가지로 순위로짓모형에서도 적합도를 평가할 때 일반적으로 관측결과와 예측결과를 비교하여 계산된 정분류율을 고려하게 된다. 순위로짓모형에서 종속변수 Y가 순위 $1, 2, \cdots, g$ 값을 취하게 될 때, 독립변수들의 수준 $\boldsymbol{x}$ 에서 $Y=m$ 이 될 확률의 예측값을 $\widehat{\pi_m}(\boldsymbol{x})$로 표시하자. 확률 예측값을 이용하여 판단할 수 있는 예측 결과 $\widehat{Y}$ 는 아래와 같이 분류된다.

$$\text{만약 } \widehat{\pi_m}(\boldsymbol{x}) = \max\left[\widehat{\pi_1}(\boldsymbol{x}), \widehat{\pi_2}(\boldsymbol{x}), \cdots, \widehat{\pi_g}(\boldsymbol{x})\right] \text{ 이면 } \widehat{Y} = m \tag{5.9}$$

관측결과와 예측결과를 비교하여 [표 5.1]과 같은 분류표를 작성할 수 있다. 분류표에서 n_{ii} 는 관측 결과가 $Y=i$ 인 n_{i+} 개 자료 중에서 $\widehat{Y}=i$ 로 옳게 분류된 회수이고, n_{im} 는 $Y=i$ 인 n_{i+} 개 자료 중에서 $\widehat{Y}=m$ 로 잘못 분류된 회수를 표시한다.

[표 5.1: 관측결과와 예측결과 분류표]

		예측 결과 ($\widehat{Y}$)				열 합계
		1	2	…	g	
관측 결과 (Y)	1	n_{11}	n_{12}	…	n_{1g}	n_{1+}
	2	n_{21}	n_{22}	…	n_{2g}	n_{2+}
	⋮	⋮	⋮	⋮	⋮	⋮
	g	n_{g1}	n_{g2}	…	n_{gg}	n_{g+}
행 합계		n_{+1}	n_{+2}	…	n_{+g}	n

따라서 모든 자료에서 관측결과와 예측결과가 일치되는 비율인 정분류율을 CCR 로 표시하면 다음과 같이 표시할 수 있다.

$$CCR = \left[\frac{\sum_{i=1}^{g} n_{ii}}{n} \right] \times 100\% \tag{5.10}$$

[예제 5.1] 순위로짓모형 분석

기업 기획실에서는 연봉과 업무 만족도사이의 관계를 분석하기 위해서 직원 14명에 대한 자료를 수집하였다. 업무만족도 평가결과 (Y) 는 순위척도로 불만족(1), 보통(2), 만족(3)등 세가지로 관측하였다. 또한 연봉수준 (X) 의 단위는 백만원이다. 아래 자료에 대하여 순위로짓모형을 적합시키고 아래와 같은 분석을 하여보자.

평가결과 (Y)	연봉수준 (X)	평가결과 (Y)	연봉수준 (X)
1	15	1	16
1	30	1	20
2	20	2	40

2	30	3	55
1	40	2	56
3	45	1	24
3	49	2	31

(1) 설정된 순위로짓모형을 최우추정법에 의해서 추정한 후 절편과 기울기에 대해서 유의수준 0.05에서 왈드 카이제곱 검정을 하여라.
(2) 추정된 절편과 기울기 회귀계수를 해석하여라.
(3) 설정된 순위로짓모형에서 평행회귀 가정을 유의수준 0.05에서 스코어 카이제곱검정을 하여라.
(4) 업무만족도 수준에 대한 예측확률을 출력하고, 분류표에서 정분류율을 계산하여라.
(5) 연봉수준이 10(일천만원)에서 5(오백만원)간격으로 60(육천만원)까지 변함에 따라 개별 순위에 대한 확률을 그래프로 표현하여라.
(6) 연봉수준이 20(이천만원)과 50(오천만원)일 때 각 순위에 대한 확률을 예측하여라.

□ **SAS 프로그램(\program\ex5-1.sas)**

```
DATA ONE;
 INPUT Y X @@;
CARDS;
1 15 1 30 2 20 2 30 1 40 3 45 3 49 1 16
1 20 2 40 3 55 2 56 1 24 2 31
;
RUN;
PROC LOGISTIC;
  MODEL Y = X;  ①OUTPUT OUT=TWO P=PHAT;
RUN;
DATA THREE;
 SET TWO;
  ②IF _LEVEL_=1 THEN P1=PHAT; IF _LEVEL_=1;
RUN;
DATA FOUR;
 SET TWO;
  ③IF _LEVEL_=2 THEN P2=PHAT; IF _LEVEL_=2;
RUN;
DATA FIVE;
```

```
  ④METGE THREE FOUR;
   ⑤P2=P2-P1;   P3=1-P1-P2;
RUN;
DATA SIX;
 SET FIVE;
⑥IF P1 > P2 AND P1 > P3 THEN YHAT =1;
  IF P2 > P1 AND P2 > P3 THEN YHAT =2;
  IF P3 > P2 and P3 > P1 THEN YHAT =3;
RUN;
PROC PRINT;
 VAR Y X P1 P2 P3 YHAT;
RUN;
PROC FREQ;
  ⑦TABLES Y*YHAT/NOROW NOCOL NOPERCENT;
RUN;
```

(1) 순위로짓모형을 설정하여 분석하기 위해서 PROC LOGISTIC; MODEL Y = X; 문을 사용하였다. 각 순위에 대한 예측 확률을 PHAT로 표시하여 데이터 TWO에 저장하기 위해서 ①OUTPUT OUT=TWO P=PHAT; 문을 사용하였다.

(2) 데이터 TWO에 저장된 각 순위에 대한 예측확률로 구분하고자 한다. _LEVEL_=1 로 표시된 값을 $Y=1$ 에 대한 예측확률(P1)로 표시하기 위해서 ②IF _LEVEL_=1 THEN P1=PHAT; IF _LEVEL_=1; 문을 사용하였다. 또한 _LEVEL_=2 로 표시된 값을 $Y=1$ 혹은 $Y=2$ 에 대한 예측확률(P2)로 표시하기 위해서 ③IF _LEVEL_=2 THEN P2=PHAT; IF _LEVEL_=2; 문을 사용하였다.

(3) 각 순위에 대한 예측확률을 다시 계산하기 위해서 데이터 THREE 와 FOUR를 결합한 후 순위 1 에 대한 예측확률(P1), 순위 2 에 대한 예측확률(P2), 순위 3 에 대한 예측확률(P3)을 계산하기 위해서 ⑤P2=P2-P1; P3=1−P1−P2; 문을 사용하였다.

(4) 개별 순위에 대한 예측확률을 비교하여 예측순위 $\hat{Y}$ 를 구하기 위해서 ⑥IF P1>P2 AND P1>P3 THEN YHAT=1; IF P2>P1 AND P2>P3 THEN YHAT=2; IF P3>P2 AND P3>P1 THEN YHAT =3; 문을 사용하였다. 또한 관측순위 Y와 예측순위 $\hat{Y}$ 를 비교한 분류표를 작성하기 위해서 ⑦TABLES Y*YHAT/NOROW NOCOL NOPERCENT; 문을 사용하였다.

□ SAS 결과해석

(1 과 2) 순위로짓모형의 계수추정과 검정결과

[표 5.2 : 순위로짓모형에 대한 최우추정 결과]

Variable	DF	Parameter Estimate	Standard Error	Wald Chi-Square	Pr > Chi-Square	Standardized Estimate	Odds Ratio
INTERCP1	1	4.0682	1.8817	4.6744	0.0306	.	.
INTERCP2	1	6.8802	2.6014	6.9952	0.0082	.	.
X	1	①-0.1407	0.0577	5.9386	0.0148	-1.088158	②0.869

평행회귀를 가정한 순위로짓모형에서 두개 절편과 동일한 기울기계수에 대한 왈드검정 결과에서 p-값을 [표 5.2]에서 살펴보면 유의수준 0.05 에서 모두 유의한 것으로 나타났다. 연봉수준에 대한 추정된 계수 ① $\widehat{\beta}=-0.1407$은 음수 부호를 가지므로 연봉수준이 증가함에 따라 만족도 순위가 낮게 예측될 가능성이 감소된다는 의미이다. 예를 들면, 순위가 2 이상일 확률과 비교해서 순위가 1 이 될 확률에 대한 승비는 연봉수준이 한단위(백만원) 증가함에 따라 ②약 0.869배만큼 감소하는 것으로 추정할 수 있다. 따라서 추정된 계수를 이용하여 구한 각 순위에 대한 예측확률식은 아래와 같다.

$$\widehat{\pi}_1(X) = \frac{\exp(4.0682 - 0.1407X)}{1 + \exp(4.0682 - 0.1407X)}$$

$$\widehat{\pi}_1(X) + \widehat{\pi}_2(X) = \frac{\exp(6.8802 - 0.1407X)}{1 + \exp(6.8802 - 0.1407X)}$$

$$\widehat{\pi}_2(X) = \frac{\exp(6.8802 - 0.1407X)}{1 + \exp(6.8802 - 0.1407X)} - \frac{\exp(4.0682 - 0.1407X)}{1 + \exp(4.0682 - 0.1407X)}$$

$$\widehat{\pi}_3(X) = 1 - \widehat{\pi}_2(X) - \widehat{\pi}_3(X)$$

(3) 평행회귀 가정에 대한 스코어 카이제곱 검정

```
Score Test for the Proportional Odds Assumption
③Chi-Square = 0.1232 with 1 DF (p=0.7256)
```

하나의 독립변수를 포함한 순위로짓모형에서 평행회귀 가정을 검정하기 위해서는 개별 순위와 연관된 기울기 계수가 동일하다는 귀무가설 $H_o: \beta_1 = \beta_2 = \beta$ 를 설정한다. 스코어 카이제곱 검정통계량값은 ③0.1232이고, 연관된 p-값이 0.7256으로 매우 크기 때문에 귀무가설을 강하게 채택할 수 있는 근거가 된다. 따라서 평행회귀 가정은 충족될 수 있다고 판단된다.

[표 5.3 : 순위로짓모형 우도비 카이제곱검정]

Criterion	Intercept Only	Intercept and Covariates	Chi-Square for Covariates
AIC	33.706	26.875	.
SC	34.985	28.792	.
-2 LOG L	29.706	20.875	④8.831 with 1 DF (p=0.0030)
Score	.	.	7.046 with 1 DF (p=0.0079)

순위로짓모형의 유의성을 평가하기 위해서 귀무가설 $H_o: \beta = 0$ 을 설정하자. 우도비 카이제곱 검정통계량값은 ④ $LR^* = 8.831$ 이고, 연관된 p-값이 0.0030으로 0 에 가까운 매우 작은 값을 가지기 때문에 귀무가설을 강하게 기각할 수 있는 근거가 된다. 따라서 순위로짓모형은 상사에 대한 만족도 평가와 연봉수준사이의 관계를 설명하는 데 유의한 모형이라고 판단할 수 있겠다.

(4) 개별 자료에 대한 예측확률과 분류표 작성

[표 5.4 : 각 순위에 대한 예측확률과 예측순위]

OBS	Y	X	P1	P2	P3	YHAT
1	1	15	0.87634	0.11525	0.00841	1
2	1	30	0.46211	0.47252	0.06537	2
3	2	20	0.77814	0.20502	0.01684	1
4	2	30	0.46211	0.47252	0.06537	2
5	1	40	0.17386	0.60403	0.22212	2
6	3	45	0.09433	0.53981	0.36586	2
7	3	49	0.05601	0.44083	0.50316	3
8	1	16	0.86027	0.13006	0.00967	1
9	1	20	0.77814	0.20502	0.01684	1
10	2	40	0.17386	0.60403	0.22212	2

11	3	55	0.02488	0.27316	0.70196	3
12	2	56	0.02168	0.24778	0.73053	3
13	1	24	0.66645	0.30435	0.02920	1
14	2	31	0.42739	0.49810	0.07451	2

자료에서 구한 순위에 대한 예측확률(P1, P2, P3으로 표시)과 예측순위(YHAT로 표시)에 대한 출력 결과는 [표 5.4]와 같다. 예를 들면, 첫번째 자료에서 구한 순위 1 에 대한 예측확률 $\widehat{\pi}_1(X)$ = 0.87634이 다른 순위의 예측확률과 비교해서 매우 크므로 예측순위는 $\widehat{Y}=1$ 이 된다. 관측순위 (Y)와 예측순위 ($\widehat{Y}$)를 비교한 분류표는 [표 5.5]와 같다. 분류표에 의하면 정분류율은 (9/14) × 100 = 64.3%가 된다. 하나의 독립변수를 사용한 정분류율로는 매우 높은 값이지만, 상사에 대한 만족도 평가에 영향을 미칠 수 있는 다른 독립변수(인사제도의 적절성, 업무량의 적절성, 조직의 동기부여 정책의 적절성)등을 모형에 포함시킨다면 모형의 설명력이 높아져서 정분류율을 높일 수 있을 것으로 기대할 수 있을 것이다.

[표 5.5 : 순위로짓모형에 대한 분류표]

Y / Frequency	YHAT 1	2	3	Total
1	4	2	0	6
2	1	3	1	5
3	0	1	2	3
Total	5	6	3	14

(5) 연봉수준이 10에서 5간격으로 60까지 변함에 따라 개별 순위에 대한 확률과 기대순위에 대한 추정은 아래 [표 5.6]과 같다. (파일 ex5-1.xls 참조)

[표 5.6 : 순위에 대한 확률과 기대순위 추정]

X	10	15	20	25	30	35	40	45	50	55	60
$\widehat{\pi_1}(X)$	0.935	0.876	0.778	0.634	0.462	0.298	0.174	0.094	0.049	0.025	0.012
$\widehat{\pi_2}(X)$	0.061	0.115	0.205	0.332	0.473	0.578	0.604	0.540	0.412	0.273	0.161
$\widehat{\pi_3}(X)$	0.004	0.008	0.017	0.034	0.065	0.124	0.222	0.366	0.539	0.702	0.827
$\hat{E}(Y\|X)$	1.070	1.132	1.239	1.399	1.604	1.826	2.049	2.272	2.490	2.678	2.814

[표 5.6]에서 기대순위(expected value of Y)의 추정값은 아래와 같이 구해졌다.

$$\hat{E}(Y|X) = (1)\ \widehat{\pi_1}(X) + (2)\ \widehat{\pi_2}(X) + (3)\ \widehat{\pi_3}(X)$$

[그림 5.1] 기대순위 추정곡선

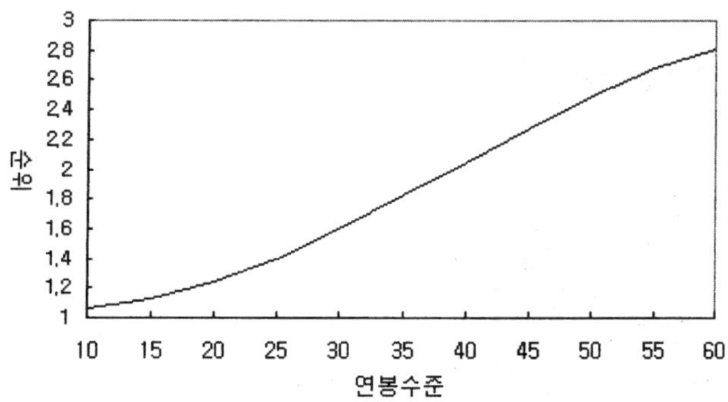

[그림 5.1]에 의하면 연봉수준이 증가함에 따라 순위 기대값에 대한 추정곡선은 증가하는 형태를 보이고 있다. 또한 주어진 연봉수준에서 순위에 대한 확률추정함수는 [그림 5.2]와 같다. [그림 5.2]에 의하면 연봉수준이 증가함에 따라 $Y=1$일 확률추정함수는 감소하는 곡선의 형태, $Y=2$일 확률추정함수는 증가하다가 연봉수준 40 근처에서 최대를 이루고 다시 감소하는 곡선의 형태, $Y=3$일 확률추정함수는 증가하는 곡선의 형태를 가지고 있다.

[그림 5.2] 순위로짓모형의 확률추정함수

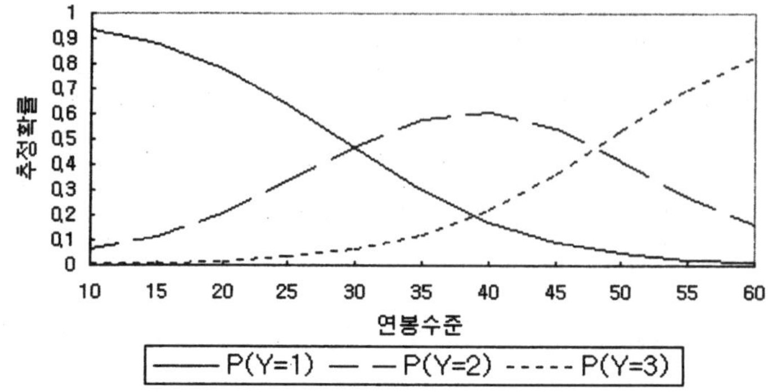

(6) 연봉수준이 20 과 50일 때 각 순위에 대한 추정확률의 분포는 아래 [그림 5.3]과 같다.

[그림 5.3] $X=20$ 일 때 추정확률분포

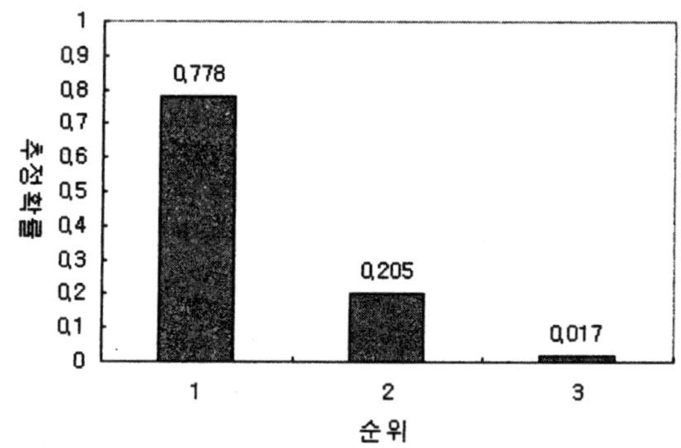

연봉수준이 20일 때 $\widehat{\pi_1}(X=20)=0.778$, $\widehat{\pi_2}(X=20)=0.205$, $\widehat{\pi_3}(X=20)=0.017$ 이 된다. 즉, 연봉수준이 낮을 때 순위가 낮게 평가될 확률은 높고, 순위가 높게 평가될 확률은 작아지게 된다.

[그림 5.4] $X=50$일 때 추정확률분포

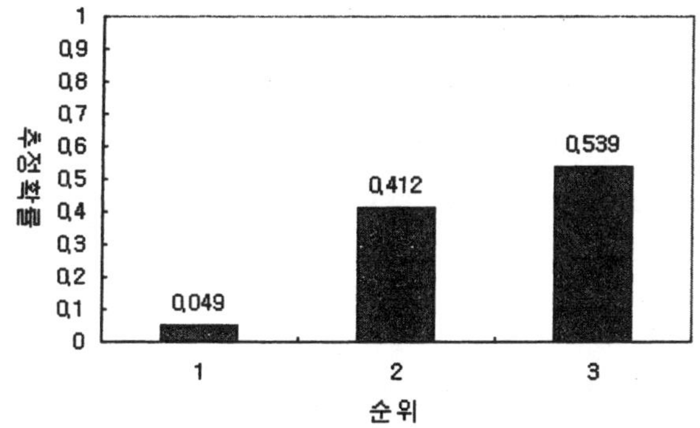

연봉수준이 50일 때 $\widehat{\pi}_1(X=50)=0.049$, $\widehat{\pi}_2(X=50)=0.412$, $\widehat{\pi}_3(X=50)=0.539$가 된다. 즉, 연봉수준이 높을 때 순위가 낮게 평가될 확률은 작고, 순위가 높게 평가될 확률은 커지게 되는 경향이 있는 것으로 나타났다.

5.2 다항로짓모형

종속변수의 척도가 서열척도가 아니고 명목척도인 경우에 결과(범주)는 서열화될 수 없다. 순위로짓모형에서는 종속변수가 취할 수 있는 결과를 순위척도로 가정했기 때문에, 종속변수가 명목척도인 경우에 순위로짓모형을 사용하는 것은 적절하지 않다. 일반적으로 종속변수의 결과가 명목척도인 경우에 사용되는 모형을 다항로짓모형이라고 한다. 다항로짓모형에서는 평행회귀 가정을 하지 않기 때문에 개별범주의 확률함수에서 기울기 계수벡터는 서로 다르게 된다. 그러나 자료 분석시 종속변수가 순위척도임에도 불구하고 때때로 다항로짓모형을 사용하는 경우가 있다. 만약 순위로짓모형에서 평행회귀 가정이 기각된다면 대안으로 다항로짓모형을 사용할 수 있을 것이다. 만약 종속변수가 순위척도인 경우에 다항로짓모형을 사용한 경우에는 순위척도의 정보가 무시되기 때문에 효율성을 상실하게 된다. 반면에 명목척도인 경우에 순위로짓모형을 사용하게 되면 계수 추정값의 결과는 편의(biased)되거나 해석상의 문제가 있게 된다.

5.2.1 다항로짓모형의 설정과 추정

종속변수가 취할 수 있는 명목범주가 g개 일 때, 일반적으로 범주표시는 1 부터 g까지 숫자가 부여된다. 이때 주의할 점은 부여된 숫자는 순위척도가 아니고 명목척도라는 것이다. 독립변수들의 수준이 $\boldsymbol{x}$일 때 종속변수의 결과가 $Y=m$이 될 확률을 $P(Y=m\,|\,\boldsymbol{x}) = \pi_m(\boldsymbol{x})$로 표시하자. 종속변수가 명목척도일 때 Y가 특정한 범주를 취할 확률은 다음과 같은 절차를 통해서 설정될 수 있다.

1. $\pi_m(\boldsymbol{x})$는 독립변수들의 선형결합인 $\boldsymbol{x}'\boldsymbol{\beta}_m$의 함수로 표현할 수 있다. 명목범주 m과 연관된 계수벡터 $\boldsymbol{\beta}_m=(\beta_{om}, \beta_{1m}, \cdots, \beta_{km})'$에는 절편 β_{om}과 독립변수의 효과를 표시하는 기울기계수 $\beta_{jm}'s$들로 구성되어있다. 순위로짓모형과는 달리 다항로짓모형에서는 개별 범주와 연관된 계수벡터들은 서로 다르다고 가정한다.
2. 확률은 음수가 될 수 없으므로 $\boldsymbol{x}'\boldsymbol{\beta}_m$에 지수(exponential)를 취하여 $\exp(\boldsymbol{x}'\boldsymbol{\beta}_m)$를 사용한다. 이때 개별 범주에 속할 확률의 합 $\sum_{j=1}^{g}\exp(\boldsymbol{x}'\boldsymbol{\beta}_j)$은 1 이 되지 않는다.
3. 확률의 합을 1 로 만들기 위해서 $\exp(\boldsymbol{x}'\boldsymbol{\beta}_m)$을 $\sum_{j=1}^{g}\exp(\boldsymbol{x}'\boldsymbol{\beta}_j)$로 나누게 되면 종속변수의 결과가 $Y=m$일 확률은 다음과 같이 설정될 수 있다.

$$\begin{aligned}\pi_m(\boldsymbol{x}_i) &= P(Y_i=m\,|\,\boldsymbol{x}_i)\\ &= \frac{\exp(\boldsymbol{x}_i'\boldsymbol{\beta}_m)}{\sum_{j=1}^{g}\exp(\boldsymbol{x}_i'\boldsymbol{\beta}_j)}\end{aligned} \tag{5.11}$$

다항로짓모형에서는 g개 계수벡터들 중에 하나는 $\mathbf{0}$으로 제약하게 된다. 예를 들면, 첫번째 범주와 관련된 계수벡터를 $\boldsymbol{\beta}_1=\mathbf{0}$로, 혹은 마지막 범주와 관련된 계수벡터를 $\boldsymbol{\beta}_g=\mathbf{0}$로 설정할 수 있다. 어떤 범주에 속하는 계수벡터를 $\mathbf{0}$으로 제약할 것인가는 정해져 있지 않고 사용한 소프트웨어에 따라 달라질 수 있다. 여기서 계수벡터가 $\mathbf{0}$으로 제약된 범주를 참고범주(reference category)라고 부른다. 만약 범주 r이 참고범주가 된다면 r-번째 계수벡터 $\boldsymbol{\beta}_r$는 $\mathbf{0}$로 제약되므로 $\exp(\boldsymbol{x}_i'\boldsymbol{\beta}_r) = \exp(\boldsymbol{x}_i'\mathbf{0}) = 1$이 된다. 따라서 식(5.11)은 아래와 같이 다시 표시할 수 있다.

$$\pi_m(\boldsymbol{x}_i) = \frac{\exp(\boldsymbol{x}_i'\ \boldsymbol{\beta}_m)}{1+\sum_{j\neq r}\exp(\boldsymbol{x}_i'\ \boldsymbol{\beta}_j)}$$
$$\pi_r(\boldsymbol{x}_i) = 1-\sum_{j\neq r}\pi_j(\boldsymbol{x}_i) \tag{5.12}$$

다항로짓모형에서 계수벡터들 $\boldsymbol{\beta}'s$의 최대우도추정량 $\widehat{\boldsymbol{\beta}}'s$은 우도함수를 최대로 하는 계수벡터들 $\boldsymbol{\beta}'s$의 값이 된다. 만약 자료들이 독립이라면 우도함수는 아래와 같이 설정된다.

$$L(\boldsymbol{\beta}_1,\cdots,\ \boldsymbol{\beta}_g \mid \boldsymbol{X}) = \prod_{m=1}^{g}\prod_{Y_i=m}\frac{\exp(\boldsymbol{x}_i'\ \boldsymbol{\beta}_m)}{\sum_{j=1}^{g}\exp(\boldsymbol{x}_i'\ \boldsymbol{\beta}_j)} \tag{5.13}$$

여기서 $\prod_{Y_i=m}$은 $Y_i=m$인 모든 자료에 대한 곱을 의미한다. 식(5.13)에 자연대수를 취한 자연대수우도함수를 최대로 하는 계수벡터들을 추정하기 위해서 로지스틱회귀모형에서와 같이 뉴튼-랩슨 방법을 주로 사용한다. $\boldsymbol{\beta}_m$에 대한 최우추정벡터 $\widehat{\boldsymbol{\beta}_m}$는 일치성, 점근적 정규성과 점근적 효율성을 만족한다. 최우추정벡터 $\widehat{\boldsymbol{\beta}_m}$를 이용해서 자료 $\boldsymbol{x}_i$가 주어졌을 때 개별 범주에 속할 확률은 아래와 같은 식을 통해서 추정될 수 있다.

$$\widehat{\pi_m}(\boldsymbol{x}_i) = \frac{\exp(\boldsymbol{x}_i'\ \widehat{\boldsymbol{\beta}_m})}{1+\sum_{j\neq r}\exp(\boldsymbol{x}_i'\ \widehat{\boldsymbol{\beta}_j})}$$
$$\widehat{\pi_r}(\boldsymbol{x}_i) = 1-\sum_{j\neq r}\widehat{\pi_j}(\boldsymbol{x}_i) \tag{5.14}$$

5.2.2 다항로짓모형에서 승산

다항로짓모형은 로지스틱회귀모형 혹은 순위로짓모형과 마찬가지로 승산(odds)의 의미로 표현될 수 있다. 독립변수들의 수준이 $\boldsymbol{x}$일 때 범주 r과 비교해서 범주 m에 대한 승산을 $\Omega_{m|r}(\boldsymbol{x})$로 표시하면

$$\Omega_{m|r}(\boldsymbol{x}_i) = \frac{P(Y=m\,|\,\boldsymbol{x}_i)}{P(Y=r\,|\,\boldsymbol{x}_i)} = \frac{\dfrac{\exp(\boldsymbol{x}_i'\boldsymbol{\beta}_m)}{\sum_{j=1}^{g}\exp(\boldsymbol{x}_i'\boldsymbol{\beta}_j)}}{\dfrac{\exp(\boldsymbol{x}_i'\boldsymbol{\beta}_r)}{\sum_{j=1}^{g}\exp(\boldsymbol{x}_i'\boldsymbol{\beta}_j)}} = \frac{\exp(\boldsymbol{x}_i'\boldsymbol{\beta}_m)}{\exp(\boldsymbol{x}_i'\boldsymbol{\beta}_r)} = \exp[\boldsymbol{x}_i'(\boldsymbol{\beta}_m - \boldsymbol{\beta}_r)] \tag{5.15}$$

이 된다. 승산에 자연대수를 취한 로짓은 계수벡터에 대하여 선형인

$$\log_e \Omega_{m|r}(\boldsymbol{x}_i) = \boldsymbol{x}_i'(\boldsymbol{\beta}_m - \boldsymbol{\beta}_r) \tag{5.16}$$

이 된다. 여기서 두 계수벡터의 차이 $\boldsymbol{\beta}_m - \boldsymbol{\beta}_r$ 을 대비(contrast)라고 부르고, 범주 r과 비교해서 범주 m의 로짓에 대한 독립변수들의 수준 $\boldsymbol{x}_i$ 의 효과라고 한다. 식(5.16)은 모수벡터에 대하여 선형이기 때문에 로짓에 대한 j-번째 독립변수 X_j의 부분효과는 아래와 같이 쉽게 계산할 수 있다.

$$\begin{aligned}\frac{\partial[\log_e \Omega_{m|r}(\boldsymbol{x})]}{\partial X_j} &= \frac{\partial[\boldsymbol{x}'(\boldsymbol{\beta}_m - \boldsymbol{\beta}_r)]}{\partial X_j} \\ &= \frac{\partial(\boldsymbol{x}'\boldsymbol{\beta}_m)}{\partial X_j} - \frac{\partial(\boldsymbol{x}'\boldsymbol{\beta}_r)}{\partial X_j} \\ &= \beta_{jm} - \beta_{jr}\end{aligned} \tag{5.17}$$

로짓에 대한 j-번째 독립변수 X_j의 부분효과 $\beta_{jm} - \beta_{jr}$는 다음과 같이 해석된다. 다른 독립변수들의 수준이 일정할 때 j-번째 독립변수 X_j 수준이 한단위 변함에 따라 범주 r과 비교해서 범주 m의 로짓에 대응되는 변화는 $\beta_{jm} - \beta_{jr}$ 만큼 기대 된다는 의미이다. 또한 대비를 승산 의미로 해석하면 다른 독립변수들의 수준이 일정할 때 j-번째 독립변수 X_j 수준이 한단위 변함에 따라 범주 m에 속할 확률은 범주 r에 속할 확률에 비해서 약 $\exp(\beta_{jm} - \beta_{jr})$배만큼 변화가 기대된다는 의미이다. 만약 범주 r이 참고범주라면 계수벡터 $\boldsymbol{\beta}_r$ 는 $\mathbf{0}$ 으로 제약되므로 식(5.15)부터 식(5.17)까지 아래와 같이 다시 표시할 수 있다.

$$\Omega_{m|r}(\boldsymbol{x}_i) = \exp(\boldsymbol{x}_i' \boldsymbol{\beta}_m)$$

$$\log_e \Omega_{m|r}(\boldsymbol{x}_i) = \boldsymbol{x}_i' \boldsymbol{\beta}_m$$

$$\frac{\partial\, [\log_e \Omega_{m|r}(\boldsymbol{x})]}{\partial X_j} = \beta_{jm} \tag{5.18}$$

다항로짓모형에서 계수 β_{jm}의 해석은 매우 간편하다. 왜냐하면 로짓에 대한 독립변수 X_j 한단위의 효과는 X_j의 수준 혹은 다른 독립변수들의 수준에 종속되지 않기 때문이다. 앞에서도 설명하였지만 다항로짓모형에서는 $g-1$개 범주들은 참고범주 r과 개별적으로 비교하게 된다. 이제부터 범주 m과 참고범주 r의 대비 $\beta_{jm}-\beta_{jr}$를 새로운 표기 $\beta_{j,m|r}$를 사용하기로 하자. 그리고 범주 p와 참고범주가 아닌 범주 q의 대비는 다음과 같은 두개 계수의 차이로 구해질 수 있다.

$$\begin{aligned} \beta_{j,p|q} &= \beta_{jp} - \beta_{jq} \\ &= (\beta_{jp} - \beta_{jr}) - (\beta_{jq} - \beta_{jr}) \\ &= \beta_{j,p|r} - \beta_{j,q|r} \end{aligned} \tag{5.19}$$

[예제 5.2] 다항로짓모형분석

부품제조업체에서는 구매업자의 구매형태와 제조업체의 속성사이에 어떤 관련이 있는지를 분석하기 위해서 100개 구매업체에 대하여 설문조사를 실시하여 자료를 수집하였다. 제조업체의 속성을 측정하기 위해서 구매업자가 평가한 점수는 0점(매우 나쁨)부터 10점(매우 좋음)사이에서 소수점 한자리까지 측정되었다. 구매업자의 구매형태는 새로운 구매(1), 수정 재구매(2), 신뢰 재구매(3) 등으로 분류되었다(자료는 첨부된 디스켓 a:\data\ex5-2.dat에 저장되어있음). 제조업체에 대하여 평가된 세가지 속성은 아래와 같다. 아래와 같은 세가지 속성(독립변수)이 구매업자의 구매형태의 구분에 어떠한 영향을 미치는지를 분석하기 위해서 다항로짓모형을 자료에 적합시키고 아래 질문에 대하여 분석하여 보자. 질문(6)부터는 다음절에서 설명하도록 하겠다.

X_1 : 가격수준 - 부품 가격에 대한 구매업자의 인식수준

X_2 : 가격 탄력성 - 제조업체의 가격협상 의지수준

X_3 : 전반적인 서비스 - 제조업체에 대한 전반적인 서비스 인식 수준

(1) 다항로짓모형을 자료에 적합시켜 최우추정법에 의해서 계수들을 추정하여라.
(2) 추정된 계수를 이용해서 자료가 구매형태 범주에 속할 확률을 추정하여라.
(3) 분류행렬을 작성하여 정분류율을 구하여라.
(4) 가격수준과 전반적인 서비스수준이 자료의 표본평균값으로 고정되었을 때 가격탄력성 수준이 3부터 0.5간격으로 10까지 변할 때 개별 범주에 속할 확률곡선을 작성하여라.
(5) 가격수준과 가격탄력성수준이 자료의 표본평균값으로 고정되었을 때 전반적인 서비스수준이 0.5부터 0.5간격으로 7까지 변할 때 개별 범주에 속할 확률곡선을 작성하여라.
(6) 유의수준 0.05에서 개별 계수에 대한 유의성검정을 하여라.
(7) 다항로짓모형에 대한 적합도에 대하여 데비언스 검정을 실시하여라.
(8) 구매업자의 구매형태에서 두가지 범주인 기존부품 수정 재구매(2로 표시)와 기존부품 재구매(3으로 표시)가 결합될 수 있는 범주인지를 검정하여라.

□ SAS 프로그램(\program\ex5-2.sas)

```
DATA ONE;
 INFILE 'A:\DATA\EX5-2.DAT';
 INPUT X1 X2 X3 Y;
RUN;
①PROC CATMOD;
 ②DIRECT X1-X3;
 ③MODEL Y=X1-X3/NOGLS ML PRED=PROB NODESIGN COVB;
RUN;
DATA TWO;
 SET ONE;
④G1=38.4930+1.0751*X1-2.8676*X2-5.8890*X3;
  G2=24.4313+0.9517*X1-2.1752*X2-2.5273*X3;
  EG1=EXP(G1); EG2=EXP(G2); SUM=1+EG1+EG2;
⑤P1=EG1/SUM; P2=EG2/SUM; P3=1/SUM;
⑥IF P1>P2 AND P1>P3 THEN YHAT=1;
  IF P2>P1 AND P2>P3 THEN YHAT=2;
  IF P3>P1 AND P3>P2 THEN YHAT=3;
RUN;
⑦PROC PRINT;
  VAR X1-X3 Y P1 P2 P3 YHAT;
RUN;
```

```
⑧PROC FREQ;
  TABLES Y*YAHT/NOCOL NOROW NOPERCENT;
```

(1) 다항로짓모형을 자료에 적합시키기 위해서 ①PROC CATMOD; 문을 사용하였다. 이 명령문은 일반적으로 범주형자료모형(categorical data modeling) 분석에 사용된다. 모형에 포함된 독립변수들이 구간척도를 갖는 변수라는 의미로 ②DIRECT X1-X3; 문을 사용하였다. 계수 추정시 일반최소제곱추정(GLS)보다는 최우추정법(ML)을 사용하고, DESIGN행렬을 출력하지 않고 각 범주에 속할 추정확률만을 출력하고, 추정된 계수들의 공분산 추정행렬을 출력시키기 위해서 ③MODEL Y=X1-X3/ML NOGLS PRED=PROB NODESIGN COVB; 문을 사용하였다.

(2) SAS PROC CATMOD 절차에서 개별 범주에 속할 확률은 출력이 되지만, 분류표는 자동적으로 출력되지는 않는다. 따라서 분류표는 개별 범주에 속할 추정확률을 비교하여 작성되어야 한다. 우선 각 범주에 속할 확률을 계산하기 위해서 추정된 계수를 이용해서 ④각 범주에 대한 함수(G1, G2)를 설정한 다음, 지수(exponential)를 취하기 위해서 EG1=EXP(G1); EG2=EXP(G2); 문을 사용하였다. 또한 식(5.13)의 분모를 계산하기 위해서 SUM=1+EG1+EG2; 로 표시하였다. 식(5.13)을 이용해서 확률을 계산하기 위해서 ⑤P1=EG1/SUM; P2=EG2/SUM; P3=1/SUM; 문을 사용하였다. 그리고 추정된 확률을 출력하기 위해서 ⑦PROC PRINT; 문을 사용하였다.

(3) 분류행렬을 작성하기 위해서 ⑥문과 ⑧문을 사용하였다.

□ SAS 결과해석

[표 5.7 : 다항로짓모형에 대한 최우추정 결과]

Effect	①Parameter	Estimate	Standard Error	Chi-Square	Prob
INTERCEPT	1	38.4930	8.0895	22.64	0.0000
	2	24.4313	7.0691	11.94	0.0005
X1	3	1.0751	0.6223	2.98	0.0841
	4	0.9517	0.4721	4.06	0.0438
X2	5	-2.8676	0.7020	16.68	0.0000
	6	-2.1752	0.6097	12.73	0.0004
X3	7	-5.8890	1.3748	18.35	0.0000
	8	-2.5273	1.0043	6.33	0.0119

SAS에서 다항로짓모형을 이용할 때 참고범주는 명목척도가 숫자인 경우에는 가장 큰수, 문자인 경우에는 알파벳순으로 마지막 범주가 참고범주가 된다. 따라서 자료에서는 신뢰 재구매 범주(3으로 표시)가 참고범주가 된다. [표 5.7]의 표기에서 ①Parameter 1 은 절편 $\beta_{o,1|3}$, Parameter 2 는 절편 $\beta_{o,2|3}$, Parameter 3은 $\beta_{1,1|3}$, Parameter 4는 $\beta_{1,2|3}$, …, Parameter 8은 $\beta_{3,2|3}$ 을 의미한다. 추정된 계수들을 이용한 승산과 확률식은 아래와 같다.

$$\widehat{\Omega_{1|3}} = \exp(38.4930 + 1.0751X_1 - 2.8676X_2 - 5.8890X_3)$$
$$\widehat{\Omega_{2|3}} = \exp(24.4313 + 0.9517X_1 - 2.1752X_2 - 2.5273X_3)$$

$$\widehat{\pi_1}(\boldsymbol{x}) = \frac{\widehat{\Omega_{1|3}}(\boldsymbol{x})}{1 + \widehat{\Omega_{1|3}}(\boldsymbol{x}) + \widehat{\Omega_{2|3}}(\boldsymbol{x})}$$
$$\widehat{\pi_2}(\boldsymbol{x}) = \frac{\widehat{\Omega_{2|3}}(\boldsymbol{x})}{1 + \widehat{\Omega_{1|3}}(\boldsymbol{x}) + \widehat{\Omega_{2|3}}(\boldsymbol{x})}$$

이제 가격탄력성 (X_2)에 대한 계수 추정값인 $\widehat{\beta_{2,2|3}} = -2.1752$ 의 의미를 살펴보자. 가격수준과 전반적인 서비스수준이 일정할 때 가격탄력성 평가가 1 점 증가함에 따라 신뢰 재구매 범주(3)에 대한 수정 재구매 범주(2)의 승산은 약 $\exp(\widehat{\beta_{2,2|3}}) = 0.114$ 배만큼 감소하게 된다는 의미이다. 반면에 가격탄력성 평가가 1 점 증가함에 따라 수정 재구매 범주(2)에 대한 신뢰 재구매 범주(3)의 승산은 $1/0.114 = 8.804$ 배만큼 증가하게 된다는 의미이다.

(2) 자료가 주어졌을 때 개별 범주에 속할 확률을 추정하여 부분적으로 출력된 결과(다섯개 자료만 표시)는 [표 5.8]과 같다. 예를 들면, ②세번째 자료는 수정 재구매 범주인 $Y=2$로 관측되었고, 자료에 대한 수정 재구매 범주에 속할 확률 추정값은 $\widehat{\pi_2}(\boldsymbol{x}_3) = 0.974$ 이다. $\widehat{\pi_2}(\boldsymbol{x}_3)$이 다른 범주에 속할 확률인 $\widehat{\pi_1}(\boldsymbol{x}_3)$과 $\widehat{\pi_3}(\boldsymbol{x}_3)$보다 크기 때문에 예측범주는 $\widehat{Y} = 2$가 된다.

[표 5.8 : 자료에 대한 범주 확률추정과 예측범주]

OBS	X1	X2	X3	Y	P1	P2	P3	YHAT
1	0.6	6.9	2.4	1	0.78085	0.21492	0.00423	1
2	3.0	6.3	2.5	1	0.84089	0.15900	0.00011	1
②3	5.2	5.7	4.3	2	0.02411	0.97374	0.00215	2
4	1.0	7.1	1.8	1	0.96134	0.03849	0.00018	1
5	0.9	9.6	3.5	3	0.00017	0.01166	0.98817	3

(3) [표 5.8]에서 추정된 확률을 이용해서 분류표를 작성할 수 있다. 분류표에서 구한 정분류율은 $CCR = 80\%$ 로 매우 높은 것으로 나타났다.

[표 5.9 : 다항로짓모형에서 구한 분류표]

Y Frequency	YHAT 1	2	3	Total
1	28	5	1	34
2	6	21	5	32
3	0	3	31	34
Total	34	29	37	100

이제 가격수준(X_1)과 전반적인 서비스수준(X_3)이 자료의 표본평균값으로 고정되었을 때 가격탄력성수준(X_2)이 3부터 0.5 간격으로 10 까지 변할 때 개별 범주에 속할 확률곡선을 작성하면 [그림 5.5]와 같다(excel file ex5-2.xls 참조). 확률곡선을 작성하기 전에 세가지 독립변수 자료에 대한 요약통계값은 아래와 같다.

[표 5.10 : 독립변수 자료에 대한 요약 통계]

구분	표본평균	최소값	최대값
X_1	2.364	0.2	5.4
X_2	7.894	5.0	10.0
X_3	2.919	0.7	4.6

[그림 5.5] 가격탄력성 수준 변화에 따른 추정확률 곡선

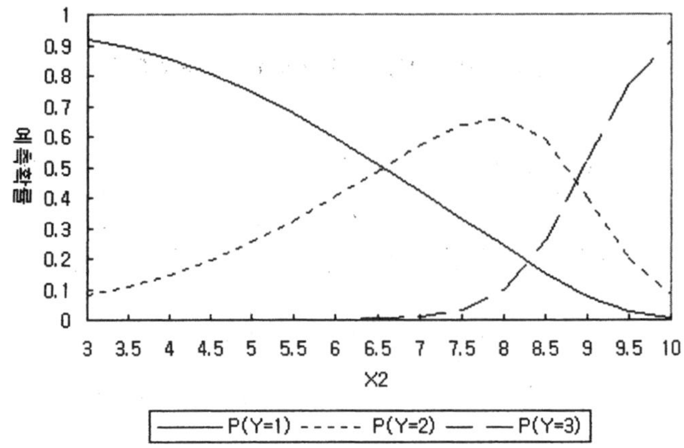

[그림 5.5]에 의하면 가격수준(X_1)과 전반적인 서비스수준(X_3)이 자료의 표본평균값으로 고정되었을 때 가격탄력성수준(X_2)이 증가(평가점수가 증가)함에 따라 새로운 구매(1)범주에 속할 확률은 서서히 감소하고, 수정 재구매(2)범주에 속할 확률은 서서히 증가하다가 8점 근처에서 최대가 되고 다시 감소되고, 즉시 재구매(3)범주에 속할 확률은 8점 근처부터 급격히 증가되는 경향을 보이고 있다. 요약하면 가격수준과 전반적인 서비스수준이 자료의 표본평균값으로 고정되었을 때 가격탄력성수준이 6.5점 근처에서 새로운 구매(1)범주와 나머지 범주사이를 구분하는 점수가 되고 있음을 알 수 있다.

또한 가격수준(X_1)과 가격탄력성수준(X_2)이 자료의 표본평균값으로 고정되었을 때 전반적인 서비스수준(X_3)이 0.5부터 0.5 간격으로 7 까지 변할 때 개별 범주에 속할 확률곡선을 작성하면 [그림 5.6]과 같다.

[그림 5.6] 전반적인 서비스수준 변화에 따른 추정확률 곡선

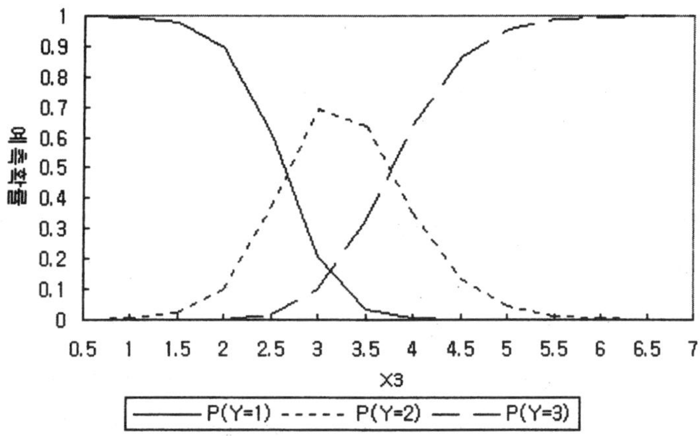

가격수준(X_1)과 가격탄력성수준(X_2)이 자료의 표본평균값으로 고정되었을 때 전반적인 서비스수준(X_3)이 증가(평가점수가 증가)함에 따라 새로운 구매(1)범주에 속할 확률은 계속 감소하고, 수정 재구매(2)범주에 속할 확률은 서서히 증가하다가 3점 근처에서 최대가 되고 다시 감소되고, 즉시 재구매(3)범주에 속할 확률은 2점 근처부터 서서히 증가되는 경향을 보이고 있다. 요약하면 가격수준과 가격탄력성수준이 자료의 표본평균값으로 고정되었을 때 전반적인 서비스수준이 4점 이상이면 새로운 구매(1)범주와 수정 재구매(2)범주보다는 즉시 재구매(3)범주를 택할 가능성이 상대적으로 높은 것으로 나타났다.

5.2.3 세가지 유용한 검정

1) 개별계수에 대한 검정

다항로짓모형에서는 참고범주에 대한 다른 범주들의 대비를 추정하게 된다. 예를 들면, j-번째 독립변수 X_j에 대하여 $g-1$개 계수 $\beta_{j,p|r}$, $p\neq r$를 추정하게 되므로 추정할 계수의 수는 절편을 포함하여 $(g-1)\times(k+1)$개가 된다. 이제 참고범주 r에 대한 범주 p의 대비 $\beta_{j,p|r}$에 대한 유의성 검정을 위해서 귀무가설 H_o: $\beta_{j,p|r}=0$을 설정하자. 대비의 최우추정값을

$\widehat{\beta_{j,p|r}}$, 분산 추정값을 $\widehat{Var}(\widehat{\beta_{j,p|r}})$ 라고 했을 때 검정통계량 $W_{j,p|r}$ 은

$$W_{j,p|r} = \left(\frac{\widehat{\beta_{j,p|r}}}{\sqrt{\widehat{Var}(\widehat{\beta_{j,p|r}})}} \right)^2 \tag{5.20}$$

이 되고, 귀무가설이 참일 때 검정통계량 $W_{j,p|r}$ 은 자유도가 1 인 카이제곱분포 χ_1^2 에 근사하게 되다. 자료에서 구한 검정통계량의 값을 $W^*_{j,p|r}$ 라고 했을 때 p-값은 $P(\chi_1^2 > W^*_{j,p|r})$ 이 된다. 이제 특정 두가지 범주사이의 대비에 대한 검정을 생각해보자. 범주 q 와 비교한 범주 p 의 대비 $\beta_{j,p|q}$ 에 대한 검정을 위해서 귀무가설 H_o: $\beta_{j,p|q} = 0$ 을 설정하자. 이 경우에 새로운 추정값 $\widehat{\beta_{j,p|q}}$ 은 다시 추정하지 않고, 참고범주 r 과 비교하여 이미 구한 추정값들을 이용하면 구하게 되면

$$\widehat{\beta_{j,p|q}} = \widehat{\beta_{j,p|r}} - \widehat{\beta_{j,q|r}}$$

이 되고, $\widehat{\beta_{j,p|q}}$ 의 분산 추정값도 이미 구한 분산과 공분산의 추정값을 이용하여 구하면

$$\begin{aligned}\widehat{Var}(\widehat{\beta_{j,p|q}}) &= \widehat{Var}(\widehat{\beta_{j,p|r}} - \widehat{\beta_{j,q|r}}) \\ &= \widehat{Var}(\widehat{\beta_{j,p|r}}) + \widehat{Var}(\widehat{\beta_{j,q|r}}) - 2\,\widehat{Cov}(\widehat{\beta_{j,p|r}}, \widehat{\beta_{j,q|r}})\end{aligned}$$

이 된다. 이때 검정통계량은 $W_{j,p|q} = \left(\widehat{\beta_{j,p|q}} / \sqrt{\widehat{Var}(\widehat{\beta_{j,p|q}})} \right)^2$ 이 되고, 자료에서 계산된 검정통계량값을 $W^*_{j,p|q}$ 라고 했을 때 p-값은 $P(\chi_1^2 > W^*_{j,p|q})$ 이 된다.

이제 [예제 5.2]에서 설정된 다항로짓모형에서 개별계수에 대한 유의성 검정결과를 분석하여 보자.

[표 5.11 : 다항로짓모형 계수추정과 검정결과]

Effect	Parameter	Estimate	Standard Error	Chi-Square	Prob
INTERCEPT	1	38.4930	8.0895	22.64	0.0000
	2	24.4313	7.0691	11.94	0.0005
X1	③3	1.0751	0.6223	2.98	0.0841
	4	0.9517	0.4721	4.06	0.0438
X2	5	-2.8676	0.7020	16.68	0.0000
	6	-2.1752	0.6097	12.73	0.0004
X3	7	-5.8890	1.3748	18.35	0.0000
	8	-2.5273	1.0043	6.33	0.0119

③개별 계수 $\beta_{1,1|3}$의 귀무가설 $H_o: \beta_{1,1|3} = 0$ 에 대한 검정통계량의 값은

$$W^*_{1,1|3} = \left(\frac{\widehat{\beta_{1,1|3}}}{\sqrt{\widehat{Var}(\widehat{\beta_{1,1|3}})}} \right)^2 = \left(\frac{1.0751}{0.6223} \right)^2 = 2.98$$

이 되고, p-값은 $P(\chi_1^2 > W^*_{1,1|3} = 2.98) = 0.0841$ 이 된다. p-값이 0.0841로 유의수준 0.05 보다 약간 크므로 귀무가설 $H_o: \beta_{1,1|3} = 0$ 을 기각할 충분한 근거는 없게 된다. 따라서 가격수준 (X_1)은 새로운 구매 범주(1)와 신뢰 재구매 범주(3)를 구분하는 데 유의한 독립변수가 아니라고 판단하게 된다. 반면에 가격수준 (X_1)의 귀무가설 $H_o: \beta_{1,2|3} = 0$ 에 대한 검정에서 계산된 p-값이 0.0438 이므로, 유의수준 0.05 보다 약간 작으므로 귀무가설을 채택할 수는 없게 된다. 따라서 가격수준 (X_1)은 수정 재구매 범주(2)와 즉시 재구매 범주(3)를 구분하는 데 사용될 수 있는 유의한 독립변수임을 알 수 있다. 그리고 다른 계수들과 연관된 p-값이 매우 작으므로 유의수준 0.05 에서 모두 유의하게 나타났다.

이제부터 위 분석에서 고려되지 않은 계수 $\beta_{2,1|2}$의 귀무가설 $H_o: \beta_{2,1|2} = 0$ 에 대한 검정을 하여 보자. SAS에서 추정된 회귀계수에 대한 추정 공분산행렬인 $\widehat{Cov}(\widehat{\boldsymbol{\beta}})$은 [표 5.12]와 같이 출력되었다. 추정된 공분산행렬에서 대각원소는 추정된 계수에 대한 분산 추정값이고, 비대각원소는 추정된 두 계수사이의 공분산 추정값이다.

[표 5.12 : 추정된 회귀계수에 대한 공분산행렬]

	1	2	3	4
1	65.439404	49.723439	0.332099	0.352519
2	49.723439	49.972649	0.508605	0.318451
3	0.332099	0.508605	0.387274	0.202461
4	0.352519	0.318451	0.202461	0.222889
5	-5.249323	-4.077144	0.029257	-0.013603
6	-3.926290	-4.019727	-0.019419	-0.006549
7	-7.192514	-4.887246	-0.486924	-0.209796
8	-4.989446	-4.850863	-0.241387	-0.235324

	5	6	7	8
1	-5.249323	-3.926290	-7.192514	-4.989446
2	-4.077144	-4.019727	-4.887246	-4.850863
3	0.029257	-0.019419	-0.486924	-0.241387
4	-0.013603	-0.006549	-0.209796	-0.235324
5	④0.492842	⑥0.365095	0.330362	0.282606
6	0.365095	⑤0.371787	0.248638	0.247788
7	0.330362	0.248638	1.890201	0.988242
8	0.282606	0.247788	0.988242	1.008631

$\beta_{2,1|2}$에 대한 추정값 $\widehat{\beta_{2,1|2}}$은 [표 5.11]의 결과를 이용해서

$$\begin{aligned}\widehat{\beta_{2,1|2}} &= \widehat{\beta_{2,1|3}} - \widehat{\beta_{2,2|3}} \\ &= -2.8676-(-2.1752) = -0.6924\end{aligned}$$

로 계산되고, $\widehat{\beta_{2,1|2}}$의 분산 추정값은 [표 5.12]의 결과를 이용하면

$$\begin{aligned}\widehat{Var}(\widehat{\beta_{2,1|2}}) &= \widehat{Var}(\widehat{\beta_{2,1|3}}) + \widehat{Var}(\widehat{\beta_{2,2|3}}) - 2\,\widehat{Cov}(\widehat{\beta_{2,1|3}}, \widehat{\beta_{2,2|3}}) \\ &= ④0.492842 + ⑤0.371787 - 2(⑥0.365095) \\ &= 0.134439\end{aligned}$$

이 된다. 이때 검정통계량값은 아래와 같이 계산된다.

$$W^*_{2,1|2} = \left(\frac{\widehat{\beta_{2,1|2}}}{\sqrt{\widehat{Var}(\widehat{\beta_{2,1|2}})}}\right)^2$$

$$= \left(\frac{-0.6924}{\sqrt{0.134439}}\right)^2 = 3.5661$$

검정통계량의 p-값은 $P(\chi^2_1 > W^*_{2,1|2} = 3.5661) = 0.0590$ 이 되므로 유의수준 0.05와 거의 차이가 없으므로 귀무가설의 채택 혹은 기각 여부를 확실히 결정할 수는 없게 된다. 즉, 새로운 구매 범주(1)과 수정 재구매 범주(2)를 구분하는 데 가격 탄력성(X_2)의 효과는 불확실하다고 판단된다.

2) 변수 효과에 대한 우도비 카이제곱검정

종속변수의 결과인 명목범주가 g개인 경우 j-번째 독립변수 X_j와 관련된 계수 $\beta_{j,m|r}$들은 $(g-1)$ 개가된다. j-번째 독립변수 X_j가 종속변수의 모든 결과를 구분하는 데 유의한 영향을 미치는지 여부를 검정하기 위해서 설정된 귀무가설은 아래와 같다.

$$H_o: \beta_{j,1|r} = \beta_{j,2|r} = \cdots = \beta_{j,g|r} = 0$$

위 가설을 검정하기 위해서 왈드 카이제곱검정을 사용하여 보자. 모든 명목범주에 대한 독립변수 X_j의 효과를 나타내는 최우추정계수벡터를 $\widehat{\boldsymbol{\beta}_j} = (\widehat{\beta_{j,1|r}}, \cdots, \widehat{\beta_{j,g|r}})'$라고 하면, $\widehat{\boldsymbol{\beta}_j}$ 벡터는 $(g-1)$개 추정된 기울기계수들로 구성된다. 또한 $\widehat{\boldsymbol{Cov}}(\widehat{\boldsymbol{\beta}_j})$는 벡터 $\widehat{\boldsymbol{\beta}_j}$의 추정된 공분산행렬이다. 독립변수 X_j는 모든 명목범주를 구분하는 데 영향이 없다는 귀무가설 $H_o: \boldsymbol{\beta}_j = \mathbf{0}$에 대한 왈드검정통계량 W_j는

$$W_j = \widehat{\boldsymbol{\beta}_j}' [\widehat{\boldsymbol{Cov}}(\widehat{\boldsymbol{\beta}_j})]^{-1} \widehat{\boldsymbol{\beta}_j} \tag{5.21}$$

이 되고, 귀무가설이 참일 때 W_j는 자유도가 $(g-1)$인 카이제곱분포인 χ^2_{g-1}에 따르게 된다.

이때 검정통계량값이 W_j^* 일 때 p-값은 $P(\chi_{g-1}^2 > W_j^*)$ 이 된다. 만약 p-값이 0 에 가까운 작은 값으로 구해지면 귀무가설을 강하게 기각할 수 있는 근거가 되며, 독립변수 X_j는 종속변수의 g개 범주구분에 유의한 영향을 미치는 변수로 평가하게 된다. 이제 [예제 5.2]에서 구한 최대우도 분산분석표(analysis of variance table)는 [표 5.13]과 같다. [표 5.13]에서 가격수준 (X_1)과 관련된 계수벡터의 귀무가설 $H_o: \boldsymbol{\beta}_1 = \mathbf{0}$에 대한 ⑦왈드검정에서 검정통계량값은 $W_j^* = 4.28$이고, p-값은 $P(\chi_2^2 > 4.28) = 0.1176$이 된다. 따라서 유의수준 0.05 에서 귀무가설을 기각할 수 있는 근거가 충분하지 않으므로 가격수준 (X_1)이 세가지 범주를 구분하는 데 유의한 변수라고는 판단할 수 없다. 반면에 가격 탄력성 (X_2)과 전반적인 서비스 (X_3)는 유의한 독립변수로 나타났다.

[표 5.13 : 최대우도 분산분석표]

Source	DF	Chi-Square	Prob
INTERCEPT	2	24.55	0.0000
⑦X1	2	4.28	0.1176
X2	2	16.71	0.0002
X3	2	18.97	0.0001
LIKELIHOOD RATIO	192	93.02	1.0000

3) 두개 범주의 결합여부에 대한 검정

종속변수가 g개 명목범주를 갖는 경우에는 특정한 두개 범주 p와 q사이의 구분이 유의한지 여부를 살펴볼 필요가 있다. 만약 두 범주사이의 구분이 불확실하다면 범주 q에 대한 범주 p의 로짓모형에서 절편을 제외한 k개 계수 $\beta_{1,p|q}, \cdots, \beta_{k,p|q}$들의 값이 모두 0 이라고 가정할 수 있고, 귀무가설은 아래와 같이 설정된다.

$$H_o: \beta_{1,p|q} = \cdots = \beta_{k,p|q} = 0$$

위 귀무가설을 참고범주 r에 대한 계수로 다시 표현할 수 있다.

$$H_o: (\beta_{1,p|r} - \beta_{1,q|r}) = \cdots = (\beta_{k,p|r} - \beta_{k,q|r}) = 0$$

귀무가설을 검정하기 위해서 다음과 같은 절차의 우도비 카이제곱방법을 사용하여보자. 첫번째로 모든 자료에서 범주 p 와 q 에 속한 자료만을 선택한다. 두번째로 선택된 자료에 대하여 로지스틱모형을 적합시킨다. 마지막으로 기울기 계수들이 동시에 0 인지 여부를 우도비 카이제곱 통계량으로 검정한다. 만약 검정통계량의 p-값이 0 에 가까운 매우 작은 값을 가지면, 두 범주사이에 차이가 없다는 귀무가설을 강하게 기각할 수 있는 근거가 된다.

[예제 5.2]에서 범주(1)과 범주(2)사이에 구분이 명확한지를 검정하여 보기 위해서 두 범주에 속한 자료만을 선택하여 로지스틱회귀모형을 적합시킨 다음 우도비 카이제곱 검정을 하여보자.

[표 5.14 : 두 범주 결합에 대한 우도비 카이제곱검정 결과]

Criterion	Intercept Only	Intercept and Covariates	Chi-Square for Covariates
AIC	93.435	59.270	.
SC	95.624	68.029	.
-2 LOG L	91.435	51.270	⑧40.164 with 3 DF (p=0.0001)
Score	.	.	30.186 with 3 DF (p=0.0001)

귀무가설 $H_o: \beta_{1,1|2} = \beta_{2,1|2} = \beta_{3,1|2} = 0$ 에 대한 검정통계량은 [표 5.14]에서 ⑧ $LR^* =$ 40.164이고, p-값은 0.0001 이다. 따라서 로지스틱모형에는 두 범주를 구분하는 데 유의한 독립변수가 포함되어있다고 판단할 수 있다. 따라서 새로운 구매 범주(1)과 수정 재구매 범주(2)는 유의한 차이가 있으므로 결합하는 것은 타당하지 않다고 판단할 수 있다.

5.3 순위 프로빗모형

평행회귀를 가정한 순위로짓모형에서는 독립변수들의 수준 $\boldsymbol{x}$ 에서 종속변수 결과가 특정 순위 m 이하인 누적확률을 로지스틱분포의 누적분포함수 $\Lambda(\alpha_m + \boldsymbol{x}'\boldsymbol{\beta})$ 로 다음과 같이 정의되었다.

$$P(Y \le m \mid \boldsymbol{x}) = \frac{\exp(\alpha_m + \boldsymbol{x}'\boldsymbol{\beta})}{1 + \exp(\alpha_m + \boldsymbol{x}'\boldsymbol{\beta})} = \Lambda(\alpha_m + \boldsymbol{x}'\boldsymbol{\beta}) \tag{5.22}$$

평행회귀를 가정한 순위프로빗모형(ordered probit model)에서는 독립변수들의 수준 $\boldsymbol{x}$에서 종속변수 결과가 특정 순위 m 이하인 누적확률을 표준정규분포의 누적분포함수인 $\Phi(\alpha_m + \boldsymbol{x}'\boldsymbol{\beta})$을 사용하여 아래와 같이 정의한다.

$$P(Y \le m \mid \boldsymbol{x}) = \Phi(\alpha_m + \boldsymbol{x}'\boldsymbol{\beta}) = \int_{-\infty}^{\alpha_m + \boldsymbol{x}'\boldsymbol{\beta}} \frac{1}{\sqrt{2\pi}} \exp\left(-\frac{t^2}{2}\right) dt \tag{5.23}$$

식 (5.23)을 사용하여 특정 순위 범주에 속할 확률은 아래와 같이 구해진다.

$$\begin{aligned}
\pi_1(\boldsymbol{x}) &= \Phi(\alpha_1 + \boldsymbol{x}'\boldsymbol{\beta}) = \int_{-\infty}^{\alpha_1 + \boldsymbol{x}'\boldsymbol{\beta}} \frac{1}{\sqrt{2\pi}} \exp\left(-\frac{t^2}{2}\right) dt \\
\pi_2(\boldsymbol{x}) &= \Phi(\alpha_2 + \boldsymbol{x}'\boldsymbol{\beta}) - \Phi(\alpha_1 + \boldsymbol{x}'\boldsymbol{\beta}) \\
\vdots & \qquad \qquad \vdots \\
\pi_m(\boldsymbol{x}) &= \Phi(\alpha_m + \boldsymbol{x}'\boldsymbol{\beta}) - \Phi(\alpha_{m-1} + \boldsymbol{x}'\boldsymbol{\beta}) \\
\vdots & \qquad \qquad \vdots \\
\pi_g(\boldsymbol{x}) &= 1 - \Phi(\alpha_{g-1} + \boldsymbol{x}'\boldsymbol{\beta})
\end{aligned}$$

순위프로빗모형에서 계수의 최우추정값은 순위로짓모형과 마찬가지로 뉴튼-랩슨방법을 사용하여 구하게 된다. 이제 [예제 5.1]에서 다루었던 문제를 프로빗 모형을 이용해서 다시 분석하여보자.

[예제 5.3] 프로빗모형 분석

기업 기획실에서는 연봉과 업무 만족도사이의 관계를 분석하기 위해서 14명에 대한 자료를 수집하였다. 업무 만족도 평가결과 (Y)는 순위척도로 불만족(1), 보통(2), 만족(3)등 세가지로 관측하였다. 또한 연봉수준 (X)의 단위는 백만원이다. 아래 자료에 대하여 프로빗모형을 적합시키고 아래 질문에 대하여 분석하여보자.

(1) 프로빗모형의 절편과 기울기에 대한 검정을 유의수준 0.05에서 왈드 검정하여라.
(2) 평행회귀 가정을 유의수준 0.05에서 스코어 카이제곱 검정을 하여라.
(3) 순위에 대한 예측된 확률을 계산하고, 분류표를 작성하여 정분류율을 계산하여라.
(4) 연봉수준이 10에서 5간격으로 60까지 변함에 따라 순위에 대한 확률과 기대 순위를 추정하여 그래프로 표현하여라.

□ SAS 프로그램(\program\ex5-3.sas)

```
DATA ONE;
 INPUT Y X @@;
CARDS;
1 15 1 30 2 20 2 30 1 40 3 45 3 49 1 16
1 20 2 40 3 55 2 56 1 24 2 31
;
RUN;
PROC LOGISTIC;
  MODEL Y = X/①LINK=NORMIT;  OUTPUT OUT=TWO P=PHAT;
RUN;
DATA THREE;
 SET TWO;
  IF _LEVEL_=1 THEN P1=PHAT; IF _LEVEL_=1;
RUN;
DATA FOUR;
 SET TWO;
  IF _LEVEL_=2 THEN P2=PHAT; IF _LEVEL_=2;
RUN;
DATA FIVE;
 METGE THREE FOUR;
 P2=P2-P1;  P3=1-P1-P2;
RUN;
DATA SIX;
 SET FIVE;
```

```
  IF P1 > P2 AND P1 > P3 THEN YHAT =1;
  IF P2 > P1 AND P2 > P3 THEN YHAT =2;
  IF P3 > P2 and P3 > P1 THEN YHAT =3;
RUN;
PROC PRINT;
 VAR Y X P1 P2 P3 YHAT;
RUN;
PROC FREQ;
  TABLES Y*YHAT/NOROW NOCOL NOPERCENT;
RUN;
```

프로빗모형을 설정하여 분석하기 위해서 PROC LOGISTIC의 MODEL문에서 옵션 ①LINK= NORMIT; 을 사용하였다. 나머지 프로그램은 순위로짓모형에서 사용된 것과 같다.

□ SAS 결과해석

(1) 순위프로빗모형의 계수 추정과 검정

[표 5.15 : 프로빗모형의 계수 추정과 검정결과]

Variable	DF	Parameter Estimate	Standard Error	Wald Chi-Square	Pr > Chi-Square
INTERCP1	1	2.4745	1.0416	5.6436	0.0175
INTERCP2	1	4.1351	1.3880	8.8759	0.0029
X	1	-0.0842	0.0312	7.2791	0.0070

평행회귀를 가정한 순위프로빗모형에서 구한 서로 다른 절편과 동일한 기울기계수에 대한 왈드검정 결과를 [표 5.15]에서 살펴보면 유의수준 0.05 에서 모두 유의한 것으로 나타났다. 또한 추정된 계수를 이용한 개별 순위에 대한 확률추정식은 아래와 같다.

$$\widehat{\pi}_1(X) = \Phi(2.4745-0.0842X) = \int_{-\infty}^{2.4745-0.0842X} \frac{1}{\sqrt{2\pi}} \exp\left(-\frac{t^2}{2}\right) dt$$

$$\widehat{\pi}_1(X) + \widehat{\pi}_2(X) = \Phi(4.1351-0.0842X)$$

$$\widehat{\pi}_2(X) = \Phi(4.1351-0.0842X) - \Phi(2.4745-0.0842X)$$

$$= \int_{-\infty}^{4.1351-0.0842X} \frac{1}{\sqrt{2\pi}} \exp\left(-\frac{t^2}{2}\right)dt - \int_{-\infty}^{2.4745-0.0842X} \frac{1}{\sqrt{2\pi}} \exp\left(-\frac{t^2}{2}\right)dt$$

$$\widehat{\pi}_3(X) = 1 - \widehat{\pi}_2(X) - \widehat{\pi}_3(X)$$

(2) 평행회귀 가정에 대한 스코어 카이제곱 검정

```
Score Test for the Equal Slopes Assumption
 Chi-Square = ①0.1364 with 1 DF (②p=0.7119)
```

프로빗모형에서 두가지 비교범주에서 기울기 계수가 동일하다는 평행회귀 가정을 검정하기 위해서 귀무가설 H_o: $\beta_1 = \beta_2 = \beta$을 설정한다. 스코어 카이제곱 검정통계량값은 ①0.1364이고, p-값이 ②0.7119로 매우 크기 때문에 귀무가설을 강하게 채택할 수 있는 근거가 된다. 따라서 설정된 프로빗 모형에서 평행회귀 가정에 대한 위반이 있다고는 판단할 수 없다.

(3) 순위에 대한 예측된 확률계산과 분류표 작성

[표 5.16 : 관측 순위와 예측확률]

OBS	Y	X	P1	P2	P3	YHAT
1	1	15	0.88708	0.11088	0.00204	1
2	1	30	0.47918	0.46695	0.05387	1
3	2	20	0.78525	0.20762	0.00713	1
4	2	30	0.47918	0.46695	0.05387	1
5	1	40	0.18553	0.59267	0.22180	2
6	3	45	0.09415	0.54080	0.36504	2
7	3	49	0.04922	0.45402	0.49676	3
8	1	16	0.87011	0.12723	0.00266	1
9	1	20	0.78525	0.20762	0.00713	1
10	2	40	0.18553	0.59267	0.22180	2
11	3	55	0.01547	0.29404	0.69049	3
12	2	56	0.01248	0.26799	0.71954	3
13	1	24	0.67477	0.30796	0.01727	1
14	2	31	0.44573	0.49053	0.06373	2

순위에 대한 예측확률과 예측순위에 대한 출력결과는 [표 5.16]과 같다. 예를 들면, 첫번째 자료에서 구한 순위 1 에 속할 확률에 대한 예측은 $\widehat{\pi}_1(X) = 0.88708$ 로 다른 순위에 대한 확률 예측값과 비교해서 매우 크므로 예측순위는 $\widehat{Y} = 1$ 로 분류된다. 관측순위 (Y)와 예측순위 ($\widehat{Y}$)를 비교한 분류표는 [표 5.16]과 같다. 분류표에서 계산된 정분류율은 $(9/14) \times 100\% = 64.3\%$ 로 순위로짓모형에서 구한 정분류율과 동일한 결과로 나타났다.

[표 5.17 : 순위프로빗모형에 의한 분류표]

Y \ YHAT Frequency	1	2	3	Total
1	5	1	0	6
2	2	2	1	5
3	0	1	2	3
Total	7	4	3	14

(4) 연봉수준이 10에서 5 간격으로 60 까지 변함에 따라 개별 순위에 대한 확률과 기대순위 추정은 [표 5.18]과 같다(파일 ex5-1.xls의 sheet2 참조).

[표 5.18 : 순위 확률과 기대순위 추정 결과]

X	10	15	20	25	30	35	40	45	50	55	60
$\widehat{\pi}_1(X)$	0.949	0.887	0.785	0.644	0.479	0.318	0.186	0.094	0.041	0.016	0.005
$\widehat{\pi}_2(X)$	0.051	0.111	0.207	0.335	0.467	0.564	0.593	0.541	0.429	0.294	0.175
$\widehat{\pi}_3(X)$	0.000	0.002	0.007	0.021	0.054	0.117	0.222	0.365	0.530	0.690	0.820
$\widehat{E}(Y \mid X)$	1.052	1.115	1.222	1.377	1.574	1.799	2.036	2.270	2.489	2.674	2.815

프로빗모형에서 구한 순위추정 확률곡선은 [그림 5.7]과 같다. 그리고 프로빗모형에서 구한 기대순위 추정곡선과 순위로짓모형에서 구한 기대순위 추정곡선을 비교하면 [그림 5.8]과 같이 거의 같음을 알 수 있다.

[그림 5.7] 순위추정 확률곡선

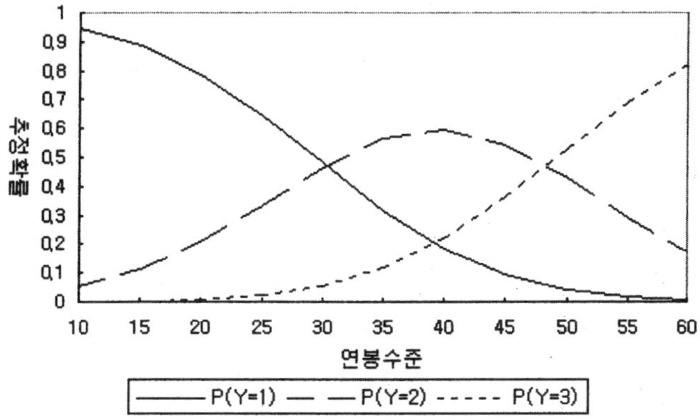

[그림 5.8] 기대순위 추정곡선 비교

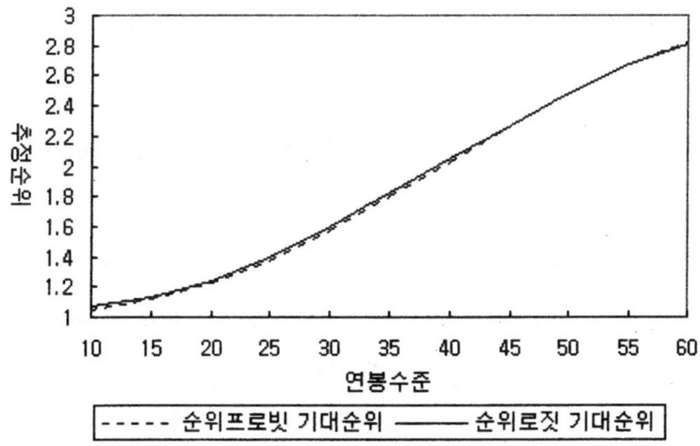

5.4 적용분야

종속변수의 결과가 세가지 이상으로 분류되는 경우에 로지스틱회귀모형의 확장으로 로짓모형 혹은 프로빗모형을 사용하게 되고, 종속변수 결과의 척도가 순위척도 혹은 명목척도에 따라 적절한 모형을 선택하게 된다. 이때 유의할 점은 순위로짓모형 혹은 순위프로빗모형의 기본가정은 개별 범주에 대하여 절편만 다르고 기울기 계수들은 동일하다는 평행회귀를 가정을 하고, 다항로짓모형에서는 개별 범주마다 절편과 기울기 계수들이 동일하지 않다는 가정을 한다. 만약 종속변수가 순위척도인 경우에 다항로짓모형을 사용한 경우에는 순위척도의 정보가 무시되기 때문에 효율성을 상실하게 된다. 반면에 명목척도인 경우에 순위로짓모형을 사용하게 되면 계수 추정값의 결과는 편의(biased)되거나 해석상의 문제가 있게 된다. 그러나 종속변수의 서열성이 명확하지 않은 경우에는 다항로짓모형을 사용함으로서 발생될 수 있는 효율성의 감소 크기는 편의 증가보다 작을 수 있다는 것을 유의하기 바란다. 따라서 서열척도와 명목척도의 구분이 명확하기 않은 경우에는 우선 평행회귀가정이 성립되는지를 검정할 필요가 있다. 다항로짓모형 혹은 프로빗모형의 분석목적은 제2장 5절에서 설명한 로지스틱모형 경우와 같다. 이제부터 로짓모형 혹은 순위프로빗모형에 적용될 수 있는 주요 분야에 대하여 요약하면 아래와 같다.

1) 기업 직무만족도 평가를 위한 순위로짓모형(혹은 순위프로빗모형)의 구축

기업에서는 사원들의 직무만족도 평가를 위한 모형을 구축하기 위해서 직무만족도에 영향을 미칠 수 있는 여러 변수들을 고려하게 된다. 직무만족도 평가는 일반적으로 매우 불만족 수준에서부터 매우 만족 수준까지 5가지 서열척도로 측정되었다. 첫번째 분석목적은 순위로짓모형(혹은 순위프로빗모형)을 이용해서 직무만족도에 유의한 영향을 미치고 있는 변수를 선택하여, 개별변수가 직무만족도에 미치는 효과를 분석하는 것이다. 두번째 분석목적은 주어진 독립변수들의 수준에서 직무만족도 수준이 관측될 확률을 추정 혹은 예측하는 것이다. 마지막으로 분야별 혹은 직급별로 자료를 분류한 다음 순위로짓모형(혹은 순위프로빗모형)을 적용하여 직무만족도에 유의한 영향을 미치는 변수들을 결정하여 그 원인을 분석하는 것이다. 분석결과를 이용하여 직무 만족도 수준을 높일 수 있는 인력관리, 성과관리, 업무지원 등에 관한 정책을 개발할 수 있을 것이다. 이때 종속변수와 독립변수의 수준은 5가지 서열척도로 측정된다.

▷ **종속변수의 구분 :** 직무만족도 수준(매우 불만 1, 불만 2, 보통 3, 만족 4, 매우 만족 5)

▷ 가능한 독립변수 : 인사관리(고과기준의 합리성, 평가자의 공정성), 인력관리(최근 퇴직율, 인력배치의 효율성, 인력개발 프로그램의 수준), 근무의도(근무의욕 수준, 근무 책임감, 근무 자율성), 신뢰관계(상사에 대한 신뢰, 상사의 직무 전문성, 동료와의 관계), 성과관리(성과기준의 합리성, 성과판정의 명확성, 성과보상 수준), 업무지원(작업환경 수준, 부서간 협조, 관리지원부서의 서비스 수준), 직급별(6급-1급), 분야별(관리, 영업, 생산, 연구개발, 기획) 등.

(2) 벤처기업의 기술가치등급을 판별하기 위한 순위로짓모형 (혹은 순위프로빗모형, 다항로짓모형)의 구축

기술가치평가는 중소기업 혹은 벤처기업의 개별기술(기술적인 정보 또는 자료, 기술적인 용역, 기술적인 지원 등을 포함하는 노하우와 컴퓨터프로그램을 포함)을 대상으로 그 기술이 어떠한 가치를 지니고 있으며, 상업성이 있는 기술인가를 판단하는 작업을 의미한다. 기술가치등급은 지적재산과 무형자산을 담보로 금융대출에 사용되거나, 기술거래를 위한 자산의 가치로 활용될 수 있다. 기술가치등급은 일반적으로 낮은수준, 평균수준, 높은수준으로 구분되고, 기술가치등급에 영향을 미칠 수 있는 평가항목으로 기술성 평가, 사업성평가, 시장성 평가 등을 고려할 수 있을 것이다. 분석을 위해서 기술가치등급에 속하는 자료를 수집한 후 순위로짓모형(혹은 순위프로빗모형, 다항로짓모형)을 적합시킬 수 있을 것이다. 분석목적은 기술가치등급에 유의한 영향을 미칠 수 있는 평가항목의 상대적 중요도 평가와 개별 평가항목의 효과분석, 주어진 평가항목에서 개별 기술가치등급에 속할 확률을 추정 혹은 예측할 수 있을 것이다. 이러한 분석은 경쟁기업의 기술격차, 기술동향 등을 수시로 파악하여 자사 경쟁력을 제고할 수 있을 것이다. 이때 종속변수와 독립변수들은 아래와 같이 설정될 수 있다.

▷ 종속변수의 구분 : 기술가치등급(낮다 1, 평균 2, 높다 3)

▷ 가능한 독립변수 : 기술성평가(기술 및 특허권 권리의 지배력, 기술의 완성도와 신뢰성, 대체 혹은 유사기술의 존재 및 우위성, 기술개발의 실증력 및 개발단계, 기술수명), 사업성평가(생산의 용이성, 제품의 가격경쟁력, 제품의 부가가치와 수익실현 가능성, 효율적인 생산체제구축, 사업투자의 매력정도), 시장성평가(해당기술 시장환경변화, 기업의 지원여건, 제품의 시장성과 성장성, 제품생산과 판매에 대한 법적규제, 소비자 수용도 및 제약조건, 해당분야 성장여건) 등.

3) 점포선택행위에 대한 설명과 예측을 위한 다항로짓모형의 구축

소비자들은 구매에 앞서 여러 대형점포들 중에서 하나를 선택하게 된다. 대형점포에서는 소비자들의 점포선택행위를 이해하고 선택확률을 예측하여 소비자 지향적 경영전략을 수립하고자 한다. 소비자들의 선택행위를 조사하기 위해서 특정지역 아파트에 거주하는 30-50대의 주부들을 표본으로 조사한다. 분석목적은 소비자들의 선택행위에 유의한 영향을 미치는 변수의 선택과 개별변수의 효과분석을 하여 선택 가능성을 높일 수 있는 마케팅 전략을 수립하는 것이다. 이때 종속변수와 독립변수들은 아래와 같이 설정될 수 있다.

▷ 종속변수의 구분 : 대형점포 구분(A, B, C, D, E)

▷ 가능한 독립변수 : 점포관련속성(왕복시간, 제품의 질, 제품의 다양성, 가격수준, 유명상품종류, 점원의 서비스, 애프터서비스, 차량제공여부, 할인판매 회수), 소비자관련속성(소득수준, 나이수준, 자가운전여부, 가족규모, 직업여부) 등.

4) 경영대학원(M.B.A) 입학여부를 예측할 수 있는 다항로짓모형의 구축

경영대학원에서는 M.B.A 과정 지원자가 제출한 여러 평가자료에 근거해서 합격, 보류, 불합격 등을 결정하게 된다. 주요 경영대학원에서 수집된 입시관련 자료에 다항로짓모형을 적합시킨 다음, 입학에 유의한 영향을 미치는 변수의 선택과 개별 변수의 효과분석을 할 수 있을 것이다. 또한 추정된 모형을 이용해서 특정 지원자의 자료가 주어진다면 입학될 확률을 사전에 예측할 수 있을 것이다. 이때 종속변수와 독립변수들은 아래와 같이 설정될 수 있다.

▷ 종속변수의 구분 : 입학여부 구분(합격 1, 보류 2, 불합격 3)

▷ 가능한 독립변수 : 전학년 평균평점, 경영대학원 자격시험(GMAT), 영어시험(TOFEL), 직장경험연수, 추천서 수준, 재정상태 수준, 나이, 성별 등

연습문제

5.1 회사 영업부서에서는 영업사원의 영업실적과 잠재적인 능력사이에 높은 상관관계가 있다는 판단아래 영업사원들의 잠재적인 능력을 평가하기 위해서 두가지 평가시험을 실시하였다. 영업사원 50명을 무작위로 추출하여 추론능력 평가시험 (X_1)과 계량분석능력 평가시험 (X_2)을 실시하였다. 또한 영업실적평가 (Y) 구분은 영업수익성을 기준으로 "1=미달, 2=보통, 3=우수"로 구분하였다. 순위로지스틱모형과 프로빗모형을 자료에 적합시켜 아래 질문에 답하여라. 자료는 \data\p5-1.dat 에 분석파일은 \problem\p5-1.sas 에 저장되어있다.

(1) 설정된 순위로짓모형을 최우추정법에 의해서 추정한 후 절편과 기울기에 대해서 유의수준 0.05에서 왈드 카이제곱 검정하여라.

(2) 추정된 기울기 회귀계수들을 해석하여라.

(3) 설정된 순위로짓모형에서 평행회귀 가정을 유의수준 0.05에서 스코어 카이제곱검정을 하여라.

(4) 개별 자료가 주어졌을 때 영업실적평가 순위에 대한 예측확률을 출력하고, 분류표에서 정분류율을 계산하여라.

(5) 추론능력 평가시험 (X_1)이 14점이고, 계량분석능력 평가시험 (X_2)이 10점에서 50점까지 변함에 따라 개별 영업실적평가 순위에 대한 확률을 그래프로 표현하여라.

Variable	Mean	Minimum	Maximum
X1	14.18	5.00	20.00
X2	29.76	9.00	51.00

(6) 계량분석능력 평가시험 (X_2)이 30점이고 추론능력 평가시험 (X_1)이 5점에서 20점까지 변함에 따라 개별 영업실적평가의 기대순위 추정을 Excel을 사용하여 그래프로 표현하여라.

(7) 추론능력 평가시험 (X_1)이 18점이고 계량분석능력 평가시험 (X_2)이 40점일 때 영업실적평가 순위에 대한 확률을 계산하고 막대그래프로 표현하여라.

(8) 자료에 순위 프로빗모형을 적합시켜 (1)-(7)과 같은 분석을 다시 하여라.

[SAS 프로그램 : \problem\p5-1.sas]

```
DATA ONE;
 INFILE 'A:\DATA\P5-1.DAT';
 INPUT X1 X2 Y @@;
RUN;
PROC LOGISTIC;
 MODEL Y=X1 X2;
  OUTPUT OUT=TWO P=PHAT;
RUN;
DATA THREE;
 SET TWO;
  IF _LEVEL_=1 THEN P1=PHAT;
  IF _LEVEL_=1;
RUN;
DATA FOUR;
 SET TWO;
  IF _LEVEL_=2 THEN P2=PHAT;
  IF _LEVEL_=2;
RUN;
DATA FIVE;
 METGE THREE FOUR;
  P2=P2-P1;
  P3=1-P1-P2;
RUN;
PROC PRINT;
 VAR X1 X2 Y P1 P2 P3;
RUN;
DATA SIX;
 SET FIVE;
```

```
    IF P1 > P2 AND P1 > P3 THEN YHAT =1;
    IF P2 > P1 AND P2 > P3 THEN YHAT =2;
    IF P3 > P2 and P3 > P1 THEN YHAT =3;
RUN;
PROC FREQ;
  TABLES Y*YHAT/NOROW NOCOL NOPERCENT;
RUN;
```

5.2 기업에서 발행된 채권(bond)의 등급평가는 채권의 특수성을 감안하여 채권의 약관내용과 운영 및 재무상태 등이 평가요소로 이용되고 있다. 채권등급은 기관 포트폴리오 관리자가 채권의 위험수준을 평가하는 지표로 자주 사용되어진다. 미국의 신용조사기관의 하나인 Moody's 등급은 신용도가 높은 순서로 Aaa, Aa, A, Baa, Ba, B, Caa, Ca, C 등급으로 대분류된다. 디스켓 \data\p5-2.dat 에 저장된 자료는 1987년 Moody's Industrial Manual에서 130개 기업채권에 대하여 조사한 것이다. 자료에 포함된 종속변수는 (Aaa, Aa, A)인 경우를 $Y=1$, (Baa)인 경우를 $Y=2$, (Ba, Caa, Ca, C)인 경우를 $Y=3$ 으로 표시되었다. 채권등급에 영향을 미칠 수 있는 독립변수는 아래와 같고, 주식등급은 1986년도 자료이고, 나머지 독립변수들은 5년간 산술평균을 이용하였다. 레버리지척도, 불안정척도와 주식등급은 낮을수록 우량채권일 가능성이 있고, 수익성척도는 높을수록 우량채권일 가능성이 커지게 된다. SAS 분석파일은 \problem\p5-2.sas 에 저장되어있다.

종속변수 : $Y=1$(Aaa, Aa, A, Baa), $Y=2$(Baa), $Y=3$(Ba, Caa, Ca, C)
독립변수 : X_1=총자산규모(1억달러), X_2=레버리지척도(장기부채/총자본)
X_3=수익성척도(순이익/총자산) , X_4=불안정척도(순이익변동계수)
X_5=주식등급(1-6척도)

(1) 종속변수의 구분이 순위척도라고 가정한 순위로짓모형을 최우추정법에 의해서 추정한 후 절편과 기울기에 대해서 유의수준 0.05에서 왈드 카이제곱 검정하여라.

(2) 설정된 순위로짓모형에서 평행회귀 가정을 유의수준 0.05에서 스코어 카이제곱검정을 하여라.

(3) 후진소거법(SELECTION=BACKWARD)을 사용해서 적절한 최종모형을 결정하고, 추정된 계수를 해석하여라.

(4) 독립변수 (X_1, X_5)를 포함한 최종 순위로짓모형에서 개별 자료가 주어졌을 때 순위에 대한 예측확률을 출력하고, 분류표에서 정분류율을 계산하여라.

(5) 위 분석에서 평행회귀 가정이 크게 위반되었기 때문에 자료에 다항로짓모형을 적합시켜서 독립변수가 세가지 범주를 구분하는 데 유의한지 여부를 유의수준 0.05에서 검정하여라.

(6) 독립변수 (X_1, X_2, X_5)를 포함한 다항로짓모형에서 개별 자료가 주어졌을 때 순위에 대한 예측확률을 출력하고, 분류표에서 정분류율을 계산하여 (4)의 결과와 비교하여라.

(7) 추정된 다항로짓모형에서 $X_1 = 5694$, $X_2 = 0.306$ 으로 고정시키고, X_5가 1부터 6까지 변화했을 때 각 범주에 속할 확률을 그래프로 표시하여라(Excel 사용).

[SAS 프로그램 : \problem\p5-2.sas]

```
DATA ONE;
 INFILE 'A:\DATA\P5-2.DAT';
INPUT X1-X5 Y;
;
RUN;
PROC LOGISTIC;
 MODEL Y=X1 X2 X3 X4 X5;
RUN;
PROC LOGISTIC;
 MODEL Y=X1 X2 X3 X4 X5/SELECTION=BACKWARD;
RUN;
PROC LOGISTIC;
 MODEL Y=X1 X5;
  OUTPUT OUT=TWO P=PHAT;
RUN;
DATA THREE;
 SET TWO;
  IF _LEVEL_=1 THEN P1=PHAT;
  IF _LEVEL_=1;
RUN;
DATA FOUR;
 SET TWO;
  IF _LEVEL_=2 THEN P2=PHAT;
  IF _LEVEL_=2;
RUN;
```

```
DATA FIVE;
 METGE THREE FOUR;
  P2=P2-P1;
  P3=1-P1-P2;
RUN;
PROC PRINT;
 VAR X1-x5 Y P1 P2 P3;
RUN;
DATA SIX;
 SET FIVE;
  IF P1 > P2 AND P1 > P3 THEN YHAT =1;
  IF P2 > P1 AND P2 > P3 THEN YHAT =2;
  IF P3 > P2 and P3 > P1 THEN YHAT =3;
RUN;
PROC FREQ;
  TABLES Y*YHAT/NOROW NOCOL NOPERCENT;
RUN;
PROC CATMOD DATA=ONE;
 DIRECT X1-X5;
 MODEL Y=X1-X5/NOGLS PRED=PROB NODESIGN;
RUN;
PROC CATMOD DATA=ONE;
 DIRECT X1-X5;
 MODEL Y=X1 X2 X5/NOGLS PRED=PROB NODESIGN;
RUN;
DATA SEVEN;
 SET ONE;
 G1=6.5773+0.00022*X1-4.9196*X2-1.5305*X5;
 G2=-12.5256-0.00009*X1+9.5085*X2+2.3389*X5;
 EG1=EXP(G1); EG2=EXP(G2); SUM=1+EG1+EG2;
 P1=EG1/SUM; P2=EG2/SUM; P3=1/SUM;
  IF P1 > P2 AND P1 > P3 THEN YHAT =1;
  IF P2 > P1 AND P2 > P3 THEN YHAT =2;
  IF P3 > P2 and P3 > P1 THEN YHAT =3;
RUN;
PROC PRINT;
 VAR X1-X5 Y P1 P2 P3;
RUN;
PROC FREQ;
  TABLES Y*YHAT/NOROW NOCOL NOPERCENT;
RUN;
```

5.3 1982년 미국에서는 남성들의 직업선택과 영향을 미칠 수 있는 변수사이의 관계를 분석하기 위해서 306명을 조사하였다. 조사된 자료에서 직업구분과 분포는 노동직 ($Y=1: 22.5\%$), 기능직 ($Y=2: 27.5\%$), 사무직 ($Y=3: 50\%$)이다. 직업선택에 영향을 미칠 수 있는 변수는 직업경력연수(X_1 : 나이-교육연수-5), 교육연수(X_2 : 정규교육연수) 등이다. 자료에 다항로짓모형을 적합시켜 아래 질문에 답하여라. 자료는 \data\p5-3.dat에 분석파일은 \problem\p5-3.sas에 저장되어있다.

(1) 다항로짓모형을 최우추정법에 의해서 계수를 추정하고, 유의수준 0.05에서 검정하여라.
(2) 추정된 개별계수들을 해석하여라.
(3) 세가지 직업구분에 대한 개별 독립변수들의 효과를 우도비 카이제곱 검정하여라.
(4) 노동직과 기능직 두개 범주 결합여부에 대한 우도비 카이제곱 검정을 하여라.
(5) 개별 자료에 대해서 각 범주에 속할 확률을 추정하고, 분할표를 작성하여 정분류율을 계산하여라.
(6) 교육연수를 13년으로 고정하고, 직업경력연수가 10에서 60으로 변함에 따라 각 범주에 속할 확률 그래프를 Excel을 사용해서 작성하여라.

[SAS 프로그램 : \problem\p5-3.sas]

```
DATA ONE;
 INFILE 'A:\DATA\P5-3.DAT';
 INPUT X1-X2 Y;
RUN;
PROC CATMOD;
 DIRECT X1-X2;
 MODEL Y=X1-X2/NOGLS ML NODESIGN;
RUN;
DATA TWO;
 SET ONE;
 IF Y=1 OR Y=2;
RUN;
PROC LOGISTIC;
 MODEL Y=X1-X2;
RUN;
DATA FOUR;
 SET ONE;
```

```
   G1=9.7171-0.0370*X1-0.7604*X2;
   G2=6.3560-0.00290*X1-0.5215*X2;
   EG1=EXP(G1); EG2=EXP(G2);
   SUM=1+EG1+EG2; P1=EG1/SUM; P2=EG2/SUM;
   P3=1/SUM;
   IF P1>P2 AND P1>P3 THEN YHAT=1;
   IF P2>P1 AND P2>P3 THEN YHAT=2;
   IF P3>P1 AND P3>P2 THEN YHAT=3;
RUN;
PROC PRINT;
  VAR X1-X2 Y P1 P2 P3 YHAT;
RUN;
PROC FREQ;
  TABLES Y*YHAT/NOCOL NOROW NOPERCENT;
RUN;
```

5.4 종합병원에서는 당뇨병 검사를 받은 145명을 대상으로 \data\p5-4.dat 와 같은 자료를 수집하였다. 당뇨병 검사 결과를 근거로 당뇨확정($Y=1$), 잠재($Y=2$), 정상($Y=3$)으로 분류하였고, 검사는 상대적 몸무게(X_1 : 신장에 대한 평균 몸무게에 대한 실제 몸무게 비율), 혈장 포도당 검사(X_2), 혈장 인슐린(X_3) 등이었다. 자료에 순위로짓모형 혹은 다항 로짓모형을 적합시켜 아래 질문에 답하여라. 분석은 \problem\p5-4.sas에 저장되어있다.

(1) 정상범주를 참고범주로 한 순위로짓모형을 최우추정법에 의해서 추정한 후 절편과 기울기에 대해서 유의수준 0.05에서 왈드 카이제곱 검정하여라.

(2) 단계별 선택법에 의하여 변수를 선택하여 최종모형을 결정하여라.

(3) 혈장 포도당 검사(X_2)만 포함한 최종 순위로짓모형에서 추정된 기울기 절편과 기울기 계수를 해석하여라.

(4) 최종 순위로짓모형에서 평행회귀 가정을 유의수준 0.05에서 스코어 카이제곱검정을 하여라.

(5) 개별 자료가 주어졌을 때 각 범주에 대한 예측확률을 출력하고, 분류표에서 정분류율을 계산하여라.

(6) 혈장 포도당 검사의 변화에 따라 각 범주에 속할 확률 그래프를 작성하여라.

[SAS 프로그램 : \problem\p5-4.sas]

```
DATA ONE;
 INFILE 'A:\DATA\P5-4.DAT';
 INPUT X1 X2 X3 Y @@;
RUN;
PROC LOGISTIC;
 MODEL Y=X1 X2 X3/DELECTION=STEPWISE;
  OUTPUT OUT=TWO P=PHAT;
RUN;
DATA THREE;
 SET TWO;
  IF _LEVEL_=1 THEN P1=PHAT;
  IF _LEVEL_=1;
RUN;
DATA FOUR;
 SET TWO;
  IF _LEVEL_=2 THEN P2=PHAT;
  IF _LEVEL_=2;
RUN;
DATA FIVE;
 METGE THREE FOUR;
  P2=P2-P1;
  P3=1-P1-P2;
RUN;
PROC PRINT;
 VAR X2 Y P1 P2 P3;
RUN;
DATA SIX;
 SET FIVE;
  IF P1 > P2 AND P1 > P3 THEN YHAT =1;
  IF P2 > P1 AND P2 > P3 THEN YHAT =2;
  IF P3 > P2 and P3 > P1 THEN YHAT =3;
RUN;
PROC FREQ;
  TABLES Y*YHAT/NOROW NOCOL NOPERCENT;
RUN;
PROC PLOT DATA=FIVE HPERCENT=70 VPERCENT=50;
 PLOT P1*X2='*' P2*X2='+'
  P3*X2='-'/OVERLAY;
RUN;
```

5.5 생태학자는 악어가 성장수준과 성별의 구분이 먹이 선택에 영향을 미치는지 여부를 조사하였다. 성장한 악어는 주로 포유류, 물새, 개구리, 어류 등을 먹이로 하고, 새끼 악어는 갑각류, 곤충 등을 먹이로 하는 것으로 알려져 있다. 악어의 성장수준 (X_1)은 전체 길이(미터)로 측정되었고, 성별 (X_2)은 수컷이 1로 암컷이 0로 표시하였다. 또한 주요 먹이 선택 (primary food choice : Y)은 어류가 먹이 선택인 경우는 F, 무척추 동물인 경우에는 I, 기타 잡식인 경우에는 O로 구분하였다. 자료는 \data\p5-5.dat에 SAS 분석은 \problem\p5-5.sas 에 저장되어있다.

(1) 자료에 다항로짓모형을 적합시켜 악어의 먹이 선택이 성장수준과 성별에 유의한 영향을 받는지 유의수준 0.05에서 검정하여라.
(2) 악어의 먹이선택과 성장수준사이의 관계를 분석하기 위해서 다항로짓모형을 사용하고, 추정된 계수를 해석하여라(참고범주는 O).
(3) 성장수준 (X_1)이 주어졌을 때 먹이 선택 확률을 추정하고, 그래프로 표시하여라.
(4) 추정된 확률을 이용해서 분할표를 작성하여라.
(5) 먹이선택 구분 중 F 와 O 가 결합될 수 있는지를 검토하여라.

[SAS 프로그램 : \problem\p5-5.sas]

```
DATA ONE;
 INFILE 'A:\DATA\P5-5.DAT';
 INPUT X1 X2 Y$ @@;
RUN;
PROC CATMOD;
 DIRECT X1 X2;
 MODEL Y=X1 X2/NOGLS ML PRED=PROB NODESIGN;
RUN;
PROC CATMOD;
 DIRECT X1 X2;
 MODEL Y=X1 /NOGLS ML PRED=PROB NODESIGN;
RUN;
DATA TWO;
 SET ONE;
  G1=0.9985+0.0848*X1;
  G2=5.1809-2.3884*X1;
  EG1=EXP(G1); EG2=EXP(G2); SUM=1+EG1+EG2;
```

```
   P1=EG1/SUM; P2=EG2/SUM; P3=1/SUM;
   IF P1>P2 AND P1>P3 THEN YHAT='F';
   IF P2>P1 AND P2>P3 THEN YHAT='I';
   IF P3>P1 AND P3>P2 THEN YHAT='O';
RUN;
PROC PRINT;
 VAR X1 Y P1 P2 P3 YHAT;
RUN;
PROC FREQ;
 TABLES Y*YHAT/NOCOL NOROW NOPERCENT;
RUN;
PROC PLOT HPERCENT=70 VPERCENT=50;
 PLOT P1*X1='F' P2*X1='I' P3*X1='O'/OVERLAY;
RUN;
DATA THREE;
 SET ONE;
  IF Y='I' THEN DELETE;
RUN;
PROC LOGISTIC;
 MODEL Y=X1;
RUN;
```

APPLIED LOGISTIC REGRESSION ANALYSIS

제 6 장

그룹화자료에 대한 로지스틱모형

본 장에서는 주어진 독립변수의 수준에서 어떤 사건이 발생될 경우를 반복적으로 관측된 자료에 대하여 로지스틱모형을 적합시키는 경우를 설명하도록 하겠다. 첫번째 경우는 종속변수가 어떤 사건이 발생될 표본비율로 관측된 자료에 대한 로지스틱모형의 적용, 두번째 경우는 모형에 포함된 독립변수들이 모두 범주형변수이고, 종속변수는 어떤 사건이 발생된 도수로 관측된 분할표에 대한 로지스틱모형의 적용, 마지막으로 분할표에서 종속변수가 순위척도를 갖는 자료에 대한 로지스틱모형의 적용 등에 대하여 설명하도록 하겠다.

6.1 비율에 대한 로지스틱 모형

주어진 독립변수의 수준에서 반복적인 종속변수의 관측자료가 주어진 경우를 생각해 보자. 이때 어떤 사건이 발생할 확률은 독립변수 $X_1, X_2, \cdots, X_k$의 함수로 표시될 수 있고, 자료의 형태는 아래와 같이 표현된다.

$$
\begin{array}{cccccc}
n_1 & r_1 & X_{11} & X_{21} & \cdots & X_{k1} \\
n_2 & r_2 & X_{12} & X_{22} & \cdots & X_{k2} \\
\vdots & \vdots & \vdots & \vdots & \vdots & \vdots \\
n_s & r_s & X_{1s} & X_{2s} & \cdots & X_{ks}
\end{array}
$$

여기서 $r_1, r_2, \cdots, r_s$은 $n_1, n_2, \cdots, n_s$번 시행한 결과 어떤 사건이 발생된 각각의 도수를 의미하고, 매번 시행을 할 때마다 독립변수의 수준은 변하게 된다. 이러한 자료구조를 갖는 몇 가지 실험의 예를 들어보자. 제약부분에서는 여러 약재의 혼합수준이 특정 질병의 치유율과 어떤 연관성이 있는지를 분석하고자 할 것이다. 생산공정부분에서는 작업환경과 불량률에 관한 실험자료를 구하여 불량률을 최소화하기 위한 전략을 마련하고자 할 것이다. 마케팅부분에서는 제품의 할인쿠폰 수준과 할인쿠폰의 회수율의 연관성을 조사하여 할인쿠폰 수준을 합리적으로 결정하기 위한 전략을 마련하고자 할 것이다. 모든 예에서 관심사는 어떤 사건이 발생될 확률과 독립변수의 수준과 어떤 관련성이 있는지를 분석하는 것이다. 본절에서는 어떤 특정사건이 발생된 회수로 관측된 자료에 로지스틱모형을 적합시켜 분석하는 절차에 대하여 설명하도록 하겠다.

6.1.1 로지스틱모형의 추정

i-번째 그룹의 독립변수 수준 $\boldsymbol{x}_i = (X_{1i}, X_{2i}, \cdots, X_{ki})'$ 에서 어떤 사건이 발생될 확률에 대한 로지스틱모형은 아래와 같이 설정된다.

$$\begin{aligned}\pi(\boldsymbol{x}_i) &= \frac{\exp(\boldsymbol{x}_i'\boldsymbol{\beta})}{1+\exp(\boldsymbol{x}_i'\boldsymbol{\beta})} \\ &= \frac{\exp(\beta_o+\beta_1X_{1i}+\cdots+\beta_kX_{ki})}{1+\exp(\beta_o+\beta_1X_{1i}+\cdots+\beta_kX_{ki})} \qquad i=1,2,\cdots,s\end{aligned} \tag{6.1}$$

식(6.1)에서 계수를 최대우도법을 사용해서 추정하는 절차에 대하여 설명하도록 하자. i-번째 그룹인 경우 시행회수 n_i에서 어떤 사건이 발생된 회수가 r_i번이고, 발생되지 않은 회수가 $n_i - r_i$번이었을 때 해당그룹의 우도 $L_i(\boldsymbol{\beta})$는

$$\begin{aligned}L_i(\boldsymbol{\beta}) &= [\pi(\boldsymbol{x}_i)]^{r_i}[1-\pi(\boldsymbol{x}_i)]^{n_i-r_i} \\ &= \left[\frac{\exp(\boldsymbol{x}_i'\boldsymbol{\beta})}{1+\exp(\boldsymbol{x}_i'\boldsymbol{\beta})}\right]^{r_i}\left[\frac{1}{1+\exp(\boldsymbol{x}_i'\boldsymbol{\beta})}\right]^{n_i-r_i}\end{aligned} \tag{6.2}$$

이 되므로, s개 모든 그룹에 대한 우도 $L(\boldsymbol{\beta})$는 아래와 같이 설정된다.

$$\begin{aligned}L(\boldsymbol{\beta}) &= \prod_{i=1}^{s}[\pi(\boldsymbol{x}_i)]^{r_i}[1-\pi(\boldsymbol{x}_i)]^{n_i-r_i} \\ &= \prod_{i=1}^{s}\left[\frac{\exp(\boldsymbol{x}_i'\boldsymbol{\beta})}{1+\exp(\boldsymbol{x}_i'\boldsymbol{\beta})}\right]^{r_i}\left[\frac{1}{1+\exp(\boldsymbol{x}_i'\boldsymbol{\beta})}\right]^{n_i-r_i}\end{aligned} \tag{6.3}$$

모수벡터 $\boldsymbol{\beta}$에 대한 최우추정량을 구하기 위해서는 식(6.3)에 자연대수를 취한 자연대수우도 $\log_e L(\boldsymbol{\beta})$를 먼저 구하여야 한다.

$$
\begin{aligned}
\log_e L(\boldsymbol{\beta}) &= \sum_{i=1}^{s} \left[r_i \log_e \pi(\boldsymbol{x}_i) + (n_i - r_i) \log_e \{1 - \pi(\boldsymbol{x}_i)\} \right] \\
&= \sum_{i=1}^{s} \left[r_i \log_e \left\{ \frac{\pi(\boldsymbol{x}_i)}{1 - \pi(\boldsymbol{x}_i)} \right\} + n_i \log_e \{1 - \pi(\boldsymbol{x}_i)\} \right] \\
&= \sum_{i=1}^{s} \left[r_i \boldsymbol{x}_i' \boldsymbol{\beta} - n_i \log_e \{1 + \exp(\boldsymbol{x}_i' \boldsymbol{\beta})\} \right]
\end{aligned}
\tag{6.4}
$$

식(6.4)를 최대화하는 모수벡터 $\boldsymbol{\beta}$의 값을 구하기 위해서 식(6.4)를 $\boldsymbol{\beta}$에 대하여 편미분한 다음 **0**으로 놓으면

$$
\frac{\partial [\log_e L(\boldsymbol{\beta})]}{\partial \boldsymbol{\beta}} = \sum_{i=1}^{s} r_i \boldsymbol{x}_i - \sum_{i=1}^{s} n_i \left[\frac{\exp(\boldsymbol{x}_i' \boldsymbol{\beta})}{1 + \exp(\boldsymbol{x}_i' \boldsymbol{\beta})} \right] \boldsymbol{x}_i = \mathbf{0}
$$

이 된다. 따라서 모수벡터 $\boldsymbol{\beta}$의 최우추정벡터 $\widehat{\boldsymbol{\beta}}$ 은 아래와 같은 방정식을 통하여 구해진다.

$$
\sum_{i=1}^{s} n_i \left[\frac{\exp(\boldsymbol{x}_i' \boldsymbol{\beta})}{1 + \exp(\boldsymbol{x}_i' \boldsymbol{\beta})} \right] \boldsymbol{x}_i = \sum_{i=1}^{s} r_i \boldsymbol{x}_i \tag{6.5}
$$

식(6.5) 방정식은 모수벡터 $\boldsymbol{\beta}$에 대하여 비선형이기 때문에 직접적인 해를 구할 수 없고, 뉴튼-랩슨방법과 같은 반복적인 절차를 통해서 해를 구하게 된다. 모수벡터 $\boldsymbol{\beta}$의 최우추정벡터 $\widehat{\boldsymbol{\beta}}$ 이 구해지면 i-번째 그룹에서 독립변수들의 수준 $\boldsymbol{x}_i$ 이 주어지면 어떤 특정한 사건이 발생될 확률을 아래와 같이 추정할 수 있을 것이다.

$$
\begin{aligned}
\hat{\pi}(\boldsymbol{x}_i) &= \frac{\exp(\boldsymbol{x}_i' \widehat{\boldsymbol{\beta}})}{1 + \exp(\boldsymbol{x}_i' \widehat{\boldsymbol{\beta}})} \\
&= \frac{\exp(\widehat{\beta_o} + \widehat{\beta_1} X_{1i} + \cdots + \widehat{\beta_k} X_{ki})}{1 + \exp(\widehat{\beta_o} + \widehat{\beta_1} X_{1i} + \cdots + \widehat{\beta_k} X_{ki})}
\end{aligned}
\tag{6.6}
$$

그룹화 자료에 대한 로지스틱모형에서 회귀계수의 의미를 살펴보기 위해서는 식(6.1)을 승산(odds)으로 표시하면

$$\Omega(\boldsymbol{x}_i) = \left[\frac{\pi(\boldsymbol{x}_i)}{1-\pi(\boldsymbol{x}_i)}\right] = \exp(\beta_o + \beta_1 X_{1i} + \cdots + \beta_k X_{ki}) \tag{6.7}$$

이 된다. 식(6.7)에서 j-번째 독립변수 X_j의 효과를 평가하기 위해서 X_j에 대하여 편미분하면

$$\frac{\partial \Omega(\boldsymbol{x}_i)}{\partial X_j} = \exp(\beta_j) \tag{6.8}$$

이 된다. 따라서 β_j의 의미는 다른 독립변수들의 수준이 일정할 때 j-번째 독립변수 X_j의 수준이 한단위 증가함에 따라 대응되는 승산은 $\exp(\beta_j)$ 배만큼 변화될 것으로 기대된다고 해석된다. 또한 식(6.7)에 자연대수를 취하는 로짓변환을 하면

$$\log_e \Omega(\boldsymbol{x}_i) = \log_e\left[\frac{\pi(\boldsymbol{x}_i)}{1-\pi(\boldsymbol{x}_i)}\right] = \beta_o + \beta_1 X_{1i} + \cdots + \beta_k X_{ki} \tag{6.9}$$

이 된다. 실제로 로지스틱모형을 그룹화 자료에 적합시킬 때 i-번째 그룹에서 어떤 사건이 발생될 확률 $\pi(\boldsymbol{x}_i)$은 표본비율인 $\widehat{p}_i = r_i/n_i$로 대체된다. 따라서 로지스틱모형을 그룹화자료에 적합시키는 경우에 종속변수는 표본비율인 $\widehat{p}_i$가 된다.

만약 로지스틱모형에서 포함된 독립변수가 연속형이고 하나인 경우에는 어떤 사건에 발생될 확률에 대응되는 독립변수의 수준을 역추정할 수 있다. 어떤 사건이 발생될 추정확률을 $\widehat{\pi}(\boldsymbol{x}) = c$ 라고 했을 때 추정된 로지스틱 반응함수는 아래와 같다.

$$c = \frac{\exp(\widehat{\beta_o} + \widehat{\beta_1} X)}{1 + \exp(\widehat{\beta_o} + \widehat{\beta_1})}$$

이 경우에 어떤 사건에 발생될 확률 c에 대응되는 독립변수의 수준 $\widehat{X}_c$을 역추정하기 위해서 위식을 X에 대하여 전개하면

$$\hat{X}_c = \frac{\left[\log_e\left(\frac{c}{1-c}\right)\right] - \hat{\beta_o}}{\hat{\beta_1}} \tag{6.10}$$

이 된다. 만약 c가 0.5라면 식(6.10)에서 $\hat{X}_{0.5} = -\hat{\beta_o}/\hat{\beta_1}$ 이 된다.

6.1.2 우도비와 적합도 검정절차

모수벡터 $\boldsymbol{\beta}$의 최우추정벡터 $\hat{\boldsymbol{\beta}}$ 이 구해지면 다음 절차는 개별계수에 대한 유의성검정과 모형에 대한 유의성 검정을 하여야 한다. 그룹화 자료에 대한 검정절차는 제3장에서 다룬 내용과 거의 같은 절차를 통해서 구해진다. 우선 개별계수에 대한 왈드검정 절차에 대하여 살펴보기로 하자. j-번째 독립변수 X_j가 어떤 사건이 발생할 확률에 유의한 영향을 미치는지 여부를 검정하기 위한 귀무가설 H_o: $\beta_j = 0$ 에 대한 왈드 카이제곱 검정통계량은

$$W_j = \left(\frac{\hat{\beta_j}}{\sqrt{\widehat{Var}(\hat{\beta_j})}}\right)^2 \tag{6.11}$$

이 된다. W_j는 귀무가설이 참일 때 자유도가 1 인 카이제곱분포 χ_1^2에 근사하게 된다. 자료에서 구한 검정통계량값이 W_j^* 일 때 p-값은 $P(\chi_1^2 > W_j^*)$ 이 된다. p-값이 0에 가까운 매우 작은 값을 가질수록 귀무가설을 강하게 기각할 수 있는 충분한 근거를 제공하게 된다.

모형의 유의성을 검정하기 위해서는 모형에 포함된 모든 기울기계수가 동시에 0인지 여부를 검토할 수 있는 귀무가설 H_o: $\beta_1 = \cdots = \beta_k = 0$ 을 설정하게 된다. 이 경우에 귀무가설을 검정하기 위한 방법은 제3장에서 설명한 우도비 카이제곱검정과 데비언스검정이 있다. 우도비 카이제곱검정은 설정된 모형과 귀무가설이 참이라고 가정했을 때 제약된 모형의 우도와 비교하는 것이다. 설정된 모형의 우도 $L(\hat{\boldsymbol{\beta}})$는

$$L(\hat{\boldsymbol{\beta}}) = \prod_{i=1}^{s}\left[\frac{\exp(\boldsymbol{x}_i'\hat{\boldsymbol{\beta}})}{1+\exp(\boldsymbol{x}_i'\hat{\boldsymbol{\beta}})}\right]^{r_i}\left[\frac{1}{1+\exp(\boldsymbol{x}_i'\hat{\boldsymbol{\beta}})}\right]^{n_i-r_i}$$

이 되고, 절편만 포함된 제약된 모형의 우도 $L(\widehat{\beta_o})$는

$$L(\widehat{\beta_o}) = \prod_{i=1}^{s} \left[\frac{\exp(\widehat{\beta_o})}{1+\exp(\widehat{\beta_o})} \right]^{r_i} \left[\frac{1}{1+\exp(\widehat{\beta_o})} \right]^{n_i - r_i}$$

이 된다. 따라서 우도비 카이제곱 검정통계량 LR은

$$\begin{aligned} LR &= -2 \log_e \left[\frac{L(\widehat{\beta_o})}{L(\widehat{\boldsymbol{\beta}})} \right] \\ &= -2 \log_e L(\widehat{\beta_o}) + 2 \log_e L(\widehat{\boldsymbol{\beta}}) \end{aligned} \tag{6.12}$$

이 되고, 귀무가설이 참일 때 자유도가 k인 카이제곱분포 χ_k^2에 근사하게 된다. 자료에서 구한 검정통계량 값이 LR^*일 때 p-값은 $P(\chi_k^2 > LR^*)$이 된다. p-값이 0에 가까운 매우 작은 값을 가질수록 귀무가설을 강하게 기각할 수 있는 충분한 근거가 되며, 설정된 모형에 어떤 사건이 발생할 확률에 유의한 영향을 미치는 독립변수가 적어도 하나 이상이 포함되어 있다는 의미로 해석된다.

또한 데비언스검정은 설정된 모형과 완전정보를 가진 모형의 우도와 비교하게 된다. 이때 귀무가설은 설정된 모형이 완전정보를 가진 모형과 유의한 차이가 없다(설정된 모형은 적합하다)는 것이기 때문에 아래와 같이 설정된다.

$$H_o : \pi(\boldsymbol{x}_i) = \frac{\exp(\boldsymbol{x}_i{}'\boldsymbol{\beta})}{1+\exp(\boldsymbol{x}_i{}'\boldsymbol{\beta})}$$

이때 완전모형에서 i-번째 그룹에서 어떤 사건이 발생될 확률의 최대우도추정량은 표본비율인 $\widehat{p_i} = r_i/n_i$ 이므로 모든 그룹에 대한 우도 $L(\widehat{F})$는

$$L(\widehat{F}) = \prod_{i=1}^{s} \left(\frac{r_i}{n_i} \right)^{r_i} \left(\frac{n_i - r_i}{n_i} \right)^{n_i - r_i}$$

이 된다. 데비언스 검정통계량 D는

$$
\begin{aligned}
D &= -2\log_e\left(\frac{L(\widehat{\beta})}{L(\widehat{F})}\right) \\
&= -2\log_e L(\widehat{\beta}) + 2\log_e L(\widehat{F})
\end{aligned}
\tag{6.13}
$$

이 된다. 검정통계량 D는 귀무가설이 참일 때 자유도가 $s-k-1$ 인 카이제곱분포 χ^2_{s-k-1} 에 근사하게 된다. 자료에서 구한 데비언스 검정통계량의 값이 D^* 일 때 연관된 p-값은 $P(\chi^2_{s-k-1} > D^*)$ 이 되고, p-값이 클수록 귀무가설을 강하게 채택할 수 있는 근거가 되므로 설정된 모형이 완전모형과 유의한 차이가 없다고 해석될 수 있다.

이제부터 Hosmer와 Lemeshow(1989)가 제안한 로지스틱모형의 적합도검정에 대하여 설명하도록 하겠다. 이 검정은 자료가 그룹화되어있지 않은 경우에는 추정된 확률에 근거해서 거의 동일한 표본크기로 약 10개 그룹으로 구분하게 되고, 그룹화되어있는 자료는 그룹의 수로 구분하게 된다. 설정된 로지스틱모형이 자료를 잘 적합하고 있다는 귀무가설을 검정하기 위한 Hosmer와 Lemeshow 검정통계량은 관측도수(observed frequency)와 기대도수(expected frequency)의 차이를 비교하여 아래와 같이 구해진다.

$$
X^2_{HW} = \sum_{i=1}^{s} \frac{(O_i - n_i\overline{\pi}_i)^2}{n_i\,\overline{\pi}_i\,(1-\overline{\pi}_i)} \tag{6.14}
$$

여기서 O_i는 i-번째 그룹의 관측도수이고, $\overline{\pi}_i$는 i-번째 그룹에서 어떤 사건이 발생할 추정된 확률의 산술평균이다. 검정통계량 X^2_{HW}는 귀무가설이 참일 때 자유도가 $(s-2)$ 인 카이제곱분포 χ^2_{s-2} 에 근사하게 된다. 자료에서 구한 검정통계량값이 X^{2*}_{HW} 일 때 p-값은 $P(\chi^2_{s-2} > X^{2*}_{HW})$ 이 되고, p-값이 클수록 모형의 적합도가 좋다는 귀무가설을 강하게 채택할 수 있는 근거가 된다.

[예제 6.1] 할인쿠폰이 수준과 회수율에 대한 로지스틱모형 분석

청량음료 제조업체 마케팅 부서에서는 2리터 짜리 6개 포장제품의 가격할인 쿠폰 효과를 분석하고자 한다. 소비자 6,000명을 무작위로 선택하여 500(N)명씩 12개 그룹으로 분류한 후 각 그룹에게 서로 다른 가격할인(X) 쿠폰을 발행하였다. 할인쿠폰은 100원짜리부터 20원씩 증가하여 320원짜리 까지 12 종류이다. 쿠폰을 발행한지 한달 후 회수된 쿠폰(R) 자료는 아래와 같다. 자료에 로지스틱 모형을 적합시킨 후 분석결과를 해석하여보자. 만약 할인쿠폰이 수준이 150원, 230원, 290원, 350원일 때 쿠폰이 회수될 확률을 예측하여라. 또한 가능한 회수확률 ($c = 0.1 \sim 0.9$)에 대응되는 할인쿠폰액 $\hat{X}_c$을 추정하여보자.

□ **SAS 프로그램(\program\ex6-1.sas)**

```
DATA ONE;
 INFILE 'A:\DATA\EX6-1.DAT';
 INPUT X N R;
 P=R/N;
RUN;
PROC PLOT HPERCNET=70 VPERCENT=70;
①PLOT P*X='*';
RUN;
②DATA TWO;
 INPUT X @@;
 N=.; R=.;
CARDS;
150 230 290 350
;
RUN;
③DATA THREE;
 SET ONE TWO;
RUN;
PROC LOGISTIC DATA=THREE;
④MODEL R/N=X/LACKFIT;
  OUTPUT OUT=FOUR P=PHAT;
  UNITS X=50 100;
RUN;
⑤PROC PRINT;
RUN;
DATA FOUR;
 BOHAT=-2.7458; B1HAT=0.0135;
```

```
⑥DO C=0.1 TO 0.9 BY 0.1;
  X=(LOG(C/(1-C))-B0HAT)/B1HAT;
 OUTPUT;
 END;
RUN;
PROC PRINT;
 VAR C X;
RUN;
```

(1) 할인액 쿠폰 수준에 대한 회수비율의 산점도를 출력하기 위해서 ①PLOT P*X='*'; 문을 사용하였다. 또한 새로 고려된 할인액 쿠폰 수준(X=150, 230, 290, 350)에 대한 회수확률을 예측하기 위한 자료를 입력하기 위해서 ②데이터 TWO를 생성하였고, 데이터 TWO에서 N과 R의 값은 결손값으로 처리하였다. 실험자료 ONE과 새로운 자료 TWO를 결합하여 ③데이터 THREE를 생성하였다.

(2) 종속변수는 표본비율이고 독립변수는 할인수준인 로지스틱회귀모형을 자료에 적합하기 위해서 ④MODEL R/N=X/LACKFIT; 문을 사용하였다. 그리고 적합도검정을 위해서 옵션 LACKFIT를 사용하였다. 할인쿠폰 수준이 50원 이나 100원 증가했을 경우 승산의 변화를 계산하기 위해서 UNITS X=50 100; 문을 사용하였다. 모든 자료에 대한 확률을 추정하여 출력하기 위해서 ⑤PROC PRINT; 문을 사용하였다.

(3) 발행된 할인쿠폰의 회수 확률이 0.1에서 0.9 까지 0.1 간격으로 변함에 따라 대응되는 할인쿠폰의 수준을 식(6.10)을 이용해서 역추정하기 위해서 ⑥DO－END문을 사용하였다.

□ SAS 결과해석

[그림 6.1] 할인액 쿠폰 수준에 대한 회수비율의 산점도

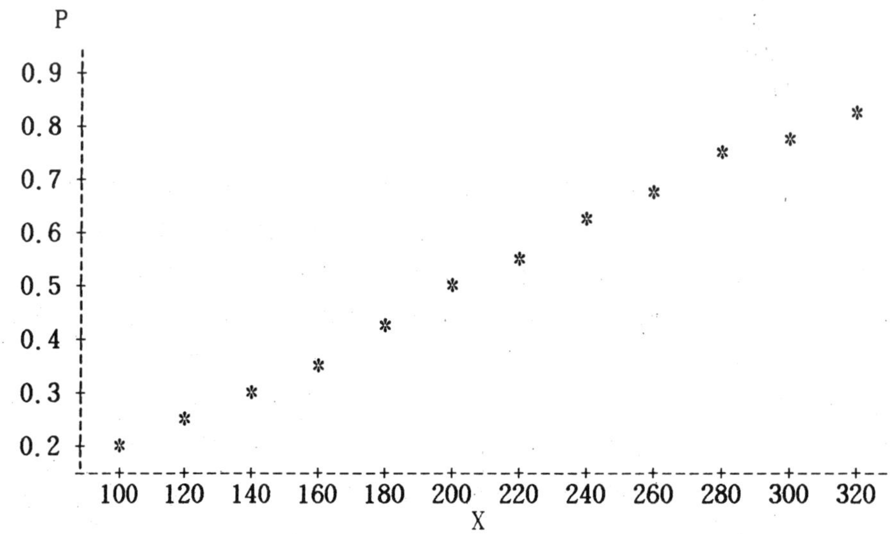

할인쿠폰 수준에 대한 회수비율의 산점도를 살펴보면 함수형태가 선형이라기 보다는 로지스틱반응 함수와 유사한 곡선의 형태를 보이고 있다. 따라서 주어진 할인쿠폰 수준 X_i 에서 회수확률은 아래와 같이 설정되었다.

$$\pi(X_i) = \frac{\exp(\beta_o + \beta_1 X_i)}{1 + \exp(\beta_o + \beta_1 X_i)}$$

[표 6.1 : 회귀계수에 대한 최우추정 결과]

Variable	DF	Parameter Estimate	Standard Error	Wald Chi-Square	Pr > Chi-Square	Odds Ratio
INTERCPT	1	-2.7458	0.0969	803.0338	0.0001	.
X	1	0.0135	0.000445	914.3329	①0.0001	②1.014

할인쿠폰 수준이 회수비율에 유의한 영향을 미치는지 여부를 검정하기 위해서 귀무가설 $H_o: \beta_1 = 0$ 을 설정하자. 자료에서 구한 왈드 카이제곱 검정통계량값은 W_1^* = 914.3329 이고, p-값이 0.0001 로 0 에 가까운 매우 작은값을 가지므로 할인쿠폰 수준이 회수비율에 영향을 미치지 않는다는 귀무가설을 강하게 기각할 수 있는 충분한 근거가 된다.

추정된 회귀계수 $\hat{\beta}_1 = 0.0135$ 의 의미는 할인쿠폰 수준이 한 단위(1원) 증가함에 따라 발행된 할인쿠폰이 회수될 승산은 exp(0.0135) = 1.014배 증가한다는 의미이다. 만약 할인쿠폰 수준이 50원 증가한다면 회수될 승산은 약 ③1.961배 증가되고, 할인쿠폰 수준이 100원 증가한다면 회수될 승산은 약 ④3.846배 증가된다고 추정되었다.

Variable	Unit	Odds Ratio
X	50.0	③1.961
X	100.0	④3.846

따라서 추정된 회귀계수를 이용하면 주어진 할인쿠폰 수준 X_i 에서 추정된 회수확률 $\hat{\pi}(X_i)$ 은 아래와 같은 추정된 반응함수를 통해서 구할 수 있다.

$$\hat{\pi}(X_i) = \frac{\exp(-2.7458 + 0.0135X_i)}{1 + \exp(-2.7458 + 0.0135X_i)}$$

[표 6.2]에 의하면 할인쿠폰 수준에서 관측된 회수비율(P)와 예측된 회수비율(PHAT)사이의 차이는 거의 없는 것으로 나타났다. 예를 들면, 200원 할인쿠폰에서 관측된 회수비율은 0.488이고 추정된 회수비율은 ⑤0.48707 이 된다. 또한 고려될 수 있는 350원 할인쿠폰에서 회수비율은 ⑥0.87748로 예측된다.

[표 6.2 : 할인쿠폰 수준에서 예측된 회수확률]

OBS	X	N	R	P	PHAT
1	100	500	100	0.200	0.19801
2	120	500	122	0.244	0.24428
3	140	500	147	0.294	0.29735
4	160	500	176	0.352	0.35651
5	180	500	211	0.422	0.42040
6	200	500	244	0.488	⑤0.48707

7	220	500	277	0.554	0.55420
8	240	500	310	0.620	0.61942
9	260	500	343	0.686	0.68059
10	280	500	372	0.744	0.73612
11	300	500	391	0.782	0.78504
12	320	500	410	0.820	0.82703
13	150	.	.	.	0.32624
14	230	.	.	.	0.58719
15	290	.	.	.	0.76144
16	350	.	.	.	⑥0.87748

[표 6.3 : 우도비 검정결과]

Criterion	Intercept Only	Intercept and Covariates	Chi-Square for Covariates
AIC	8312.692	7226.948	.
SC	8319.392	7240.347	.
-2 LOG L	8310.692	7222.948	⑦1087.744 with 1 DF (p=0.0001)
Score	.	.	1028.654 with 1 DF (p=0.0001)

우도비카이제곱 검정결과 검정통계량값은 $LR^* = 1087.744$ 이고, p-값은 0.0001로 0에 가까운 매우 작은값을 가지기 때문에 할인쿠폰 수준은 발행된 쿠폰의 회수비율에 매우 유의한 영향을 미친다고 판단할 수 있겠다. 로지스틱모형의 Hosmer 와 Lemeshow 적합도 검정을 하기 위해서 각 그룹에 대한 관측도수와 기대도수를 구하여야 한다. 예를 들면, 6번째 그룹의 관측도수는 244이고 기대도수는

$$n_6 \overline{\pi_6} = 500 \times ⑤0.48707 = ⑧243.535$$

이 된다. Hosmer 와 Lemeshow 적합도 검정통계량의 값은 $X_{HW}^{2*} = 0.5189$ 이고, 연관된 p-값은 $P(\chi_{10}^2 > 0.5189) \approx 1$ 이 된다. 따라서 설정된 로지스틱모형의 적합도가 좋다는 귀무가설을 강하게 채택할 수 있는 근거가 된다.

[표 6.4 : Hosmer and Lemeshow 적합도 검정]

Group	Total	EVENT Observed	EVENT Expected	NO EVENT Observed	NO EVENT Expected
1	500	100	99.01	400	400.99
2	500	122	122.14	378	377.86
3	500	147	148.67	353	351.33
4	500	176	178.25	324	321.75
5	500	211	210.20	289	289.80
6	500	244	⑧243.53	256	256.47
7	500	277	277.10	223	222.90
8	500	310	309.71	190	190.29
9	500	343	340.29	157	159.71
10	500	372	368.06	128	131.94
11	500	391	392.52	109	107.48
12	500	410	413.51	90	86.49

⑨Goodness-of-fit Statistic = 0.5189 with 10 DF (p=1.0000)

또한 발행된 할인쿠폰이 회수될 확률을 0.1 에서 0.9 까지 0.1 간격으로 변화시켰을 때 대응되는 할인쿠폰의 수준 $\widehat{X_c}$ 을 역추정한 결과는 아래와 같다. 예를 들면, 할인쿠폰의 회수확률을 $c=0.9$ 로 기대한다면 예상되는 할인쿠폰액 $\hat{X}_{0.9}$ 은 ⑩약 366 원으로 추정되었다.

[표 6.5 : 회수확률에 대한 할인 쿠폰액 역추정]

OBS	c	$\hat{X}_c$
1	0.1	40.635
2	0.2	100.704
3	0.3	140.630
4	0.4	173.358
5	0.5	203.393
6	0.6	233.427
7	0.7	266.155
8	0.8	306.081
9	0.9	⑩366.150

6.2 교차항을 포함한 로지스틱모형

로지스틱모형에 포함된 독립변수들이 연속형과 가변수(지시변수)의 혼합이나 가변수만으로 구성되어있을 때에는 가변수 값에 따라 특정 독립변수의 효과가 일정하지 않게 되는 경우가 발생하게 된다. 이제 연속형 독립변수 (X_1)와 1 과 0 을 취하는 가변수 (X_2)가 포함된 로지스틱 모형을 고려해보자. 만약 두개 독립변수사이에 교차항(interaction term)을 고려하지 않았을 때, 로지스틱 반응함수 $\pi(\boldsymbol{x}_i)$와 승산 $\Omega(\boldsymbol{x}_i)$은 아래와 같이 설정된다.

$$\begin{aligned} \pi(\boldsymbol{x}_i) &= \frac{\exp(\beta_o + \beta_1 X_{1i} + \beta_2 X_{2i})}{1 + \exp(\beta_o + \beta_1 X_{1i} + \beta_2 X_{2i})} \\ \Omega(\boldsymbol{x}_i) &= \exp(\beta_o + \beta_1 X_{1i} + \beta_2 X_{2i}) \qquad i = 1, 2, \cdots, s. \end{aligned} \tag{6.15}$$

식(6.15)와 같은 로지스틱 반응함수와 승산에서는 가변수 X_2 수준에 관계없이 독립변수 X_1의 효과는 일정하다. 반면에 가변수 X_2 수준에 따라 독립변수 X_1 의 효과가 서로 다른 경우를 설정하려면 식(6.15)에 두개 독립변수들 사이의 교차항 $(X_1 X_2)$을 포함시켜야 한다. 교차항이 포함된 로지스틱 반응함수 $\pi(\boldsymbol{x}_i)$와 승산 $\Omega(\boldsymbol{x}_i)$은 아래와 같이 설정된다.

$$\begin{aligned} \pi(\boldsymbol{x}_i) &= \frac{\exp(\beta_o + \beta_1 X_{1i} + \beta_2 X_{2i} + \beta_3 X_{1i} X_{2i})}{1 + \exp(\beta_o + \beta_1 X_{1i} + \beta_2 X_{2i} + \beta_3 X_{1i} X_{2i})} \\ \Omega(\boldsymbol{x}_i) &= \exp(\beta_o + \beta_1 X_{1i} + \beta_2 X_{2i} + \beta_3 X_{1i} X_{2i}) \qquad i = 1, 2, \cdots, s. \end{aligned} \tag{6.16}$$

식(6.16)에 포함된 계수의 의미를 살펴보면, 먼저 $X_2 = 1$인 경우에 승산 $\Omega(\boldsymbol{x}_i | X_2 = 1)$은

$$\begin{aligned} \Omega(\boldsymbol{x}_i | X_2 = 1) &= \exp[\beta_o + \beta_1 X_{1i} + \beta_2 (1) + \beta_3 X_{1i}(1)] \\ &= \exp[(\beta_o + \beta_2) + (\beta_1 + \beta_3) X_{1i}] \end{aligned} \tag{6.17}$$

이 된다. 이때 $(\beta_1 + \beta_3)$의 해석은 $X_2 = 1$인 경우에 X_1 이 한 단위 증가함에 따라 승산

$\Omega(\boldsymbol{x}_i|X_2=1)$ 은 약 $\exp(\beta_1+\beta_3)$ 배만큼 변화된다는 의미이다. 또한 $X_2=0$ 인 경우에 승산 $\Omega(\boldsymbol{x}_i|X_2=0)$ 은

$$\begin{aligned}\Omega(\boldsymbol{x}_i|X_2=0) &= \exp[\beta_o+\beta_1X_{1i}+\beta_2(0)+\beta_3X_{1i}(0)] \\ &= \exp(\beta_o+\beta_1X_{1i})\end{aligned} \tag{6.18}$$

이 된다. 이때 β_1 에 대한 해석은 $X_2=0$ 인 경우에 X_1 이 한단위 증가함에 따라 승산 $\Omega(\boldsymbol{x}_i|X_2=0)$ 은 약 $\exp(\beta_1)$ 배만큼 변화한다는 의미이다. 결론적으로 교차항이 포함된 경우에는 가변수 X_2 수준에 따라 독립변수 X_1 의 효과가 서로 다르게 된다. 로지스틱모형에 교차항이 포함되면 교차항이 통계적으로 유의한지 여부를 우선 검정할 필요가 있다. 교차항에 대한 왈드 카이제곱 검정절차는 아래와 같다.

1) 가설 설정

$$H_o:\beta_3=0 \qquad\qquad H_1:\beta_3\neq 0$$

귀무가설(H_o: $\beta_3=0$)은 로지스틱모형에 포함된 교차항은 어떤 사건이 발생될 확률에 전혀 영향을 미치지 못한다는 의미이다. 또한 대립가설은 어떤 사건이 발생될 확률에 교차항이 유의한 영향을 미친다는 의미이다.

2) 왈드 카이제곱 검정통계량

$$W_3=\left(\frac{\widehat{\beta_3}}{\sqrt{\widehat{Var}(\widehat{\beta_3})}}\right)^2 \tag{6.19}$$

왈드 카이제곱 검정통계량은 귀무가설이 참일 때 자유도가 1 인 카이제곱분포 χ_1^2 를 갖게 된다. 자료로부터 계산된 검정통계량의 값을 W_3^* 로 표시하자.

3) 유의수준 설정과 임계값

유의수준이 α 일 때 귀무가설의 기각여부를 결정하는 임계값은 자유도가 1 인 카이제곱분포 χ_1^2 에서 상위 $100\times\alpha\%$ 에 해당되는 카이제곱값인 $\chi^2_{\alpha,1}$ 이 된다.

4) 의사결정 규칙

귀무가설에 대한 채택 혹은 기각여부는 검정통계량의 값 W_j^* 과 임계값 $\chi^2_{\alpha,1}$ 을 비교하여 다음과 같이 결정한다.

만약 $W_3^* > \chi^2_{\alpha,1}$ 이면 유의수준 α에서 귀무가설을 기각한다.
만약 $W_3^* \leq \chi^2_{\alpha,1}$ 이면 유의수준 α에서 귀무가설을 채택하게 된다.

5) p-값 계산

검정통계량의 p-값은 자유도가 1 인 카이제곱분포 χ_1^2 에서 검정통계량의 값 W_3^* 보다 클 확률로 아래와 같이 정의된다.

$$p\text{-값} = P(\chi_1^2 > W_3^*)$$

만약 계산된 p-값이 0 에 가까운 작은 값을 가질수록 교차항이 유의하지 않다는 귀무가설을 강하게 기각할 수 있는 충분한 근거를 제공하게 된다.

교차항을 포함한 로지스틱모형에서 최종 로지스틱모형을 구축할 때는 다음과 같은 점을 유의하여야 한다. 계수에 대한 왈드 카이제곱 검정결과 교차항이 유의하고, 교차항을 생성하는 데 사용된 두개 독립변수의 효과가 유의하지 않은 경우라고 할지라도 교차항을 생성하는 데 사용된 독립변수는 반드시 모형에 포함시켜야 한다. 왜냐하면 교차항은 두개 독립변수에 의해서 생성되었기 때문에, 유의하지 않은 어느 한 독립변수를 제외하면 교차항은 생성될 수 도 없고, 의미도 없기 때문이다.

[예제 6.2] 기관지염발병에 대한 로지스틱모형 분석

종합병원에서는 특정지역의 1040명 남성을 다년간 관찰한 결과 기관지염발명 여부에 대한 자료를 수집하였다. 1040명의 남성은 흡연여부 (X_1), 사회경제적 수준 (X_2)과 연령수준 (X_3)에 따라 아래와 같은 그룹으로 분류되었다. 자료에 로지스틱모형을 적합시키고 분석하여라.

$$X_1 = \begin{cases} 1 & \text{흡연} \\ 0 & \text{금연} \end{cases} \qquad X_2 = \begin{cases} 1 & \text{높은 수준} \\ 0 & \text{낮은 수준} \end{cases} \qquad X_3 = \begin{cases} 1 & 40-59 \\ 0 & \text{40세 미만} \end{cases}$$

기관지염	그룹남성	X_1	X_2	X_3
38	111	0	1	0
48	134	0	1	1
28	95	0	0	0
40	124	0	0	1
84	173	1	1	0
102	148	1	1	1
47	143	1	0	0
59	112	1	0	1

(1) 세가지 독립변수를 사용한 첫번째 로지스틱모형을 자료에 적합시키고, 유의수준 0.05에서 개별 계수에 대한 유의성 검정을 하고, 설정된 모형에 대한 우도비 카이제곱 검정을 하여라.

(2) 두번째 로지스틱모형에 교차항 $X_1 \times X_2$과 $X_1 \times X_3$를 포함시켜 자료에 적합시킨 다음, 유의수준 0.05에서 교차항에 대한 유의성 검정을 하여라. 교차항을 포함한 모형에서 최종모형을 구축하여라.

(3) 최종모형을 사용해서 각 그룹별로 기관지염 발생확률을 추정하고, 첫번째 모형과 비교하여라.

□ **SAS 프로그램(\program\ex6-2.sas)**

```
DATA ONE;
 INFILE 'A:\DATA\EX6.2.DAT';
 INPUT X1 X2 X3 N R;
 ①X12=X1*X2; X13=X1*X3; P=R/N;
RUN;
PROC LOGISTIC;
 ②MODEL R/N=X1 X2 X3/LACKFIT;
 OUTPUT OUT=TWO P=PHAT;
RUN;
PROC LOGISTIC;
 ③MODEL R/N=X1 X2 X3 X12 X13/LACKFIT ;
RUN;
PROC LOGISTIC;
 ④MODEL R/N=X1 X2 X3 X13/LACKFIT ;
  OUTPUT OUT=THREE P=PHAT1;
RUN;
DATA FOUR;
 ⑤MERGE TWO THREE;
 DIF=ABS(P-PHAT); DIF1=ABS(P-PHAT1);
RUN;
PROC PRINT;
 ⑥VAR P PHAT PHAT1;
RUN;
⑦PROC MEANS MEAN MAXDEC=3;
 VAR DIF DIF1;
RUN;
```

(1) 흡연여부 (X_1)와 사회경제적 수준 (X_2), 흡연여부 (X_1)와 연령수준 (X_3)사이의 교차효과를 모형에 포함시키기 위해서 새로운 교차항 변수 ①X12=X1*X2 와 X13=X1*X3를 생성하였다. 첫 번째 로지스틱모형 ③MODEL R/N=X1 X2 X3 X12 X13/LACKFIT;은 독립변수로 흡연여부 (X_1), 사회경제적 수준 (X_2), 연령수준 (X_3)을 포함한 모형이고, 적합도검정을 위해서 옵션 /LACKFIT을 사용하였다.

(2) 독립변수 X_1, X_2, X_3, X_{12}, X_{13}를 포함한 두번째 로지스틱모형을 자료에 적합하기 위해서 ③MODEL R/N=X1 X2 X3 X12 X13/LACKFIT; 문을 사용하였고, 독립변수 X_1, X_2, X_3, X_{13}를 포함한 마지막 모형을 로지스틱모형을 자료에 적합하기 위해서 ④MODEL R/N=X1 X2 X3

X13/LACKFIT; 문을 사용하였다.

(3) 첫번째 로지스틱모형 결과가 저장된 데이터 TWO 와 마지막 로지스틱모형 결과가 저장된 데이터 THREE를 가로로 결합하기 위해서 ⑤MERGE TWO THREE; 문을 사용하였다. 또한 표본비율 P 와 첫번째 모형에서 추정된 확률 PHAT사이의 차이를 표시하기 위해서 DIF=ABS(P−PHAT); 문을, 표본비율 P 와 마지막 모형에서 추정된 확률 PHAT1사이의 차이를 표시하기 위해서 DIF1=ABS(P−PHAT1); 문을 사용하였다.

(4) 첫번째 모형과 마지막 모형에서 구한 추정확률과 표본비율사이의 차이의 표본평균을 구하기 위해서 ⑦PROC MEANS MEAN MAXDEC=3; VAR DIF DIF1; 문을 사용하였다.

□ SAS 결과해석

[표 6.6 : 첫번째 모형에 대한 최우추정 결과]

Variable	DF	Parameter Estimate	Standard Error	Wald Chi-Square	①Pr > Chi-Square	Odds Ratio
INTERCPT	1	-1.2585	0.1476	72.6870	0.0001	.
X1	1	0.7901	0.1324	35.6180	0.0001	2.204
X2	1	0.4650	0.1301	12.7738	0.0004	1.592
X3	1	0.5270	0.1307	16.2705	0.0001	1.694

[표 6.7 : 첫번째 모형에 대한 우도비검정 결과]

Criterion	Intercept Only	Intercept and Covariates	Chi-Square for Covariates
AIC	1422.613	1366.840	.
SC	1427.560	1386.628	.
-2 LOG L	1420.613	1358.840	②61.773 with 3 DF (p=0.0001)
Score	.	.	60.251 with 3 DF (p=0.0001)

[표 6.8 : Hosmer and Lemeshow 적합도검정 결과]

		EVENT		NO EVENT	
Group	Total	Observed	Expected	Observed	Expected
1	95	28	21.02	67	73.98
2	111	38	34.57	73	76.43
3	124	40	40.28	84	83.72
4	143	47	55.06	96	87.94
5	134	48	58.13	86	75.87
6	173	84	86.36	89	86.64
7	112	59	57.64	53	54.36
8	148	102	92.95	46	55.05

③Goodness-of-fit Statistic = 11.075 with 6 DF (p=0.0861)

첫번째 모형 (X_1, X_2, X_3)에 포함된 세가지 독립변수의 효과에 대한 왈드 카이제곱검정 결과를 [표 6.6]에서 살펴보면 연관된 ① p-값이 모두 0 에 가까운 매우 작은 값을 가지므로 세가지 독립변수에 대한 효과는 매우 유의한 것으로 나타났다. 첫번째 모형에서 구한 우도비 카이제곱 검정통계량값은 ② $LR^* = 61.773$ 이고, 연관된 p-값은 0.0001 이었다. 또한 Hosmer and Lemeshow 적합도 검정통계량값은 ③ $X^{2*}_{HW} = 11.075$ 이고, 연관된 p-값은 0.0861 이었다.

[표 6.9 : 두번째 모형에 대한 최우추정 결과]

Variable	DF	Parameter Estimate	Standard Error	Wald Chi-Square	Pr > Chi-Square	Odds Ratio
INTERCPT	1	-0.8533	0.1856	21.1318	0.0001	.
X1	1	0.1306	0.2408	0.2943	0.5875	1.140
X2	1	0.1852	0.1982	0.8729	0.3501	1.203
X3	1	0.0973	0.1991	0.2389	0.6250	1.102
X12	1	0.4859	0.2637	3.3959	④0.0654	1.626
X13	1	0.7422	0.2643	7.8886	⑤0.0050	2.101

두번째 모형 $(X_1, X_2, X_3, X_{12}, X_{13})$에 포함된 교차항에 대한 효과를 왈드 카이제곱 검정한 결과는 [표 6.9]와 같다. 우선 흡연여부 (X_1)와 사회경제적 수준 (X_2)사이의 교차항 효과에 대한

$H_o: \beta_4 = 0$ 검정결과 연관된 p-값이 ④0.0654로 유의수준 0.05 에서 기각할 수는 없게된다. 또한 흡연여부 (X_1)와 연령수준 (X_3)사이의 교차항 효과에 대한 $H_o: \beta_5 = 0$ 검정결과 연관된 p-값이 ⑤ 0.005로 0 에 가까운 매우 작은 값이기 때문에 귀무가설을 강하게 기각할 수 있는 충분한 근거가 된다. 따라서 흡연여부 (X_1)와 연령수준 (X_3)사이의 교차항 효과는 기관지염 발병에 매우 유의한 영향을 미치고 있다고 판단할 수 있겠다. 검정결과에 근거해서 흡연여부 (X_1)와 사회경제적 수준 (X_2)사이의 교차항을 모형에서 제외하고 다시 적합시켜 얻은 결과는 [표 6.10]과 같다.

[표 6.10 : 최종모형의 계수에 대한 최우추정 결과]

Variable	DF	Parameter Estimate	Standard Error	Wald Chi-Square	Pr > Chi-Square	Odds Ratio
INTERCPT	1	-1.0105	0.1683	36.0645	0.0001	.
X1	1	0.4078	0.1891	4.6504	0.0310	1.503
X2	1	0.4618	0.1307	12.4857	0.0004	1.587
X3	1	0.1036	0.2000	0.2683	⑦0.6045	1.109
X13	1	0.7285	0.2640	7.6122	⑥0.0058	2.072

흡연여부 (X_1)와 연령수준 (X_3)사이의 교차항 효과에 대한 왈드 카이제곱 검정결과 연관된 p-값이 ⑥0.0058 로 0 에 가까운 매우 작은값을 가지므로, 교차항의 효과는 매우 유의한 것으로 나타났다. 반면에 연령수준 (X_3) 효과와 연관된 p-값이 ⑦0.6045 로 매우 크므로 유의하지 않은 것으로 나타났다. 그러나 교차항 (X_{13})을 모형에 포함시킬 경우에는 X_1과 X_3의 개별효과에 대한 유의성 검정결과에 관계없이 두 독립변수는 모형에 포함되어야 한다는 것을 유의하기 바란다. 이제 교차항을 포함한 모형과 교차항이 없는 모형을 비교하기 위해서 우도비 카이제곱 검정통계량의 값과 Hosmer and Lemeshow 적합도 검정통계량값의 값을 비교하여 보기로 하자.

교차항을 포함한 모형에서 구한 우도비 카이제곱 검정통계량값은 [표 6.11]에서 ⑧ LR^* = 69.373 으로, [표 6.7] 첫번째 모형에서 구한 ② LR^* = 61.773 보다 증가되었다. 또한 교차항을 포함한 모형에서 구한 Hosmer and Lemeshow 적합도 검정통계량값은 [표 6.12]에서 ⑨ X_{HW}^{2*} = 3.4342 로 [표 6.8] 첫번째 모형에서 구한 ③ X_{HW}^{2*} = 11.075 보다 크게 작아졌고, 연관된 p-값은 0.7527 로 첫번째 모형에서 구한 0.0861 보다 매우 크게 나타났기 때문에 교차항을 포함한 모형의 적합도는 크게 향상되었다고 판단할 수 있겠다.

[표 6.11 : 최종모형에 대한 우도비 검정결과]

Criterion	Intercept Only	Intercept and Covariates	Chi-Square for Covariates
AIC	1422.613	1361.240	.
SC	1427.560	1385.975	.
-2 LOG L	1420.613	1351.240	⑧69.373 with 4 DF (p=0.0001)
Score	.	.	68.613 with 4 DF (p=0.0001)

[표 6.12 : Hosmer and Lemeshow 적합도 검정]

		EVENT		NO EVENT	
Group	Total	Observed	Expected	Observed	Expected
1	95	28	25.35	67	69.65
2	124	40	35.67	84	88.33
3	143	47	50.58	96	92.42
4	111	38	40.65	73	70.35
5	134	48	52.33	86	81.67
6	173	84	80.42	89	92.58
7	112	59	62.40	53	49.60
8	148	102	98.60	46	49.40

⑨Goodness-of-fit Statistic = 3.4342 with 6 DF (p=0.7527)

[표 6.13 : 표본비율과 두 모형에서 구한 추정확률]

OBS	X1	X2	X3	P	PHAT	PHAT1
1	0	1	0	0.34234	0.31144	0.36618
2	0	1	1	0.35821	0.43379	0.39054
3	0	0	0	0.29474	0.22124	0.26689
4	0	0	1	0.32258	0.32488	0.28764
5	1	1	0	0.48555	0.49917	0.46484
6	1	1	1	0.68919	0.62801	0.66625
7	1	0	0	0.32867	0.38501	0.35372
8	1	0	1	0.52679	0.51466	0.55710

Variable	Mean
DIF	0.041
DIF1	0.027

[표 6.13]은 자료에서 구한 표본비율 P, 첫번째 모형에서 구한 추정확률 PHAT, 교차항을 포함한 최종모형에서 구한 추정확률 PHAT1로 표시되었다. 두 모형에서 구한 추정확률과 표본비율사이의 차이 절대값의 산술평균은 첫번째 모형에서는 0.041이고 두번째 모형에서는 0.027로 나타났기 때문에, 아래와 같은 교차항을 포함한 최종모형이 적절한 모형이라고 판단된다.

$$\hat{\pi}(\boldsymbol{x}) = \frac{\exp(-1.0105 + 0.4078X_1 + 0.4618X_2 + 0.1036X_3 + 0.7785X_1X_3)}{1 + \exp(-1.0105 + 0.4078X_1 + 0.4618X_2 + 0.1036X_3 + 0.7785X_1X_3)}$$

6.3 분할표를 이용한 로지스틱모형

본절에서는 종속변수와 독립변수들의 수준이 모두 두가지 값만 취하는 분할표에서 로지스틱 모형의 적용을 생각해보자. 이 경우에 독립변수들은 1과 0만 취하는 가변수(지시변수)가 된다. 예를 들면, 독립변수가 두개인 경우 $2 \times 2 \times 2$ 분할표에서 어떤 사건이 발생할 확률에 대한 로지스틱모형은 아래와 같이 설정된다.

$$\pi(\boldsymbol{x}) = \frac{\exp(\beta_o + \beta_1 X_1 + \beta_2 X_2)}{1 + \exp(\beta_o + \beta_1 X_1 + \beta_2 X_2)} \tag{6.20}$$

여기서 독립변수 X_1과 X_2는 가변수(dummy variable)로 1과 0만 취하게 된다. 이때 승산은 아래와 같이 설정된다.

$$\Omega(\boldsymbol{x}) = \frac{\pi(\boldsymbol{x})}{1 - \pi(\boldsymbol{x})} = \exp(\beta_o + \beta_1 X_1 + \beta_2 X_2) \tag{6.21}$$

이러한 모형에서 회귀계수 β_1 의 의미는 독립변수 X_2 의 수준이 일정할 때 독립변수 X_1 의 수준이 0에서 1로 변했을 때 승산은 $\exp(\beta_1)$ 배만큼 변화가 기대된다는 것이다.

[예제 6.3] 2×2×2 분할표를 이용한 로지스틱모형 분석

New York Times(1991년)에서는 AIDS에 감염되어 면역체계가 약해지기 시작한 재향군인 338명을 대상으로 즉각적으로 AZT약을 사용하도록 권고하였다. 일정한 기간이 지난 다음 AIDS 증상이 있는지 여부를 다시 검사하여 아래와 같은 자료를 얻었다. 아래 자료에 로지스틱모형을 적합시켜 인종과 AZT의 사용이 AIDS 증상 여부에 유의한 영향을 미치는지 여부를 유의수준 0.05에서 검정하고, 각 수준에서 AIDS 증상이 발생될 확률을 추정하여보자. 모형에서 두가지 독립변수는 아래와 같은 가변수로 설정되었다.

$$DRACE = \begin{cases} 1 & RACE = \text{백인} \\ 0 & RACE = \text{흑인} \end{cases} \qquad DAZT = \begin{cases} 1 & AZT\ \text{사용} \\ 0 & AZT\ \text{사용안함} \end{cases}$$

인종(RACE)	AZT 사용	AIDS 증상	
		예(YES)	아니오(NO)
백인 (WHITE)	예(USE)	14	93
	아니오(NONUSE)	32	81
흑인 (BLACK)	예(USE)	11	52
	아니오(NONUSE)	12	43

□ **SAS 프로그램(\program\ex6-3.sas)**

```
DATA ONE;
 INPUT RACE$ AZT$ YES NO @@;
 ①CASES=YES+NO;
 ②DRACE=(RACE='WHITE'); DAZT=(AZT='USE');
 CARDS;
WHITE USE 14 93 WHITE NONUSE 32 81
BLACK USE 11 52 BLACK NONUSE 12 43
;
```

```
RUN;
PROC LOGISTIC;
 ③MODEL YES/CASES=DRACE DAZT/LACKFIT;
 ④OUTPUT OUT=TWO PRED=PHAT;
RUN;
PROC PRINT;
RUN;
```

자료에서 도수합을 구하기 위해서 ①CASES=YES+NO; 문을 사용하였다. 인종(RACE)변수는 백인(WHITE)일 때 1로 흑인(BLACK)인 경우에 0으로 표시하고, AZT변수는 사용한 경우(USE)를 1로 사용하지 않은 경우(NONUSE)에 0으로 표시하기 위해서 각각 ②DRACE=(RACE='WHITE'); DAZT=(AZT='USE'); 문을 사용하였다. 또한 발생비율을 종속변수로 하고 두가지 가변수를 독립변수로 하는 로지스틱모형을 자료에 적합시키기 위해서 ③MODEL YES/CASES=DRACE DAZT/LACKFIT; 문을 사용하였다. 또한 독립변수들의 수준에서 AIDS 증상이 발생될 확률을 추정하여 데이터 TWO에 저장하기 위해서 ④문을 사용하였다.

□ SAS 결과해석

[표 6.14 : 계수에 대한 최우추정 결과]

Variable	DF	Parameter Estimate	Standard Error	Wald Chi-Square	Pr > Chi-Square	Standardized Estimate	Odds Ratio
INTERCPT	1	-1.0736	0.2629	16.6705	0.0001	.	.
DRACE	1	0.0555	0.2886	0.0370	0.8476	0.014604	1.057
DAZT	1	①-0.7195	0.2790	6.6507	0.0099	-0.198620	②0.487

개별회귀계수에 대한 왈드 카이제곱 검정결과 인종변수(DRACE)와 연관된 p-값이 0.8476으로 매우 크므로 '인종에 따라 AIDS 증상 발육에 차이가 없다'는 귀무가설을 기각할 수는 없게 된다. 반면에 DAZT변수와 연관된 p-값이 0.0099로 0에 가까운 매우 작은 값을 가지므로 'AZT사용여부에 따라 AIDS 증상 발육에 차이가 없다'는 귀무가설을 강하게 기각할 수 있는 충분한 근거가 된다. DAZT변수의 추정된 계수 $\hat{\beta}_2=-0.7195$의 의미는 인종의 수준과 관계없이 AZT 사용을 하면(DAZT=1) 사용하지 않은 경우에 비교해서 AIDS증상이 발육될 승산은 약 $\exp(-0.7195)=0.487$ 배만큼 감소되는 것으로 추정된다는 것이다. 따라서 주어진 독립변수의 수준에서 AIDS증상이 발육될 확률의 추정식은 아래와 같이 구해진다.

$$\hat{\pi}(\boldsymbol{x}) = \frac{\exp(-1.0736 + 0.0555\ DRACE - 0.7195\ DATZ)}{1 + \exp(-1.0736 + 0.0555\ DRACE - 0.7195\ DATZ)}$$

[표 6.15 : 각 수준에 대한 확률 추정]

OBS	RACE	AZT	YES	NO	CASES	DRACE	DAZT	PHAT
1	WHITE	USE	14	93	107	1	1	0.14962
2	WHITE	NONUSE	32	81	113	1	0	③0.26540
3	BLACK	USE	11	52	63	0	1	0.14270
4	BLACK	NONUSE	12	43	55	0	0	0.25472

각 수준에 대한 AIDS증상이 발육될 확률의 추정값은 [표 6.15]와 같다. 예를 들면, 인종이 백인(DRACE=1)이고 ATZ치료를 받지 않은 경우(DATZ=0)에 AIDS증상이 발육될 확률의 추정값은 아래와 같이 계산된다.

$$\hat{\pi}(DRACE=1, DATZ=0) = \frac{\exp(-1.0736+0.0555(1)-0.7195(0))}{1+\exp(-1.0736+0.0555(1)-0.7195(0))}$$
$$= ③0.2654$$

설정된 로지스틱모형에서 두개 회귀계수들이 동시에 0 라는 귀무가설 H_o: $\beta_1 = \beta_2 = 0$을 우도비 카이제곱 검정결과는 [표 6.16]과 같다. 검정통계량의 값은 $LR^* = 6.966$ 이고 연관된 p-값이 0.0307로 유의수준 0.05보다 작으므로 귀무가설을 기각할 수 있는 근거가 된다. 따라서 설정된 모형에는 AIDS증상이 발육될 확률에 유의한 영향을 미치는 독립변수가 적어도 하나 이상이 포함되어있다는 의미로 해석된다.

[표 6.16 : 우도비 검정결과]

Criterion	Intercept Only	Intercept and Covariates	Chi-Square for Covariates
AIC	344.118	341.151	.
SC	347.941	352.620	.
-2 LOG L	342.118	335.151	④6.966 with 2 DF (p=0.0307)
Score	.	.	6.896 with 2 DF (p=0.0318)

[표 6.17 : Hosmer and Lemeshow 적합도 검정]

		EVENT		NO EVENT	
Group	Total	Observed	Expected	Observed	Expected
1	63	11	8.99	52	54.01
2	107	14	16.01	93	90.99
3	55	12	14.01	43	40.99
4	113	32	29.99	81	83.01

⑤Goodness-of-fit Statistic = 1.391 with 2 DF (p=0.4988)

Hosmer 와 Lemeshow 적합도 검정결과 검정통계량의 값은 $X_{HW}^{2*}=1.391$이고, 연관된 p-값은 0.4988 이 된다. p-값이 매우 크므로 설정된 로지스틱모형의 적합도가 충분하다는 귀무가설을 채택할 수 있는 강한 근거가 된다.

6.4 분할표에 대한 순위로짓모형

앞절에서는 종속변수가 두가지 명목척도로 측정된 경우를 다루었다. 본절에서는 분할표에서 종속변수가 순위척도로 측정된 경우에 사용되는 순위로짓모형에 대하여 설명하도록 하겠다. 독립변수들의 수준 $\boldsymbol{x}$에서 종속변수의 결과가 순위 m보다 클 경우와 비교해서 순위 m이하일 승산(odds) $\Omega_m(\boldsymbol{x}),\ m=1,2,\cdots,g-1$은 아래와 같이 정의된다.

$$\begin{aligned}\Omega_m(\boldsymbol{x}) &= \frac{P(Y\le m\,|\,\boldsymbol{x})}{1-P(Y\le m\,|\,\boldsymbol{x})} = \frac{P(Y\le m\,|\,\boldsymbol{x})}{P(Y>m\,|\,\boldsymbol{x})} \\ &= \exp(\alpha_m+\boldsymbol{x}'\boldsymbol{\beta})\end{aligned} \tag{6.22}$$

여기서 α_m은 순위 m과 연관된 절편을 의미하고, 기울기 계수벡터 $\boldsymbol{\beta}$는 순위 m과 관계없이 동일하다고 가정한다. 즉, 순위로짓모형에서는 순위에 따라 절편만 다르고 기울기 계수벡터가 같다는 평행회귀 (parallel regression)가정을 하게 된다. 이제 식(6.22)에서 특정 계수 β_j 의 의미를 살펴보기로 하자. 회귀계수 β_j 의 의미는 다른 변수들의 수준이 일정할 때 범주형 독립변수 X_j 가 0에서 1로 변했을 때 순위 m 보다 큰 경우와 비교해서 순위 m 이하가 될 승산(odds)은 약 $\exp(\beta_j)$ 배만큼 변하게 된다는 것이다.

$$\frac{\Omega_m(\boldsymbol{x}, X_j = 1)}{\Omega_m(\boldsymbol{x}, X_j = 0)} = \exp(\beta_j) \tag{6.23}$$

종속변수의 결과가 어떤 순위 m 이하일 누적확률을 유도하면 아래와 같다.

$$P(Y \le m \mid \boldsymbol{x}) = \frac{\exp(\alpha_m + \boldsymbol{x}'\boldsymbol{\beta})}{1 + \exp(\alpha_m + \boldsymbol{x}'\boldsymbol{\beta})} \tag{6.24}$$

예를 들면, 종속변수의 순위가 세개 있는 경우에 특정한 순위가 발생될 확률은 아래와 같이 구할 수 있다. 여기서 유의할 점은 마지막 순위에 대한 확률은 누적확률로부터 다시 계산하지 않고 자동적으로 구할 수 있다는 것이다.

$$\pi_1(\boldsymbol{x}) = P(Y=1 \mid \boldsymbol{x}),\ \pi_2(\boldsymbol{x}) = P(Y=2 \mid \boldsymbol{x}),\ \pi_3(\boldsymbol{x}) = P(Y=3 \mid \boldsymbol{x})$$

$$\pi_1(\boldsymbol{x}) = \frac{\exp(\alpha_1 + \boldsymbol{x}'\boldsymbol{\beta})}{1 + \exp(\alpha_1 + \boldsymbol{x}'\boldsymbol{\beta})},\quad \pi_1(\boldsymbol{x}) + \pi_2(\boldsymbol{x}) = \frac{\exp(\alpha_2 + \boldsymbol{x}'\boldsymbol{\beta})}{1 + \exp(\alpha_2 + \boldsymbol{x}'\boldsymbol{\beta})}$$

$$\pi_2(\boldsymbol{x}) = \frac{\exp(\alpha_2 + \boldsymbol{x}'\boldsymbol{\beta})}{1 + \exp(\alpha_2 + \boldsymbol{x}'\boldsymbol{\beta})} - \frac{\exp(\alpha_1 + \boldsymbol{x}'\boldsymbol{\beta})}{1 + \exp(\alpha_1 + \boldsymbol{x}'\boldsymbol{\beta})}$$

$$\pi_3(\boldsymbol{x}) = 1 - \pi_2(\boldsymbol{x}) - \pi_3(\boldsymbol{x})$$

[예제 6.4] 분할표에 대한 순위로짓모형 분석

종합병원에서는 폐암초기 증세가 있는 299명을 두가지 처리그룹으로 무작위로 나누어 치료를 하였다. 첫번째 처리그룹(TREAT)은 한가지 화학요법(A)을 계속해서 주사하여 치료한 그룹이고, 두번째 그룹은 세가지 화학요법(B)을 순차적으로 주사하여 치료한 그룹이다. 일정한 기간이 지난 후 화학요법의 반응결과를 악화(1), 변화 없음(2), 부분치료(3), 완전치료(4)로 판정하여 얻은 자료는 아래와 같다. SAS 입력시 처리그룹은 화학요법이 A인 경우에는 1로 B인 경우에는 0으로 표시하였다. 성별에 대해서는 남성인 경우에는 1로 여성인 경우에는 0으로 표시하였다.

처리그룹		화학반응 결과			
		악화	변화없음	부분치료	완전치료
A	남성	28	45	29	26
	여성	4	12	5	2
B	남성	41	44	20	20
	여성	12	7	3	1

(1) 자료에 로지스틱모형을 적합시키고 처리그룹과 성별에 대한 효과를 유의수준 0.05에서 검정하고, 추정된 계수를 해석하여라.

(2) 각 독립변수의 수준에 대한 네가지 화학 반응결과에 대한 확률을 추정하고, 추정된 확률을 이용해서 각 수준에 대하여 예상되는 반응결과를 추정하여라.

□ SAS 프로그램(\program\ex6-4.sas)

```
   DATA ONE;
    INPUT TREAT GENDER RESPONSE COUNT @@;
   CARDS;
   1 1 1 28 1 1 2 45 1 1 3 29 1 1 4 26
   1 0 1  4 1 0 2 12 1 0 3  5 1 0 4  2
   0 1 1 41 0 1 2 44 0 1 3 20 0 1 4 20
   0 0 1 12 0 0 2  7 0 0 3  3 0 0 4  1
   ;
   RUN;
①PROC LOGISTIC;
```

```
    WEIGHT COUNT;
     MODEL RESPONSE=TREAT GENDER;
     OUTPUT OUT=TWO P=PHAT;
  RUN;
②DATA THREE; SET TWO;
    IF _LEVEL_ =1 THEN P1=PHAT; IF _LEVEL_=1;
  RUN;
  DATA FOUR; SET TWO;
    IF _LEVEL_ =2 THEN P2=PHAT; IF _LEVEL_=2;
  RUN;
  DATA FIVE; SET TWO;
    IF _LEVEL_ =3 THEN P3=PHAT; IF _LEVEL_=3;
  RUN;
③DATA SEVEN;
    MERGE THREE FOUR FIVE ;
    P2=P2-P1; P3=P3-P2-P1; P4=1-P3-P2-P1;
    ER=1*P1+2*P2+3*P3+4*P4;
  RUN;
④PROC PRINT NOOBS;
    VAR TREAT GENDER P1-P4 ER;
  RUN;
```

(1) 로지스틱모형을 자료에 적합하기 위해서 ①PROC LOGISTIC; 문을, 그룹화자료에서 관측도수를 가중값으로 사용하기 위해서 WEIGHT COUNT; 문을 사용하였다. 종속변수가 화학반응 결과이고 독립변수가 처리그룹과 성별인 모형을 설정하기 위해서 MODEL RESPONSE=TREAT GENDER; 문을 사용하였다.

(2) 데이터 TWO로부터 개별 순위범주에 대한 누적확률을 분류하여 정리하기 위해서 ②데이터 THREE 에서 FIVE 까지 명령문을 사용하였다. ③데이터 SEVEN에서는 독립변수의 수준에서 개별 순위범주에 대한 확률을 구하고, 추정된 확률을 이용해서 기대순위(ER)를 추정하였다. 또한 구한 결과를 출력하기 위해서 ④문을 사용하였다.

□ **SAS 결과해석**

```
Score Test for the Proportional Odds Assumption
    ①Chi-Square = 2.9280 with 4 DF (p=0.5699)
```

순위로짓모형에서 세개 범주에 대한 평행회귀가정을 검정하기 위해서 개별 범주에 대한 계수벡터가 동일하다는 귀무가설을 검정하여보자. 스코어 카이제곱 검정통계량값은 ① $S^{*}=2.9280$ 이고, 연관된 p-값이 0.5699로 유의수준 0.05보다 매우 크기 때문에 귀무가설을 강하게 채택할 수 있는 근거가 된다. 따라서 평행회귀 가정에 대한 위반은 없다고 판단된다.

[표 6.18 : 순위로짓모형의 최우추정 결과]

Variable	DF	Parameter Estimate	Standard Error	Wald Chi-Square	Pr > Chi-Square	Standardized Estimate	Odds Ratio
INTERCP1	1	-0.1960	0.2947	0.4422	0.5060	.	.
INTERCP2	1	1.3713	0.3059	20.0913	0.0001	.	.
INTERCP3	1	2.4221	0.3276	54.6620	0.0001	.	.
TREAT	1	②-0.5807	0.2119	7.5131	0.0061	-0.714644	③0.560
GENDER	1	-0.5414	0.2953	3.3622	0.0667	-0.480819	0.582

평행회귀를 가정한 순위로짓모형에서 추정된 세가지 절편에 대한 왈드 카이제곱 검정결과를 살펴보면 유의수준 0.05에서 첫번째 절편을 제외한 다른 절편들은 매우 유의한 것으로 나타났다. 기울기 계수들에 대한 왈드검정 결과를 살펴보면 유의수준 0.05에서 처리그룹(TREAT)은 매우 유의한 것으로 나타났으나, 성별(GENDER)은 유의수준보다 약간 크게 나타났다. 처리수준에 대한 추정된 계수 ② $\widehat{\beta}_1=-0.5807$에서 음수 부호는 처리수준이 화학요법(B)에서 화학요법(A)으로 변하게 되면 반응결과 순위가 낮게 예측될 확률이 감소한다는 의미이다. 예를 들면, 처리수준이 화학요법이 B에서 A로 변하게 될 때 반응결과가 부분완화(순위=3)이상일 확률과 비교해서 반응결과가 변화 없음(순위=2)이하가 될 확률의 승비는 ③약 0.560 배만큼 감소하는 것으로 추정할 수 있다. 또한 성별이 여성보다는 남성인 경우에 누적확률의 승산은 약 0.582 배만큼 감소하게 된다. 추정된 계수를 이용하여 구한 누적순위에 대한 확률추정식은 아래와 같다.

$$\widehat{\pi}_1(\boldsymbol{x})=\frac{\exp(-0.1960-0.5807\,TREAT-0.5414\,GENDER)}{1+\exp(-0.1960-0.5807\,TREAT-0.5414\,GENDER)}$$

$$\sum_{i=1}^{2}\widehat{\pi}_i(\boldsymbol{x})=\frac{\exp(1.3713-0.5807\,TREAT-0.5414\,GENDER)}{1+\exp(1.3713-0.5807\,TREAT-0.5414\,GENDER)}$$

$$\sum_{i=1}^{3}\widehat{\pi}_i(\boldsymbol{x})=\frac{\exp(2.4221-0.5807\,TREAT-0.5414\,GENDER)}{1+\exp(2.4221-0.5807\,TREAT-0.5414\,GENDER)}$$

또한 누적순위에 대한 확률추정식을 이용하여 주어진 독립변수 수준에서 개별순위에 대한 확률 추정값은 [표 6.19]와 같다. [표 6.19]에 의하면 여성보다는 남성인 경우에 두가지 화학요법에 대한 치료효과가 상대적으로 높은 것으로 나타났다. 또한 성별에 관계없이 화학요법 A가 화학요법 B보다 치료효과가 상대적으로 높은 것으로 나타났다. 또한 화학요법 A를 사용한 남성인 경우에 기대 순위 추정값은 2.44이기 때문에 치료효과는 평균적으로 변화없음(2)과 부분치료(3)의 중간에 위치하고 있음을 알 수 있다.

$$\hat{E}(R|\text{화학요법 } A, \text{남성}) = (1)0.21114 + (2)0.35084 + (3)0.22386 + (4)0.21416 = ④2.44102$$

[표 6.19 : 개별 순위에 대한 추정 확률과 기대순위 추정]

TREAT	GENDER	P1	P2	P3	P4	ER
1	1	0.21114	0.35084	0.22386	0.21416	④2.44102
1	0	0.31504	0.37292	0.17515	0.13688	2.13387
0	1	0.32358	0.37276	0.17136	0.13230	2.11238
0	0	0.45117	0.34643	0.12091	0.08150	1.83274

6.5 분할표에 대한 다항로짓모형

앞절에서는 종속변수가 순위척도를 측정된 경우를 다루었다. 본절에서는 종속변수가 순위척도가 아니고 명목척도로 측정된 경우에 사용되는 다항로짓모형에 대하여 설명하도록 하겠다. 명목결과가 g개일 때 범주는 1 부터 g까지 숫자를 부여하고, 숫자는 순위척도가 아니고 명목척도이다. 제5장에서도 이미 설명하였지만 다항로짓모형에서는 g가지 계수벡터 $\boldsymbol{\beta}'s$ 중에서 참고범주에 대응되는 계수벡터는 $\mathbf{0}$ 으로 제약하게 된다. 만약 범주 r이 참고범주가 되면 r-번째 계수벡터 $\boldsymbol{\beta}_r$는 $\mathbf{0}$ 이 되므로 주어진 독립변수들의 수준 $\boldsymbol{x}_i$ 에서 범주 m에 속할 확률은 아래와 같이 정의된다. 다항로짓모형은 종속변수가 범주형이고 독립변수가 연속형, 범주형 혹은 연속형과 범주형의 혼합형인 경우에 모두 사용될 수 있는 모형이다.

$$\pi_m(\boldsymbol{x}_i) = \frac{\exp(\boldsymbol{x}_i'\boldsymbol{\beta}_m)}{1+\sum_{j\neq r}\exp(\boldsymbol{x}_i'\boldsymbol{\beta}_j)}$$

$$\pi_r(\boldsymbol{x}_i) = 1-\sum_{j\neq r}\pi_j(\boldsymbol{x}_i) \qquad (6.25)$$

[예제 6.5] 사후 종교적 확신에 대한 다항로짓모형 분석

종교사회학을 연구하는 단체에서 기독교인의 영생에 대한 확신여부를 조사하기 위해서 설문조사(1991년)를 하여 아래와 같은 991명에 대한 자료를 얻었다. 사후 영생에 대한 확신여부는 명목척도로 확신(1), 미정(2), 부정(3)으로 구분하였다. 범주형 독립변수는 인종과 성별로 구분하였다. 자료입력시 인종의 구분은 백인인 경우에는 1로 흑인인 경우에는 0으로 구분하였고, 성별에 대해서는 남성인 경우에는 0으로 여성인 경우에는 1로 표시하였다. 자료에 다항로짓모형을 적합시켜 인종과 성별이 사후 영생에 대한 확신여부를 설명하는 데 유의한 영향을 미치는지 여부를 유의수준 0.05에서 검정하고, 주어진 독립변수의 수준에서 확신여부 수준에 대한 확률을 추정하여라.

인종	성별	사후 영생에 대한 확신여부		
		확신	미정	부정
백 인	여 성	371	49	74
	남 성	250	45	71
흑 인	여 성	64	9	15
	남 성	25	5	13

□ **SAS 프로그램(\program\ex6-5.sas)**

```
DATA ONE;
 INPUT RACE GENDER BELIEF COUNT @@;
CARDS;
1 1 1 371 1 1 2 49 1 1 3 74
1 0 1 250 1 0 2 45 1 0 3 71
0 1 1  64 0 1 2  9 0 1 3 15
0 0 1  25 0 0 2  5 0 0 3 13
```

```
;
RUN;
①PROC CATMOD; WEIGHT COUNT;
 DIRECT RACE GENDER;
 MODEL BELIEF=RACE GENDER/ML NODESIGN PRED=PROB;
RUN;
②DATA TWO; SET ONE;
 G1=0.8831+0.3418*RACE+0.4186*GENDER;
 G2=-0.7580+0.2710*RACE+0.1051*GENDER;
 EG1=EXP(G1); EG2=EXP(G2); SUM=1+EG1+EG2;
 P1=EG1/SUM; P2=EG2/SUM; P3=1/SUM;
RUN;
③PROC PRINT;
 VAR RACE GENDER P1 P2 P3;
RUN;
```

(1) 분할표 범주형자료에 대한 다항로짓모형을 적합시키기 위해서 ①PROC CATMOD; 문을 사용하였다. 관측도수(COUNT)를 가중값 변수로 지정하기 위해서 WEIGHT COUNT; 문을, 변수가 구간척도를 갖는 변수로 지정하기 위해서 DIRECT RACE GENDER; 문을 사용하였다. 세가지 명목척도를 갖는 확신여부(BELIEF)변수를 종속변수로 인종과 성별을 독립변수로 하는 모형을 설정하여 최우추정을 하기 위해서 MODEL BELIEF=RACE GENDER/ML NODESIGN; 문을 사용하였다. 이때 참고범주는 확신여부(BELIEF) 수준값이 3인 부정범주가 된다.

(2) 다항로짓모형에서 추정된 계수를 이용하여 주어진 독립변수들의 수준에서 개별범주에 속할 확률을 추정하여 저장하기 위해서 ②문들을 사용하였다. 또한 저장된 변수들을 출력하기 위해서 ③PROC PRINT; 문을 사용하였다.

□ **SAS 결과해석**

[표 6.20 : 다항로짓모형에 대한 우도비 검정결과]

Source	DF	Chi-Square	Prob
INTERCEPT	2	34.14	0.0000
RACE	2	2.08	0.3534
GENDER	2	7.21	0.0272
①LIKELIHOOD RATIO	2	0.85	0.6525

모형의 적합도를 검토하기 위한 데비언스 검정결과 검정통계량의 값은 $D^* = 0.85$이고, p-값이 0.6525로 유의수준 0.05 보다 매우 크므로 '설정된 모형이 적절하다'는 귀무가설을 강하게 채택할 수 있는 근거가 된다. 이때 완전모형의 자유도는 표본자료에서 인종-성별의 네가지 결합 각각에 대하여 두가지 로짓모형을 가지므로 8이 되고, 설정된 모형에서 모수의 수는 6 이다. 따라서 데비언스 검정에서 사용된 자유도는 $8-6=2$가 된다. 또한 개별 독립변수의 유의성 영향에 대한 우도비 카이제곱검정에서 성별(GENDER)과 연관된 p-값이 0.0272로 유의수준 0.05보다 매우 작으므로 유의한 영향을 미친다고 판단할 수 있고, 반면에 인종(RACE)과 연관된 p-값이 0.3534로 유의수준 0.05보다 상당히 크므로 유의한 영향을 미친다고 판단할 수는 없겠다. 이때 개별 독립변수에 대하여 모수는 두개이므로 우도비 카이제곱검정에서 자유도는 2가 된다.

[표 6.21 : 다항로짓모형에 대한 최우추정 결과]

Effect	Parameter	Estimate	Standard Error	Chi-Square	Prob
INTERCEPT	1	0.8831	0.2426	13.25	0.0003
	2	-0.7580	0.3614	4.40	0.0359
RACE	3	②0.3418	0.2370	2.08	0.1493
	4	0.2710	0.3541	0.59	0.4442
GENDER	5	③0.4186	0.1713	5.97	0.0145
	6	0.1051	0.2465	0.18	0.6700

[표 6.21]에서 Parameter열에서 1, 3, 5는 부정범주(3)에 대한 확신범주(1)의 로짓모형에서 추정된 계수이고, Parameter열에서 2, 4, 6은 부정범주(3)에 대한 미정범주(2)의 로짓모형에서 추정된 계수를 표시한다. 이제 최대우도법에 의해서 추정된 계수의 의미를 살펴보자. 인종변수에서 추정된 계수 $\widehat{\beta_{1,1|3}}=$ ②$0.3418$의 의미는 성별과 관계없이 백인이 판단한 부정범주(3)와 비교해서 확신범주(1)의 승산은 흑인의 경우와 비교해서 약 $\exp(0.3418)=1.407$배 증가한다고 추정된다. 성별변수에서 추정된 $\widehat{\beta_{2,1|3}}=$ ③$0.4186$의 의미는 인종구분과 관계없이 여성이 판단한 부정범주(3)와 비교해서 확신범주(1)의 승산은 남성의 경우와 비교해서 약 $\exp(0.4186)=1.520$배 증가한다고 추정된다. 또한 미정범주(2)에 대한 확신범주(1) 모형에서 성별변수와 연관된 계수는 $\widehat{\beta_{2,1|2}}=0.4186-0.1051=0.3135$가 되고, 인종변수의 수준이 일정할 때 여성이 판단한 미정범주(2)와 비교해서 확신범주(1)의 승산은 남성의 경우와 비교해서 약 $\exp(0.3135)=1.368$배 증가한다고 추정된다. 추정된 계수를 이용하여 개별 범주에 속할 확률식은 아래와 같고, 독립변수들의 수준을 확률식에 대입하면 [표 6.22]와 같은 개별

범주에 속할 확률을 추정할 수 있다.

$$G_1 = 0.8831 + 0.3418\ RACE + 0.4186\ GENDER$$

$$G_1 = -0.7580 + 0.2710\ RACE + 0.1051\ GENDER$$

$$\widehat{\pi}_1(\boldsymbol{x}) = \frac{\exp(G_1)}{1+\exp(G_1)+\exp(G_2)}$$

$$\widehat{\pi}_2(\boldsymbol{x}) = \frac{\exp(G_2)}{1+\exp(G_1)+\exp(G_2)}$$

$$\widehat{\pi}_3(\boldsymbol{x}) = 1 - \widehat{\pi}_1(\boldsymbol{x}) - \widehat{\pi}_2(\boldsymbol{x})$$

[표 6.22 : 개별 범주에 대한 확률 추정]

RACE	GENDER	확정	미정	부정
1	1	④0.75458	0.09956	0.14586
1	0	⑤0.67828	0.12245	0.19927
0	1	0.70737	0.10018	0.19245
0	0	0.62217	0.12056	0.25727

백인 ($RACE=1$) 이고 여성 ($GENDER=1$) 인 경우 사후 영생에 대한 믿음이 확신범주(1)에 속할 확률 추정값은 ④0.755이 되고, 남성 ($GENDER=0$) 인 경우의 확률 추정값은 ⑤0.678이 된다. [표 6.23]과 같은 확률추정값들은 아래와 같은 SAS 부분출력에서 Predicted Function에서도 구할 수 있다.

[표 6.23 : 개별범주에 대한 확률 예측]

Sample	Function Number	Observed Function	Observed Standard Error	Predicted Function	Predicted Standard Error	Residual
1	1	1.61213697	0.1273143	1.6433769	0.12408349	-0.0312399
	2	-0.4122448	0.18417838	-0.3819697	0.17875053	-0.030275
	P1	0.75101215	0.0194558	0.75456083	0.01875676	-0.0035487
	P2	0.09919028	0.0134489	0.09956287	0.01307961	-0.0003726
	P3	0.14979757	0.01605647	0.1458763	0.01530558	0.00392127

```
2      1    1.25878104  0.13447865  1.22482647  0.12810449  0.03395457
       2    -0.4560174  0.19054325  -0.4870336  0.18314551  0.03101617

       P1   0.68306011  0.02432077  0.67827035  0.02354119  0.00478976
       P2   0.12295082  0.01716474  0.12244794  0.01657235  0.00050288
       P3   0.19398907  0.02066896  0.19928172  0.02008154  -0.0052926

3      1    1.45083288  0.28686524  1.30160255  0.22648903  0.14923033
       2    -0.5108256  0.42163702   -0.652945   0.3404589  0.14211937

       P1   0.72727273  0.04747572  0.70735168  0.04031377  0.01992105
       P2   0.10227273  0.03230062  0.10018119  0.02639193  0.00209154
       P3   0.17045455  0.04008511  0.19246714   0.0346491  -0.0220126

4      1    0.65392647  0.34194017  0.88305212  0.24263714  -0.2291257
       2    -0.9555114  0.52623481  -0.7580088  0.36135435  -0.1975026

       P1   0.58139535  0.07523217  0.62216401  0.04920983  -0.0407687
       P2   0.11627907  0.04888483  0.12055943  0.03305449  -0.0042804
       P3   0.30232558  0.07003734  0.25727656  0.04555334  0.04504902
```

[표 6.23]에서 구한 개별 범주에 대한 확률 추정값을 사용해서 예측도수를 구하려면 SAS 프로그램의 MODEL 옵션에서 PRED=FREQ; 로 수정하면 된다. 예를 들면, 조사된 백인여성 494명 중 사후 영생믿음에 대해서 미정범주에 속하는 기대도수를 로짓모형에서 추정하면 494 ×0.09956=49.18이 된다.

[표 6.24 : 관측도수와 예측도수 결과]

인종	성별	사후 영생에 대한 믿음여부		
		확신	미정	부정
백 인	여 성	371(372.75)	49(⑥49.18)	74(72.06)
	남 성	250(248.25)	45(44.82)	71(72.94)
흑 인	여 성	64(62.25)	9(8.82)	15(16.94)
	남 성	25(26.75)	5(5.18)	13(11.06)

Sample	Function Number	Observed Function	Observed Standard Error	Predicted Function	Predicted Standard Error	Residual
1	1	1.61213697	0.1273143	1.6433769	0.12408349	-0.0312399
	2	-0.4122448	0.18417838	-0.3819697	0.17875053	-0.030275
	F1	371	9.61116507	372.753052	9.26583973	-1.7530523
	F2	49	6.64376972	49.1840555	6.46132622	-0.1840555
	F3	74	7.93189635	72.0628922	7.56095744	1.93710777
2	1	1.25878104	0.13447865	1.22482647	0.12810449	0.03395457
	2	-0.4560174	0.19054325	-0.4870336	0.18314551	0.03101617
	F1	250	8.90140285	248.246948	8.61607451	1.7530525
	F2	45	6.28229362	44.8159445	6.06548177	0.18405548
	F3	71	7.56483813	72.937108	7.34984232	-1.937108
3	1	1.45083288	0.28686524	1.30160255	0.22648903	0.14923033
	2	-0.5108256	0.42163702	-0.652945	0.3404589	0.14211937
	F1	64	4.17786374	62.2469475	3.54761186	1.75305246
	F2	9	2.84245413	8.81594453	2.32248978	0.18405547
	F3	15	3.52748945	16.9371079	3.0491206	-1.9371079
4	1	0.65392647	0.34194017	0.88305212	0.24263714	-0.2291257
	2	-0.9555114	0.52623481	-0.7580088	0.36135435	-0.1975026
	F1	25	3.2349832	26.7530524	2.11602277	-1.7530524
	F2	5	2.10204773	5.18405546	1.42134288	-0.1840555
	F3	13	3.01160546	11.0628921	1.95879343	1.93710787

연 습 문 제

6.1 청량음료회사는 재활용할 수 있는 1리터 용기의 회수 비율이 환불수준에 따라 어떤 영향을 받는지를 실험을 통해서 조사하고자 한다. 지정된 6개 특정 점포에서 환불수준(단위: 원)을 달리하면서 500(N) 개씩 한정 판매하여 회수된 용기 수(R)를 조사한 자료는 아래와 같다. 회수 비율과 환불수준 사이의 관계를 다음 절차에 따라 분석하여라.

점포	1	2	3	4	5	6
환불수준(X)	20	40	60	80	100	120
판매개수(N)	500	500	500	500	500	500
회수개수(R)	72	103	170	296	406	449

(1) 회수비율에 로지스틱회귀모형을 적합시킨 후, 추정된 회귀계수 $\widehat{\beta}_1$를 해석하여라.
(2) 우도비 카이제곱 검정과 Hosmer & Lemeshow 적합도 검정을 하여라.
(3) 환불수준이 (50, 55, 60, 65, 70, 75, 80, 85, 90)일 때 회수비율을 추정하여라.
(4) 환불수준이 10, 30증가할 때 회수 승산을 계산하여라.
(5) 회수확률이 0.1과 0.9에 대응되는 환불수준을 추정하여라.

[SAS 프로그램 : \problem\p6-1.sas]

```
DATA ONE;
 INPUT X N R @@;
CARDS;
20 500 40 50 500 103 60 500 170
80 500 296 100 500 406 120 500 449
;
RUN;
PROC PLOT HPERCNET=70 VPERCENT=70;
 PLOT (R/N)*X='*';
RUN;
DATA TWO;
 INPUT X @@;
 N=. ; R=. ;
CARDS;
50 55 60 65 70 75 80 85 90
;
RUN;
DATA THREE;
 SET ONE TWO;
RUN;
PROC LOGISTIC DATA=THREE;
 MODEL R/N=X/LACKFIT;
  OUTPUT OUT=FOUR P=PHAT;
  UNITS X= 10 30;
RUN;
PROC PRINT;
RUN;
DATA FOUR;
 BOHAT=-2.9897; B1HAT=0.0426;
 DO C=0.1 TO 0.9 BY 0.1;
  X=(LOG(C/(1-C))-BOHAT)/B1HAT;
 OUTPUT;
 END;
RUN;
PROC PRINT;
 VAR C X;
RUN;
```

6.2 살충제 제조회사에서는 독성 수준이 살충 효과에 미치는 영향을 분석하고자 한다. 실험에서 실험용 곤충 1500마리를 250마리씩 6개 그룹으로 무작위로 나누어, 각 그룹마다 서로 다른 독성수준(1부터 6)의 살충제를 사용하였다. 하루가 지난 다음 각 그룹마다 죽은 곤충의 수를 관측하여 아래와 같은 자료를 얻었다. 다음 절차에 따라 분석하여라.

독성수준(X)	1	2	3	4	5	6
곤충수(N)	250	250	250	250	250	250
죽은 곤충수(R)	28	53	93	126	172	197

(1) 살충비율에 로지스틱회귀모형을 적합시킨 후, 추정된 회귀계수 $\widehat{\beta}_1$를 해석하여라.

(2) 우도비 카이제곱 검정과 Hosmer & Lemeshow 적합도 검정을 하여라.

(3) 독성수준이 (2.5, 3.5 4.5, 5.5)일 때 살충비율을 추정하여라.

(4) 독성수준이 0.5 혹은 1.0 증가할 때 살충 승산을 계산하여라.

(5) 살충확률이 0.1 과 0.9 에 대응되는 독성수준을 추정하여라.

[SAS 프로그램 : \problem\p6-2.sas]

```
DATA ONE;
 INPUT X N R @@;
CARDS;
1 250 28 2 250 53 3 250 93
4 250 126 5 250 172 6 250 197
;
RUN;
PROC PLOT HPERCNET=70 VPERCENT=70;
 PLOT (R/N)*X='*';
RUN;
DATA TWO;
 INPUT X @@;
 N=.; R=.;
CARDS;
2.5 3.5 4.5 5.5
;
```

```
RUN;
DATA THREE;
 SET ONE TWO;
RUN;
PROC LOGISTIC DATA=THREE;
 MODEL R/N=X/LACKFIT;
  OUTPUT OUT=FOUR P=PHAT;
  UNITS X= 0.5 1;
RUN;
PROC PRINT;
RUN;
DATA FOUR;
 BOHAT=-2.6437; B1HAT=0.6740;
 DO C=0.1 TO 0.9 BY 0.1;
  X=(LOG(C/(1-C))-BOHAT)/B1HAT;
 OUTPUT;
 END;
RUN;
PROC PRINT;
 VAR C X;
RUN;
```

6.3 종합병원에서는 특정지역의 609명 남성을 다년간 관찰한 결과 심장병 발명 여부에 대한 자료를 수집하였다. 심장병 발병에 영향을 미칠 수 있는 독립변수로 카테콜아민(X_1 : 신경세포에 작용하는 호르몬), 연령수준(X_2:1 = 55세 이상, 0 = 55세 미만)과 심전도 이상여부(X_3 : 1 = 비정상, 0 = 정상)등을 고려하였다. 자료에 로지스틱모형을 적합시키고 분석하여라.

심장병	그룹남성	X_1	X_2	X_3
17	274	0	0	0
15	122	0	1	0
7	59	0	0	1
5	32	0	1	1

심장병	그룹남성	X_1	X_2	X_3
1	8	1	0	0
9	39	1	1	0
3	17	1	0	1
14	58	1	1	1

(1) 세가지 독립변수를 사용한 첫번째 로지스틱모형을 자료에 적합시키고, 유의수준 0.05에서 개별 계수에 대한 유의성 검정을 하고, 설정된 모형에 대한 우도비 카이제곱 검정을 하여라. 또한 개별 회귀계수를 해석하여라.

(2) 교차항 $X_1 \times X_2$과 $X_1 \times X_3$를 포함시킨 두번째 로지스틱모형을 자료에 적합시킨 다음, 유의수준 0.05에서 교차항에 대한 유의성 검정을 하여라. 교차항을 포함한 모형에서 최종모형을 구축하여라.

(3) 최종모형을 사용해서 각 그룹별로 기관지염 발생확률을 추정하고, 첫번째 모형과 비교하여라.

[SAS 프로그램 : \problem\p6-3.sas]

```
DATA ONE;
 INPUT X1 X2 X3 N R @@;
 X12=X1*X2; X13=X1*X3; P=R/N;
CARDS;
0 0 0 274 17 0 1 0 122 15 0 0 1 59 7
0 1 1 32 5 1 0 0 8 1 1 1 0 39 9
1 0 1 17 3 1 1 1 58 14
;
RUN;
PROC LOGISTIC;
 MODEL R/N=X1 X2 X3/LACKFIT;
 OUTPUT OUT=TWO P=PHAT;
RUN;
PROC LOGISTIC;
 MODEL R/N=X1 X2 X3 X12 X13/LACKFIT;
 OUTPUT OUT=THREE P=PHAT1;
```

```
RUN;
DATA FOUR;
 MERGE TWO THREE;
 DIF=ABS(P-PHAT); DIF1=ABS(P-PHAT1);
RUN;
PROC PRINT;
 VAR P PHAT PHAT1;
RUN;
PROC MEANS MEAN MAXDEC=3;
 VAR DIF DIF1;
RUN;
```

6.4 아래 자료는 흡연여부와 호흡장애 검사와의 관계를 분석하고자 산업단지내의 남성 명에 대하여 나이로 구분하여 조사한 결과이다. 아래 자료에 로지스틱모형을 적합시켜 나이구분과 흡연여부가 호흡장애 여부에 유의한 영향을 미치는지 여부를 유의수준 0.05에서 검정하고, 각 수준에서 호흡장애 증상이 발생될 확률을 추정하여라. 두가지 독립변수는 아래와 같은 가변수로 설정되었다.

나이(AGE)	흡연여부(SMOKE)	호흡장애 검사결과	
		호흡장애(YES)	정상(NO)
〈 40	금연	34	577
	흡연	57	682
40 - 59	금연	11	52
	흡연	12	43

$$AGE = \begin{cases} 0 & AGE < 40 \\ 1 & AGE\ 40-59 \end{cases} \qquad SMOKE = \begin{cases} 0 & \text{금연} \\ 1 & \text{흡연} \end{cases}$$

[SAS 프로그램 : \problem\p6-4.sas]

```
DATA ONE;
 INPUT AGE SMOKE YES NO @@;
 CASES=YES+NO; P=YES/CASES;
 CARDS;
 0 0 34 577 0 1 57 682 1 0 4 164 1 1 74 245
;
RUN;
PROC LOGISTIC;
 MODEL YES/CASES=AGE SMOKE/LACKFIT;
RUN;
PROC PRINT;
 VAR AGE SMOKE P PHAT;
RUN;
```

6.5 Clogg 과 Shockey(1988)은 사회조사에서 직업에 대한 만족도가 인종 혹은 학력과 연관이 있는지에 대한 조사를 실시하여 아래와 같은 요약표를 작성하였다. 만족도 결과는 매우 만족(1), 보통 만족(2), 약간 불만(3), 매우 불만(4) 등 순위척도로 평가되었다. SAS 입력시 인종 구분은 백인인 경우에는 1로 흑인인 경우에는 0으로 표시하고, 교육수준 구분에 대해서는 대학 이상인 경우에는 1로 고졸 이하인 경우에는 0으로 표시하자.

처리그룹		직업 만족도 평가			
		매우 만족	보통 만족	약간 불만	매우 불만
백 인	대졸 이상	112	81	16	10
	고졸 이하	400	319	81	52
흑 인	대졸 이상	8	14	1	0
	고졸 이하	48	46	21	7

(1) 자료에 로지스틱모형을 적합시키고 인종 구분과 교육수준에 대한 효과를 유의수준 0.05에서 검정하고, 추정된 계수를 해석하여라.

(2) 각 독립변수의 수준에 대한 네가지 만족수준에 대한 확률을 추정하고, 추정된 확률을 이용해서 각 수준에 대하여 예상되는 반응결과를 추정하여라.

[SAS 프로그램 : \problem\p6-5.sas]

```
DATA ONE;
 INPUT RACE EDU SATIS COUNT @@;
CARDS;
1 1 1 112 1 1 2  81 1 1 3 16 1 1 4 10
1 0 1 400 1 0 2 319 1 0 3 81 1 0 4 52
0 1 1   8 0 1 2  14 0 1 3  1 0 1 4  0
0 0 1  48 0 0 2  46 0 0 3 21 0 0 4  7
;
RUN;
PROC LOGISTIC;
 WEIGHT COUNT;
  MODEL SATIS=RACE EDU;
  OUTPUT OUT=TWO P=PHAT;
RUN;
DATA THREE; SET TWO;
 IF _LEVEL_ =1 THEN P1=PHAT; IF _LEVEL_=1;
RUN;
DATA FOUR; SET TWO;
 IF _LEVEL_ =2 THEN P2=PHAT; IF _LEVEL_=2;
RUN;
DATA FIVE; SET TWO;
 IF _LEVEL_ =3 THEN P3=PHAT; IF _LEVEL_=3;
RUN;
DATA SEVEN;
 MERGE THREE FOUR FIVE ;
 P2=P2-P1; P3=P3-P2-P1; P4=1-P3-P2-P1;
 ER=1*P1+2*P2+3*P3+4*P4;
RUN;
PROC PRINT NOOBS;
 VAR RACE EDU P1-P4 ER;
RUN;
```

6.6 아래 자료는 미국에서 성별과 인종 구분이 선호하는 정당에 영향을 미치는지 여부를 분석하기 의해서 조사된 것이다. 선호하는 정당 구분은 민주당(1), 공화당(2), 독립(선호하는 정당없음: 3)등 명목척도로 구분된다. 성별 구분은 남성(1), 여성(0)으로, 인종 구분은 백인(1), 흑인(0)로 구분한다. 자료에 다항로짓모형을 적합시켜 성별과 인종이 선호 정당을

구분하는 데 유의한 영향을 미치는지 여부를 유의수준 0.05에서 검정하고 추정된 계수를 해석하여라. 또한 주어진 독립변수의 수준에서 선호 정당에 대한 확률을 추정하여라.

처리그룹		선호 정당		
		민주당	공화당	독립
남성	백인	132	176	127
	흑인	42	6	12
여성	백인	172	129	130
	흑인	56	4	15

[SAS 프로그램 : \problem\p6-6.sas]

```
DATA ONE;
 INPUT GENDER RACE PARTY COUNT @@;
CARDS;
1 1 1 132 1 1 2 176 1 1 3 127
1 0 1  42 1 0 2   6 1 0 3  12
0 1 1 172 0 1 2 129 0 1 3 130
0 0 1  56 0 0 2   4 0 0 3  15
;
RUN;
PROC CATMOD ORDER=DATA; WEIGHT COUNT;
 DIRECT GENDER RACE;
 MODEL PARTY=GENDER RACE/ML NODESIGN PRED=PROB;
RUN;
DATA TWO; SET ONE;
 G1=1.3882-0.2202*GENDER-1.1183*RACE;
 G2=-1.771+0.3526*GENDER+1.598*RACE;
 EG1=EXP(G1); EG2=EXP(G2); SUM=1+EG1+EG2;
 P1=EG1/SUM; P2=EG2/SUM; P3=1/SUM;
RUN;
PROC PRINT NOOBS;
 VAR GENDER RACE P1 P2 P3;
RUN;
```

APPLIED LOGISTIC REGRESSION ANALYSIS

제 7 장

특별한 로지스틱모형

본장에서는 로지스틱모형을 이용한 특별한 경우에 대하여 설명하도록 하겠다. 첫번째 설명할 다항선택모형은 고려될 수 있는 여러 가지 대안에서 독립변수의 정보를 이용해서 가장 선호될 수 있는 대안을 선택하는 데 적용될 수 있는 유용한 모형이다. 두번째 설명할 Bardley-Terry 모형은 여러 가지 항목 중에서 독립변수의 정보를 이용해서 선호도 순위를 부여하는 데 적용될 수 있는 모형이다. 세번째 설명할 대응 사례-대조 로지스틱모형은 연구대상 결과가 사례-대조그룹으로 대응되어 있는 자료에 대하여 연관성을 분석하는 데 사용될 수 있는 모형이다.

7.1 다항선택모형

다항선택모형(multinomial choice model)은 McFadden(1973)에 의하여 제안되었으며 고려할 수 있는 여러 대안 중에서 선호되는 대안을 찾고자 할 때 적용되는 모형이고, 다항로짓모형의 연장으로 조건부 로짓모형(conditional logit model)이라고도 부른다. 예를 들면, 마케팅조사연구에서 고려된 여러 대안 중에서 소비자의 효용(utility)을 최대화시킬 수 있는 최적대안을 선택하는 행위를 분석할 때 다항선택확률모형이 매우 유용하게 사용되어진다. 모형에서 사용되는 효용은 각 대안에 대한 매력도 지표로 사용되어진다. 본절에서는 선택확률모형의 설정, 계수추정과 각 대안에 대한 선택확률을 구하는 절차를 설명하겠다.

다항로짓모형에서 종속변수의 관측범주는 독립변수들의 정보에 의해서 설명되었으나, 다항선택확률모형에서 종속변수의 선택범주는 대안과 연관된 효용에 의해서 설명되어진다. 대안에 대한 매력도를 측정할 수 있는 효용은 대안에 포함된 속성에 의해서 결정되고, 의사결정자는 자신의 기대효용(expected utility)을 최대화시킬 수 있는 대안을 선택하게 될 것이다. 종속변수 Y_i의 값은 g개 대안(alternative)중에서 i-번째 의사결정자(개인 혹은 단체)가 선택한 결과를 의미하고, U_{ij}는 i-번째 의사결정자가 선택할 수 있는 j-번째 대안의 효용함수를 의미한다. 만약 j-번째 대안과 k-번째 대안의 효용함수사이에 $U_{ij} > U_{ik}$, $j \neq k$ 이 성립될 때 i-번째 의사결정자는 k-번째 대안보다는 j-번째 대안을 선호하게 될 것이다. 고려된 모든 대안 중에서 식(7.1)과 같은 효용관계가 성립되는 경우에는 i-번째 의사결정자는 최종적으로 j-번째 대안을 선택하게 된다.

$$U_{ij} = \max(U_{i1}, U_{i2}, \cdots, U_{ig}) \tag{7.1}$$

효용함수는 대안의 속성을 표시하는 확률변수들과 오차항의 두가지 성분의 결합으로 구성된다. 만약 대안의 속성을 구성하는 변수가 p개 일 때 일반적으로 자주 사용되는 가법효용함수 (additive utility function) U_{ij}는 아래와 같이 표현한다.

$$\begin{aligned} U_{ij} &= \beta_1 Z_{1ij} + \beta_2 Z_{2ij} + \cdots + \beta_p Z_{pij} + \varepsilon_{ij} \\ &= \boldsymbol{z}_{ij}{}' \boldsymbol{\beta} + \varepsilon_{ij} \end{aligned} \tag{7.2}$$

식(7.2)에서 설정된 가법효용함수는 모든 대안에 대하여 동일한 기울기계수를 가지는 선형함수형태를 가지게 된다. 설정된 효용함수는 확률효용(random utility)이기 때문에 선택은 확률성분을 가지고 있고, i-번째 의사결정자가 j-번째 대안을 선택할 확률은

$$\pi_{ij} = P(Y_i = j) = P\{U_{ij} = \max(U_{i1}, U_{i2}, \cdots, U_{ig})\} \tag{7.3}$$

이 된다. Luce(1959)는 독립적인 오차항 ε_{ij}는 아래와 같은 감벨분포(Gumbel distribution)

$$\varepsilon_{ij} \sim \exp\{-\exp(\varepsilon_{ij})\} \tag{7.4}$$

에 따른다는 가정에서 다항로짓모형의 기본적인 형식과 유사한 다항선택확률모형을 아래와 같이 유도하였다.

$$\pi_{ij} = P(Y_i = j) = \frac{\exp(\boldsymbol{z}_{ij}{}' \boldsymbol{\beta})}{\sum_{k=1}^{g} \exp(\boldsymbol{z}_{ik}{}' \boldsymbol{\beta})} \tag{7.5}$$

여기서 $\boldsymbol{z}_{ij}$와 $\boldsymbol{z}_{ik}$는 j-번째와 k-번째 대안에 대한 i-번째 의사결정자의 속성변수들의 값을 의미한다. 식(7.5)에서 계수벡터 $\boldsymbol{\beta}$를 최대우도법을 이용해서 추정하기 위해서는 우선 모든

관측값에 대한 우도를 설정하여야 한다. 종속변수의 관측값을 아래와 같이 정의하면

$$Y_{ij} = \begin{cases} 1 & \text{만약 } i-\text{번째 의사결정자가 } j-\text{번째 대안선택} \\ 0 & \text{그밖의 경우} \end{cases}$$

다항선택모형에 대한 우도함수는 아래와 같이 설정된다.

$$\begin{aligned} L &= \prod_{i=1}^{n} \prod_{j=1}^{g} \pi_{ij}^{\;Y_{ij}} \\ &= \prod_{i=1}^{n} \prod_{j=1}^{g} \left(\frac{\exp(\boldsymbol{z}_{ij}'\boldsymbol{\beta})}{\sum_{k=1}^{g} \exp(\boldsymbol{z}_{ik}'\boldsymbol{\beta})} \right)^{Y_{ij}} \end{aligned} \tag{7.6}$$

계수벡터 $\boldsymbol{\beta}$의 최우추정량을 구하기 위해서 우선 식(7.6)에 자연대수를 취한 자연대수우도함수 $\log_e L$는

$$\log_e L = \sum_{i=1}^{n} \sum_{j=1}^{g} Y_{ij} \left[\boldsymbol{z}_{ij}'\boldsymbol{\beta} - \log_e \left\{ \sum_{k=1}^{g} \exp(\boldsymbol{z}_{ik}'\boldsymbol{\beta}) \right\} \right] \tag{7.7}$$

이 되고, 식(7.7)을 최대화시키는 모수벡터의 값인 $\widehat{\boldsymbol{\beta}}$을 구하게 된다. 이때 최우추정량 $\widehat{\boldsymbol{\beta}}$는 일치성, 점근적 정규성, 점근적 효율성을 갖게 된다. 최우추정량 $\widehat{\boldsymbol{\beta}}$을 식(7.5)에 대입하면 i-번째 의사결정자의 j-번째 대안을 선택할 추정확률은 아래와 같이 구해진다.

$$\widehat{\pi_{ij}} = \widehat{P}(Y_i = j) = \frac{\exp(\boldsymbol{z}_{ij}'\widehat{\boldsymbol{\beta}})}{\sum_{k=1}^{g} \exp(\boldsymbol{z}_{ik}'\widehat{\boldsymbol{\beta}})} \tag{7.8}$$

개별계수와 모형에 대한 유의성 검정은 이미 로지스틱모형과 로짓모형에서 설명하였기 때문에 다항선택모형의 예제를 통해서 살펴보도록 하자.

[예제 7.1] 다항선택모형의 응용

초콜릿 제조업체에서는 전문평가자 10사람을 선정하여 속성이 서로 다른 8가지 종류 초콜릿캔디를 모두 맛을 본 다음 가장 선호하는 초콜릿 종류 하나를 선택하도록 하였다. 8가지 종류의 초콜릿캔디는 아래와 같은 *DARK*, *SOFT*, *NUTS* 등 세가지 속성변수의 조합으로 만들어졌다. 자료(\data\ex7-1.dat)에 다항선택모형을 적합시키고 아래 질문에 대하여 분석하여 보자. (자료출처: Logistic Regression Examples Using SAS System, 1995, 2-3쪽)

$$DARK = \begin{cases} 1 & \text{진한 초코랫색} \\ 0 & \text{우유 초코랫색} \end{cases} \quad SOFT = \begin{cases} 1 & \text{부드러운 캔디} \\ 0 & \text{딱딱한 캔디} \end{cases} \quad NUTS = \begin{cases} 1 & \text{견과첨가} \\ 0 & \text{견과없음} \end{cases}$$

캔디 종류	*DARK*	*SOFT*	*NUTS*
1	0	0	0
2	0	0	1
3	0	1	0
4	0	1	1
5	1	0	0
6	1	0	1
7	1	1	0
8	1	1	1

(1) 다항선택모형의 계수를 최대우도법을 사용하여 추정하여라.
(2) 개별계수에 대한 유의성을 유의수준 0.05 에서 왈드 카이제곱 검정을 하여라. 또한 다항선택모형의 유의성검정을 유의수준 0.05 에서 우도비카이제곱 검정을 하여라.
(3) 8가지 캔디에 대한 선택확률을 추정하고 최적의 속성을 결정하여라.

□ SAS 프로그램(\program\ex7-1.sas)

```
DATA ONE;
 INFILE 'A:\DATA\EX7-1.DAT';
 INPUT SUBJECT CHOICE DARK SOFT NUTS @@;
```

```
 ①T=2-CHOICE;
RUN;
②PROC PHREG OUTEST=TWO;
 ③STRATA SUBJECT;
  ④MODEL T*CHOICE(0)=DARK SOFT NUTS;
RUN;
DATA THREE;  SET TWO;
⑤EXP1= EXP(DARK*0+SOFT*0+NUTS*0);
 EXP2= EXP(DARK*0+SOFT*0+NUTS*1);
 EXP3= EXP(DARK*0+SOFT*1+NUTS*0);
 EXP4= EXP(DARK*0+SOFT*1+NUTS*1);
 EXP5= EXP(DARK*1+SOFT*0+NUTS*0);
 EXP6= EXP(DARK*1+SOFT*0+NUTS*1);
 EXP7= EXP(DARK*1+SOFT*1+NUTS*0);
 EXP8= EXP(DARK*1+SOFT*1+NUTS*1);
 SUMEXP=EXP1+EXP2+EXP3+EXP4+EXP5+EXP6+EXP7+EXP8;
⑥PHAT1=EXP1/SUMEXP; PHAT2=EXP2/SUMEXP;
 PHAT3=EXP3/SUMEXP; PHAT4=EXP4/SUMEXP;
 PHAT5=EXP5/SUMEXP; PHAT6=EXP6/SUMEXP;
 PHAT7=EXP7/SUMEXP; PHAT8=EXP8/SUMEXP;
RUN;
PROC PRINT ⑦SPLIT= '*' NOOBS;
 VAR PHAT1-PHAT8;
⑧LABEL PHAT1='DARK(0) SOFT(0) NUTS(0) * P1HAT'
 PHAT2='DARK(0) SOFT(0) NUTS(1) * P2HAT'
 PHAT3='DARK(0) SOFT(1) NUTS(0) * P3HAT'
 PHAT4='DARK(0) SOFT(1) NUTS(1) * P4HAT'
 PHAT5='DARK(1) SOFT(0) NUTS(0) * P5HAT'
 PHAT6='DARK(1) SOFT(0) NUTS(1) * P6HAT'
 PHAT7='DARK(1) SOFT(1) NUTS(0) * P7HAT'
 PHAT8='DARK(1) SOFT(1) NUTS(1) * P8HAT';
RUN;
```

(1) 다항선택모형을 자료에 적합시키기 위해서는 SAS 에서 생존분석(survival analysis)을 할 때 사용되는 명령문인 PROC PHREG을 사용하게 된다. PROC PHREG를 이용할 때에는 생존분석에 사용되는 자료와 같은 형태로 다시 정리하여야 한다. 가장 선호되는 대안은 시점 1 에서 발생되고, 다른 대안들은 나중 시점에 발생되거나 중도 절단(censoring)되었다고 가정하면 새로운 변수는 ① T=2−CHOICE; 로 설정된다. 따라서 선택된 대안의 값은 T=1 이 되고 선택되지 않은 대안들의 값은 모두 T=2 가 된다. 모형을 추정하고 추정된 계수를 데이터 TWO에 저장하기 위해서 ②

PROC PHREG OUTEST=TWO; 문을 사용하였다. 데이터 TWO에는 저장된 형식은 $\widehat{\beta}_1$의 값은 *DARK*로, $\widehat{\beta}_2$의 값은 *SOFT*로, $\widehat{\beta}_3$의 값은 *NUTS*로 저장되어있다.

(2) 개별 평가자(subject)를 하나의 계층(strata)으로 간주하여 층화분석(stratified analysis)을 하기 위해서 ③STRATA SUBJECT; 문을 사용하였다. 가변수인 T와 절단변수(censored variable) CHOICE를 가진 모형을 자료에 적합시키기 위해서 ④MODEL T*CHOICE(0)=DARK SOFT NUTS; 문을 사용하였다.

(3) 추정된 계수를 이용해서 8가지 속성을 가진 캔디에 대한 선택확률을 추정하는 절차는 다음과 같다. 우선 식(7.8)의 분자와 분모를 구하기 위해서 ⑤식들을 사용하였고, 선택확률의 추정값은 ⑥식들을 이용하여 구할 수 있다. 또한 변수의 이름을 세로로 분리하여 출력하기 위해서 ⑦SPLIT='*'; 문을 사용하였고, 변수이름에 속성을 표시하기 위해서 ⑦LABEL 문을 사용하였다.

□ SAS 결과해석

[표 7.1 : 다항선택모형 최우추정 결과]

Variable	DF	①Parameter Estimate	Standard Error	Wald Chi-Square	②Pr > Chi-Square	③Risk Ratio
DARK	1	1.386294	0.79057	3.07490	0.0795	4.000
SOFT	1	-2.197225	1.05409	4.34502	0.0371	0.111
NUTS	1	0.847298	0.69007	1.50762	0.2195	2.333

최대우도법에 의해서 추정된 계수는 ①Parameter Estimate 열에서 출력되었다. 자료에서 구한 속성변수의 부호를 살펴보면 *DARK*와 *NUTS*의 부호가 양수이므로 진한 초콜릿색이 우유 초콜릿보다 선호되고, 견과가 포함된 경우가 포함되지 않은 경우와 비교해서 선호도는 증가되는 것으로 나타났다. 또한 속성변수 *SOFT*의 부호는 음수이므로 부드러운 캔디가 단단한 캔디보다 선호도가 감소되는 것으로 나타났다. 추정된 계수를 이용한 각 속성의 조합에 대하여 선택확률은 아래와 같은 식을 이용해서 구할 수 있다.

$$\widehat{P}(Y=j|\mathbf{z}) = \frac{\exp(1.3863\,DARK_j - 2.1972\,SOFT_j + 0.8473\,NUTS_j)}{\sum_{k=1}^{8}\exp(1.3863\,DARK_k - 2.1972\,SOFT_k + 0.8473\,NUTS_k)}$$

[표 7.1]에서 속성변수는 *SOFT*와 연관된 ② p-값이 0.0371로 가장 작은값으로 나타났기 때문에 유

의수준 0.05 에서 귀무가설 H_o: $\beta_2 = 0$ 를 기각할 수 있는 근거가 된다. 따라서 캔디의 부드러움 정도는 선택확률에 유의한 영향을 미치고 있다고 판단할 수 있겠다. 속성변수 *DARK*와 연관된 p-값은 0.0795이기 때문에 유의수준 0.05보다 약간 크므로 선택확률에 매우 유의한 영향을 미친다고는 판단할 수는 없으나, 유의한 영향이 없다고 판단하기는 아직 이르다. 그러나 속성변수 *NUTS*와 연관된 p-값은 0.2195로 유의수준 0.05보다 매우 크므로 선택확률에 유의한 영향을 미친다고는 판단할 수 없겠다. 속성변수들의 ③승산을 살펴보면 다른 속성변수들이 일정한 수준일 때 단단한 캔디와 비교해서 부드러운 캔디가 선호될 승산은 약 0.111배 감소하게 된다는 의미이고, 우유 초콜릿색과 비교해서 진한 초콜릿색의 캔디가 선호될 승산은 약 4 배 증가하게 된다는 의미이다.

[표 7.2 : 다항선택모형의 유의성 검정]

Criterion	Without Covariates	With Covariates	Model Chi-Square
-2 LOG L	41.589	28.727	④12.862 with 3 DF (p=0.0049)
Score	.	.	11.600 with 3 DF (p=0.0089)
Wald	.	.	8.928 with 3 DF (p=0.0303)

귀무가설 H_o: $\beta_1 = \beta_2 = \beta_3 = 0$ 에 대한 우도비카이제곱 검정통계량값은 $LR^* = 12.862$이고, 연관된 p-값이 0.0089로 0에 가까운 매우 작은 값을 가지기 때문에 귀무가설을 매우 강하게 기각할 수 있는 충분한 근거가 된다. 따라서 모형에 포함된 속성변수들 중에는 유의한 영향을 미치는 속성변수가 적어도 하나 이상이 포함되어있다는 의미이다.

[표 7.3 : 개별대안에 대한 선택확률 추정결과]

```
MILK(0) HARD(0) NONUTS(0)          MILK(0) HARD(0) NUTS(1)
        P1HAT                              P2HAT
        0.054                              0.126

MILK(0) SOFT(1) NONUTS(0)          MILK(0) SOFT(1) NUTS(1)
        P3HAT                              P4HAT
        0.006                              0.014

DARK(1) HARD(0) NONUTS(0)          DARK(1) HARD(0) NUTS(1)
        P5HAT                              P6HAT
        0.216                              0.504
```

```
DARK(1) SOFT(1) NONUTS(0)          DARK(1) SOFT(1) NUTS(1)
        P7HAT                              P8HAT
        0.024                              0.056
```

[표 7.3]은 추정된 다항선택확률식을 이용하여 구한 개별 대안의 선택확률에 대한 추정값이다. 10명이 평가한 자료에 의하면 단단하고 ($SOFT=0$), 견과가 포함된 ($NUTS=1$) 초콜릿색 ($DARK=1$) 의 캔디에 대한 선택 확률이 0.504로 가장 큰 값으로 나타났기 때문에, 고려된 8가지 종류의 캔디중에서 가장 선호되는 것으로 나타났다. 이 경우에 선호할 확률의 추정값 $\widehat{P}[Y=6 \mid \boldsymbol{z}=(1,0,1)]$을 계산하기 위한 절차는 아래와 같다.

$$\begin{aligned}\widehat{P}[Y=6 \mid \boldsymbol{z}=(1,0,1)] &= \{\exp[1.3863(1)-2.1972(0)+0.8473(1)]\} \div \\ &\quad \{\exp[1.3863(0)-2.1972(0)+0.8473(0)]+\cdots \\ &\quad +\exp[1.3863(0)-2.1972(0)+0.8473(0)]\} = 0.504\end{aligned}$$

7.2 Bradley-Terry 모형

본절에서는 범주형자료분석에서 사용되는 모형은 일반선형모형(generalized linear model)의 특별한 경우를 다루어 보겠다. 그 중에서 짝비교(paired comparisons)를 위한 모형으로 Bradley-Terry 모형이 있다. Bradley-Terry 모형에서 항목들은 짝 경쟁을 통해서 비교된다. 예를 들면, 마케팅조사기관에서는 여러 전자제품에 대한 소비자 선호도에 대한 순위를 얻고자 한다. 만약 전제제품의 수가 많다면 모든 제품들을 비교해서 순위를 부여하는 것은 쉬운 일이 아니다. 그러나 만약 제품들을 한번에 두개씩 비교한다면 짝내에서 어느 한 제품의 선호를 평가하기는 용이하고, 모든 짝 비교 결과를 이용해서 모든 제품들에 대한 선호도 순위를 부여할 수 있을 것이다.

Bradley와 Terry(1952)는 짝비교 결과인 선호도 회수를 이용해서 순위를 부여할 수 있는 로짓 모형을 제안하였다. g개 항목과 연관된 모수를 각각 $\beta_1, \beta_2, \cdots, \beta_g$ 이라고 했을 때 i-번째 항목이 j-번째 항목보다 선호될 확률은 아래와 같이 설정하였다.

$$\pi_{i|j} = \frac{\exp(\beta_i)}{\exp(\beta_i) + \exp(\beta_j)} = \frac{\exp(\beta_i - \beta_j)}{1 + \exp(\beta_i - \beta_j)} \tag{7.9}$$

식(7.9)에서 두개 항목에 대한 선호도가 동일한 경우는 발생되지 않는다고 가정하면, j-번째 항목이 i-번째 항목보다 선호될 확률은 자동적으로 $\pi_{j|i} = 1 - \pi_{i|j}$가 된다. 이제 i-번째 항목이 j-번째 항목보다 선호될 승산 $\Omega_{i|j}$을 아래와 같이 설정한다.

$$\Omega_{i|j} = \frac{\pi_{i|j}}{\pi_{j|i}} = \frac{\exp(\beta_i)}{\exp(\beta_j)} = \exp(\beta_i - \beta_j) \tag{7.10}$$

식(7.10)의 승산에 자연대수를 취하면 $\pi_{i|j}$의 로짓은 $logit(\pi_{i|j})$로 아래와 같이 구해진다.

$$logit(\pi_{i|j}) = \log_e \Omega_{i|j} = \beta_i - \beta_j \tag{7.11}$$

이 경우 모수대비 $\beta_i - \beta_j$의 의미를 살펴보면 i-번째 항목이 j-번째 항목보다 선호될 확률은 $\beta_i = \beta_j$일 때 1/2 이 되고, $\beta_i > \beta_j$일 때 1/2 보다 크게 된다는 의미이다. 항목을 비교할 때 하나의 모수는 중복되므로 마지막 모수 β_g를 0으로 설정하면 마지막 항목은 참고항목이 된다.

설정된 로짓모형에서 짝항목의 셀 회수 $(n_{i|j}, n_{j|i})$는 독립적인 이항변수로 취급한다. 여기서 $n_{i|j}$은 i-번째 항목이 j-번째 항목보다 선호된 회수를 의미하고, $n_{j|i}$은 j-번째 항목이 i-번째 항목보다 선호된 회수를 의미한다. 본절에서 설정된 로짓모형은 각 항목에 대해서 하나의 모수만 갖고 절편항은 없다고 가정하자. 모형을 자료에 적합시키기 위해서는 g개 계수에 대응되는 인공적인(artificial) 독립변수를 설정하여야 한다. 만약 q-번째 짝비교에서 i-번째 항목이 j-번째 항목보다 선호된다면 디자인벡터 $\boldsymbol{d}_q = (d_{q1}, d_{q2}, \cdots, d_{qg})$에서 k-번째 원소는 아래와 같이 정의된다.

$$d_{qk} = \begin{cases} 1 & k=i \\ -1 & k=j \\ 0 & \text{그밖의 경우} \end{cases} \tag{7.12}$$

예를 들면, 만약 7개 항목이 있다면 분석을 위한 짝자료는 $7\times6=42$개 관측값을 필요로 한다. 이때 개별 짝자료에 대응되는 인공변수값은 $\pi_{i|j}$의 로짓에서 i-번째 항목에 대응되는 인공변수의 값은 1, j-번째 항목에 대응되는 값은 -1 이 되고, 나머지 5개 항목에 대응되는 값은 모두 0 가 된다. Bradley-Terry 모형의 우도는 종속변수가 $Y=1$, 디자인 자료행렬이 $\boldsymbol{d}$ 이고 절편이 생략된 로지스틱모형과 같은 형태를 갖는다.

g개 항목과 연관된 모수 $\beta_1, \beta_2, \cdots, \beta_g$의 최우추정값을 $\widehat{\beta_1}, \widehat{\beta_2}, \cdots, \widehat{\beta_g}$ 이라고 했을 때 i-번째 항목이 j-번째 항목보다 선호될 확률의 추정은 아래와 같다.

$$\widehat{\pi_{i|j}} = \frac{\exp(\widehat{\beta_i} - \widehat{\beta_j})}{1 + \exp(\widehat{\beta_i} - \widehat{\beta_j})} \tag{7.13}$$

또한 두개 항목사이의 선호도가 동일하다는 귀무가설 $H_o: \beta_i = \beta_j$ 에 대한 검정은 모수대비에 대한 추정값 $\widehat{\beta_i} - \widehat{\beta_j}$ 과 모수대비 추정값의 점근표준오차 $s.e(\widehat{\beta_i} - \widehat{\beta_j})$ 를 비교하는 왈드 카이제곱 검정통계량을 설정하면

$$\begin{aligned} W_{i|j} &= \left(\frac{\widehat{\beta_i} - \widehat{\beta_j}}{s.e(\widehat{\beta_1} - \widehat{\beta_2})}\right)^2 \\ &= \left(\frac{\widehat{\beta_i} - \widehat{\beta_j}}{\sqrt{\widehat{Var}(\widehat{\beta_i}) + \widehat{Var}(\widehat{\beta_j}) - 2\,\widehat{Cov}(\widehat{\beta_i}, \widehat{\beta_j})}}\right)^2 \end{aligned} \tag{7.14}$$

이 된다. 왈드 카이제곱 검정통계량 $W_{i|j}$ 은 귀무가설이 참일 때 자유도가 1 인 카이제곱분포 χ_1^2 에 따르게 된다. 또한 왈드 카이제곱 검정통계량의 값을 $W_{i|j}^*$ 이라고 할 때 연관된 p-값은 $P(\chi_1^2 > W_{i|j}^*)$ 이 된다. 이제 예제를 통해서 Bradley-Terry모형의 적용절차를 설명하고, 추정결과에 대하여 자세히 설명하도록 하겠다.

[예제 7.2] 프로야구팀 종합순위 결정을 위한 Bradley-Terry모형

아래 자료는 미국 아메리칸리그 동부지역의 7개 팀에 대한 프로야구경기 대진 결과이다. Bradley-Terry모형을 자료에 적합시켜 7개 팀에 대한 종합순위를 결정하여보자. 또한 (1) Milwaukee팀과 Detroit팀, (2) Detroit팀과 Boston팀, (3) Milwaukee팀과 Cleveland팀 사이 승률에 대한 유의한 차이가 있는지를 유의수준 0.05에서 검정하여보자.

승리팀	패배팀						
	Milwaukee	Detroit	Toronto	New York	Boston	Cleveland	Baltimore
Milwaukee	–	7	9	7	7	9	11
Detroit	6	–	7	5	11	9	9
Toronto	4	6	–	7	7	8	12
New York	6	8	6	–	6	7	10
Boston	6	2	6	7	–	7	12
Cleveland	4	4	5	6	6	–	6
Baltimore	2	4	1	3	1	7	–

7개 팀에 대한 대진 결과에 대하여 Bradley-Terry모형을 적합시키기 위해서는 42개 짝비교에 대한 인공적인 독립변수에서 얻어진 42 × 7 디자인행렬이 필요하다. 모형을 적합시킬 때 마지막 팀인 Baltimore가 비교 대상팀이 된다. 우선 Milwaukee팀이 다른 6개팀과 짝비교를 표시하는 다지인행렬을 살펴보기로 하자. 7개팀 중에서 Milwaukee팀과 Detroit팀을 짝비교할 때 Milwaukee팀이 Detroit팀에 승리한 경우에는 Milwaukee팀의 값을 1 , Detroit팀의 값은 -1, 다른 5개 팀의 값은 모두 0 으로 표시하면 $\boldsymbol{d}_1 = (1, -1, 0, 0, 0, 0, 0)$ 이 된다. 또한 Milwaukee팀과 Toronto팀을 짝비교할 때 Milwaukee팀이 Toronto팀에 승리한 경우에는 Milwaukee팀의 값은 1, Toronto팀의 값은 -1, 다른 5개 팀의 값은 모두 0 으로 표시하면 $\boldsymbol{d}_2 = (1, 0, -1, 0, 0, 0, 0)$ 이 된다. 이때 종속변수 Y 는 Milwaukee팀이 승리한 경우를 표시하므로 동일한 값인 $Y=1$이 된다. 이러한 절차를 계속하면 팀사이의 짝비교할 때 구한 디자인행렬(42×7)과, 대상팀에 대한 승리회수를 표시하는 변수 COUNT는 아래와 같다.

OBS	MIL	DET	TOR	NEW	BOS	CLE	BAL	Y	COUNT
1	1	-1	0	0	0	0	0	1	7
2	1	0	-1	0	0	0	0	1	9
3	1	0	0	-1	0	0	0	1	7
4	1	0	0	0	-1	0	0	1	7
5	1	0	0	0	0	-1	0	1	9
6	1	0	0	0	0	0	-1	1	11
				자료 생략					
37	-1	0	0	0	0	0	1	1	2
38	0	-1	0	0	0	0	1	1	4
39	0	0	-1	0	0	0	1	1	1
40	0	0	0	-1	0	0	1	1	3
41	0	0	0	0	-1	0	1	1	1
42	0	0	0	0	0	-1	1	1	7

□ **SAS 프로그램(\program\ex7-2.sas)**

```
DATA ONE;
 ①ARRAY TEAM{7} MIL DET TOR NEW BOS CLE BAL;
  ②DO I = 1 TO 7; TEAM{I}=0; END;
  ③ARRAY X{7} X1-X7;
INPUT X1-X7;
④Y=1;
 ⑤KEEP Y COUNT MIL DET TOR NEW BOS CLE BAL;
 ⑥DO I = 1 TO 7;
   TEAM{_N_} =1;
   TEAM{I}=-1; COUNT=X{I};
   IF _N_ NE I THEN OUTPUT;
   TEAM{I}=0;
 END;
CARDS;
. 7 9 7 7 9 11
6 . 7 5 11 9 9
4 6 . 7 7 8 12
6 8 6 . 6 7 10
6 2 6 7 . 7 12
4 4 5 6 6 . 6
2 4 1 3 1 7 .
;
```

```
RUN;
⑦PROC LOGISTIC OUTEST=TWO;
 ⑧FREQ COUNT;
 ⑨MODEL Y=MIL DET TOR NEW BOS CLE BAL/NOINT COVB;
   OUTPUT OUT=THREE P=PHAT;
 ⑩TEST1: TEST MIL-DET=0;
   TEST2: TEST DET-BOS=0;
   TEST3: TEST MIL-CLE=0;
RUN;
㉠PROC PRINT DATA=THREE;
  VAR MIL DET TOR NEW BOS CLE BAL COUNT PHAT;
RUN;
㉡PROC TRANSPOSE DATA=TWO OUT=FOUR;
RUN;
㉢PROC SORT DATA=FOUR;
  WHERE _NAME_ NE '_LNLIKE_';
  BY DESCENDING ESTIMATE;
RUN;
㉣PROC PRINT;
RUN;
```

(1) 7개팀을 정렬(ARRAY)하기 위해서 ①ARRAY TEAM{7} MIL DET TOR NEW BOS CLE BAL;, 정렬된 각원소의 초기값을 0으로 설정하기 위해서 ②DO I=1 TO 7; TEAM{I}=0; END; 문을 사용하였다. 또한 각 팀의 승리회수를 정렬하기 위해서 ③ARRAY X{7} X1−X7; 문을 사용하였다. 그리고 반응변수인 Y는 동일한 값 1 로 표시하였고, 데이터 ONE에 포함될 변수를 지정하기 위해서 ⑤KEEP Y COUNT MIL DET TOR NEW BOS CLE BAL; 문을 사용하였다.

(2) 디자인 자료행렬을 설정하기 위해서 ⑥과 같은 DO−END문을 사용하였다. 로지스틱모형을 자료에 적합시키고 모수 추정값을 데이터 TWO에 저장하기 위해서 ⑦PROC LOGISTIC OUTEST=TWO; 문을 사용하였다. COUNT변수가 관측도수인 것을 표현하기 위해서 ⑧FREQ COUNT; 문을 사용하였다. 반응변수가 Y이고 7개 인공변수가 독립변수인 로지스틱모형을 설정하기 위해서 ⑨MODEL Y=MIL DET TOR NEW BOS CLE BAL문을 사용하였고, 절편을 생략하고 추정된 회귀계수의 공분산행렬을 출력하기 위해서 옵션 /NOINT COVB을 사용하였다.

(3) 세가지 모수대비에 대한 왈드검정을 하기 위해서 ⑩문을 사용하였다. 모든 짝비교에 대한 확률을 출력하기 위해서 ㉠PROC PRINT DATA=THREE; 문을 사용하였다. 데이터 TWO에 저장된 형식에서 행과 열을 전치(transpose)하여 데이터 FOUR에 저장하기 위해서 ㉡PROC TRANSPOSE DATA=TWO OUT=FOUR; 문을 사용하였다. 데이터 FOUR에서 팀선호 순위로 배열하여 출력

하기 위해서 ㉢과 ㉣을 사용하였다.

□ SAS 결과해석

[표 7.4 : Bradley_Terry 모형에 대한 추정 결과]

Variable	DF	Parameter Estimate	Standard Error	Wald Chi-Square	③Pr > Chi-Square	Odds Ratio
MIL	1	1.5814	0.3433	21.2239	0.0001	①4.862
DET	1	1.4364	0.3396	17.8938	0.0001	4.206
TOR	1	1.2945	0.3367	14.7839	0.0001	3.649
NEW	1	1.2476	0.3359	13.7989	0.0002	3.482
BOS	1	1.1077	0.3339	11.0070	0.0009	3.027
CLE	1	0.6839	0.3319	4.2459	0.0393	②1.981
BAL	0	0	.	.	.	.

[표 7.4]는 마지막팀인 Baltimore팀을 비교대상팀으로 하여 최우추정법에 의해서 추정된 결과이다. 이때 Baltimore팀과 연관된 모수는 $\beta_7 = 0$로 제약된다. 추정된 계수의 의미를 살펴보면 Milwaukee팀이 Baltimore팀과 경기하여 승리할 승산은

$$\widehat{\Omega_{1|7}} = \frac{\widehat{\pi_{1|7}}}{\widehat{\pi_{7|1}}} = \exp(\widehat{\beta_1} - \widehat{\beta_7}) = \exp(\widehat{\beta_1}) = \exp(1.5814) = ①4.862$$

이 되며, 승산의 의미는 Milwaukee팀이 Baltimore팀과 경기하여 승리할 확률은 패배할 확률보다 약 4.862 배 크다고 추정된다. 또한 Cleveland팀이 Baltimore팀과 경기하여 승리할 승산은 exp(0.6839) = ②1.981이므로 Cleveland팀이 Baltimore팀과 경기하여 승리할 확률은 패배할 확률보다 약 1.981 배 크다고 추정된다. 만약 Milwaukee팀이 Detroit팀과 경기하여 승리할 승산을 구하기 위해서 $\widehat{\beta_1} - \widehat{\beta_2}$를 이용하면

$$\widehat{\Omega_{1|2}} = \frac{\widehat{\pi_{1|2}}}{\widehat{\pi_{2|1}}} = \exp(\widehat{\beta_1} - \widehat{\beta_2}) = \exp(1.5814 - 1.4364) = 1.156$$

이 되며, 승산의 의미는 Milwaukee팀이 Detroit팀과 경기하여 승리할 확률은 패배할 확률보다 약

1.156 배 크다고 추정된다. Baltimore팀을 비교대상팀으로 설정한 모형에서 구한 개별 회귀계수에 대한 왈드검정결과 모든 p-값이 유의수준 0.05 보다 매우 작으므로 귀무가설 $H_o: \beta_j = 0\ , j = 1, \cdots, 6$ 을 강하게 기각할 수 있는 근거가 된다. 따라서 Batimore팀은 6개 다른 팀들과 유의한 차이가 있다고 판단할 수 있다.

[표 7.5 : 추정된 회귀계수에 대한 분산-공분산행렬]

Variable	MIL	DET	TOR	NEW	BOS	CLE	BAL
MIL	0.11782431	0.06816293	0.06744801	0.06720156	0.06643588	0.06386727	.
DET	0.06816293	0.11530642	0.06694149	0.06672187	0.06603293	0.063662	.
TOR	0.06744801	0.06694149	0.11334594	0.06619871	0.06558647	0.06342398	.
NEW	0.06720156	0.06672187	0.06619871	0.11280222	0.06542731	0.06333665	.
BOS	0.06643588	0.06603293	0.06558647	0.06542731	0.11147433	0.06304837	.
CLE	0.06386727	0.063662	0.06342398	0.06333665	0.06304837	0.11014183	.
BAL	.	.	.	.	.	.	.

[표 7.6 : 선형가설에 대한 검정결과]

Label	Wald Chi-Square	DF	Pr > Chi-Square
④TEST1	0.2170	1	0.6413
⑤TEST2	1.1408	1	0.2855
⑥TEST3	8.0365	1	0.0046

특정 두 팀의 선형가설에 대한 검정결과는 [표7.6]과 같고, 추정된 회귀계수의 공분산행렬은 [표 7.5]와 같다. [표 7.6]의 검정결과를 살펴보면 첫번째로 Milwaukee팀과 Detroit팀사이의 승률에 유의한 차이가 없다는 귀무가설 $H_o: \beta_1 = \beta_2$ 에 대한 ④검정에서 왈드 카이제곱 검정통계량은

$$\widehat{\beta}_1 = 1.5814 \qquad \widehat{\beta}_2 = 1.4364 \qquad \widehat{Var}(\widehat{\beta}_1) = 0.11782431$$

$$\widehat{Var}(\widehat{\beta}_2) = 0.11530642 \qquad \widehat{Cov}(\widehat{\beta}_1, \widehat{\beta}_2) = 0.06816293$$

$$W_{1|2} = \left(\frac{\widehat{\beta}_1 - \widehat{\beta}_2}{\sqrt{\widehat{Var}(\widehat{\beta}_1) + \widehat{Var}(\widehat{\beta}_2) - 2\,\widehat{Cov}(\widehat{\beta}_1, \widehat{\beta}_2)}} \right)^2 = 0.2170$$

이고, p-값은 $P(\chi_1^2 > 0.2170) = 0.6413$ 이 된다. p-값이 유의수준 0.05보다 상당히 크므로 귀무가설을 기각할 만한 근거는 없다고 판단할 수 있기 때문에 Milwaukee팀과 Detroit팀 사이의 승률에 유의한 차이가 있다고는 판단할 수 없게 된다. 두번째로 Detroit팀과 Boston팀 사이의 승률에 유의한 차이가 없다는 귀무가설 $H_o: \beta_2 = \beta_5$ 에 대한 ⑤검정에서 p-값은 0.2855이기 때문에 유의수준 0.05에서 귀무가설을 기각할 수가 없게 된다. 마지막으로 Milwaukee팀과 Cleveland팀 사이의 승률에 유의한 차이가 없다는 귀무가설 $H_o: \beta_1 = \beta_6$ 에 대한 ⑥검정에서 p-값은 0.0046 이기 때문에 유의수준 0.05 에서 귀무가설을 강하게 기각할 수 있는 근거가 된다.

[표 7.7 : 짝비교에 대한 확률추정결과]

OBS	MIL	DET	TOR	NEW	BOS	CLE	BAL	COUNT	PHAT
1	1	-1	0	0	0	0	0	7	⑦0.53617
2	1	0	-1	0	0	0	0	9	0.57123
3	1	0	0	-1	0	0	0	7	0.58267
4	1	0	0	0	-1	0	0	7	0.61625
5	1	0	0	0	0	-1	0	9	0.71044
6	1	0	0	0	0	0	-1	11	0.82940
7	-1	1	0	0	0	0	0	6	0.46383
8	0	1	-1	0	0	0	0	7	0.53542
9	0	1	0	-1	0	0	0	5	0.54706
10	0	1	0	0	-1	0	0	11	0.58145
11	0	1	0	0	0	-1	0	9	0.67974
12	0	1	0	0	0	0	-1	9	⑧0.80790

이제 모든 짝비교에서 어느 한 팀이 다른 한 팀에 승리할 확률의 부분출력은 [표 7.7]과 같다. [표 7.7]에서 Milwaukee팀이 Detroit팀과 경기하여 승리할 확률의 추정값은 0.53617 이 된다.

$$\widehat{\pi_{1|2}} = \frac{\exp(\widehat{\beta_1} - \widehat{\beta_2})}{1 + \exp(\widehat{\beta_1} - \widehat{\beta_2})} = \frac{\exp(1.5814 - 1.4364)}{1 + \exp(1.5814 - 1.4364)} = ⑦0.53617$$

또한 Detroit팀이 Baltimore팀과 경기하여 승리할 확률의 추정값은 0.8070이 된다.

$$\widehat{\pi_{2|7}} = \frac{\exp(\widehat{\beta_2} - \widehat{\beta_7})}{1 + \exp(\widehat{\beta_2} - \widehat{\beta_7})} = \frac{\exp(1.4364 - 0)}{1 + \exp(1.4364 - 0)} = ⑧0.8070$$

Bradley-Terry모형에서 7개 프로야구팀의 종합적인 승률순위는 추정된 회귀계수의 크기순서가 된다. 승률크기는 [표 7.8]에서 Milwaukee, Detroit, Toronto, New York, Boston, Cleveland, Baltimore 순으로 구해졌다.

[표 7.8 : 프로야구팀의 승률순위 추정결과]

OBS	_NAME_	ESTIMATE
1	MIL	1.581
2	DET	1.436
3	TOR	1.294
4	NEW	1.248
5	BOS	1.108
6	CLE	0.684
7	BAL	0.000

7.3 1:1 대응 사례-대조 로지스틱모형

대응 사례-대조 연구(matched case-control study)에서 연구대상 실험자료는 종속변수의 특정한 결과가 관측된 사례그룹(case group)과 관측되지 않은 대조그룹(control group)으로 구분된다. 자료의 대응(matching)은 결과에 영향을 미치는 독립변수들 중에서 특정 독립변수의 수준에 의해서 조건부로 결정되어진다. 사례-대조 연구에서 사례-대조 짝자료는 층화(stratification)로 고정되고, 각 층(strata)마다 사례와 대조의 표본크기는 일정하게 고정된다. 각 층안에서 사례자료의 종속변수는 $Y=1$ 로 대조자료의 종속변수는 $Y=0$ 로 표시되며, 층의 사례와 대조의 표본크기에 따라 1:1 대응 혹은 1:M 대응 연구로 구분된다.

1:1 대응연구에서 사례그룹의 각 자료는 대조그룹의 각 자료와 대응 혹은 짝비교 되도록 설정되고, 대응은 특정 독립변수(대응변수)의 수준이 같은 하나의 자료를 각각 선택하게 된다. 반면에 1:M 대응에서는 대응변수의 수준에 따라 사례그룹의 하나의 자료와 대조그룹의 여러 자료가 대응된다. 예를 들면, 나이, 인종 혹은 성별 중 하나 혹은 여러 변수에 의해서 자료를 대응시킬 수 있을 것이다. 일단 대응기준이 되는 독립변수가 정해지면 사례-대조가 되는 자료를 재구

성할 수 있을 것이다.

대응 사례-대조 로지스틱회귀모형은 무작위로 대응되는 로지스틱모형과 비교해서 장점과 단점을 가지고 있다. 주요 장점은 통계적으로 보다 효율적인 분석을 할 수 있다는 것이다. 특히 대응 사례-분석에서는 무작위 대응분석 보다 승산에 대한 신뢰구간이 좀더 좁아지는 것으로 알려져 있다. 한편 주요 단점은 자료에서 대응되지 못한 사례-대조가 제외되어 정보의 손실을 가져올 수 있다는 것이다. 만약 자료에서 제외되는 자료 비율이 큰 경우에 대응분석은 통계적인 효율성을 잃게 된다는 것을 유의하기 바란다.

사례-대조 자료 짝이 K개인 1:1 대응모형에서 각 층마다 대응변수에 의하여 자료가 대응된다. 대응 사례-대조 로지스틱모형에서는 특정 k층에 대한 사례그룹 자료벡터를 $\boldsymbol{x}_{1k}$, 대조그룹 자료벡터를 $\boldsymbol{x}_{ok}$로 표시한다. 또한 특정 k층에서 종속변수 사례결과를 Y_{1k}, 대조결과를 Y_{ok}로 표시하자. 이 경우에 k층 자료에 대한 조건부 우도는 아래와 같이 설정된다.

$$L_k(\boldsymbol{\beta}) = \frac{\exp(\boldsymbol{x}_{1k}'\boldsymbol{\beta})}{\exp(\boldsymbol{x}_{1k}'\boldsymbol{\beta}) + \exp(\boldsymbol{x}_{ok}'\boldsymbol{\beta})} \tag{7.15}$$

식(7.15)의 분자와 분모를 $\exp(\boldsymbol{x}_{ok}'\boldsymbol{\beta})$로 나누게 되면 아래와 같은 좀더 간편한 식을 구할 수 있다.

$$L_k(\boldsymbol{\beta}) = \frac{\exp[(\boldsymbol{x}_{1k} - \boldsymbol{x}_{ok})'\boldsymbol{\beta}]}{1 + \exp[(\boldsymbol{x}_{1k} - \boldsymbol{x}_{ok})'\boldsymbol{\beta}]} \tag{7.16}$$

식(7.16)에서 우변은 로지스틱회귀모형에서 절편항이 $\beta_o = 0$이고 자료벡터가 $\boldsymbol{x}_k^* = \boldsymbol{x}_{1k} - \boldsymbol{x}_{ok}$인 경우와 같아지게 된다. 따라서 사례자료와 대조자료의 차이에 로지스틱회귀모형을 적합시켜 최우추정 회귀계수 추정값과 추정된 회귀계수의 표준오차를 계산할 수 있다. 모형을 추정할 때 표본크기는 사례-대조 짝의 수인 K가 되고, 종속변수의 값은 사례결과인 $Y=1$이 되고, 절편은 생략된다. 또한 식(7.17)은 사례와 대조 종속변수의 짝합이 1이라는 조건에서 사례와 대조 두가지 결과가 관측될 확률을 의미한다.

$$P(Y_{1k} \text{ 와 } Y_{ok} \mid Y_{1k} + Y_{ok} = 1) = \frac{\exp[(\boldsymbol{x}_{1k} - \boldsymbol{x}_{ok})'\boldsymbol{\beta}]}{1 + \exp[(\boldsymbol{x}_{1k} - \boldsymbol{x}_{ok})'\boldsymbol{\beta}]}$$
$$= \frac{\exp[(X_{11k} - X_{o1k})\beta_1 + \cdots + (X_{1pk} - X_{opk})\beta_p]}{1 + \exp[(X_{11k} - X_{o1k})\beta_1 + \cdots + (X_{1pk} - X_{opk})\beta_p]} \quad (7.17)$$

위 식에서 회귀계수 β_j의 의미는 다른 변수들의 수준이 일정할 때 j-번째 독립변수의 사례와 대조의 수준차이 $X_{1j} - X_{oj}$가 한 단위 증가함에 따라 특정결과가 관측될 확률의 승비는 $\exp(\beta_j)$ 배만큼 변화할 것으로 기대된다는 것이다.

[예제 7.3] 1:1 대응 사례-대조 로지스틱회귀모형 분석

1986년 미국 메사츄세츠주의 베이스테이트 병원에서는 2.5kg 미만 미숙아 출산에 대한 위험요인들에 관한 연구를 실시하였다. 미숙아인 경우에는 유아 치사율과 기형아 발생률이 높기 때문에 위험요인을 대한 결정은 매우 중요한 연구대상이다. 미숙아 출산에 영향을 미칠 수 있는 위험요인으로 임신직전의 몸무게(*LWT*: 파운드), 임신중 흡연여부(*SMOKE*), 미숙아 출산경험여부(*PTD*), 고혈압 여부(*HT*), 자궁 자극성여부(*UI*)등을 고려하였다. 연구에서 미숙아를 출산한 산모는 정상아를 출산한 산모와 나이수준(*AGE*)에 의해서 1:1 대응되었다. 분석에 사용된 자료는 Hosmer 와 Lemeshow(1989)의 책 부록3에 첨부된 56개짝 대응자료를 사용하였다(자료는 a:\data\ex7-3.dat에 저장되어있음). 임신직전의 몸무게를 제외한 나머지 위험요인 자료들은 아래와 같은 범주형변수로 표시되었다. 대응 사례-대조 자료에 로지스틱회귀모형을 적합시키고 분석결과를 해석하여 보자.

$$LOW = \begin{cases} 1 & \text{유아 몸무게 } < 2.5\,kg \\ 0 & \text{유아 몸무게 } \geq 2.5\,kg \end{cases} \qquad SMOKE = \begin{cases} 1 & \text{임신중 흡연} \\ 0 & \text{임신중 금연} \end{cases}$$

$$PTD = \begin{cases} 1 & \text{미숙아 출산경험} \\ 0 & \text{없음} \end{cases} \qquad HT = \begin{cases} 1 & \text{고혈압} \\ 0 & \text{정상} \end{cases}$$

$$UI = \begin{cases} 1 & \text{자궁 자극성} \\ 0 & \text{정상} \end{cases}$$

□ SAS 프로그램(\program\ex7-3.sas)

```
DATA ONE;
 INFILE 'A:\DATA\EX7-3.DAT';
 INPUT SUBJECT LOW AGE LWT SMOKE PTD HT UI;
RUN;
①DATA CASE;
  SET ONE;
   LWT_CS=LWT; SMOKE_CS=SMOKE; PTD_CS=PTD;
   HT_CS=HT; UI_CS=UI;
   IF LOW=1 THEN OUTPUT;
   KEEP SUBJECT LWT_CS SMOKE_CS PTD_CS HT_CS UI_CS;
RUN;
②DATA CONTROL;
  SET ONE;
   LWT_CT=LWT; SMOKE_CT=SMOKE; PTD_CT=PTD;
   HT_CT=HT; UI_CT=UI;
   IF LOW=0 THEN OUTPUT;
   KEEP SUBJECT LWT_CT SMOKE_CT PTD_CT HT_CT UI_CT;
RUN;
③PROC SORT;
  BY SUBJECT;
RUN;
④DATA TWO;
  MERGE CASE CONTROL;
   BY SUBJECT;
⑤DATA THREE;
  SET TWO;
   LWTDIF=LWT_CS - LWT_CT;
   SMOKEDIF=SMOKE_CS - SMOKE_CT;
   PTDDIF=PTD_CS- PTD_CT;
   HTDIF=HT_CS - HT_CT;
   UIDIF=UI_CS - UI_CT;
RUN;
⑥DATA FOUR;
  SET THREE;
  Y=1;
RUN;
⑦PROC LOGISTIC;
  MODEL Y= LWTDIF SMOKEDIF PTDDIF HTDIF UIDIF/ NOINT COVB;
```

```
      OUTPUT OUT=FIVE P=PHAT DIFCHISQ=DIFCHISQ C=COOK
      H=HAT RESCHI=PEARSON;
    ⑧TEST1: TEST LWTDIF-SMOKEDIF=0;
      TEST2: TEST SMOKEDIF-HTDIF=0;
  RUN;
⑨PROC PLOT HPERCENT=70 VPERCENT=70;
    PLOT (DIFCHISQ COOK )*PHAT='*';
  RUN;
⑩PROC SORT DATA=FIVE OUT=SIX;
    BY DESCENDING DIFCHISQ ;
㉠PROC PRINT NOOBS DATA=SIX(FIRSTOBS=1 OBS=10);
    VAR SUBJECT DIFCHISQ COOK HAT PEARSON;
  RUN;
㉡PROC PRINT DATA=FIVE NOOBS;
    VAR SUBJECT LWTDIF SMOKEDIF PTDDIF HTDIF UIDIF PHAT;
  RUN;
```

(1) 데이터 ONE 에 있는 대응자료에서 사례자료(case data)만 선택하여 ①데이터 CASE에 저장하기 위한 절차이다. 사례자료에 포함된 위험요인인 변수들의 이름을 다시 생성하기 위해서 '변수명_CS=변수명'을 사용하였고, 사례자료를 선택하기 위해서 IF LOW=1 THEN OUTPUT; 문을 사용하였다. 데이터 CASE에 저장될 변수명을 표시하기 위해서 'KEEP 변수명'을 사용하였다. 데이터 ONE 자료에서 대조자료(control data)만 선택하여 ②데이터 CONTROL에 저장하기 위한 절차이다. 대조자료에 포함된 위험요인인 변수들의 이름을 다시 생성하기 위해서 '변수명_CT=변수명'을 사용하였고, 대조자료를 선택하기 위해서 IF LOW=0 THEN OUTPUT; 문을 사용하였다. 데이터 CONTROL에 저장될 변수명을 표시하기 위해서 'KEEP 변수명'을 사용하였다.

(2) 저장된 자료를 짝비교 번호로 분류하기 위해서 ③PROC SORT; BY SUBJECT; 문을 사용하였고, 데이터 CASE와 CONTROL에 저장된 자료를 대응 짝으로 결합하여 데이터 TWO에 저장하기 위해서 ④DATA TWO; MERGE CASE CONTROL; BY SUBJECT; 문을 사용하였다. 이제 사례자료와 대조자료에 있는 독립변수의 차이를 표시하는 새로운 변수를 생성하기 위해서 '변수DIF=변수_CS - 변수_CT' 형식을 사용하였다.

(3) 사례와 대조 차이를 표시하는 변수 DIF를 사용하여 로지스틱회귀모형을 설정하기 위해서 ⑦PROC LOGISTIC; 문을 사용하였고, 이상값과 영향력 있는 자료를 검토하기 위해서 옵션을 사용하였다. 또한 위험요인들 사이에 영향력이 동일한지 여부를 검정하기 위해서 ⑧TEST1과 TEST2를 사용하였다. 산점도를 통해서 영향력 있는 자료를 검토하기 위해서 ⑨문을 사용하고, 이상값과 영향력 있는 자료들을 DIFCHISQ 크기순으로 재배열하기 위해서 ⑩문을 사용하였다. 또한 DIFCHISQ 크기순으로 이상값과 영향력 있는 자료 10개를 출력하여 검토하기 위해서 ㉠문을 사

용하였고, 개별 짝비교에 대한 확률을 출력하기 위해서 ⓛ문을 사용하였다.

□ SAS 결과해석

[표 7.9 : 사례-대조 로지스틱모형 추정결과]

Variable	DF	①Parameter Estimate	Standard Error	Wald Chi-Square	②Pr > Chi-Square	③Standardized Estimate	④Odds Ratio
LWTDIF	1	-0.0147	0.00804	3.3304	0.0680	-0.376093	0.985
SMOKEDIF	1	1.4470	0.5538	6.8271	0.0090	0.553776	4.251
PTDDIF	1	1.6513	0.7371	5.0190	0.0251	0.503741	5.214
HTDIF	1	2.2575	0.9852	5.2511	0.0219	0.523080	9.559
UIDIF	1	1.2131	0.7122	2.9009	0.0885	0.338932	3.364

①추정된 회귀계수, ②왈드 카이제곱 검정결과와 ④승산은 [표 7.9]와 같이 나타났다. 추정된 개별 회귀계수의 부호가 양(positive)인 경우에는 다른 변수의 수준이 일정할 때 사례변수와 대조변수의 차이가 증가할수록 미숙아를 출산할 가능성이 증가한다는 의미이다. 반면에 부호가 음수인 경우에는 증가할수록 미숙아를 출산할 가능성이 감소된다는 의미이다.

추정된 모형에서 왈드 카이제곱 검정을 실시한 결과 유의수준 0.05에서 유의한 영향을 미치는 위험요인들은 임신중 흡연여부(*SMOKE*), 미숙아 출산경험(*PTD*), 고혈압(*HT*) 등으로 나타났고, 다른 두가지 위험요인인 임신직전의 몸무게(*LWT*)와 자궁 자극성(*UI*)은 연관된 p-값이 유의수준 0.05보다 약간 크므로 유의성 여부를 확실히 판단할 수는 없는 것으로 나타났다. ③추정된 표준화 회귀계수는 모형에 포함된 다섯가지 위험요인 변수들의 상대적 중요도를 평가하는 데 사용되는데, 추정된 표준화 회귀계수값의 크기에 의해서 상대적 중요도를 평가하면 *SMOKE*, *HT*, *PTD*, *LWT*, *UI* 순으로 나타났다.

이제 추정된 회귀계수의 의미를 살펴보도록 하자. 산모의 흡연여부에 대한 추정된 계수 $\widehat{\beta}_2 = 1.4477$의 의미는 다른 네가지 위험요인들의 수준이 일정할 때 임신 중 흡연을 한 산모는 금연을 한 산모에 비해서 미숙아를 출산할 확률이 약 $\exp(1.447) = 4.251$배만큼 증가한다고 추정된다. 또한 고혈압증세에 대하여 추정된 계수 $\widehat{\beta}_4 = 2.2575$의 의미는 다른 네가지 위험요인 들의 수준이 일정할 때 고혈압증세가 있는 산모는 정상인 산모에 비해서 미숙아를 출산할 확률이 약 $\exp(2.2575) = 9.559$배만큼 증가한다고 추정된다.

[표 7.10 : 우도비 검정결과]

Criterion	Without Covariates	With Covariates	Chi-Square for Covariates
AIC	77.632	63.517	.
SC	77.632	73.643	.
-2 LOG L	77.632	53.517	⑤24.116 with 5 DF (p=0.0002)
Score	.	.	19.151 with 5 DF (p=0.0018)

모형에 포함된 다섯가지 위험요인들이 미숙아 출산 가능성에 유의한 영향이 없다는 귀무가설에 대한 우도비 카이제곱 검정결과 검정통계량값은 LR^{*} = 24.116 이고, 연관된 p-값이 0.0002로 0에 가까운 매우 작은 값을 가지므로 귀무가설을 강하게 기각할 수 있는 충분한 근거가 된다. 따라서 설정된 모형에는 미숙아 출산 가능성에 유의한 영향을 미치는 위험요인들이 포함되어 있다고 판단하게 된다.

[표 7.11 : 선형 결합 검정]

Label	Wald Chi-Square	DF	Pr > Chi-Square
⑥TEST1	6.9272	1	0.0085
⑦TEST2	0.6826	1	0.4087

모형에 포함된 두가지 위험요인들 사이에 미숙아 출산에 미치는 영향이 동일한지 여부를 평가하기 위해서 선형가설검정을 이용한다. ⑥첫번째는 임신직전의 몸무게(LWT)와 임신 중 흡연여부($SMOKE$)가 미숙아 출산에 미치는 영향이 동일하다는 귀무가설 $H_o: \beta_1 = \beta_2$ 을 유의수준 0.05에서 왈드 카이제곱 검정하여 보자. 왈드 카이제곱 검정통계량의 값은 $W^{*} = 6.9272$이고 연관된 p-값이 0.0085로 0 에 가까운 매우 작은값이므로 귀무가설을 강하게 기각할 수 있는 근거가 된다. 따라서 자료에 의하면 임신직전의 몸무게(LWT)와 임신 중 흡연여부($SMOKE$) 위험요인들은 미숙아 출산에 대한 영향이 동일하지는 않다고 판단된다.

⑦두번째는 임신 중 흡연여부($SMOKE$)와 고혈압 여부(HT)가 미숙아 출산에 미치는 영향이 동일하다는 귀무가설 $H_o: \beta_2 = \beta_4$ 을 유의수준 0.05에서 왈드 카이제곱 검정을 하여보자. 검정통계량값은 $W^{*} = 0.6826$이고 연관된 p-값이 0.4087로 유의수준 0.05보다 매우 크므로 귀무가설을 강하게 채택할 수 있는 근거가 된다. 따라서 자료에 의하면 임신 중 흡연여부($SMOKE$)와 고혈압 여부(HT) 위험요인들은 미숙아 출산에 미치는 영향이 서로 다르다고 판단할 수는 없게 된다.

[표 7.12 : 추정된 확률 부분 출력]

SUBJECT	LWTDIF	SMOKEDIF	PTDDIF	HTDIF	UIDIF	PHAT
1	-34	1	1	0	0	⑧0.97333
2	17	0	0	0	0	0.43798
3	35	0	0	0	0	0.37441
4	27	1	1	0	1	0.98046
5	-12	0	0	0	0	0.54389
6	7	1	0	0	0	0.79321
7	7	0	0	0	0	0.47435
8	23	0	0	1	0	0.87216
9	48	-1	0	0	0	0.10423
10	20	0	1	0	-1	0.53615

추정된 회귀계수를 이용해서 모든 사례-대조 짝에 대한 추정된 확률의 부분출력은 [표7.12]와 같다. 이제 추정된 회귀계수를 이용해서 사례-대조 짝에 대한 확률의 추정값이 어떻게 계산되었는지 살펴보기로 하자. 첫번째 짝에 대한 ⑧추정된 확률은 아래와 같이 계산되었다.

$$\widehat{P}(Y_{11} \text{ 와 } Y_{o1} \mid Y_{11} + Y_{o1} = 1) =$$

$$= \frac{\exp\{(-34)(-0.0147) + \cdots + (0)(1.2131)\}}{1 + \exp\{(-34)(-0.0147) + \cdots + (0)(1.2131)\}}$$

$$= ⑧0.97333$$

[그림 7.1] 추정된 확률에 대한 *DIFCHISQ* 산점도

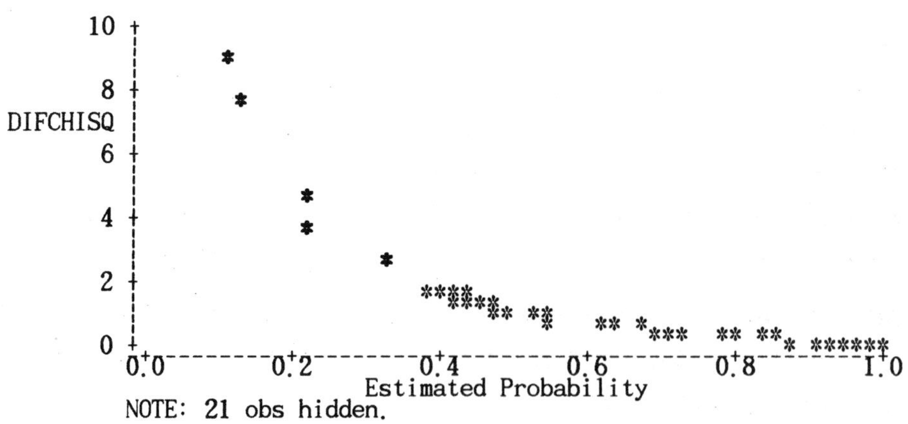

[그림 7.2] 추정된 확률에 대한 쿡거리 산점도

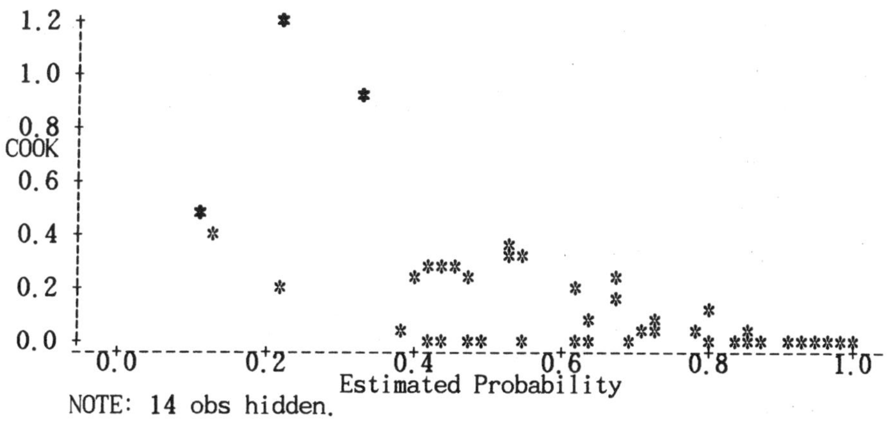

모형을 자료에 적합시킬 때 잘 적합되지 못한 자료나 추정결과에 영향을 미치는 자료를 시각적으로 탐지하기 위해서는 위와 같은 두가지 산점도를 살펴보아야 한다. [그림 7.1]에 의하면 56개 짝자료 중에서 5개짝 자료(진하게 표시)가 모형에 잘 적합되지 않는 것으로 나타났고, [그림 7.2]에 의하면 56개 짝자료 중에서 3개짝 자료(진하게 표시)가 회귀계수 추정에 영향을 미치고 있음을 알 수 있다. 이제 모형에 잘 적합되지 않은 10개 자료를 출력하면 아래 [표 7.13]과 같다.

[표 7.13 : 이상값과 영향력 있는 자료 탐지]

SUBJECT	DIFCHISQ	COOK	HAT	PEARSON
9	9.04633	0.47603	0.04999	2.93157
34	7.79974	0.39734	0.04847	2.72427
27	4.71285	1.19771	0.20264	1.93851
18	3.75471	0.20031	0.05065	1.88800
16	2.68677	0.90298	0.25154	1.41807
3	1.70244	0.03215	0.01853	1.29263
46	1.69076	0.24280	0.12557	1.21592
49	1.62140	0.28385	0.14898	1.17467
24	1.50014	0.26247	0.14891	1.12994
14	1.45343	0.26567	0.15454	1.10852

[표 7.13]에 의하면 레버리지값(*HAT*)과 피어슨잔차(*PEARSON*)가 상대적으로 크고, 피어슨 카이제곱 통계량의 차이(*DIFCHISQ*)와 쿡거리(*COOK*)가 동시에 큰 짝자료는 16번째와 27번째 짝 자료로 나타났다. 물론 두개짝 자료에 대한 전문가의 원인분석이 반드시 따라야 하겠지만, 두개짝 자료의 영향을 평가하기 위해서는 두개짝 자료를 포함한 경우와 포함되지 않은 경우의 추정된 회귀계수를 비교 검토할 필요가 있다. 두개짝 자료를 제외하고 모형을 적합하기 위해서는 SAS 프로그램 INPUT문 다음에 아래와 같은 조건문을 포함시켜야 한다.

```
IF SUGJECT=16 OR SUBJECT=27 THNE DELETE;
```

[표 7.14 : 두개 짝자료를 제외하고 구한 회귀계수 추정결과]

Variable	DF	Parameter Estimate	Standard Error	Wald Chi-Square	Pr > Chi-Square	Standardized Estimate	Odds Ratio
LWTDIF	1	-0.0182	0.00918	3.9467	0.0470	-0.469363	0.982
SMOKEDIF	1	1.2529	0.5894	4.5189	0.0335	0.477567	3.500
PTDDIF	1	2.2876	0.9269	6.0910	0.0136	0.678383	9.851
HTDIF	1	3.6361	1.4460	6.3229	0.0119	0.804560	37.942
UIDIF	1	1.8678	0.8713	4.5956	0.0321	0.506370	6.474

모형을 모든 짝 자료에 적합시켜 구한 [표 7.9]와 두개 짝자료를 제외하고 구한 [표 7.14]에서 추정된 회귀계수를 비교하면 어느 정도의 차이가 있음을 알 수 있다. 특히 고혈압(*HT*) 위험요인 변수에 대한 회귀계수 차이가 가장 큰 것으로 나타났다. 고혈압(*HT*)과 연관된 회귀계수 추정값은 2.2575 에서 3.6361로 변경되었고, 승산은 9.559 에서 37.942로 크게 변경되었다. [표 7.14]에 의하면 모형에 포함된 위험요인 5개 독립변수들은 유의수준 0.05 에서 모두 유의한 것으로 나타났다.

1:1 대응 사례-대조 로지스틱모형을 자료에 적합시키기 위해서는 사용된 SAS 프로그램 ex7-3.sas 보다 생존분석에 사용되는 PROC PHREG를 사용하면 매우 간단한 프로그램으로 같은 추정결과를 얻을 수 있다. 아래 프로그램은 a:\program\ex7-3a.sas 에 저장되어있다.

□ **SAS 프로그램(\program\ex7-3a.sas)**

```
DATA ONE;
 INFILE 'A:\DATA\EX7-3.DAT';
 INPUT SUBJECT LOW AGE LWT SMOKE PTD HT UI;
⑨T=2-LOW;
 RUN;
⑩PROC PHREG;
 ㉠MODEL T*LOW(0)=LWT SMOKE PTD HT UI;
 ㉡STRATA SUBJECT;
   TEST1: TEST LWT-SMOKE=0;
   TEST2: TEST SMOKE-PTD;
 RUN;
```

⑩PHREG는 Proportional Hazards Regrssion의 약자로 생존분석에 주로 쓰이는 명령문이다. 일반적으로 사례결과(1)가 대조결과(0)보다 작은 값으로 표시하기 위해서 ⑨T=2−LOW; 문을 사용한다. 모형의 설정에서 LOW(0)의 ( )안의 값은 일반적으로 대조결과의 값인 0 으로 설정된다. 또한 층(STRATA)은 짝 비교 번호인 SUBJECT가 된다.

7.4 1:M 대응 사례-대조 로지스틱회귀모형

앞절에서는 사례와 대조 자료가 1:1 로 대응되는 경우를 설명하였다. 본절에서는 사례와 대조 자료가 1:M으로 대응되는 경우에 사용되는 로지스틱모형에 대하여 설명하도록 하겠다. 만약 M=3 일 때 k층에서 사례 독립변수 자료벡터를 $\boldsymbol{x}_{1k}$로 표시하고, 대조 독립변수 세개 자료벡터를 $\boldsymbol{x}_{2k}$, $\boldsymbol{x}_{3k}$, $\boldsymbol{x}_{4k}$ 라고 표시하자. 이때 k층에 해당되는 우도는 아래와 같다.

$$L_k(\boldsymbol{\beta}) = \frac{\exp(\boldsymbol{x}_{1k}'\boldsymbol{\beta})}{\sum_{i=1}^{4} \exp(\boldsymbol{x}_{ik}'\boldsymbol{\beta})} \tag{7.18}$$

[예제 7.4] 1:3 대응 사례-대조 로지스틱회귀모형 분석

종합병원에서는 가슴질병에 영향을 미치는 위험요인들의 효과를 조사하기 위해서 가슴질병에 진단결과 양성반응을 보인 여성 29명과 정상인 여성 87명을 나이에 근거해서 1:3 대응 사례-대조 자료를 수집하였다(자료 출처: Hosmer 와 Lemeshow의 Applied Logistic Regression 부록 5). 자료에 포함된 변수들의 표기는 아래와 같다. 자료에 1:3 대응 사례-대조 로지스틱회귀모형을 적합시켜 분석결과를 해석하여보자.

SUBJECT : 1:3 사례-대조 50층 OBS : 1= 사례표시, 2-4=대조표시
AGE: 여성나이(대응변수) FINAL: 1=사례진단, 0=대조진단
DEGREE: 0=무학, 1=고졸, 2=대졸, 3=대학원졸
CHECK: 1=정기적인 검진, 0=검진 무 AGEP: 첫 임신나이
AGEN: 초경나이 NLV: 사산 혹은 유산의 수 NLN: 출산 아동 수
WEIGHT: 몸무게 AGLP : 마지막 월경 나이
MST: 1=결혼, 2=이혼, 3=별거, 4=미망인, 5=독신

□ **SAS 프로그램(\program\ex7-4.sas)**

```
DATA ONE;
 INFILE 'A:\DATA\EX7-4.DAT';
 INPUT SUBJECT OBS AGE FINAL DEGREE CHECK
       AGEP AGEN NLV LIN WEIGHT AGLP MST;
 T=2-FINAL;
RUN;
PROC PHREG;
 ①MODEL T*FINAL(0)=DEGREE CHECK AGEP AGEN NLV
      LIN WEIGHT AGLP MST;
 ②STRATA AGE;
RUN;
PROC PHREG;
 MODEL T*FINAL(0)=DEGREE CHECK AGEP AGEN NLV
 LIN WEIGHT AGLP MST /③SELECTION=SW  SLENTRY=0.3 ;
 STRATA AGE;
RUN;
```

1:3 대응 사례-대조 로지스틱회귀모형을 자료에 적합시키기 위해서 PROC PHREG; 문을 사용하였

다. 9개 위험요인을 포함한 모형을 설정하기 위해서 ①문, 나이수준에 근거해서 층화를 구분하기 위해서 ②STRATA AGE; 문을 사용하였다. 설정된 모형에서 유의한 영향을 미치는 위험요인을 단계별 선택법을 이용해서 선택하여 최종모형을 얻기 위해서 옵션 ③SELECTION=SW SLENTRY=0.3 ; 문을 사용하였다.

□ SAS 결과해석

[표 7.15 : 1:3 대응 사례-대조 로지스틱회귀모형 추정결과]

Variable	DF	Parameter Estimate	Standard Error	Wald Chi-Square	Pr > Chi-Square	Risk Ratio
DEGREE	1	-0.118011	0.30296	0.15173	0.6969	0.889
CHECK	1	-0.091974	0.67222	0.01872	0.8912	0.912
AGEP	1	0.112657	0.05706	3.89827	①0.0483	1.119
AGEN	1	0.375199	0.15023	6.23741	②0.0125	1.455
NLV	1	0.361413	0.23784	2.30917	0.1286	1.435
LIN	1	0.084770	0.15337	0.30550	0.5805	1.088
WEIGHT	1	-0.016661	0.01157	2.07496	0.1497	0.983
AGLP	1	0.062233	0.05450	1.30372	0.2535	1.064
MST	1	0.103985	0.21608	0.23158	0.6304	1.110

[표 7.15]에서 추정된 회귀계수의 부호를 살펴보면 양수는 연관된 위험요인의 수준이 증가함에 따라 가슴질병의 발병 가능성이 증가한다는 의미이다. 반대로 음수인 경우에는 연관된 위험요인 변수의 수준이 증가함에 따라 가슴질병의 발병 가능성이 감소된다는 의미이다. 추정된 모형에서 위험요인들의 왈드검정 결과를 살펴보면 ①첫 임신나이(AGEP)와 ②초경나이(AGEN)와 연관된 p-값이 유의수준 0.05보다 작고, 나머지 7개 위험요인들은 0.10 보다 큰 값으로 나타났다. 따라서 9개 위험요인 변수들 중 첫 임신나이(AGEP)와 초경나이(AGEN)은 여성의 가슴질병의 발병과 유의한 연관성이 있다고 판단할 수 있겠다.

[표 7.16 : 우도비 검정결과]

Criterion	Without Covariates	With Covariates	Model Chi-Square
-2 LOG L	108.498	83.484	③25.014 with 9 DF (p=0.0030)
Score	.	.	22.057 with 9 DF (p=0.0087)
Wald	.	.	16.130 with 9 DF (p=0.0642)

우도비 검정결과 우도비 카이제곱 검정통계량의 값은 $LR^* = 25.014$이고 연관된 p-값은 0.003으로 0에 가까운 매우 작은 값으로 나타났다. 따라서 설정된 모형에 포함된 위험요인들 중에는 여인의 가슴질병 발명에 유의한 영향을 미치는 요인이 포함되어 있다고 판단할 수 있다.

설정된 모형에 포함된 위험요인들 중에는 유의한 변수와 유의하지 않은 요인들이 혼합되어 있음을 [표 7.15]에서 알 수 있었다. 이제 단계별선택법(stepwise selection)을 사용하여 유의한 요인을 선택하는 절차에 대한 요약은 [표 7.17]과 같고, 선택된 두개 위험요인인 첫 임신나이(AGEP)와 초경나이(AGEN)를 모형에 포함하여 추정한 결과는 [표 7.18]과 같다.

[표 7.17 : 단계별선택법 변수선택 요약]

Step	Variable Entered	Variable Removed	Number In	Score Chi-Square	Wald Chi-Square	Pr > Chi-Square
1	AGEN		1	13.3468	.	0.0003
2	AGEP		2	5.4602	.	0.0195
3	NLV		3	2.5838	.	0.1080
4		NLV	2	.	2.4392	0.1183

[표 7.18 : 최종 회귀계수 추정결과]

Variable	DF	Parameter Estimate	Standard Error	Wald Chi-Square	Pr > Chi-Square	Risk Ratio
AGEP	1	0.113357	0.05078	4.98229	0.0256	④1.120
AGEN	1	0.417625	0.12446	11.25967	0.0008	⑤1.518

첫 임신나이(AGEP)에 대하여 추정된 회귀계수 0.113357 의 의미는 초경나이(AGEN)가 일정한 수준일 때 첫임신 나이가 한 살 증가함에 따라 여성의 가슴질병이 발생할 가능성은 약 exp(0.113357)=④

1.120 배만큼 증가한다고 추정된다. 또한 첫 임신나이(AGEP)가 일정한 수준일 때 초경나이(AGEN)가 한 살 증가함에 따라 여성의 가슴질병이 발생할 가능성은 약 exp(0.417625)=④1.518 배만큼 증가한다고 추정된다.

7.5 적용분야

1) 택지 개발지역 선택을 위한 다항선택모형의 구축

도시주변에 택지를 개발하고자 할 때 가장 중요한 요소는 위치선정과 교통문제일 것이다. 건설업체에서는 택지를 선택하기 전에 수요자의 선택에 영향을 미칠 수 있는 요소로 (1) 택지의 위치(도시로부터 10km 이내, 10km 이상), (2) 택지와 대중교통수단사이의 거리(500m 이내, 500m 이상), (3) 주차공간(지하, 지상), (4) 녹지공간 여부, (5) 학교시설과의 거리(500m 이내, 500m 이상) 등을 고려할 수 있다. 각 요소가 두가지 값을 취하는 가변수이기 때문에 5가지 요소의 결합의 수는 24가지가 된다. 이때 경우의 수가 너무 많기 때문에 선택에 필요한 결합의 수는 가능한 작은 수(예: 9가지)로 줄여야 할 것이다. 9가지로 설정된 결합에 대하여 부동산 전문가들로부터 하나를 선택하도록 하여 자료를 구할 수 있을 것이다. 분석목적은 자료에 다항선택모형을 적합시켜 9가지 종류의 택지에 대한 선호확률을 추정하여 택지 개발지역 선정에 근거로 이용하는 것이다.

2) 모유양육과 요로감염사이의 관계분석을 위한 대응 사례-대조 로지스틱모형

면역력이 약한 생후 6개월 이하의 유아들은 요로감염이 되면 성장장애, 구토, 설사와 고열의 증상을 보인다. 의학계에 주요 관심사는 모유로 양육되는 유아들이 요료감염에 면역력이 있는지를 검정하는 것이다. 사례자료는 요로감염으로 병원에 입원한 생후 6개월 이하의 유아이고, 대조자료는 유아나이(0-1개월, 2-3개월, 4-6개월)와 성별(남, 여)에 의해서 1:1 혹은 1:M 대응되는 건강한 유아이다. 또한 요로감염에 영향을 미칠 수 있는 위험요인으로 소득수준(저소득, 중소득, 고소득), 주거 지역구분(도시, 농어촌), 출산순위(초산여부), 출산형태(자연, 인공분만), 모유양육여부 등을 고려할 수 있다. 분석목적은 고려된 위험요인들의 유의성 검정, 상대적 중요도 평가와 개별 짝비교에 대한 확률을 추정하는 것이다.

연 습 문 제

7.1 아래 자료는 1988년도 5명의 세계적인 여자 테니스 선수의 대진 결과이다. 자료에 Bradley-Terry모형을 합시켜 5명의 여자 테니스 선수에 대한 종합순위를 결정하여보자. 또한 (1)Graf 와 Evert, (2) Navratilova 와 Sabatini 사이 승률에 대한 유의한 차이가 있는지를 유의수준 0.05에서 검정하여보자. SAS 프로그램은 \problem\p7-1.sas 에 저장되어있다.

승리선수	패배선수				
	Graf	Navratilova	Sabatini	Evert	Shriver
Graf	–	1	3	2	2
Navratilova	0	–	3	3	2
Sabatini	2	0	–	2	1
Evert	0	2	1	–	0
Shriver	1	0	1	1	ㅍ

[SAS 프로그램 : \problem\p7-1.sas]

```
DATA ONE;
 ARRAY PLAYER{5} GRAF NAVRA SABAT EVERT SHRIVER;
  DO I = 1 TO 5; PLAYER{I}=0; END;
  ARRAY X{5} X1-X5;
INPUT X1-X5;
```

```
Y=1;
 KEEP Y COUNT GRAF NAVRA SABAT EVERT SHRIVER;
 DO I = 1 TO 5;
  PLAYER{_N_} =1;
   PLAYER{I}=-1; COUNT=X{I};
   IF _N_ NE I THEN OUTPUT;
    PLAYER{I}=0;
 END;
CARDS;
. 1 3 2 2
0 . 3 3 2
2 0 . 2 1
0 2 1 . 0
1 0 1 1 .
;
RUN;
PROC LOGISTIC OUT=TWO;
 FREQ COUNT;
 MODEL Y= GRAF NAVRA SABAT EVERT SHRIVER/NOINT COVB;
  OUTPUT OUT=THREE P=PHAT;
 TEST1: TEST GRAF-EVERT=0;
 TEST2: TEST NAVRA-SABAT=0;
RUN;
PROC PRINT DATA=THREE;
 VAR  GRAF NAVRA SABAT EVERT SHRIVER COUNT PHAT;
RUN;
PROC TRANSPOSE DATA=TWO OUT=FOUR;
RUN;
PROC SORT DATA=FOUR;
 WHERE _NAME_ NE '_LNLIKE_';
  BY DESCENDING ESTIMATE;
RUN;
PROC PRINT;
RUN;
```

7.2 아래 표는 동종의 상품에 대한 소비자의 상표선택(brand choice)에 대한 가상적인 자료이다. 100명의 소비자에게 5가지 상품에 대하여 가격을 변화시켜 8가지 경우를 설정하여 소비자의 상표선택 도수를 조사하였다. 4가지 상표의 가격은 5.99천원 혹은 3.99천원 중 하나가 선택되고, 5번째 상표는 4.99천원으로 고정되었다. 상표선택 자료는 5가지 상표가격은 P1-P5, 각 상표가 선택된 도수를 F1-F5로 표시하였다. 자료에 가격에 대한 기울기가 같은 다항선택모형을 적합시키고, 개별 계수에 대한 유의성을 왈드 카이제곱 검정, 모형의 유의성을 우도비카이 검정하여라. 그리고 가장 선호되는 상품순위를 결정하여라. (힌트: BRAND1-BRAND5의 추정된 계수를 비교한다. 이때 양수인 경우에는 BRAND5보다 선호된다는 의미이고, 음수인 경우에는 BRAND5보다 선호되지 않는다는 의미로 해석될 수 있다. 또한 추정된 계수의 크기는 선호도의 크기를 표시한다. 결론적으로 선호되는 상표순위는 BRAND4, BRAND1, BRAND2, BRAND5, BRAND3이다.) SAS 프로그램은 \problem\p7-2.sas 에 저장되어있다.

P1	P2	P3	P4	P5	F1	F2	F3	F4	F5
5.99	5.99	5.99	5.99	4.99	12	19	22	23	14
5.99	5.99	3.99	3.99	4.99	34	26	8	27	5
5.99	3.99	5.99	3.99	4.99	13	37	15	27	8
5.99	3.99	3.99	5.99	4.99	49	1	9	37	4
3.99	5.99	5.99	3.99	4.99	31	12	6	18	33
3.99	5.99	3.99	5.99	4.99	4	29	16	42	9
3.99	3.99	5.99	5.99	4.99	37	10	5	35	13
3.99	3.99	3.99	3.99	4.99	16	14	5	51	14

[SAS 프로그램 : \problem\p7-2.sas]

```
DATA ONE;
 INPUT P1-P5 F1-F5;
CARDS;
5.99 5.99 5.99 5.99 4.99 12 19 22 23 14
5.99 5.99 3.99 3.99 4.99 34 26  8 27  5
5.99 3.99 5.99 3.99 4.99 13 37 15 27  8
5.99 3.99 3.99 5.99 4.99 49  1  9 37  4
```

```
3.99 5.99 5.99 3.99 4.99 31 12  6 18 33
3.99 5.99 3.99 5.99 4.99  4 29 16 42  9
3.99 3.99 5.99 5.99 4.99 37 10  5 35 13
3.99 3.99 3.99 3.99 4.99 16 14  5 51 14
;
RUN;
DATA TWO;
 SET ONE;
 ARRAY P[5] P1-P5;
 ARRAY F[5] F1-F5;
 ARRAY PB[5] PRICE1-PRICE5;
 ARRAY BRAND[5] BRAND1-BRAND5;
DO I=1 TO 5;
 BRAND[I]=0; PB[I]=0;
END;
NOBS=SUM(OF F1-F5);
SUBJECT=_N_;
DO I=1 TO 5;
 PRICE=P[I]; BRAND[I]=1; PB[I]=PRICE;
 FREQ=F[I]; CHOICE=1; T=1; OUTPUT;
 FREQ=NOBS-F[I];
 CHOICE=0; T=2; OUTPUT;
 BRAND[I]=0; PB[I]=0;
END;
RUN;
PROC PHREG NOSUMMARY;
TITLE 'DISCRETE CHOICE MODEL WITH COMMON PRICE EFFECT';
 STRATA SUBJECT;
 MODEL T*CHOICE(0)=BRAND1-BRAND5 PRICE;
 FREQ FREQ;
RUN;
```

7.3 종합병원에서는 심근경색을 진단할 수 있는 모형을 개발하기 위해서 대응 사례-대조 로지스틱모형을 이용하고자 한다. 병원에서 검진한 환자 중에서 나이와 성별을 대응변수로 선택했을 때 1:2 사례-대조 39개 짝 자료(SUBJECT)를 구하였다. 심근경색(CASE)에 영향을 미칠 수 있는 세가지 독립변수로 조사된 것은 흡연여부(SMOKE: 1=흡연, 0=금연), 혈압상한값(SBP), 심전도 검사결과(EGG: 1=비정상, 0=정상) 등이다. 자료는 \data\p7-3.dat 에 분석 프로그램은 \problem\p7-3.sas 에 저장되어있다.

(1) 세가지 독립변수를 포함한 로지스틱모형에서 개별 계수에 대한 유의성 검정을 하여라.
(2) 단계별선택법을 이용해서 심근경색에 유의한 영향을 미치는 독립변수을 선택하여 최종모형을 설정하고, 추정된 계수의 의미를 설명하여라.

[SAS 프로그램 : \problem\p7-3.sas]

```
DATA ONE;
 INFILE 'A:\DATA\P7-3.DAT';
 INPUT SUBJECT CASE SMOKE SBP ECG @@;
 T=2-CASE;
RUN;
PROC PHREG;
 MODEL T*CASE(0)=SMOKE SBP ECG;
 STRATA SUBJECT;
RUN;
PROC PHREG;
 MODEL T*CASE(0)=SMOKE SBP ECG/SELECTION=SW SLENTRY=0.3;
 STRATA SUBJECT;
RUN;
```

참고문헌

[1] 성웅현(1997, 2000), 응용 다변량분석 - 이론, 방법론, SAS 활용 -, 탐진

[2] 성웅현, 이승천(2001), 회귀분석- 이론, 방법론, SAS 활용 -, 법문사

[3] Agresti, Alan(1990), Categorical Data Analysis, Wiley

[4] Agresti, Alan(1996), An Introduction to Categorical Analysis, Wiley

[5] itkin Murray, Anderson Dorothy, Francis Brian, and Hinde John(1994), Statistical Modeling in GLIM, Clarendon Press

[6] Akaike, H.(1973), "Information theory and an extension of the maximum likelihood principle," Second international symposium on information theory(pp. 267-281)

[7] Bradley, R. A. and Terry, M. E.(1952), "Rank Analysis of Incomplete Block Designs: The Method of Paired Comparison," Biometrika, 39, 324-345

[8] Cook, R. D. and Weisberg Stanford(1999), Applied Regression Including Computing and Graphics, Wiley

[9] Cox, R. D. and Snell, E. J. (1989), The Analysis of Binary Data, London: Chapman and Hall

[10] Hensher David A. and Johnson Lester W.(1986), Applied Discrete-Choice Modeling, John Wiley & Sons Inc.

[11] Hosmer David W. and Lemeshow Stanley(1989), Applied Logistic Regression, Wiley

[12] Hosmer David W. and Lemeshow Stanley(1999), Applied Survival Analysis - Regression Modeling of Time to Event Data-, Wiley

[13] Kaufman, R. L.(1996), "Comparing effects in dichotomous logistic regression : A variety of standardized coefficient. Social Science Research," 77, 90-109.

[14] Kleinbaum David G.(1994), Logistic Regression - A Self-Learning Text-, Springer-Verlag

[15] Kleinbaum D. G., Kupper L. L. and Muller, K. A(1987), Applied Regression Analysis and Other Multivariate Methods, Duxbury Press

[16] Long J. Scott(1997), Regression Models for Categorical and Limited Dependent Variables, SAGE Publications

[17] Luce, R. D.(1959), Individual choice behaviour, New York: John Wiley

[18] Maddala, G. S.(1983), Limited-dependent and qualitative variables in econometrics, Cambridge University Press

[19] Maddala, G. S.(1992), Introduction to Econometrics(2nd ed.), New York: Macmillan

[20] Magee, L.(1990), " R^2 Measures Based on Wald and Likelihood Ratio Joint Significance Test," American Statistician, 44, 250-253

[21] McCullagh, P., and Nelder, J. A. (1989), Generalized Linear Models(2nd ed.), New York: Chapman and Hall

[22] McFaden, D.(1973), Conditional logit analysis of qualitative choice behaviour, Frontiers of econometrics, New York: Academic Press

[23] McNeil Don(1996), Epidemiological Research Methods, Wiley

[24] Myers Raymond H.(1990), Classical and Modern Regression with Application, Duxbury

[25] Nagelkerke, N. J. D.(1991), "A Note on a General Definition of the Coefficient of Determination," Biometrika, 78, 691-692

[26] Pregibon, D.(1981), "Logistic regression diagnostics," Annals of Statistics, 9, 705-724

[27] Raftery, A. E.(1996), "Bayesian model selection in social research," Sociological methodology, Vol. 25, 111-163

[28] Ryan Thomas P.(1997), Modern Regression Methods, John Wiley & Sons Inc.

[29] SAS Institute Inc.(1995), Logistic Regression Examples Using the SAS System, SAS Institute Inc.

찾 아 보 기

ㄱ

ㄴ

ㄷ

ㄹ

ㅂ

ㅅ

저자 소개 / 성 웅 현

▶ 약력

성균관대학교 통계학과 졸업
미국 Ohio University 경영대학원 졸업, M.B.A.
미국 Texas Tech University 대학원졸업, Ph.D. in Business Statistics
현재 한신대학교 정보통계학과 교수

▶ 주요 저서

「통계학개론」(공저), 탐진, 1996
「Window SAS를 이용한 경영통계 자료분석」, 무역경영사, 1997
「응용 다변량분석」, 탐진, 1997
「STATISTICA를 이용한 통계정보분석」, 탐진, 1998
「Excel을 활용한 경영정보 통계분석」, 학문사, 2000
「회귀분석」, 법문사, 2001

응용 로지스틱 회귀분석
- 이론, 방법론, SAS활용 -

APPLIED LOGISTIC REGRESSION ANALYSIS
- Theory, Methods, SAS Applications -

지 은 이 · 성 웅 현
펴 낸 이 · 최 재 범
펴 낸 곳 · 도서출판 탐진

등록 1-996호(倫). 1990. 1. 12.
서울시 마포구 신수로 27-1
Tel. 715-1092·3 / FAX. 701-6391
E-mail. tamjin1990@hanmail.net / homepage. www.tamjin.co.kr

2001. 11. 1. 초판 발행
2021. 1. 4. 초판 7쇄 발행

ISBN 978-89-5540-363-3 93310 가격 22,000원